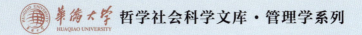

华侨大学 哲学社会科学文库·管理学系列

文库主编：贾益民

目的地旅游安全评价与预警

STUDY ON TOURISM SAFETY AND SECURITY ASSESSMENT AND
EARLY WARNING IN TOURISM DESTINATION

邹永广　著

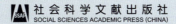

社会科学文献出版社
SOCIAL SCIENCES ACADEMIC PRESS (CHINA)

本书受 2017 年福建省高校杰出青年科研
人才计划资助

发展哲学社会科学　推动文化传承创新

——《华侨大学哲学社会科学文库》总序

　　哲学社会科学是研究人的活动和社会历史发展规律、构建人类价值世界和意义世界的科学，是人类文化的核心组成部分，其积极成果有助于提升人的素质、实现人的价值。中国是世界文明古国，拥有丰富的文化历史资源，中华文化的发展是世界文化发展进程中不可或缺的重要一环。因此，努力打造具有中国特色的哲学社会科学，全面继承和发展中华文化，对于推进中华文明乃至世界文明进程具有深远的意义。

　　当代中国，全面深化改革已经进入关键时期，中国特色社会主义建设迫切需要对社会历史发展规律的科学认识，需要哲学社会科学发挥其认识世界、传承文明、创新理论、资政育人和服务社会的作用。因此，深化文化体制改革、繁荣哲学社会科学，不仅是建设社会主义文化强国、丰富人民精神世界的需要，也是实现中华民族伟大复兴的中国梦的必由之路。中共中央高度重视哲学社会科学在实现中华民族伟大复兴的历史进程中的重要作用，先后出台《中共中央关于进一步繁荣发展哲学社会科学的意见》《中共中央关于深化文化体制改革　推动社会主义文化大发展大繁荣若干重大问题的决定》《中共中央办公厅　国务院办公厅转发〈教育部关于深入推进高等学校哲学社会科学繁荣发展的意见〉的通知》《高等学校哲学社会科学繁荣计划（2011—2020 年）》等一系列重要文件，全面部署繁荣哲学社会科学、提升中华文化软实力的各项工作，全面深化教育体制改革，为我国哲学社会科学事业的繁荣和发展创造了前所未有的历史机遇。

　　高等学校是哲学社会科学研究的重要阵地，高校教师和科研人员是哲学社会科学研究的主要承担者。因此，高校有责任担负起繁荣哲学社会科学的使命，激发广大教师和科研人员的科研积极性、主动性和创造性，为哲学社会科学发展提供良好的制度和环境，致力于打造符合国家发展战略和经济社会发展需要的精品力作。

华侨大学是我国著名的华侨高等学府，也是中国面向海外开展华文教育的重要基地，办学55年以来，始终坚持"面向海外、面向港澳台"的办学方针，秉承"为侨服务，传播中华文化"的办学宗旨，贯彻"会通中外，并育德才"的办学理念，坚定不移地走内涵发展之路、特色兴校之路、人才强校之路，全面提升人才培养质量和整体办学水平，致力于建设基础雄厚、特色鲜明、海内外著名的高水平大学。

在这个充满机遇与挑战的历史时期，华侨大学敏锐洞察和把握发展机遇，贯彻落实党的十七大、十七届六中全会、十八大、十八届三中全会、十八届四中全会精神，发挥自身比较优势，大力繁荣哲学社会科学。

一方面，华侨大学扎根侨校土壤，牢记侨校使命，坚持特色发展、内涵发展，其哲学社会科学的发展彰显独特个性。"为侨服务，传播中华文化"是华侨大学的办学宗旨与神圣使命，其办学活动及其成果直接服务于国家侨务工作与地方经济社会发展。为此，华侨大学积极承担涉侨研究，整合、利用优势资源，努力打造具有侨校特色的新型智库，在海外华文教育、侨务理论、侨务政策、海上丝绸之路研究、海外华人社团、侨务公共外交、华商研究、海外宗教文化研究等诸多领域形成具有特色的研究方向，推出了以《华侨华人蓝皮书：华侨华人研究报告》《世界华文教育年鉴》等为代表的一系列标志性成果。

另一方面，华侨大学紧紧抓住国家繁荣哲学社会科学的时代机遇，积极响应教育部繁荣哲学社会科学的任务部署，颁布实施《华侨大学哲学社会科学繁荣计划（2012—2020）》，为今后学校哲学社会科学的发展提供发展纲领与制度保证。该计划明确了学校哲学社会科学发展的战略目标，即紧抓国家繁荣发展哲学社会科学的战略机遇，遵循哲学社会科学的发展规律，发挥综合大学和侨校优势，通过若干年努力，使华侨大学哲学社会科学学科方向更加凝练，优势更加突出，特色更加鲜明，平台更加坚实；形成结构合理、素质优良、具有国家竞争力的高水平学术队伍；研究创新能力显著增强，服务国家侨务工作的能力明显提升，服务经济社会发展的水平不断提高，适应文化建设新要求、推进文化传承创新的作用更加凸显；对外学术交流与合作的领域不断拓展，国际文化对话与传播能力进一步增强。到 2020 年，力争使华侨大学成为国内外著名的文化传承与知识创新高地，国家侨务工作的核心智库，提供社会服务、解决重大理论和现实问题的重要阵地。

为切实有效落实《华侨大学哲学社会科学繁荣计划（2012—2020）》，学校先后启动了"华侨大学哲学社会科学青年学者成长工程""华侨大学哲学社会科学学术论文专项资助计划""华侨大学哲学社会科学学术著作专项资助计划""华侨大学哲学社会科学百名优秀学者培育计划""华侨大学人文社会科学研究基地培育与发展计划"五大计划，并制定了相应的文件保证计划的有效实施，切实推进学校哲学社会科学的繁荣发展。

"华侨大学哲学社会科学学术著作专项资助计划"作为《华侨大学哲学社会科学繁荣计划（2012—2020）》的重要配套子计划，旨在产出一批在国内外有较大影响力的高水平原创性研究成果，打造学术精品力作。作为此资助计划的重要成果——《华侨大学哲学社会科学文库》将陆续推出一批具有相当学术参考价值的学术著作。这些著作凝聚着华大文科学者的心力、心气与智慧：他们以现实问题为导向，关注国家经济社会发展；他们以国际视野为基础，不断探索开拓学术研究领域；他们以学术精品为目标，积聚多年的研判与思考。

《华侨大学哲学社会科学文库》按学科门类划分系列，共分为哲学、经济学、法学、教育学、文学、历史学、管理学、艺术学八个系列，内容涵盖哲学、应用经济、法学、国际政治、华商研究、旅游管理、依法治国、中华文化研究、海外华文教育等基础理论与特色研究，其选题紧跟时代问题和人民需求，瞄准学术前沿，致力于解决国家面临的一系列新问题、新困境，其成果直接或间接服务于国家侨务事业和经济社会发展，服务于国家华文教育事业与中华文化软实力的提升。可以说，该文库的打造是华侨大学展示自身哲学社会科学研究力、创造力、价值引领力，服务中国特色社会主义建设事业的一次大胆尝试。

《华侨大学哲学社会科学繁荣计划（2012—2020）》已经实施近两年，经过全校上下的共同努力，华侨大学的文科整体实力正在逐步提升，一大批高水平研究成果相继问世，一批高级别科研项目和科研成果奖成功获评。作为华侨大学繁荣哲学社会科学的成果，《华侨大学哲学社会科学文库》集中反映了当前华侨大学哲学社会科学的研究水平，充分发挥了优秀学者的示范带动作用，大力展示了青年学者的学术爆发力和创造力，必将鼓励和带动更多的哲学社会科学工作者尤其是青年教师以闽南地区"爱拼才会赢"的精神与斗志，不断营造积极向上、勇攀高峰的学术氛围，努力打造更多造福于国家与人民的精品力作。

当然，由于华侨大学面临的历史和现实等主客观因素的限制以及华大哲学社会科学工作者研究视野与学术积累的局限性，《华侨大学哲学社会科学文库》在研究水平、研究方法等方面难免存在不足之处，我们在此真诚地恳请各位读者批评指正。

最后，让我们共同期待《华侨大学哲学社会科学文库》付梓，为即将迎来55岁华诞的华侨大学献礼！让我们一起祝福华侨大学哲学社会科学事业蒸蒸日上！让我们以更大的决心、更宽广的视野、更精心的设计、更有效的措施、更优质的服务，培育华大社科的繁花硕果，以点滴江河的态势，加速推进华侨大学建设成基础雄厚、特色鲜明、海内外著名的高水平大学，更好地服务海外华侨华人，支持国家侨务工作，配合国家发展战略！

华侨大学校长、教授、博士生导师　贾益民

2015年4月28日于华园

摘　要

　　随着全球化力量推进和中国社会转型加速，目的地各种传统与非传统、内部与外部的旅游安全风险，不断冲击当下游客和市民共享的生活空间。日益频发的旅游安全事件和事实似乎表明：旅游目的地正在进入一个"风险世界"。一旦这种旅游安全风险的可能性变成现实性，将给目的地旅游系统的安全稳定性带来灾难性影响。在目的地旅游安全风险的威胁正在不断加剧的情况下，我国明确提出：以旅游安全风险防范为重点，积极推动实施"安全旅游目的地"战略。在这样的现实和制度背景下，目的地旅游安全评价研究问题亟待学术关注，同时亟须给予科学的理论解释与实践运行。

　　因此，本书尝试以目的地旅游安全内涵为切入点，采用客观和主观双重视角的分析框架，回答如何客观评价目的地旅游安全状况、游客是怎么评价目的地旅游安全两个研究问题，以此对目的地旅游安全评价做出理论诠释。在具体的研究过程中，基于生态系统健康理论和社会脆弱性理论，建构旅游安全"抵抗力—入侵度"的目的地旅游安全度客观评价模型；借鉴期望差异理论，建构游客安全"期望—感知"的目的地游客安全感主观评价模型。同时，分别通过搜集历时性统计数据和问卷调查数据，使用多元统计分析方法，对目的地旅游安全度评价模型和游客安全感评价模型进行拟合检验，并应用经过拟合检验后的评价模型，测算目的地旅游安全度指数和游客安全感指数，依据评价指数，进而做出旅游安全预警判断。基于上述逻辑思路，本书主要得到以下结论。

　　从目的地旅游安全客观角度看，目的地旅游安全度是旅游安全抵抗力与旅游安全入侵度博弈的结果。（1）目的地旅游系统抵抗力的评价可以通过其活力、结构和恢复力三个维度来衡量。目的地旅游安全活力源于经济能力和安全投入；构成目的地旅游安全结构的是安全组织、安全管理、安全设施和安全环境；支撑目的地旅游安全恢复力的动力是社会保障和应急管理能力。经验证，目的地旅游应急管理能力对目的地旅游安全抵抗力的作用最大，目的地的经济能力的影响作用次之，旅游安全保障的影响作用最弱。（2）目的地旅游系统的入侵度主要来自外在自然灾害风险入侵和内在的事故灾难、公共卫生事件和社会安全事件风险入侵。经验证，目的地自然灾害对旅游安全入侵风险最大；公共卫生事件的入侵影响次之；事故灾难的入侵威胁程度最低。（3）从整体上看，2003~2013年，全国31个城市目的地旅游安全抵抗力呈增长态势，北京、上海、重庆、成都、广州、昆明、西安市旅游安全抵抗力较突出；全国31个城市目的地旅游安全入侵度态势差异显著。上海、郑州、广州、重庆、兰州等城市的旅游安全风险入侵度较大，重庆居首位。但重庆、上海等城市的旅游安全风险呈降低趋势。（4）对全国31个城市2014年和2015年的旅游安全度进行预测，其中，2015年，重庆、上海、广州处于较差的中度预警状态；长春、天津、石家庄、郑州、武汉、长沙处于预警的一般状态；处于安全状态的则有北京、呼和浩特、银川、太原、济南、西宁、贵阳、海口8个城市；其他城市均处于较安全状态。

就目的地旅游安全主观视角而言，目的地游客安全感是游客安全期望与安全感知差异的主观响应。（1）目的地游客安全感需从游客心理安全感和游客社会安全感两个方面进行诠释。游客心理安全感包括人际交往安全感、主观控制安全感和自我认同安全感三个维度；游客社会安全感包括治安状况安全感、旅游环境安全感、服务要素安全感、安全信息安全感和地域文化安全感五个维度。（2）经验证，游客安全期望对安全感知有正向影响；游客安全期望对安全认知评价有负向影响；游客安全感知对安全认知评价有正向影响；游客安全期望对安全感有负向影响；游客安全感知对安全感有正向影响；游客安全认知评价对游客安全感有正向影响。（3）随机抽样的样本城市整体数据分析表明，目的地游客社会安全感处于中度预警的较差状态，目的地游客心理安全感指数处于中度预警的较差状态，目的地游客安全感处于中度预警较差状态。（4）从样本城市游客安全感的指数与旅游安全度指数比较发现，目的地旅游安全度与游客安全感指数存在不完全匹配状态。

在上述结论的基础上，本书提出了目的地旅游安全治理的政策建议：形成目的地旅游安全第三方评价机制；构建目的地旅游安全预警机制；夯实旅游安全管理基础，形成常态化管理机制；健全目的地旅游安全公共服务体系；规范旅游应急处置流程，推进旅游应急救援机制建设；加强旅游安全合作，推动旅游安全协同治理；完善目的地旅游安全风险化解机制；形成目的地旅游安全评价反馈机制。

关键词：旅游安全评价；旅游安全度；游客安全感；旅游目的地；旅游安全预警

Abstract

With the forces of globalization and acceleration of social transition in China, various traditional and non – traditional, internal and external security risks in tourism destinations, constantly against the current sharing living space of the public and tourists. Increasingly frequent tourism security incidents and evidence seems to show that tourism destinations are entering a "risk world". Once the possibility of tourism security risks become a reality, the stability of tourism destination system will bring catastrophic consequences. Although the threat of security risks in tourism destination is increasing, our country has explicitly put forward to: tourism security risk prevention as the key point and actively promote "safety and security tourism destination" strategy. In the context of this reality and institutional, tourism safety and security assessment issues in the tourism destinations that need to be academic attention, also need to give scientific theory to explain and practical operation.

Therefore, this study attempts to secure the connotation of tourism safety and security as a starting point, use analysis framework of both objective and subjective Angle, trying to answer two research questions, how to objectively evaluate the tourism safety & security situation of tourism destination? Tourists how to evaluate the safety situation of tourism destination? This is also making a theoretical interpretation for the tourism safety and security assessment of tourism destinations. In specific research process, by using the theory of ecosystem health, and social vulnerability theory, construct the tourism security objective evaluation model by resistance – invasion degree of tourism destination, based on the expected differences theory, construction of the subjective evaluation model by tourist safety expectations – tourists safety perception of tourism destination. At the same time, by collecting respectively diachronic statistical data and survey data, using the method of multivariate statistical analysis, the tourism security objective evaluation model and the subjective safety evaluation model for fitting test, after fitting test and application of evaluation model, measuring the degree of tourism security index and the index of tourists' sense of safety, based on the evaluation index, and then make a judgment of tourism safety and security early warning. Based on the above logic, this research gets the following conclusion:

From an objective point of tourism safety and security in destination: Tourism safety and security in destination is the result of the game both intrusion and resistance. (1) Tourism security resistance can be measured by the three main dimensions of its vigor, structure and resilience. Economic capacity and safety inputs constitutes a security vigor in tourism destinations, Destination security structure is constituted by security organization, security management, security facilities and a security environment, tourism destination resilient force is constituted by social security and emergency management capabilities. Among them, tourism emergency management ability is the biggest role to tourism security resistance in tourism destination, followed by economic capacity, and tourism security guarantee is the weakest role for tourism security resistance. (2) Tourism system intrusion risks, mainly from external invasion of natural disasters risk and internal accidents invasion risk, public health incidents and social security incidents in tourism destination. By Verified, the degree of natural disasters invasion is the greatest impact on tourism security intrusions, followed by the impact of public health incidents and accidents intrusion risk is the lowest threats to tourism security in tourism destination. (3) Overall, from 2003 to 2013, the tourism security resistance showed a rising trend in 31 cities nationwide tourism destination, Beijing, Shanghai, Chongqing, Chengdu, Guangzhou, Kunming, and Xi'an is more prominent. However, the degree of tourism invasion in the 31 cities nationwide tourism destination was significant difference. The larger invasion cities like Shanghai, Guangzhou, Chongqing, Zhengzhou, Lanzhou, and Chongqing in the first place. But the tourism security risks of Chongqing, Shanghai and other cities in reducing trend. (4) By the tourism security prediction of 31 cities nationwide tourism destination in 2014 and 2015 years, found that in 2015, Chongqing, Shanghai and Guangzhou are in a poor state of moderate warning. Changchun, Tianjin, Shijiazhuang, Zhengzhou, Wuhan, Changsha, in a general state of early warning, In the security state of only Beijing, Hohhot, Yinchuan, Taiyuan, Jinan, Xining, Guiyang and Haikou. Other cities are in a more security state.

In terms of subjective perspective of tourism safety & security: tourists' sense of safety is subjective response of tourists' safety expectation and perception. (1) Tourists' sense of safety should be interpreted from two aspects of tourists' psychological sense of safety and tourists' social sense of safety. Tourists' psychological sense of safety mainly includes three dimensions, interpersonal safety, subjective control safety and self – identity safety. Tourists' social sense of safety mainly includes five dimensions, social security conditions, environmental security, service elements of security, information security and security of regional culture. (2) By verified, tourists' security expectation has a positive effect on tourists' security perception, tourists' safety expectation has a negative effect on tourists' safety cognitive evaluation, tourists' safety perception has a positive effect on tourists' safety cognitive evaluation, tourists' safety expectation has a negative effect on tourists' sense of safety, tourists' safety perception has a positive effect on tourists' sense of safety, tourists' safety cognitive evaluation has a positive effect on tourists' sense of safety. (3) From random sample data analysis found that, the index of tourists' social sense of safety in the poor state, need to be published moderate orange warning lights, the index of tourists' psychological sense of safety in moderate warning poor state, the index of tourists' sense of safety in a relatively poor state. (4) Through comparison both the degree of tourism safety and the index of tourists' sense of safety in sample tourism destinations, found that the objectively and subjectively index of tourism safety in tourism destinations is not fully balanced.

On the basis of the above conclusion, this study finally proposed policy recommendations for tourism safety and security governance and management: Formed the third party assessment mechanism of tourism safety and security, Construct early warning mechanism for tourism safety and security, strengthen the tourism safety and security management foundation, form a normalized management mechanism. Sound tourism security public service system, specification tourism emergency disposal procedures, to promote tourism emergency rescue mechanism construction. Strengthen tourism safety and security cooperation, and promote tourism safety and security collaborative governance. Perfect tourism security risk mitigation mechanism, to form feedback mechanism for tourism safety and security evaluation by government – led, sector coordination and all the people involved in the tourism destinations.

Keywords: Tourism Safety and Security Evaluation; The Degree of Tourism security; Tourists' Sense of Safety; Tourism Destination; Tourism Safety and Security Early – warning

目　录

1　绪论

本章主要阐述目的地旅游安全评价研究议题提出的背景、研究问题，目的地旅游安全评价研究的目的、意义，主要研究内容、研究方法、研究思路和技术路线。

1.1　研究背景与问题提出

1.1.1　研究背景

（1）转型期的中国社会：多样化安全风险愈演愈烈

德国社会学家乌尔里希·贝克（Ulrich Beck）于20世纪80年代对现代社会认识到：一股全球化的力量迅猛发展并不断冲击当下人们生活其间的世界，越来越多的事件和事实似乎表明：人类正在进入一个"风险社会"（risk society）[1]。风险社会是"由于人与自然，特别是人与人（社会）之间关系不和谐导致的社会危机的可能性。在全球化时代，人类社会面临着比以往任何时候都更多的大规模失业、贫富分化以及生态风险等风险，风险社会在这个意义上是世界性的风险社会"[1]。英国社会学家安东尼·吉登斯（Anthony Giddens）把风险区分为"外部风险"（external risk）与"被制造出来的风险"（manufactured risk）[2]，而且认为"被制造出来的风险"充斥着人为性，并逐步取代了"外部风险"，占据了主导地位[3]；现代化风险（Modernization risks），是一种人为制造的风险或不确定性（fabricated/manufactured risks/uncertainties），且这种风险已然超出了人类的掌控[4]。处在历史转型过程中的中国社会，存在风险的特点是从"外部风险"逐渐向"人造风险"转移[2]，同时，在社会转型的中国，还面临着制度转轨，一旦这种社会风险可能性变成了现实性，社会风险就转变成了社会危机，对社会稳定和社会秩序都会造成灾难性的影响[5]。

转型期的中国社会处在一个传统与现代相互交织的时代，在这种社会时代里，历时性的社会形态和社会生活共时态地存在，从风险分析的角度看，表现为历时性的风险类型共时态地存在，即所谓风险共生现象（郑杭生，洪大用，2004）[6]。此现象的典型事实是，中国传统的自然灾害、传染性疾病等风险因素与现代化进程中的失业、刑事犯罪等社会风险因素并存。随着社会化进程的加快和现代性的凸显，传统与现代风险隐患将不断加剧，愈演愈烈，势必在一定程度上出现突变。

目的地旅游系统正是存在于这样的社会环境中，各种传统与现代社会安全风险因素增多，旅游安全事件频发，目的地旅游安全的不稳定性愈发凸显。旅游目的地时常发生暴雨、地震等自然灾害，威胁着旅游目的地的生态环境、旅游资源、居民和游客的安全；旅游犯罪事件也时常见诸报端，影响了目的地旅游安全形象和制约了旅游业的发展，给旅游业带来了损失。大众化旅游时期，旅游已经成为老百姓一种常态化生活方式，旅游目的地成为居民与游客共享的生活空间，但旅游目的地各种安全风险尚存，给旅游活动带来干扰，旅游安全的确定性无法保证。因此，在旅游目的地充斥诸多安全风险的背景下，旅游安全评价和防范理应成为各界的共识和迫切的诉求，成为研究的主要议题。

（2）目的地旅游安全评价："安全旅游目的地"战略的理论解释

近年来，自然灾害、社会安全事件等已成为制约我国旅游业安全稳定发展的重要因素，由此引发的旅游安全问题也已受到了国家和各级政府的高度重视。《国务院安全生产十二五规划（2017）》提出："牢固树立安全发展、科学发展的理念，坚持'安全第一、预防为主、综合治理'的方针，以事故预防为主攻方向，以规范生产为重要保障，以科技进步为重要支撑"①，安全与风险预防被提上议事日程。

《中国旅游公共服务体系"十二五"专项规划（2009）》提出构建旅游安全公共服务体系，全面实施"安全旅游目的地"战略。具体内容：

_____

① 国务院办公厅：《国务院安全生产十二五规划（2011）》。

"全面实施'安全旅游目的地'战略，以强化旅游企业安全主体责任以及完善旅游安全保障法规制度为基础，以社会公共安全保障体系为依托，以科技应用和手段创新为突破，以旅游安全风险防范为重点，以联合建立旅游气象服务示范区、指导建设地方专业性旅游应急救援基地为抓手，以完善旅游保险体系和旅游应急救援体系为保障，进一步健全旅游安全保障服务体系，为游客营造安全、放心的旅游环境。"①

国家旅游主管部门就旅游法实施提出："国家旅游局作为旅游安全工作的主管部门，将积极推动实施'安全旅游目的地'战略"。具体内容："积极推动实施'安全旅游目的地'战略，以完善旅游安全保障法规制度和强化旅游安全责任为基础，以社会公共安全保障体系为依托，以科技应用和手段创新为突破，以旅游安全风险防范为重点，以完善旅游保险体系和旅游应急救援体系为保障，进一步加大旅游安全保障体系建设力度，切实保障广大游客的生命财产安全"②。

实施"安全旅游目的地"战略是大势所趋，是推动目的地旅游安全治理，提升目的地旅游安全水平的重要战略考量。而实施该战略，衡量目的地旅游安全成为首要任务。目的地旅游安全评价，重点在于探索目的地旅游系统安全的内涵、构成要素、运行机制、关键制约因素等。通过目的地旅游系统安全的基础研究，为全面科学评价目的地旅游安全状况奠定基础，更是为实施旅游目的地安全治理提供直接的理论依据。因此，从这个意义上说，安全旅游目的地战略需要目的地旅游安全评价为其服务。目的地旅游安全评价必将成为安全旅游目的地战略的衡量依据和重要标准。目的地旅游安全评价的内容，是安全旅游目的地战略的具体展开，为安全旅游目的地战略提供理论支撑和理论解释。

虽然我国旅游主管部门已经提出，并将积极推动实施安全旅游目的地战略，但从相关的文件和法律规定中难以寻找科学依据和理论解释。倘若对于旅游目的地旅游安全内涵尚未理清，战略就难以全面实施。即使实施，也只是形式大于内容，未能对推动目的地旅游安全治理起到作用。所

---

① 中国旅游研究院：《中国旅游公共服务体系"十二五"专项规划（2009）》。
② 国家旅游局副局长祝善忠就旅游法相关内容答记者问：《积极推动实施安全旅游目的地战略》，2013。

以，在实施安全旅游目的地战略的时代背景下，目的地旅游安全评价研究将为目的地旅游安全衡量和战略实施提供科学解释和理论依据。

（3）旅游安全评价与预警研究：事后研究范式的转移

自 20 世纪 80 年代开始的旅游安全相关研究，历经 30 余年，旅游安全研究更多的保持"事后"研究范式和思路。典型的一种是通过搜集旅游安全事故案例，分门别类，寻找旅游安全事件发生的一般规律和本质特征；另一种是旅游安全事故发生后对旅游目的地、旅游企业、旅游产业的经济影响研究，测算旅游安全事故对旅游经济产生的损失和负面影响，该类研究在国内外引起学者极大兴趣。毋庸置疑，上述的"事后"研究范式对探索旅游安全事故发生机理和影响，以及建构旅游安全理论体系发挥积极作用。但是"事后"研究范式摆脱不了或者容易陷入被旅游安全事故"牵着走"的情况，形成研究惯性。现代社会风险因素的不确定性和风险隐患的多样化，迫使研究范式从旅游安全事故"事后"研究向旅游安全风险评价与预警的"事前"研究转移。

科学、全面地对目的地旅游安全状况进行客观评价，并据此发布安全信息，对具有一定威胁的、超出旅游安全阈限、影响旅游者进行旅游活动的目的地进行安全预测、预警，在一定程度上为旅游者的旅游活动购买决策和旅游行为选择提供信息和帮助。同时，目的地旅游主管部门根据安全预警信息制定相应的安全管控措施，最大限度地排查旅游安全隐患，最大限度地规避或减少潜在旅游突发事件和风险因素对旅游安全造成的影响和冲击，保障旅游业安全稳定。

在旅游实践中，旅游主管部门已经意识到且制定了，并逐步推进旅游安全预警制度。如《国务院关于加快发展旅游业的意见》（国发〔2009〕41 号）明确提出："完善旅游安全提示预警制度，重点旅游地区要建立旅游专业气象、地质灾害、生态环境等监测和预报预警系统。推动建立旅游紧急救援体系，完善应急处置机制，健全出境游客紧急救助机制，增强应急处置能力。搞好旅游保险服务，增加保险品种，扩大投保范围，提高理赔效率。"①

---

① 《国务院关于加快发展旅游业的意见》国发〔2009〕41 号文件。

《中华人民共和国旅游法》设置专章对旅游安全作出规定，有关旅游安全风险预警，如第七十七条："国家建立旅游目的地安全风险提示制度。旅游目的地安全风险提示的级别划分和实施程序，由国务院旅游主管部门会同有关部门制定。县级以上人民政府及其有关部门应当将旅游安全作为突发事件监测和评估的重要内容。"[①]

国家旅游局关于印发《2013 年度旅游安全与保险工作要点》的通知强调："继续完善旅游目的地安全风险评估与预警制度，启动重大危险源辨识、评估、分级和登记备案制度的研究，健全分级预警制度。[②]"

由此可见，在客观评价基础上做出的旅游安全预警，表征了目的地旅游安全状况，指出了目的地旅游安全存在的问题，是目的地旅游主管部门进行旅游安全治理的科学依据。目的地旅游安全研究亟须向旅游安全评价与预警的"事前"研究范式转移。

1.1.2 研究问题

境内外各种可预见与不可预见因素增多，传统与非传统安全风险因素并存，目的地旅游安全的不确定性愈发凸显。2013 年中国游客赴法国旅游频遭当地犯罪分子偷窃、抢劫、欺骗和伤害，事件总数已超过100 起，治安问题逐渐成为困扰法国旅游业发展的瓶颈[③]。越来越多外国游客认为印度不是一个安全的旅游目的地，尤其对女性游客而言，天黑后不敢出门，出租车司机不可信任[④]。但外国游客来中国后，认为："中国无处不在的摄像头，在严密的监视下人们觉得安全，既震慑了犯罪分子也有助于侦破犯罪案件。每辆出租车都被登记，司机姓名、照片、投诉电话号码等信息显而易见，中国的城市更为安全"。[⑤] 有过中国旅游经历的境外游客如是说：

---

① 国务院法制办：《中华人民共和国旅游法》第七十七条。
② 国家旅游局：关于印发《2013 年度旅游安全与保险工作要点》的通知。
③ 《经济日报》：《中国游客海外旅游遭遇治安难题 各国想招应对》，最后访问日期：2013 年 7 月 9 日。
④ 《广州日报》：《外国游客表示始终没有安全感》，最后访问日期：2013 年 3 月 21 日。
⑤ 战略论坛：《德国：外国人来中国后十分惊讶 中国太安全了》，最后访问日期：2013 年 5 月 8 日。

China may be described as a dangerous place in the western countries. …I have to say, China is 100% safe for tourists, we don't have gun shots here, we don't have racists carrying a AK47. We can go outside in midnight without the worry of mugging. Besides, China is such a large country with so many beautiful places here. So just come and see the real life in China, don't be afraid. Just remember that, we are all brainwashed by some degrees, find the truth with your own eyes (Hunter Xue)[1].

China is safe for tourists. There is no more danger to you here than in another European or North American area and possibly much less danger than many. There are the usual scams and pick pockets in cities but no more or less than anywhere else in the developed world (Quora User, Living in China since 2006.)[2].

中国一直是外国游客心中更为安全的旅游目的地，然而在中国城市竞争力研究会公布的 2014 年《中国最安全城市评价》的十大最安全城市中，台北居首位。根据世界经济论坛发布的 *The Travel & Tourism Competitiveness Report*（2013），在 144 个国家和地区中，台北排名第 45 位，其中安全与治安、保健与卫生两个指标分别位列第 67 和第 82。在全球最安全城市排名中，中国仅有香港、台北两座城市位列前 20 名[3]。据国家旅游局统计数据，2014 年中国入境旅游人数为 1.28 亿人次，同比下降 0.45%，表明中国作为旅游目的地的吸引力在下降，而且越来越多的境外游客不愿前往中国。"中国的旅游景点和酒店拥挤，人满为患，特别是节假日期间。城市的雾霾等空气污染和食品安全也影响中国入境旅游市场发展，成为阻碍境外游客来中国的重要因素"[4]（薇拉·王，2015）。"虽然

---

[1] 《外国人在中国安全吗？美国人一语道破真相》，复兴网，http：//www. fxingw. com/ck-xx/2015 – 01 – 13/96136_2. html. 最后访问日期：2015 年 1 月 13 日。

[2] 《外国人在中国安全吗？美国人一语道破真相》，复兴网，http：//www. fxingw. com/ck-xx/2015 – 01 – 13/96136_2. html. 最后访问日期：2015 年 1 月 13 日。

[3] 《经济学人（The Economist）》发布的《安全城市指数》（Safe Cities Index），2015 年 1 月 29 日，该指数包括数字安全、健康安全、基础设施安全和个人安全四个方面，40 多个指标，对全球 50 个城市进行评价。

[4] 《美媒：外国游客不愿来中国旅游　忧食品安全和雾霾》，参考消息网，2014 年 9 月 26 日。

中国算是比较安全的旅游目的地国家之一，但是随着经济的飞速发展，一些商人沾染上欺诈的不良习气，所幸的是，整体而言中国还是友好安全的"①。

由上述不难发现，游客认为的更为安全的旅游目的地，客观评价的排名却未能印证。目的地各种旅游安全事故频发，既给游客人身、财物安全带来损失，也给目的地旅游安全形象造成负面影响。而如何客观地对目的地旅游安全进行评价，权衡目的地旅游安全的实际状况和游客的安全感受，是当前亟待探索的重要课题，亟须给予理论解释和现实关注。

（1）目的地旅游安全是什么？制约目的地旅游安全的因素有哪些？目的地旅游系统是如何安全运行的？其过程与演化机制是什么？如何对目的地旅游安全进行客观的评价？上述问题是对目的地旅游安全进行理论诠释的重要内容，也是目的地旅游安全评价研究的理论基础，更是摆在目的地政府和旅游主管部门面前亟待理清的问题。目的地旅游客观评价的目的在于更有针对性地构筑安全"防护网"，维护目的地旅游安全稳定运行。

（2）游客对旅游目的地安全感受如何？游客对目的地旅游安全应该如何评价？游客对目的地旅游安全感受的形成机制是什么？怎样去评价目的地的游客的安全感受？以及如何增强和提升目的地游客安全感？等等，是目的地旅游安全评价问题的另一个方面和重要内容。保障游客安全是提升游客满意度和提高游客重游率的重要保证，更是实现维护广大游客轻松、安全行走的权利。

正是基于以上问题和思考，本书将主要针对两个研究问题做出解释和理论回应，即目的地旅游安全评价问题的两个方面：一是目的地旅游安全客观状况怎么评价；二是目的地游客安全感受如何评价。全面客观地评价目的地旅游安全，查找旅游目的地存在的安全风险和隐患，最大限度地保障目的地旅游安全稳定，营造安全的目的地旅游环境氛围，更好地保障游

① 西班牙《阿贝赛报》：《外国游客在华遇新骗局：请记住人民币的样子》，参考消息网，2014年9月2日。

客安全、自由行走的权利。

1.2　研究目的与研究意义

1.2.1　研究目的

本书以目的地旅游安全为研究对象，以目的地旅游安全评价为研究问题，从客观和主观双重视角构建目的地旅游安全度和目的地游客安全感评价模型，通过调研等搜集数据，分别对目的地旅游安全进行客观和主观评价，针对评价结果提出预警。具体而言，本书拟达到以下三个主要目标。

（1）确定目的地旅游安全评价的内容。对目的地旅游安全进行深入分析，突破传统的目的地旅游安全概念，从系统理论和社会学理论范畴界定目的地旅游安全，并阐释目的地旅游安全的内涵和外延。从目的地旅游安全概念逻辑演绎推理，确定目的地旅游安全评价的内容。

（2）对目的地旅游安全状况进行评价。依据目的地旅游安全评价内容，构建目的地旅游安全评价模型，通过调研等方法搜集研究数据，进而进行目的地旅游安全评价模型拟合验证。

（3）针对测算结果对目的地旅游安全进行评价分析与预警。研究目的地旅游安全等级判据，确定预警等级，针对目的地旅游安全评价结果确定目的地旅游安全预警状况，确定预警信号。

1.2.2　研究意义

1.2.2.1　理论意义

（1）本书将突破旅游安全研究主要以安全事故为主的"事后"研究，采用"事前"研究范式，把旅游安全事故的防范和应急处置的"关口"前移到安全评价与预测预警，拓展和延伸了旅游安全研究内涵。

（2）本书拟突破传统的仅从旅游学视角研究旅游安全问题的局限。采用社会复杂系统理论视角，界定目的地旅游安全的概念和内涵，探索目的地旅游安全运行机制，抽象出构成目的地旅游安全的重要影响维度，在此基础上进而对目的地旅游安全进行全面评价。因此，本书拓展和延伸旅游安全研究问题域，完善和丰富目的地旅游安全研究的理论体系。

（3）本书拟跳出游客安全感知和认知的微观单一研究视角，从客观和主观双重视角对目的地旅游安全进行全面评价研究，将目的地旅游安全研究提升到宏观高度。传统的目的地旅游安全研究偏向于游客安全感知和认知主观评价研究，缺乏对目的地旅游安全状况的客观认识，也尚未对目的地旅游安全进行全面的宏观评价研究。因此，本书将跳出传统的研究框架，试图拓宽目的地旅游安全研究的视野，更科学、准确地判定目的地旅游安全状况。

1.2.2.2 实践意义

（1）本书是旅游目的地主管部门旅游安全监管的重要内容，是推动目的地旅游安全治理和制定安全管理对策的基础和实施"安全旅游目的地"战略的理论依据，将打破日常安全检查的表面形式，从系统整体角度把控目的地旅游安全管理工作，构筑目的地旅游安全"防护网"。

（2）本书的评价结果和预警信息是旅游主管部门安全管理的判断标准和依据，是旅游安全生产和隐患排查的参照系，能够改变旅游主管部门传统的"检查表"的旅游安全管理形式，为目的地旅游安全管理提供科学依据。

（3）本书是保障《国务院关于加快发展旅游业的意见》国发〔2009〕41号文件中指出，"要将旅游业培育成人民群众更加满意的现代服务业"的安全基石。目的地旅游安全是保障游客安全和满意的基础，是旅游业发展的支撑和平台。维护目的地旅游安全，才能更好地保障游客安全、自由行走的权利。

1.3 研究内容与研究方法

1.3.1 研究内容

本书围绕上述三个主要研究目标，通过深入的系统分析，界定目的地旅游安全的概念；确定目的地旅游安全评价内容；应用生态系统健康理论、社会脆弱性理论等，从客观视角构建目的地旅游安全度评价模型；应用期望差异理论，从游客主观视角构建目的地游客安全感评价模型。使用系统动力学，探索目的地旅游安全运行机制，运用结构方程模型，搜集数据，分别对目的地旅游安全度、游客安全感评价模型进行拟合验证检验，并对目的地旅游安全评价结果进行分析，进而对目的地旅游安全评价结果做出预警。本书的主要内容具体如下。

（1）诠释目的地旅游安全的内涵

通过相关文献的梳理，对传统旅游目的地和安全概念重新审视，提出基于系统论和社会学范畴的目的地旅游安全概念，并阐释目的地旅游安全的内涵与外延、构成要素、主要特征。通过对目的地旅游安全的理论内涵分析，概括目的地旅游安全的关键影响因素；探索目的地旅游系统安全运行特征和机制。

（2）构建目的地旅游安全评价的理论架构

依据目的地旅游安全概念及理论内涵，建构目的地旅游安全评价指标体系。以客观和主观双重视角，构建目的地旅游安全评价的理论分析框架。

目的地旅游安全评价既体现了目的地旅游安全的客观状态，也反映了目的地旅游行为主体的主观安全需求。目的地旅游安全是客观和主观两个方面的统一体。其具体包括：一个是目的地旅游安全风险入侵度—安全抵抗力的客观状态，即目的地旅游系统客观安全；另一个是目的地旅游行为主体的游客安全感评价，即目的地旅游系统主体的主观安全。因此，本书从客观和主观双重视角构建目的地旅游安全评价的分析框架。

（3）从目的地旅游安全度视角进行客观评价研究

借鉴和应用生态系统健康理论、社会脆弱性理论，从客观视角，应用系统动力学的建模原理，阐释目的地旅游系统安全运行的动力机制，研究目的地旅游系统安全的入侵度、抵抗力两个子系统动力过程和因果关系模型，依此甄选目的地旅游安全客观评价的关键变量和指标，进而设计目的地旅游安全客观评价指标体系，构建目的地旅游安全度评价模型。选取重点城市目的地，对目的地旅游安全客观评价模型进行检验和修正，同时应用评价模型测算目的地旅游系统安全指数，依此进行评价和预警分析。

（4）从目的地游客安全感视角进行主观评价研究

应用期望差异理论模型，从游客主观视角，使用结构方程模型原理，构建目的地游客安全感的期望—感知评价理论模型，提出目的地游客安全感评价的研究假设，选取和调研重点旅游城市，获取研究样本数据，并对目的地旅游安全主观评价模型进行拟合检验和修正。应用评价模型，测算目的地游客安全感指数，依此进行评价和预警分析。

（5）目的地旅游安全评价研究结论与讨论

在目的地旅游安全客观和主观评价研究的基础上，继而对评价研究结论进行总结和归纳，并对目的地旅游安全度、目的地游客安全感和目的地旅游安全的科学内涵、内在作用要素，以及相互间的作用关系和内在机理做进一步的理论探讨。

1.3.2　研究方法

本书将遵循社会科学研究范式，综合运用生态学、社会学、安全学、旅游学等学科的理论与方法，按照文献研究、现象观察、理论应用、概念界定、模型构建、指标选取、数据收集、模型验证到理论形成与研究讨论的逻辑思路开展，以理论研究为基础，采用规范和实证、归纳和演绎等相结合的研究方法。本书将具体采用的研究方法论和研究方法如下。

1.3.2.1　研究方法论

（1）实证研究和规范研究相结合

本书总体采用"规范—实证—规范"的分析思路。运用安全学、系统学、旅游学等相关概念、理论对目的地旅游安全及其系统运行机理、目的地旅游安全评价模型进行规范分析，系统性地阐释目的地旅游系统安全运行的理论内涵。通过系统动力学和结构方程的建模原理，构建目的地旅游安全客观和主观评价模型。实证分析的主要目的在于检验和修正目的地旅游安全评价模型，规范分析的主要目的在于研究目的地旅游系统安全的理论内涵，为实证检验奠定基础。另外，针对实证分析验证的模型为目的地旅游安全指数测算提供一个直观的理论来源和依据。

（2）定性分析和定量研究相结合

定性分析和定量研究是相互补充的，单一的定性或者定量分析很难深刻反映目的地旅游安全的系统性和复杂性，必须既要进行定性分析，又要进行定量分析，才能更全面地对目的地旅游安全进行评价。

本书定性分析主要是从目的地旅游安全的概念界定、内涵与外延阐释，并通过对目的地旅游安全系统框架体系分析，建构目的地旅游安全评价理论模型，遵循目的地旅游安全评价指标体系选取的目的和原则，考虑指标的充分性、必要性、可行性等因素，确定指标体系及评价方法。定量分析就是通过调研等途径获取样本城市目的地数据，对目的地旅游安全度评价模型和目的地游客安全感评价模型进行检验，验证指标体系和模型科学性、合理性。

（3）演绎和归纳相结合

本书通过对旅游安全概念内涵的反思，采用逻辑推理的演绎方法阐述目的地旅游安全理论内涵。通过生态系统理论、社会脆弱性理论、期望差异理论，逻辑推理、演绎出目的地旅游安全评价的理论模型。采用归纳分析方法，抽象出目的地旅游安全系统的构成要素、主要特征、影响因素和运行机理，并使用城市目的地的调研数据验证目的地游客安全感评价模型。

1.3.2.2 具体研究方法与工具

本书具体采用文献研究、多元统计和系统分析学等方法，对目的地旅游安全评价进行研究。主要使用的研究软件和工具有：SPSS 18.0、AMOS 17.0、Vensim 5.0 等。

（1）文献研究法

通过文献研究，阐述研究的相关背景，梳理现有目的地旅游安全评价的相关研究的脉络，并指出本书所要解决的问题。通过现有的相关文献分析，界定目的地旅游安全概念、理论内涵和外延，诠释目的地旅游安全的特征、影响因素、运行机理，提出目的地旅游安全评价分析的理论框架，为旅游目的地安全评价和预警提供理论依据。

（2）多元统计分析法

本书将根据理论阐述，构建目的地旅游安全客观和主观评价模型，构建指标体系，设计问卷，进行数据收集，通过多元统计分析方法，借助 SPSS 18.0 统计软件对原始数据进行定量分析。在统计分析过程中，将综合采用因子分析、结构方程模型（SEM）等分析方法对理论模型和研究假设进行检验和拟合，以对目的地旅游安全度和游客安全感的影响因素进行评价分析。

（3）系统分析法

系统动力学（*System Dynamics*）由美国麻省理工学院福雷斯特（Jay W. Forrester）教授创立的研究复杂系统动态行为的一种计算机仿真技术，系统动力学以系统思考为理论基础，主要对系统结构和系统状态进行分析[7]。本书运用系统分析方法与系统动力学原理，将目的地旅游安全系统看作一个自组织复杂系统，对其结构、组成要素、主要特征、影响因素、系统功能、运行机理、因果关系、主要反馈回路和主要影响因素等问题进行了深入探讨。在此基础上，使用 Vensim 5.0 软件刻画目的地旅游安全系统运行的模型，为目的地旅游安全评价分析提供依据。

1.4　研究思路与逻辑框架

本书围绕目的地旅游安全的客观和主观评价两个问题展开探索，具体研究思路：应用相关理论知识，深入分析目的地旅游安全的概念内涵，从客观和主观视角，构建目的地旅游安全度的客观评价模型和游客安全感的主观评价模型，通过数据分析验证，对目的地旅游安全进行综合评价。在综合评价的基础上，为进一步指导实践运行。本书尝试探索目的地旅游安全预警判据，同时依据评价结果，判定目的地的旅游安全预警等级。依据上述研究内容和研究方法，本书的研究思路和逻辑框架整合如下。

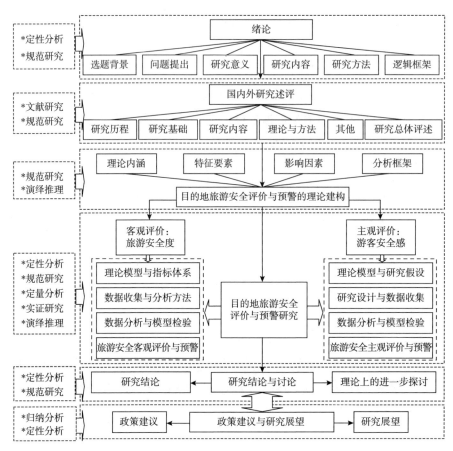

图 1.1 本书的逻辑框架

2 国内外研究述评

本章阐述了旅游安全研究的缘起，从旅游安全研究的基础和内容等方面对旅游安全研究的成果进行梳理、总结和评述。同时从旅游安全评价研究历程、基础概念、主要内容、研究的理论与方法等方面对旅游安全评价研究成果进行梳理、总结和评述。重点对旅游安全评价的核心概念——旅游安全进行厘清，并在评述评价研究内容的基础上，提出本章拟探索的方向。

从全球来看，旅游安全研究及对旅游安全的关注源自跨政府机构组织召开的国际会议和国际事件推动。1985 年在保加利亚召开了第六届世界旅游组织大会，会议通过了"旅游权利法案和旅游者守则"（*the Tourism Bill of Rights and Tourist Code*），旅游者的个人人身和财产安全权利得以明确。同时，旅游权利法案约定：保护旅游者安全、提供最干净卫生的旅游环境和服务、防控传染性疾病传播和旅游安全事故发生等，成为每个会员国应履行的使命。1989 年在阿根廷举行第九届世界旅游组织大会，大会采纳了"旅游安全推荐措施"（*Recommended Measures for Security in Tourism*），该措施宣告了保护和尊重旅游者权利的重要性。此后，一项保护旅游者安全的全球行动形成于 1994 年在西班牙召开的世界旅游组织旅游安全专家会议，会议官方正式明确旅游者安全作为基本人权，同时批准了七项旅游安全保障措施。1995 年旅游安全风险中心在瑞典成立（Sharpley，1995）[8]，尽管旅游安全问题已引起全球关注，但是旅游安全事故依然未能避免。1997 年亚洲金融危机对旅游业造成灾难性的影响，特别是南亚和东南亚地区受危机影响，主要旅游企业纷纷破产。2001 年 "9·11" 事件导致全球旅游业经营下滑，对美国旅游业也是一个巨大的冲击。

安全事件的发生，旅游学术和业界也已经意识到安全对特定区域、城市或整个区域的负面影响（Mansfeld and Pizam，2005，2006）[9]。2003 年，SARS 席卷全球，旅游业波及较大，世界入境旅游出现自 1983 年以来的首次负增长，而且亚洲和非洲受影响最为严重。2004 年印度洋海啸和 2008 年汶川地震也使中国旅游业受到直接影响。以上事件再次表明旅游安全的重要性，也正是为应对灾难事件的影响，学者们探索大量新理论和方法应用于旅游安全的实际。

SARS、"9·11"事件和 2004 年的海啸之后，旅游者健康和安全成为新时代旅游安全关注的重要内容，旅游安全和健康的管理视角也发生了转变。这些又推动了学术的进步，《新世纪游客安全和健康管理》（*Managing Tourist Health and Safety in the New Millennium*）出版，该书反映了游客安全和健康的复杂问题，强调了旅游安全问题应该从国际和多元视角进行分析，是在旅游安全研究领域非常有理论贡献和实际应用价值的学术成果。

旅游安全对旅游体验的质量具有重要作用。因此，提供较高的满足安全需求的旅游体验质量成为旅游目的地客观要求，这些需要旅游目的地政府协调各政府部门、旅游企业、媒体、非政府组织和相关社区组织共同努力。2002 年世界旅游组织对旅游目的地发布了旅游安全实践措施和政策建议（*Tourist Safety and Security*：*Practical Measures for Destinations*），该政策措施和建议有利于世界各旅游目的地旅游企业和组织改善服务，为旅游消费者提供安全的服务。

总起来看，旅游安全研究较为分散，同时中国学者对旅游安全研究要晚于西方学者，但自 2000 年后，特别是 2003 年 SARS 和 2008 年四川汶川地震灾害之后，旅游安全引起国内学者广泛关注，学者从不同视角对其进行探索，形成了一系列重要研究成果。

2.1　旅游安全评价研究历程

近年来，影响和制约旅游业发展的可预见与不可预见的风险因素不断增多，给旅游安全的稳定性造成影响。对旅游业安全隐患进行全面排查和科学系统的安全评价，是旅游安全管理的基础和前提，能为旅游安全监督管理提供科学依据，对旅游安全管理效果有直接影响。

旅游安全评价源自20世纪90年代的工程、系统、生产经营行为和社会活动等领域开展的安全评价研究，并逐渐深入。在旅游地风险系统评价、旅游地生态安全评价、旅游景区安全评价等方面进行了深入的探讨，取得了诸多理论成果。对近20余年的旅游安全评价研究文献进行系统的梳理，了解旅游安全评价研究的现状和脉络，剖析旅游安全评价研究的理论与方法，对于深入探索研究旅游安全评价、完善和拓展旅游安全理论体系都具有重要的理论意义和实践价值。

在近20余年的研究历程中，学者对旅游安全的诸多方面进行了深入的评价研究，对中国旅游安全形势的持续稳定起到积极的促进作用。笔者以"旅游+安全评价/评估"等作为题名、关键词、摘要以及主题，在中国学术期刊全文数据库、维普中文期刊全文数据库等进行检索，遴选了近20余年来旅游安全评价研究相关论文进行梳理。分析发现旅游安全评价研究呈现出三个明显的阶段：第一阶段是探索研究阶段。研究刚起步，学者多从系统论和安全学角度，探索旅游安全风险系统的内容、旅游安全预警指标体系的构建、旅游安全事故的成因机制、旅游安全风险源辨识等。第二阶段是深入研究阶段。该阶段学者集中探讨旅游领域内细分问题，研究成果较多，研究问题相对集中，深入探索了旅游生态安全评价、旅游景区安全评价和旅游资源安全评价等。第三阶段是发散研究阶段。旅游安全评价研究呈现出发散状况，研究涉及旅游安全的较多方面，如灾后旅游安全风险评价、旅游地安全评价、旅游者安全认知等。

在旅游业实践中，大部分旅游企业已认识到安全评价工作的重要性，并积极开展安全评价工作。我国2005年实施的新修订的《旅游景区质量等级的划分与评定》和2010年实施的新修订的《旅游饭店星级的划分与评定》中，都对旅游安全规定进行了修订或新增了安全管理内容。这些都充分表明旅游安全评价深得业界的重视，也体现了旅游安全评价的内容在逐步完善。

旅游安全评价作为旅游安全研究的重要课题之一，历经20余年探索，产生了诸多理论成果。经过梳理，主要包括旅游安全评价的概念、旅游安全评价研究内容、旅游安全评价研究的理论与方法，以及旅游安全评价研究程序等方面内容。

2.2 旅游安全评价的基础研究

2.2.1 旅游安全的相关基础研究

旅游安全是一个被广泛接受的事实，但学术界依然没有一个统一的概念界定。在国外，也尚未直接对旅游安全概念进行界定，学者主要研究战争、恐怖主义、犯罪和民众骚乱对旅游的影响（Clift and Page，1996；Abraham Pizam and Yoel Mansfeld，2006）[10]。旅游安全的相关界定主要有如下。Pinhey and Iverson's（1994）认为旅游安全主要在于一些旅游活动的安全，当然，还包括旅游相关要素的安全，如餐饮、住宿、交通、景区（点）游览。旅游安全风险是指旅游者从客源地到目的地之间对旅游影响的各种可能风险因素，包括疾病、犯罪和交通事故等（Tsaur et al.，1997）[11]。世界旅游组织认为，旅游者、旅游东道主和旅游经营者的安全风险主要有四个来源：旅游业人员和制度环境的外部因素、旅游业和相关商业因素、个人风险、物理或环境风险（自然、气候和流行病等）[12]。George（2003）认为旅游安全涉及旅游者的安全，不仅包括从旅游客源地到旅游目的地安全问题，而且包括旅游者在旅游活动空间中个人安全问题[13]。

在我国，20世纪90年代才开始旅游安全的相关研究，对旅游安全的概念是进行旅游安全相关研究的基础，国内学者对旅游安全概念的界定，具有典型性和代表性的有如下一些。郑向敏（2003）研究认为，"旅游安全指旅游活动过程中所发生的涉及旅游者等各相关主体的人身、财物安全现象的总称"[14]。据许纯玲、李志飞（2000）的观点，"旅游安全是指旅游者在旅游过程中的人身、财产和心理安全。具体讲就是人身不受伤害，随身物品保持完好无损，旅游者在整个旅游过程中始终处于轻松愉悦的环境中，没有受到外来的骚扰和威胁，也没有发生有惊无险的情况（特殊旅游活动如登山、漂流、探险等除外）"[15]。李巧玲、彭淑贞（2006）认为，"旅游安全可以分为社会性的安全问题和自然性的安全问题。社会性的安全问题包括战争、恐怖主义活动、政治动荡、旅游犯罪以及安全管理失误等。自然性的安全问题，即所谓的自然灾害，主要有地震、火山、滑坡和泥石流等地质地貌灾害；洪水、暴雨、沙尘暴、干旱和海啸等气象水文灾害；病虫害等生物灾害"[16]。朱红新（2007）对旅游安全的定义是，"旅游安全是指旅游活动过程中所发生的涉及旅游者人身、财物安全的事故"[17]。旅游安全是指"旅游活动可以容忍的风险程度，是对旅游活动处于平衡、稳定、正常状态的一种统称，主要表现为旅游者、旅游企业和旅游资源等主体不受危险、不受外界因素干扰而免于承受身心压力、伤害或财物损失的自然状态"（中国旅游辞典，2011）[18]。

旅游安全表现形态和时空特征是旅游安全研究的基础，是探索旅游安全本质规律的关键。张进福、郑向敏（2001）以游者安全为出发点，总结出旅游安全的五种表现形态：犯罪、交通事故、火灾与爆炸、疾病或中毒及其他意外事故，认为旅游安全具有随旅游（项目）发展阶段不同而变化、季节性差异、在旅游各环节表现不一三大特征[19]。

张进福、郑向敏（2001）"首次对旅游安全研究内容进行了系统探索，尝试性地提出了旅游安全研究的框架，从旅游安全的内涵，结合旅游本质和特征考察，旅游安全的研究内容应包括学科理论研究和行业实践两个层面"[20]。目前，国内旅游安全研究的首部专著《旅游安全学》（郑向敏，2003），对旅游安全的内涵、时空规律、本质特征等内容进行了基础研究[14]。

旅游安全事故成因分析是探索旅游安全事故发生成因机制的关键，也是旅游安全研究的重要内容。Mieczkowski（1995）研究认为自然环境因素引发的威胁和人为原因造成的事故灾难是旅游和休闲安全的主要影响因素[21]。Richard George（2003）通过对开普敦游客的随机调查发现，虽然被调查游客认为在黑夜和乘坐城市公共交通存在不安全感，但总体上安全感是积极正面的，同时游客安全认知受个人因素影响，如游客的国籍、之前经历过犯罪事件危险等因素[22]。张西林（2003）运用"事故因果连锁论"分析了旅游安全事故成因，发现旅游安全事故是在旅游者的不安全行为与旅游环境的不安全状态交叉相遇的时空状态下发生的，同时指出不安全的旅游环境、不安全的旅游行为和不安全的旅游环境和行为在同一时空交叉相遇时是旅游安全事故发生的"事故三要素",且三要素缺一不可[23]。李洪波、郑向敏(2004)指出旅游安全事故发生具有多米诺骨牌效应机理,具体发生过程分 7 个部分:旅游行为的发生、客源地社会环境、目的地自然及社会环境、游客个人错误行为、不安全行为或状况、发生事故、损失结果等[24]。

旅游安全管理体系是建构旅游安全理论的重要内容,也是旅游安全研究的基础。对于旅游安全管理体系的研究,国内文献主要是从现状结构和管理体系构建等方面着手。张进福(2001)提出了"设立专门的旅游安全管理机构,由专人负责,由旅游行政管理部门牵头,由旅游地居民、旅游从业人员和旅游管理、治安管理、社区医院、消防、保险、交通等多部门、多人员参与的社会联动系统,形成共享资源、社会关注旅游安全的局面,保证各项安全管理工作的实施,有效控制安全问题"[25]。林香民等(2005)结合旅游业的特点,提出"利用 ArcIMS 技术系统构建旅游安全管理系统应该包括:灾前的防范系统、灾时的抗灾系统以及灾后的评估善后系统三大部分,具有功能健全、管理方便、系统成熟和安全可靠等优点"[26]。

旅游安全预警体系、旅游安全救援系统和旅游安全保障体系构建是增强旅游安全保障的基础和核心,是维持目的地旅游安全稳定的基石。郑向敏、卢昌崇(2003)"构建了包括旅游者安全保障、旅游从业人员安全保障、旅游资源安全保障三个层面内容的旅游安全保障体系。从旅游安全保障的系统功能角度看,旅游安全保障体系是由旅游安全政策法规系统、旅游安全控制系统、旅游安全预警系统、旅游安全施救系统和旅游安全保险体系五个子系统组成的一个开放性系统"[27]。张进福(2006)"研究建立了一整套行之有效的旅游安全救援系统,该系统包括核心机构、救援机构、外围机构在内,由旅游接待单位、旅游救援中心、保险、医疗、公安、武警、消防、通讯、交通等多部门、多人员参与的社会联动系统"[28]。谢朝武(2010)指出"我国应建立分区域、分层次且体系深入的旅游安全预警体系,其预警结构包括突发事件预警、环境污染预警、旅游容量预警和旅游业务预警等 4 个模块"[29]。李东和、孟影等(2011)

认为："各级旅游管理部门应在各级政府的领导下，联合、协调有关部门，构建一个由旅游救援指挥中心，旅游安全监控系统、旅游求救与求援系统、救助与援助系统、旅游救援善后系统 4 个子系统组成的旅游目的地救援系统"[30]。

安全受到许多城市关注，不仅关注犯罪问题，而且重要的在于促进城市旅游发展。1996 年，联合国人居环境署提出了安全城市战略，而该战略对于遏制犯罪问题发生和促进旅游业发展具有重要意义。Aris – Anuar 等（2011）通过分析马来西亚的布特拉加亚实施的安全城市战略，得出安全城市战略是预防犯罪和提升旅游者安全感的重要途径，同时在实施安全城市战略过程中，旅游业和法律主管机构应联合起来，共同防治犯罪[31]。

2.2.2　旅游安全评价的概念

中华人民共和国安全生产标准《安全评价通则》（AQ8001 – 2007）对安全评价做了如下定义："安全评价是以实现安全为目的，应用安全系统工程原理和方法，辨识与分析工程、系统、生产经营行为和社会活动中的危险、有害因素，预测发生事故或造成职业危害的可能性和严重程度，提出科学、合理、可行的安全风险管理对策措施建议。"[32]

旅游安全评价虽没有比较确定和权威的界定，但是学者们先从系统论的角度定义旅游安全风险，继而进行定义旅游安全评价概念。赵怀琼、王明贤（2006）认为"旅游安全风险系统是由旅游者自身与旅游景区管理、社会环境等综合因素共同组成的一个复杂的有机整体，它们在旅游安全上，存在着相互作用、相互联系，从而构成一个特定的相互依赖的系统"[33]。旅游安全评价具有两层含义：其一是旅游自身系统是否安全，自身结构是否受到破坏；其二是旅游系统对于人类是否安全，即旅游系统所提供的服务能否满足游客的安全需要（谢贤平等，2007）[34]。在前人研究的成果基础上，陆燕春（2008）认为"旅游安全风险管理评估是确定可能的危险源类型，对旅游行程中的所有风险因素进行合理的评估，同时建立旅游资源的风险等级评定制度"[35]。

"安全评价的目的就是查找、分析和预测工程、系统、生产经营活动中存在的危险、有害因素及可能导致的危险、危害后果和程度，提出合理可行的安全对策和措施，指导危险源监控和事故预防，以达到最低事故率、最少损失和最优的安全投资效益。"（柴建设等，2008）[36] "开展旅游安全评价是旅游行业发展的客观需要，是旅游企业实现本质化安全运行的需要，实现旅游全过程控制的需要，为建立旅游系统安全的最优方案，为决策者提供依据，为实现旅游安全管理的标准化和科学化创造条件。"（章秉辰，2010）[37] 周丽君（2012）指出"山地景区旅游安全风险评价是进行风险预警和防范的基础，是制定景区安全管理措施的依据和基础，对各影响因素和风险源进行识别分析，确定其风险要素可能性大小，并可以根据确定好的风险程度进行针对性管理"[38]。

2.3　旅游安全评价研究的内容

从现有旅游安全评价研究的文献可以发现，学者们对旅游安全评价主要是从客观视角的旅游地安全评价和主观视角的旅游安全认知评价两个方面进行研究。

2.3.1　旅游地安全的客观评价研究

旅游地安全客观评价研究的重点在于构建评价模型和评价指标体系。由于旅游地的尺度有大小，既包括宏观区域的旅游目的地，也包括微观区域的旅游景区（点）。从总体上看，学者们选择了不同尺度的旅游地对旅游安全进行评价研究。较多学者从宏观的区域尺度对旅游地安全评价进行了研究，成果较多。

旅游地安全评价是开展旅游地安全管理的前提和基础。学者基于不同研究需要，提出纷繁芜杂的旅游地安全评价模型与评价指标体系。如王丽华（2010）等提出"以游客供求关系为核心系统的城市旅游安全系统（简称为 UTSS）模型，它由核心子系统、辅助子系统和支撑子系统三部分组成，并以此构建旅游安全评价指标体系"[39]。叶欣梁（2011）研究旅游地灾害风险形成机理，以旅游地的致灾因子、暴露与脆弱性为基础，对旅游地自然灾害风险进行评价研究[40]。清华大学国际问题研究所从"以人为本"的考虑出发，建立了一套评估旅游安全的指标体系，该指标体系从中外政治关系、宗教和文化、安全形势、交通状况和自然灾害（包括医疗卫生条件）五个方面对一国的旅游安全状况进行综合评估（徐进，2006）[41]。席建超等（2007）构建了旅游地安全风险评估的指标体系，涵盖交通、治安、卫生、住宿、气候、旅游线路、医疗救援 7 个层面，共有 14 个评估指标[42]。马晓路（2009）等通过在灾后旅游地的从业人员和旅游者中进行访问、调查，最终确定了能综合反映灾后旅游地安全风险且没有重复内容的 5 个一级评价指标（自然环境风险、社会环境风险、责任人风险、个人行为风险和旅游活动意外风险）和 18 个二级指标[43]。

目前，学者对旅游生态安全评价研究，多以生态安全理论为基础，采用"压力（Pressure）- 状态（State）- 响应（Response）"模型，构建了旅游地生态评价的指标体系。"旅游地生态安全可以表征为旅游地可持续发展依赖的自然资源和生态环境处于一种不受威胁、没有风险的健康、平衡的状态和趋势，在这种状态和发展趋势下，旅游业的发展不会造成旅游地生态系统不可逆的变化而导致其质量的降低，不存在退化和崩溃的危险，旅游地生态系统能够持续存在并发展。"（董雪旺，2003）[44]而郭小鸿（2010）则应用生态发生学、生态结构学理论与方法，系统剖析了自然保护区的结构与服务功能，研究了由生态资源、环境保护、自然保护区管理等三大系统构成的自然保护区生态安全指标体系框架[45]。赵新伟（2007）建立了一个由旅游生态环境压力预警子系统、旅游生态环境质量预警子系统、旅游生态保护与整治能力预警子系统等构成的区域旅游生态安全复合预警系统[46]。

作为微观区域尺度的旅游景区安全评价也是重要研究内容。旅游景区是旅游者活动的载体，是重要的集散中心。旅游景区安全是指保障旅游者在旅游景区内活动的各方面安全和维持旅游景区的正常运营。学者从不同视角对旅游景区进行了安全评价。如邹永广等（2011）提出旅游景区安全系统由核心、辅助和保障 3 个子系统组成，并以此构建了旅游景区安全评价体系[47]。崔秀娟（2005）有针对性地建立了旅游区安全评估指标体系，体系包括综合安全管理、设施设备安全、旅游环境安全三个方面[48]。李新娟（2010）采用山地景区旅游安全隐患检查表分析法，穷举了山地

景区旅游安全隐患，应用山地景区旅游安全风险指数定量评价方法，提供
了直观全面的安全风险分析信息[49]。周丽君（2012）从山地景区系统考
虑，选取旅游安全事故成因机制中所涉及的危险性、脆弱性、暴露性、防
灾减灾能力四个要素构建旅游安全风险概念模型[38]。罗振军（2008）等
认为："对于旅游者而言，景区安全容量是衡量旅游景区安全的一个重要
指标，并提出景区的安全容量（Safety Capacity）是指在不破坏景区环境
及基础设施，不危害公共安全，满足游客最低游览要求（如心理感应气
氛），并保持景区运营秩序和保障人员安全时，所能容纳的人员量，并把
反映事故风险管控效果的景区内在特征、服务管理质量和景区外部环境因
素三大核心指标视为评价旅游景区事故风险管控能力的指标"[50]。

2.3.2　旅游安全认知的主观评价研究

通过现有文献发现，学者们对旅游安全认知评价研究主要围绕旅游安
全认知的影响因素和旅游安全认知评价的影响作用两个方面开展。旅游安
全认知的影响因素探索研究较为受关注。

旅游者安全认知的形成会受到个体特征、社会环境和旅游经历等多方
面因素的影响。"旅游安全认知是对实际的安全信息在人脑中的主观反
映，是个体对客观存在的安全环境的直觉判断，是旅游者感知的安全程
度。旅游者安全认知评价是一个主观风险评估模式，以描述性的模型为基
础，体现了旅游者个性的差异，具有价值属性，是客观精确计算的概率所
不能替代的。"（安辉、付蓉，2005）[51]

（1）个体特征因素。德莫斯（Demos，1992）通过对华盛顿游客进行
访谈发现，游客安全认知和态度受到其性别、婚姻状况、受教育程度等影
响，并发现有1/3的游客非常关心自身安全，39%的游客认为在晚上，城
市没有安全感，其他1/3的游客认为华盛顿安全问题会影响其重游[52]。
尼尔（Nell Carr，2001）探索研究了年轻旅游者对伦敦都市度假环境的危
险感知，认为危险感知之所以重要不仅在于是游客的权利，还在于危险感
知对游客休闲时空的影响，同时还比较了不同性别和组织形式的游客白天
和晚上的危险感知差异[53]。罗伊等（Roy et al.，2005）通过对澳大利亚
昆士兰海滩旅游的国际和国内学生的安全认知进行访谈和问卷调查，发现

国际学生比国内学生更喜欢从事沙滩冒险行为，而且安全意识较薄弱，而国内学生在沙滩旅游的安全意识和安全行为方面具有更大的提升空间[54]。科扎科尔等（Kozakl et al.，2007）研究显示国际旅游者对目的地的各种风险存在许多差异性，如旅游风险感知随着旅游经验的增加而降低；男性比女性更少关心风险；旅游安全感知会随着游客所在国家文化的不同而不同等[55]。乔治（George，2010）实证研究表明游客的社会统计特征，如年龄、籍贯、目的等会影响安全感，不安全感会随着年龄的增加而增加，同时还指出安全感会影响重游率和口碑效应[56]。邓梅（2013）调查国内旅游者对旅游安全认知状况，结果表明：不同旅游者因其个体的差异性而对旅游安全表现出不同的认知；旅游者存在安全意识不高、安全知识欠缺、安全认知存在误区等问题[57]。

（2）社会环境因素。曼斯菲尔德等（Mansfeld et al.，2006）联合编著了《旅游安全从理论到实践》（*Tourism Security and Safety From Theory to Practice*），阐述了犯罪、抢劫、恐怖主义等因素对旅游的影响，以及旅游危机管理[58]。布伦特等（Brunt et al.，2000）评价了旅游者度假期对犯罪的安全感，得出治安状况一直是游客选择旅游地和度假的重要因素[59]。里蒂斯瓦特（Rittichainuwat，2009）认为泰国服务业的风险感知影响的决定性因素是恐怖主义和疾病（如 SARS、禽流感），同时在危机期间的旅游，首次和重游者对旅游风险感知存在差异[60]。博阿基耶（Boakye，2011）研究发现，犯罪对旅游住宿安全是游客最主要的感知影响因素[61]。安辉等（2005）认为一般而言，影响旅游者主观的风险认知取决于风险的定量、风险的定性和消费者的个性差异。此外，还存在由犯罪和恐怖威胁所引致的特殊风险因素[51]。

（3）旅游经历因素。勒普等（Lepp et al.，2011）通过设计两组随机实验，分析乌干达旅游官方网站对其形象和风险感知是否有影响，经过前测和后测的对比，发现旅游官方网站对旅游形象和安全风险感知有影响，政府部门可以通过旅游官方网站更好地引导政府形象和风险感知形象[62]。为了验证初次旅游游客和重游游客对于目的地风险感知、风险减少战略和旅游动机的差异，范琦和蕾切尔（Fuchs and Reichel，2011）在高度变化的旅游目的地对 760 名国际旅游者进行调查，研究发现：初次旅游游客

(*first – time visitors*) 重点关注人为引致风险、社会 – 心理风险、食品安全及天气安全风险等因素；重游游客 (*repeat visitors*) 主要关注财物风险、服务质量风险、自然灾害及交通事故风险等[63]。

(4) 综合因素。高萍等（2006）研究得到影响旅游者对乡村旅游安全认知的四大因子：环境与设施安全认知、天气安全认知、心理安全认知和行为安全认知因素[64]。郑向敏等（2010）分析和提出了影响大学生户外休闲体育运动安全的主要因素有：个人因素（包括安全意识淡薄、身体素质较差、户外经验不足）、环境因素（包括自然环境、社会环境）、制度因素、管理因素（包括组织不规范、相关企业管理不善、救援机构缺乏）[65]。刘春济等（2008）研究得出游客较为重视设施设备风险、医疗风险、治安风险和身体风险等实体风险，同时，风险认知还存在个性差异和群体差异[66]。王兴琼（2009）总结得出主要因素有：①危机事件本身的影响。研究证明了传染病、自然灾害和恐怖袭击等事件因其突发性和强大的破坏性更能激发游客对自身旅游安全的担忧。②游客个人因素。旅游者对安全事件的风险认知和评估受到许多个人因素（年龄、性别、教育和职业、个人主观印象、所处文化圈）的影响。③游客所在客源国因素。游客安全感知随着地理区域的不同而不同。④目的地因素。在目的地方面，影响游客安全感知的主要因素是信息传播和媒体效能[67]。陈楠、乔光辉等（2009）探讨了出境游客旅游感知风险主要有三大因子：恐怖事件与战争危险、公共卫生危险以及自然灾害与金融风险因子[68]。

旅游者安全认知对旅游目的地的体验影响，以及对旅游目的地的选择影响也是研究关注的方面。威尔克斯等（Wilks et al. , 2003）联合编著的《新世纪旅游者健康和安全管理》（*Managing Tourist Health and Safety in the New Millennium*），对诸如探险旅游、旅行社、旅游交通在提供健康和安全方面等特点问题进行了理论探索[69]，其中，普里得奥斯（Prideaux, 2003）在《国际旅游者与交通安全》一文中指出，游客不熟悉旅游地的法律和交通状况导致了许多交通事故和伤亡问题[70]；巴克尔等（Barker et al. , 2003）研究表明，城市旅游地的各种大型节事活动潜藏着许多安全风险，影响旅游者的安全感知和城市旅游体验[71]。张捷雷（2007）研究指出旅游目的地安全事件的报道会影响旅游者决策并改变其决策过程；

旅游者对安全事件的风险认知和评估受到许多个人因素的影响；特殊细分市场的游客（如滑冰、潜水、漂流等产品）对某些安全事件的关注度较高，受安全事件的影响大；对旅游目的地来说，对于消费者自愿承担的风险，安全事件引起的营销风险降低；安全事件发生时间的不同，对旅游者的决策影响是不同的；旅游者模糊的地理区域概念会造成错误的旅游目的地形象认知[72]。杰恩等（Jehn et al.，2009）实证结果表明，旅游风险感知对旅游购买决策犹豫产生正面影响，而且主观知识会影响旅游风险感知[73]。

马沃毕（Mawby，2000）通过研究分析了游客安全风险与游客安全感之间的矛盾，解决这对矛盾需增加游客安全风险告知，减少旅游对安全事件的恐惧，提升旅游安全认知和安全意识[74]。苏皮特等（Sue Peattie，Philip Clarke，Ken Pcattie，2005）的研究指出，游客的健康和安全问题引起了游客自身、管理者、学术界和政策制定者的关注，认为年轻游客的旅游健康风险较多，旅游业面对的最大困难在于"阳光度假"的皮肤健康，提出了旅游地经营者和管理者应承担责任，面对游客的皮肤健康问题，增加游客皮肤健康安全认知，减少游客皮肤受伤的危险[75]。刘宏盈等（2008）基于旅游感知安全指数，对国内北京、西安、广州、昆明、上海、桂林六大旅游热点城市进行了评价，结果显示昆明的旅游感知安全指数最高，而桂林的旅游感知安全指数最低。评价结果在一定程度上反映旅华游客对六大旅游城市的旅游安全认知[76]。张一（2011）认为"旅游安全认知是信息加工的结果，前因变量包括人口统计学因素、熟悉程度、旅行经历、负性经历、旅行目的、文化背景等；结果变量包括目的地形象知觉、旅游决策、旅游行为及情绪、满意度、重游意愿和口碑宣传"[77]。

2.4　旅游安全评价研究的理论与方法

由于旅游安全评价研究的内容较广，从学者研究使用的学科理论发现，有安全学、管理学、生态学、经济学和心理学等，使用了不同学科理论与方法对旅游安全进行评价研究。

2.4.1 旅游安全评价研究的理论

经过总结，现有的旅游安全评价研究使用的基础理论与模型主要有系统论、风险评估理论、灾害风险理论、事故致因理论、P－S－R 模型以及其他相关理论等，如表 2.1 所示。

表 2.1   旅游安全评价研究的主要理论

理　论	内容简述	主要应用
系统论	系统是由相互作用和相互依赖的若干组成部分结合而成的具有特定功能的有机整体[33]	旅游安全风险系统的危险因素和重大危险源辨识
风险评估理论	包括危险性辨识（鉴定）和危险性评价两个部分。危险性辨识即危险性复查和风险率计算。危险性评价是对危险性大小、程度、发生概率等进行分析和评价，提出安全措施[34]	旅游地安全风险的评估与管理
灾害风险理论	灾害风险三角形模型包括危险性（Hazard）、易损性（Vulnerability）和暴露性（Exposure）；灾害风险模型四个因子由灾害的危险性、暴露性、脆弱性、防灾减灾能力组成[38][40]	旅游地自然灾害风险评价、区域旅游资源灾害风险评估、山地景区旅游安全风险评价等
事故致因理论	事故因果连锁理论（Accident Causation Sequence Theory），认为事故的发生是由于人的不安全行为和物的不安全状态引起的[42]	旅游线路安全风险评价
P－S－R 模型	通过压力、状态、响应指标类型来表达，如此循环往复，就形成了人类活动与自然环境之间的压力—状态—响应关系，较好地反映了自然、经济、环境、资源之间相互依存的关系[44]	旅游地生态安全评价
其他相关理论	效用论，风险认知模型等	旅游者安全价值评价、旅游安全认知评价等

资料来源：根据文献整理。

2.4.2 旅游安全评价研究的方法

目前，旅游安全评价研究使用的方法主要分为三类性质：定性与定量方法，其中定量方法在旅游安全评价指标体系的构建和指标权重值的确定方面发挥了积极作用。常用的定量评价方法有：模糊综合评价法、灰色系统分析法、人工神经网络分析法、Logistics 回归分析和可拓物元评价法等，如表 2.2 所示。

表 2.2 旅游安全评价研究的主要方法

方 法	内容简述	主要应用
模糊综合评价法	利用模糊隶属度理论把定性指标合理地定量化，解决现有评价方法中存在的评价指标单一、评价过程不合理的问题，是一种定性与定量相结合、综合化程度较高的评标方法，实质是依托层次分析法[42][46]	旅游地安全风险、旅游地生态安全预警、区域旅游资源的灾害风险、旅游线路安全、旅游景区（点）安全、以及旅游产业安全等评价研究
灰色系统分析法	根据因素与因素间的发展趋势相似度（关联度）来动态地、定量衡量灰色系统因素间关联程度，从而为系统决策、预测控制提供有用信息和可靠依据[42]	探险旅游线路安全风险评估、旅游地安全风险评估、旅游道路交通安全评价
人工神经网络分析法	可以充分逼近任意复杂的非线性关系；所有定量或定性的信息都等势分布储存于网络内的各神经元，故有很强的鲁棒性和容错性；采用并行分布处理方法，使得快速进行大量运算成为可能；可学习和自适应不知道或不确定的系统；能够同时处理定量、定性知识。另外，人工神经网络具有良好的自学习功能和高速寻找优化解的能力[171]	旅游安全预警指标构建及信息系统应用、旅游交通安全评价分析
Logistics 回归分析法	有序 logistics 回归模型其计量结果既能用来判别，又可用来解释。同时，logistics 模型采用最大似然估计法进行参数估计，不要求样本数据呈正态分布，与现实中旅游者对危机风险感知的真实情况相吻合[66][68]	旅游者风险感知的要素判别、旅游景区安全风险评价
可拓物元评价法	以可拓学的物元模型和可拓集合、关联函数理论为基础，用于解决不相容的问题	旅游地旅游安全可拓性测度模型构建

资料来源：根据文献整理。

2.5 旅游安全评价研究的其他方面

2.5.1 旅游安全评价研究的程序

旅游安全评价研究需要遵循一定的研究程序，当然，不同的研究对象，评价研究程序存在差异。席建超等（2007）以铁路沿线旅游安全风险评价为例，提出旅游安全风险评价的评价流程：①确定评价目标与评价方法；②收集与分析评估要素信息，建立数据库；③进行危险性评价；④统计评价；⑤确定风险等级和受损程度[42]。

区域旅游资源灾害风险的评估较为复杂，刘浩龙等（2007）认为主要涉及6个基本步骤：①实地调查，收集评估所需资料；②制订评估计划；③辨识风险源；④评估灾害风险；⑤对灾害风险进行综合评估，并进行风险程度的比较；⑥与风险利益涉及方进行沟通，视反馈意见，调整风险评估方案[78]。

2.5.2　旅游安全评价研究结果的影响

旅游与安全事件是不可避免的交织现象。当战争、恐怖主义、犯罪等安全事件发生时，旅游目的地、旅游企业、旅游者和当地社区总是会受到影响（Yoel Mansfeld，Abraham Pizam，2006）[58]。安全事件对旅游者造成的损失和影响是人身和财产安全，主要包括六个方面：对旅游目的地自身的影响、对旅游者行为的影响、对旅游业的影响、对东道主政府的影响、对客源地政府和媒体行为的影响（Yoel Mansfeld，Abraham Pizam，2006）[58]。

受到世界恐怖主义和犯罪事件的深刻影响，旅游安全研究领域的第一篇学术论文于20世纪80年代发表。在旅游客源地和目的地之间的旅游业和游客受到各种安全事件的影响，学者纷纷试图估算安全事件对旅游的影响程度和应对危机的办法，旅游安全研究为该领域问题的解决做出了努力。2003年旅游安全新的学术著作《旅游安全：关系、管理和营销》（*Safety and Security in Tourism*：*Relationships*，*Management and Marketing*）出版。

犯罪对旅游的影响研究是旅游安全研究最早的探索。20世纪90年代《旅游、犯罪与安全问题》（*Tourism*，*Crime and Security Issues*，Pizam and Mansfeld，1996）出版，该书是首部旅游安全研究领域的专著。此时国外学者对旅游安全研究主要是分析恐怖主义、犯罪、战争和政治的不稳定性对旅游的影响。如恐怖主义与旅游、犯罪与旅游、战争与旅游、政治的不稳定性与旅游等等。此后，学者还关注了旅游景区、旅游餐饮和饭店安全（Robert L. Kohr，1991）、旅游交通安全（Wilks，1999）等等。索米兹等

（Somez et al. , 1998）以信息集合理论和安全动机理论为框架，考察研究了游客安全感知程度与国际旅游的态度、年龄、性别、受教育程度、收入和家庭是否有孩子等相关变量的相关关系，同时发现游客安全感知对其国际度假旅游决策过程有直接影响[79]。布拉特等（Brunt, Mawby and Hambly, 2000）通过对英国度假者的旅游犯罪感知和犯罪感进行调查，发现度假者在旅游体验期间的犯罪感知远远高于在客源地的犯罪感知，这表明了旅游犯罪率高于本地的一般犯罪率，这也是旅游引起的犯罪问题，应当引起重视[59]。米查尔等（Michael et al. , 2002）以 2000～2001 年在新西兰奥克兰市举行的美洲杯球赛为例，分析了旅游者安全与城市旅游环境的关系，研究发现游客安全感知、城市旅游犯罪行为感知和受害程度受到国情的影响，揭示了游客对犯罪安全的感知是影响游客安全的本质需求的满足和游客重游行为的关键影响因素[80]。桑霞（2011）研究得出："旅游犯罪活动表现为盗窃、抢劫、诈骗、伤害、杀人、强奸；以旅游的名义进行偷渡、贩毒、走私和扰乱旅游市场秩序；破坏旅游交通工具或旅游景区设施等形式。旅游犯罪活动对旅游业的影响是经济水平明显下降、旅游安全指数下跌、阻碍国家之间的文化交流、损害国际旅游形象、形成心理阴影、影响法律制度健全、扰乱旅游市场秩序等。"[81]张捷雷（2007）指出"旅游安全事件会对目的地旅游业产生重大的影响，其影响程度因为旅游者认知的差异、旅游目的地信息的对称程度和安全事件发生时间等因素而表现不同"[82]。李柏文（2007）提出了区域性旅游安全问题，指出西方人权与安全的悖论，经济诉求与安全诉求的冲突，国际经济格局的不平衡，国际政治经济秩序的不稳定性，区域性民族、宗教、文化冲突等国际社会问题是导致区域性旅游问题凸显的社会缘由[83]。

　　旅游安全评价的结果最终对旅游安全管理及旅游业发展有何影响，现有的研究较少涉及。仅有部分学者通过旅游安全认知评价研究，分析旅游安全认知评价对旅游决策的影响，如游客安全感知是游客旅游决策的基本决定因素，游客出行决策在很大程度上取决于其对目的地环境的认知，其中安全因素起决定性作用，安全是首要的认知评价要素（Sonmez, Graefe, 1998）[84]。旅游业发展在很大程度上也依赖于游客对旅游目的地安全性的感知（王兴琼，2009）[67]。

2.6 旅游安全评价研究评述

2.6.1 旅游安全评价研究的基础：旅游安全概念的厘清

旅游安全有自身独特的现象、本质特征与发生规律，学者从不同视角进行解读和探索。重大旅游安全事件也直接推动了旅游安全研究的深入，旅游安全研究成果丰硕，但依然存在一些不足之处。

2.6.1.1 现有旅游安全概念存在的问题

从上述列举不同视角的定义来看，诸多学者对"旅游安全"一词给出了各自的解释，且内容繁多，即使同一视角的解释也不尽相同。倘若对"旅游安全"一词界定不同或不清，对其内涵和外延不能进行比较合理的诠释，"旅游安全"相关的研究，则难于展开，或者难于建构一套逻辑自洽的理论体系。通过分析，本节发现现有"旅游安全"概念界定存在以下问题。

概念界定的片面性错误。人们习惯认为"没有危险、威胁、不出事故和无伤害损失"的情形就是"安全"，其实"没有危险、威胁，没有人身、财物损失"只是"安全"众多中的一种外在表现形式或属性，而不是"安全"的本质内涵，更不能把它和"安全"等同起来[85]。从逻辑上看，"没有危险、威胁、不出事故和无伤害损失"只是"旅游安全"的充分条件，而不是充要条件，故存在概念界定的逻辑片面性错误。

概念本质的抽象复杂。诸多学者在阐释旅游安全概念的本质时，常见的是将抽象事物的本质特征表述为："不受危险、不受外界因素干扰""免于承受身心压力、伤害或财物损失"等诸如此类，本质抽象表述较为复杂，不易理解旅游安全的本质。

概念涵盖的双重模糊。有学者认为旅游安全涉及两方面含义，即"旅游者的身心免受危害的状态和实现这种状态的保障条件"。从定义上看，违背了概念定义双重属性的基本逻辑原理，将一个旅游安全概念通过"状态"和"条件"双重属性进行界定。特别是在"状态"和"条件"这两个定义中都没有交代清楚的情况下，将使含义更模糊，就会产生歧义，引起混淆[86]。

概念指向的对象不全。在诸多旅游安全概念当中，有部分学者将旅游安全定义为"游客没有焦虑、紧张、恐惧等不安全感"。然而，"'安全'和'安全感'是两个内涵和外延完全不同的概念。安全是主体的客观属性，是一种客观存在，是一种事实判断，回答的是事实的真谬；而安全感则是主体对客观反映，是一种主观感受，是一种价值判断，要回答的是客观存在的好坏问题"[87]。因此，不可否认，在事实判断和价值判断不一致时，"安全"和"安全感"是有偏差甚至是截然对立的[85]。

概念表述的形式非惯常。常见的旅游安全的定义往往被表述为"不受威胁""不受侵害""不出事故""不受危险""不受外界干扰"等，即旅游安全概念的界定为"不是什么"，而不是界定"是什么"。从反面进行界定，为此就出现与惯常概念的一般解释和表述规则相悖的一种现象[88]。

2.6.1.2 旅游安全概念界定

通过对现有"旅游安全"的概念及其存在的问题等进行剖析，采用科学研究规范的概念界定的方法，综合各学科视角理论，对现有"旅游安全"概念进行重新界定。界定旅游安全概念是深入开展旅游安全研究的基础和理论依据。

从一般意义上说，"概念"是反映事物本质属性的思维产物，是逻辑思维的最基本单元和形式。我国国家标准对"概念"的定义是："对特征的独特组合而形成的知识单元。"[89]概念是对客观现实更深刻、更正确、更完全的概括和反映，其最基本的特征是抽象性和概括性[90]。概念的定义方法一般有3种[91]：①属加种差定义，这一定义是属概念"事件"加种差的限定，即由被定义概念的临近的属和种差所组成的定义；②操作定义，通过比值这一数学操作来定义；③外延定义，对于外延边界清楚且能被全部举出的集合概念，可以下肯定外延的定义。属加种差的方法是最主要的概念定义方法[86]。

旅游安全概念的界定：依据上述概念的内容和逻辑理论推演，同时，规避安全概念定义存在的问题，本节采用属加种差定义的方法，认为"旅游安全"是指具有特定功能或属性的旅游事物和特定的社会行为主体在实际生存和旅游发展过程中，在内部和外部因素及其相互作用下，所拥有的一种有保证或有保障状态。该定义主要包括以下内容。

①旅游安全所指向的对象一方面是"具有特定功能或属性的事物"，另一方面还包括"特定的社会行为主体"。所谓"具有特定功能或属性的事物"是指"能够实现目标、满足要求等作用的特定功能和具有归属或持续性等特定属性的实体事物或抽象事物，实体事物，如人、财产等；抽象事物，如国家、信息等"[86]。旅游安全所指的特定功能或属性的旅游事物，如旅游资源、旅游文化等。"特定的社会行为主体"包括多样性和多层次性的社会行为主体[88]。旅游中的特定社会行为主体则有旅游目的地国家、旅游目的地城市、旅游目的地景区、旅游社区以及旅游者等。

②旅游安全所处的情景是"实际生存和旅游发展过程"和"内部和外部因素及其相互作用"。表明安全处于事物的实际生存和发展过程中，如人的生存、生命财产的安全和事物的演化发展之中，同时也在内部和外部的积极或消极因素的相互作用下，内外部积极因素促进维持安全现状，消极因素导致社会行为主体的生存、生命损害[86][88]。旅游安全所处的情境时常在旅游活动过程中和旅游发展过程中，在旅游系统内部和外部的积极因素和消极因素的相互作用下，对整个旅游目的地国家、城市、旅游社区等系统产生影响。

③旅游安全所要达到的状况是"有保证或有保障的状态"。特定的社会行为主体在实际生存和发展过程中，在内外部因素相互作用的条件下，所达到的或所期望的有保障的、稳定的生存和发展状态。从社会学角度来看，安全作为一种有保证或保障的状态可以通过社会安全客观状况和社会行为主体的安全感受体现[88]。旅游安全的"有保证或有保障的状态"也是通过旅游系统的客观状况和游客安全感两方面体现出来。

2.6.2 旅游安全评价研究共识

旅游安全评价研究是旅游安全研究的一个重要领域，学者取得了较多有价值的研究成果，通过梳理发现研究存在以下共识。

（1）旅游安全评价是旅游安全风险预警和管理的基础和前提。

旅游安全评价是旅游安全风险预警、响应、救援、恢复等安全管理流程的逻辑起点，科学规范地开展安全评价工作，是进行安全信息宣传的保证，影响旅游者的决策和计划的确定，是指导旅游企业和旅游管理部门提出针对性的安全防控措施的理论依据。

（2）旅游安全评价指标体系的构建是旅游安全评价研究的核心和关键。

现有研究显见，旅游安全评价涉及综合系统因素，因素之间又相互影响，可供选择的指标较多，但应考虑到指标的涵盖性、指标数据的可获得性等。另外，评价指标选取需理论基础作支撑，确保指标体系的科学性。因此，无论何种内容的旅游安全评价，其核心和难点在于评价指标体系的构建。

（3）旅游安全认知评价结果受评价者个体因素影响显著。

研究已经表明：旅游安全认知评价受旅游者等评价者的人口统计特征、评价者的风险认知程度、所在文化圈、目的地（国）和客源地（国）因素、特殊风险因素等影响，而且，研究已证实不同的评价者对旅游安全认知度存在显著差异。

（4）旅游安全评价既需要安全理论支撑，也离不开安全管理经验和生产技术知识的支持。

旅游安全评价是一个系统工程，涉及管理学、安全学、心理学、生态学等社会和自然科学的相关知识，还与安全生产管理经验、安全生产技术知识和水平、评价者的素质以及社会文化背景等诸多因素密切联系。只有安全理论和实践知识二者相结合，才能做好旅游安全评价研究，使得评价研究的结果真实、准确、可靠。

2.6.3 旅游安全评价研究内容评述

现有的 20 余年旅游安全评价研究成果为理解旅游安全现象、特征，以及对旅游业的影响提供了认知基础，但无论是研究视角、理论框架，还是研究方法和研究的实践价值及意义还有待讨论。

旅游安全评价的理论框架需要逐步完善。已有的旅游安全评价研究内容十分丰富，涉及宏观旅游地、微观旅游景区，还包括旅游者安全认知评价、旅游基础设施安全评价等，旅游安全评价理论体系逐渐完善。

由于对旅游安全概念的界定存在诸多问题,因此,难以形成一套逻辑自洽的理论体系。同时缺乏对旅游安全的系统性、专门性研究。现有学者对旅游安全体系的构建,散见于旅游安全保障体系和旅游安全管理体系的相关研究论文中。虽略有涉及,也未能较全面地阐释旅游安全系统的真正内容,也因此对旅游安全系统尚未透析清楚。对旅游安全的组成内容含混不清,也就难以构建全面的旅游安全评价理论框架。

此外,评价研究单一,研究完整性需深入。现有旅游安全评价大都依托于一个理论基础构建评价指标体系,借助一套评价方法,遵循规范评价流程,但学者往往得出评价结果研究就结束,对旅游安全评价后的安全预警研究还有待深入。

旅游安全研究的理论基础要明确,对象特殊性要凸显,视野需要拓展。目前,学者普遍将灾害风险理论模型、事故致因理论、P-S-R模型等风险评估理论应用于旅游安全评价研究,为构建旅游安全评价指标体系做理论支撑,夯实了旅游安全评价的理论基础。但在具体指标选取过程中,诸多指标未从旅游的角度和旅游安全的需要出发,旅游的特殊性尚未凸显。

同时,现有的研究主要集中于旅游安全事故成因、旅游安全感知/认知等微观层面,对涉及旅游安全管控宏观层面的仅仅有旅游安全保障体系和旅游安全管理体系,而对旅游安全治理体系和跨区域旅游安全合作等问题研究不足。重大旅游安全事件对旅游安全研究具有直接推动作用,但是旅游安全相关研究更多地分析重大旅游安全事件对旅游业、旅游企业、旅游目的地的旅游经济造成的影响程度,尚未从重大旅游安全事件的发生、发展、演化等内容进行本质规律性的探索,进而建构出重大旅游安全事件的预防机制、应急响应机制、应急救援机制、恢复重建机制和旅游安全保险的风险化解机制。正因研究视野狭窄,故研究成果偏离实际,难以应用于实践,也就造成旅游安全理论研究何时能真正指导实践的质疑。

旅游安全研究主要是采用定量分析方法描述旅游安全事故现象,对探索旅游安全事故的规律和旅游安全理论的建构具有一定的贡献,但是对旅游业快速发展过程中遇到的旅游安全问题的解决已显得较为薄弱。

旅游安全评价研究既要延续旅游安全理论研究学脉,丰富和完善旅游安全理论体系，也要突破主要以突发事件或安全事故为主的"事后"研究范式，把旅游安全风险的防范和应急处置的"关口"前移到安全评价与风险预警，以更好地指导实践发展，拓展和延伸旅游安全研究内涵，推动旅游安全研究范式"前移"。此外，当前旅游安全研究更应该结合旅游业实际，寻找研究问题。例如通过对旅游目的地旅游安全评价研究，针对评价结果，探索旅游目的地旅游安全防控机制和预警机制，区域旅游安全合作机制，以及旅游安全风险化解机制等，紧跟产业实践，建立防范旅游安全事件发生，降低旅游安全事件影响的机制，确保旅游业可持续发展。

另外，旅游安全评价方法的匹配性有待检验。不论学者是采用风险评估理论的危险源辨识、危险评价、危机控制的评价流程，还是构建评价指标体系、确定指标权重系数、得出评价结果的评价法，评价程序都是合理规范的。但诸如模糊综合评价、人工神经网络分析等评价方法在旅游安全评价中的匹配性问题，仍需研究检验。

总体上看，旅游安全评价研究较为零散，尚未形成较完整的理论体系，旅游安全评价方法和技术未能很好地满足现实需要。

2.7 本节拟探索的方向

综合上述分析，本节认为目的地旅游安全评价研究应构建具体的评价理论，从目的地旅游安全的科学内涵和运行机理出发，系统构建目的地旅游安全评价理论模型和指标体系，选择具有典型代表性的目的地进行旅游安全评价的实证研究。本节拟探索的方向有如下四个。

第一，界定目的地旅游安全的概念、理论内涵与外延。通过查找旅游安全的相关文献，并进行系统的研读、梳理、归纳，对目的地旅游安全的研究动向、主流趋势进行回顾和反思，应用社会脆弱性理论和生态系统健康理论等，探索界定目的地旅游安全概念，旅游安全系统运行机理，并试图构建较完整的目的地旅游安全评价研究的理论分析框架。

第二，依据目的地旅游安全的概念，从客观和主观两方面构建目的地旅游安全评价模型。通过相关理论的应用，建立目的地旅游安全的客观和主观评价模型，为目的地旅游安全全面评价提供理论基础。

第三，目的地旅游安全评价模型验证。通过统计年鉴、年度公报等，搜集目的地旅游安全客观评价的统计数据；通过问卷调研等，搜集目的地旅游安全主观评价的调研数据，并进行数据分析与验证。反复修正目的地旅游安全客观和主观评价模型为测算目的地旅游安全度指数和游客安全感指数奠定基础。

第四，目的地旅游安全评价结果分析与预警。应用验证后的目的地旅游安全评价模型，测算目的地旅游安全度指数和游客安全感指数，并对目的地旅游安全进行全面评价。研究制定目的地旅游安全预警判据，确定旅游安全预警等级，依据安全评价结果，进行目的地旅游安全预警判定。

3 目的地旅游安全评价与预警的理论建构

本章对目的地旅游安全的概念重新审视，诠释目的地旅游安全的理论内涵，探索目的地旅游安全的系统运行机制和特征，并基于目的地旅游安全的理论内涵，建构涵盖客观和主观两方面的目的地旅游安全评价的理论框架。

3.1 目的地旅游安全：一个系统论视角的诠释

3.1.1 目的地旅游安全的概念界定

旅游目的地是指"拥有特定性质旅游资源，具备了一定旅游吸引力，能够吸引一定规模数量的旅游者进行旅游活动的特定区域"[92]。旅游目的地是一个区域空间，以人地关系为核心的旅游地域系统，是社会经济系统与自然环境系统相互交织、相互作用而形成的复合系统[93]。在特殊情境和研究需要时，旅游目的地又称旅游地或目的地，本章的目的地是指旅游目的地。

随着社会变迁和旅游发展，旅游目的地不断演化，目的地旅游系统是一个由诸多要素构成、协同制约、动态稳定系统。目的地旅游系统各构成要素之间以及各要素内部结构之间是相互影响、相互制约的，各构成要素处于不断的变化中。当旅游目的地系统各要素以及各要素之间保持协同耦合时，目的地旅游系统才保持相对平衡稳定。

城市旅游目的地不但具有参观、游览和观光功能，同时还具有完备的以住宿为主体的接待体系，并以便利的公路交通为保证。在现代旅游经济体系中，城市既是主要的旅游客源地、旅行中转地，也是主要的旅游目的地。旅游依托城市而发展，城市融合旅游而成长，越来越成为世界性的趋势（戴斌，2012）[①]。本章以重点旅游城市目的地为研究样本。目的地旅游城市是游客与市民共享的生活空间。旅游进入国民大众为消费主体的发展阶段，大众化旅游时期的资源是开放的，游客进入了市民的公共空间和共享的公共服务项目，融入当地百姓的生活中（戴斌，2012）[②]。大众化阶段旅游者不仅需要满足旅游活动的产品，还依然离不开包括地铁、公交、出租车、商场、餐馆的服务，还有公安、城管、交通等部门提供的公共服务。因此，城市旅游目的地提供的公共服务既为市民提供，也为当地游客服务，是游客与市民共享的生活空间。

目的地旅游安全是在一定时空区域范围内，目的地旅游系统在实际运行和自组织发展过程中，在内部和外部因素及其相互作用和干扰下，所拥有一种有保证或有保障状态，或维持目的地旅游系统稳定的状态。从生态学角度，目的地旅游安全是目的地旅游系统在外界干扰因素影响下，一种稳定的和可持续的具有抵抗力的状态[94]。目的地旅游安全的具体表征为目的地旅游系统客观上不存在安全威胁，目的地旅游系统的旅游行为主体在主观上不存在焦虑和恐惧。目的地旅游安全概念中所界定的"有保证或有保障状态"是强调目的地旅游系统安全是一种肯定的、正面的状态。在这种状态下，目的地旅游系统自身在稳定、协调运行，同时旅游行为主体的主观心理也是稳定的、可靠的、协调的等，即目的地旅游系统特定社会行为主体具有安全感。目的地旅游安全具有多样性、多层次性和多尺度性等特征，其中多尺度性指目的地旅游安全按尺度划分，可分成目的地国家、目的地城市、目的地社区、目的地景点等不同区域尺度的旅游安全内容。本章从区域尺度视角，主要探索目的地城市旅游安全。

---

① 戴斌：《发展城市旅游需要培育宽容、共享、现代的公共空间——在汕头市旅游座谈会上的主题发言》，2012。

② 戴斌：《把提升游客满意度作为转变工作方式的重要抓手——在江苏省城市旅游品质提升研讨会上的讲话》，2012。

随着大众化旅游时代的到来，目的地旅游城市日益成为游客和居民共享的生活空间。目的地旅游安全系统作为一个综合复杂系统，既包括为公众服务的公共安全系统，也包括主要针对游客提供安全服务系统。为公共提供安全服务的一般是目的地公共安全或社区安全系统，为游客提供安全服务是旅游安全系统，目的地社区安全系统与目的地旅游安全系统存在交叉关系，而目的地社区安全系统、旅游安全系统二者是目的地公共安全系统的组成部分，存在包含关系，三者之间的关系如图 3.1 所示。

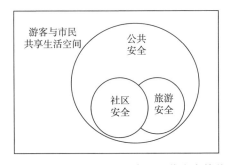

图 3.1　旅游安全与社区安全、公共安全的关系

目的地社区安全与旅游安全的比较如表 3.1 所示。通过图 3.1 和表 3.1 的比较可以发现，社区安全与旅游安全存在异同。

不同之处：一是概念和核心内容不同；二是主体不同，社区安全针对的是社区居民，而旅游安全主要针对游客；三是范畴和评价内容不同。旅游安全与社区安全存在交叉关系，社区安全是目的地旅游安全的基础和载体，旅游安全除了需要社区安全的公共服务内容外，还包括针对游客服务的旅游安全要素，所以对旅游安全评价时，需要考虑社区公共安全和旅游安全的影响因素。

相同之处：一是影响因素相同。二者都考虑自然因素、卫生因素、社会因素、生态因素、环境因素、经济因素、信息因素、技术因素等。二是评价范围相同。旅游目的地和社区同属一个公共空间，旅游目的地和社区是居民与游客共享的生活空间，旅游目的地与社区之间存在交叉公共之处。三是对旅游目的地和社区进行安全评价时，都需要采用客观和主观双重视角。

表 3.1　目的地社区安全与旅游安全的比较

异同	要素	社区安全[①]	旅游安全
不同点	概念	指人群公共生活环境空间不受侵害并相对稳定的状态，它包括公民生命、财产、社会生活秩序和生态环境的安全，它直接体现了与公民密切相关的公共安全利益的需要。	目的地旅游安全是旅游目的地系统在实际生存和自组织发展过程中所拥有的一种有保证或有保障状态，同时目的地游客具有安全感。
	核心	公民生命、财产、生活秩序和生态环境安全	有保证或有保障状态，安全稳定
	主体	社区居民	游客
	内容	公共安全	公共安全、旅游安全
	范畴	社会公共安全范畴	社会特殊系统安全范畴
	评价内容	社会治安、安全宣传与教育、应急预案与响应、事故与伤害记录、检测与监督、预防与纠正措施等	旅游安全风险、游客安全感等
相同点	影响因素	自然因素、卫生因素、社会因素、生态因素、环境因素、经济因素、信息因素、技术因素等	自然因素、卫生因素、社会因素、生态因素、环境因素、经济因素、信息因素、技术因素等
	评价范围	公共的共享生活空间	公共的共享生活空间
	评价维度	客观、主观	客观、主观

　　①社区安全资料来源于中国职业安全健康协会：《安全社区评定管理办法〈安全社区建设基本要求〉》。

　　比较、厘清旅游安全与社区安全二者之间的异同，一方面可以凸显旅游安全评价与社区安全评价的差异，体现本章的意义所在；另一方面在全面评价目的地旅游安全时，既要评价旅游安全要素，还需增加社区安全与旅游安全公共交叉要素。

3.1.2　目的地旅游安全的构成要素

　　目的地旅游系统是一个复杂区域系统，也是一个集诸多因素的相互耦合作用的自组织系统。依照目的地旅游安全的概念，本节认为维系目的地旅游安全稳定应具备"人—机—环—管①"四个基本要素。

3.1.2.1 人员：目的地旅游安全的主体

目的地旅游安全系统的社会行为主体，从不同的角度包括旅游主管部门、旅游企业、社会团体、社区居民、旅游者等。旅游主管部门作为目的地旅游安全系统的重要管控者，担负着责任主体作用。目的地旅游安全公共服务体系的建设、旅游安全环境的营造、旅游安全制度的制定和旅游安全文化的宣传推广及贯彻实施等，需要旅游主管部门负责管理，以及在旅游安全事故预防、预警和应急控制及善后起着重要的指导和调控作用。旅游企业是目的地旅游系统的重要组成部分，旅游企业在旅游安全系统中发挥着积极作用，旅游企业与旅游业密切联系和接触，在一线中的安全管理直接影响旅游业安全稳定，所以旅游企业也是目的地旅游安全系统的重要主体之一。社会团队或民间组织在维护目的地旅游系统安全稳定方面起着重要的桥梁纽带作用，发挥了重要补充作用。旅游目的地是当地民众与游客共享的生活空间，因此民众也是维护当地旅游安全的重要力量，对目的地旅游系统的安全稳定有着直接的影响，民众与游客和谐相处对于维持目的地旅游安全起着促进作用。旅游者是目的地旅游系统的主要角色，目的地旅游安全管控的目的在于保障旅游者安全，因此旅游者成为目的地旅游安全评价的主要社会行为主体。此外，目的地旅游安全人员还离不开当地公安人员、警察、应急救援人员等重要的支撑力量。

3.1.2.2 设施设备：目的地旅游安全的资源保障

目的地旅游安全的机械设施设备是保障目的地旅游安全的资源基础，包括安全装备、安全技术、安全监测系统和应急救援平台等。安全设备是重要的资源保障，安全装备、技术和监测系统和预警平台是安全设施设备的构成要素。安全装备主要包括安全预防预警的设施设备和应急救援设备等；安全技术主要包括安全预防预警、应急救援的通信技术、预警技术、紧急救援技术等现代的通信和卫星定位技术等；应急救援资金是安全资源

① 20世纪30年代，海因里希（Heinrich）提出了著名的"事故因果连锁"理论，该理论认为"人—机—环—管"四个关键要素是维持系统安全的构成因素。海因里希的事故因果连锁理论提出的"人—机—环—管"，为安全事故的致因做了解释，并为安全事故的原因提供了分析思路。

的重要因素，是安全装备、技术和监测系统等的直接资源保障。安全预防资金和应急救援资金和善后资金为防控目的地旅游安全提供资金资源保障。

3.1.2.3   环境：目的地旅游安全的空间载体

目的地旅游安全环境是构成目的地旅游安全的环境基础和空间载体，包括自然环境和社会环境等。自然环境主要包括目的地的自然条件和自然灾害，由气候、地震、台风、暴雨、泥石流等自然灾害组成。社会环境主要是由社会公共安全体系营造的社会安全氛围，通常由社会治安状况、安全标识系统、公共安全服务体系等要素组成。

3.1.2.4   管理：目的地旅游安全的制度保障

目的地旅游安全管理是目的地旅游安全有效运转的制度保障，包括旅游安全法律法规、旅游安全管理制度与安全规划、旅游安全实施标准等政策，以及旅游安全责任、奖惩和监督等管理机制，也包括维系和促进目的地旅游安全的安全教育与培训等安全文化。安全制度是目的地旅游安全系统稳定的软实力。目的地旅游安全系统中的安全制度，如突发公共安全事件预案、治安管理条例、旅游安全管理办法、旅游突发事件应急预案、旅游饭店/景区/旅行社安全管理标准、目的地旅游安全监管体系等管理制度。体现目的地旅游安全文化管理的，如安全生产月活动、安全信息提示、安全咨询日等，通过安全文化活动强化目的地旅游安全意识，增强安全氛围。

上述四类基本要素支撑了目的地旅游系统的安全，维系目的地旅游系统安全稳定运行。四个要素中，目的地旅游安全的行为主体是目的地旅游安全中最重要的能动要素，其他要素均为支撑要素，服务于能动要素[95]。

3.1.3   目的地旅游安全的主要特征

目的地旅游系统是一个开放的、远离平衡态、非线性的复杂巨系统，影响目的地旅游系统安全的因素多样，且不断增加风险的突发性和不确定性。根据目的地旅游安全的内涵和外延，探索发现目的地旅游安全存在以下特征。

目的地旅游安全的复杂性。目的地旅游系统是涵盖自然、经济和社会要素的复杂巨系统，且要素间相互综合作用。目的地旅游安全系统作为一个复杂系统，影响目的地旅游安全的各要素错综复杂、相互交织影响。目的地旅游安全系统既包括为本地居民和游客提供保障的公共安全子要素，也包括针对游客服务的旅游安全要素。另外，目的地旅游安全的复杂性还体现在对目的地旅游系统造成影响的风险来源复杂多样，如自然灾害、事故灾难、公共卫生事件和社会安全事件等。目的地旅游安全风险的复杂性增加，旅游安全系统的稳定性难以保障。

目的地旅游安全的脆弱性。目的地旅游系统是融合自然要素、社会要素和经济要素，且诸要素相互作用、相互影响构成的系统。在目的地旅游系统中，影响整个系统稳定的因素十分敏感，整个旅游系统或子系统中的某些环节或过程出现故障，会对整体系统产生影响，会影响整个系统的稳定，甚至使其对于社会的负面影响加剧，从而导致事故后果扩大[96]，因此目的地旅游安全具有脆弱性。

目的地旅游安全的相对性。目的地旅游安全是一个相对的概念，实质上是处于一个相对稳定的状态。目的地旅游安全由众多因素构成，因目的地的经济和社会发展状况存在差异，目的地游客安全需要的满足程度也各异，很难使用绝对指数衡量安全程度。因此，对目的地旅游安全评价也是一个相对的衡量结果。

目的地旅游安全的动态性。由于目的地旅游安全系统是一个不断演化发展和开放运行的复杂系统，目的地旅游安全系统的发展运行过程是一个动态的概念。其动态性特征可以通过两方面来理解：一方面可以认为一个目的地旅游安全状况是阶段性的稳定，它可以随环境风险因素入侵变化而变化，即随着目的地旅游安全的自然和社会环境风险因素的变化，旅游安全程度发生变化；另一方面是目的地旅游安全的状况会随着干预发生变化，当目的地旅游安全系统出现故障时，目的地旅游安全的行为主体进行人为干预，加强目的地旅游安全管理，目的地旅游安全的不稳定状态会逐渐转变成相对稳定状态。

目的地旅游安全的差异性。由于目的地的类型不同、尺度不同、层级不同，以及相同类型、相同尺度和相同层级的目的地旅游系统的自然环境、社会环境、经济基础不同，目的地的旅游安全状况存在差异，故目的地旅游安全具有一定的空间地域差异特征。

目的地旅游安全的可控性。虽然目的地旅游安全存在复杂性、脆弱性、相对性等特征，同时影响目的地旅游安全的因素众多，具有可预见与不可预见、传统与非传统因素，但目的地旅游安全是可量、可防、可控的。对不安全状态和区域，目的地社会行为主体可以通过有效手段进行监测，依据监测结果进行整治，采取措施加以防控，将不稳定维持在稳定状态。当然，部分影响目的地旅游安全的因素极其复杂，当前的技术或装备尚不能完全应对，但随着科技的进步和安全管理的加强，影响旅游安全的因素都会逐步得到防控。

总之，目的地旅游安全极其复杂，正是因其复杂性导致其特征多样极其明显，复杂性和多样性特征使系统处于相对稳定的状态易受攻击和破坏。

3.1.4　目的地旅游安全的影响因素

影响因素是衡量检测旅游目的地安全现状和发展趋势的指标，它对旅游目的地安全的现状具有描述、评价和预测的功能。由于目的地旅游安全是一个复杂的系统变量，影响因素众多，表现形式多样，通过从丰富多样、错综复杂的旅游现象中归纳概括，可知目的地旅游系统主要包括系统内在和外在影响因素两方面。

3.1.4.1　系统内在因素：抵抗能力

目的地旅游系统安全稳定的内在因素，是指维持旅游目的地复杂系统内在运行系统的稳定、和谐的内部结构因素，作用在于促进旅游目的地复杂系统稳定运行，增强抵抗外部风险能力。系统内在因素主要有社会经济状况、安全投入、社会环境状况、安全设施状况和安全保障等因素。社会经济状况、安全投入、安全设施水平等体现了旅游目的地复杂系统的安全基础能力，是影响其内部有效运行的结构性因素。社会经济发展状况是影响目的地旅游安全的重要因素，包括社会经济发展状况、社会保障程度等。旅游目的地社会经济越发达，旅游安全的保障能力越强。旅游目的地安全设施越完善，安全投入越多，旅游安全的保障力越强，旅游安全风险的抵抗能力越强。

旅游应急管理水平由旅游安全管理制度、应急预案和应急机制的建设、应急救援能力等方面构成。旅游应急管理水平高，则可最大限度地减少突发事件对目的地旅游安全系统的干扰和入侵，甚或带来的损失。此外，目的地旅游安全系统的行为主体——游客的感受和认知对目的地旅游安全也会产生影响。不同年龄、性别、文化程度和旅游经历的游客对目的地旅游安全认知可能存在差异。当目的地旅游安全系统运行稳定时，由于游客的认知误差，一些游客误认为处于不安全状态时，会影响其对目的地旅游安全的评价，一旦通过各种渠道进行舆论传播，则会对目的地旅游安全产生负面影响。

3.1.4.2 系统外在因素：安全风险

目的地旅游系统安全稳定的外在因素是影响旅游目的地复杂系统运行的外界扰动风险因素，其对旅游目的地复杂系统和旅游安全造成威胁。外在因素既有可预见也有不可预见的因素，自然灾害、社会公共安全、公共卫生、重大事故等是影响目的地旅游安全稳定的威胁性因素。自然灾害主要有台风、地震、暴雨、暴雪等极端天气或事件，是一种突发性的影响旅游目的地的因素。一旦目的地发生重特大自然灾害，就会给旅游目的地居民和游客的生命和财产造成灾难性的影响。社会治安状况反映了旅游目的地旅游安全治理的水平和质量，直接决定了旅游目的地游客安全感，是旅游目的地安全状况最直接的指标。由于不同尺度区域，公共卫生设施设备状况不尽相同，不同尺度的旅游目的地区域的公共卫生安全保障存在差异，也是一个重要的影响因素。旅游目的地的环境污染和生态破坏事件、城市火灾、重大交通事故、公共设施和设备事故等重大事故的发生往往会对旅游目的地产生巨大冲击和损失，或直接危害旅游目的地居民和游客的人身安全，其对旅游目的地的安全影响也是巨大的[97,98]。

3.2 目的地旅游安全评价与预警：客观与主观双重视角的解释

关于安全的科学外延，一直以来备受学者认同并被广泛引用的观点是："安全，在客观的意义上，表明对所获得价值不存在威胁；在主观意义上，表明不存在这样的价值会受到攻击的恐惧。"[99]后来，这种界定被一些学者发展为"所谓安全，就是客观上不存在威胁，主观上不存在恐惧"[85]。章一平先生认为，"安全实际涉及两方面内容：客观上是指消除威胁的能力；主观上则是指心理感受，不存在担心外来攻击的恐惧感，即安全感"[99]。

生态系统健康是生态系统的内部秩序和组织的整体状况，系统正常的能量流动和物质循环未受到损伤，系统对自然干扰的长期效应具有抵抗力和恢复力，系统能够维持自身的组织结构长期稳定，具有自我调节能力，并且能够提供合乎自然和人类需求的生态服务[100]。Rapport 等在 1999 年提出："生态系统健康应该具有两方面内涵：满足人类社会合理要求的能力和生态系统本身自我维持与更新的能力。"[101]由此来看，生态系统健康具有双重含义：一是生态系统自身的健康，即生态系统能否维持自身结构、功能与过程的完整；二是生态系统对于评价者而言是否健康，即生态系统服务功能能否满足人类需求，这是人类关注生态系统健康的实质[102]。生态系统服务功能是人类生存和发展的基础。一个生态系统只有保持了结构和功能的完整性，并具有抵抗干扰和恢复能力，才能长期为人类社会提供服务[103]。

从安全的科学外延和生态系统健康理论的逻辑演绎推理分析，本节认为旅游安全外延也是客观与主观两个侧面的统一：旅游安全既体现目的地旅游系统的客观状态，也反映旅游行为主体的主观感受。

目的地旅游安全评价是指目的地旅游系统在实际运行和自组织发展过程中，在内部和外部因素的相互作用和干扰下，系统所处稳定性的衡量。具体而言，目的地旅游系统在实际运行和自组织发展过程中，在内部和外部因素的相互作用下，是否具有保证和保障能力，客观上运行是否安全；同时旅游行为主体对目的地旅游系统安全状况的主观感受。其包括两层含义：一是目的地旅游系统是否安全，系统结构是否完整稳固，其稳定性状况如何；二是游客对于旅游系统安全感受是否满足，即旅游系统所提供的安全服务能否满足游客的安全需求。

目的地旅游安全评价，就是通过衡量目的地旅游安全的客观状态和游客对目的地旅游安全的主观感受，来检验目的地旅游安全所能提供的和拥有的有保证、有保障的程度。因此，目的地旅游安全评价既要体现目的地安全客观状态，也要衡量目的地旅游安全行为主体的主观评价。由此而言，目的地旅游安全评价包括两个维度：一是客观维度，目的地旅游安全客观状况；二是主观维度，目的地旅游安全行为主体的主观评价。因此，本节从客观和主观双重视角，构建目的地旅游安全评价的分析框架，如图3.2所示。本节将目的地安全客观状态的评价称为目的地旅游安全度评价，将目的地旅游安全行为主体的主观评价称为游客安全感评价。

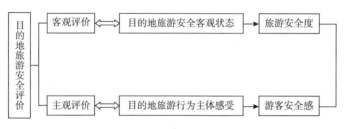

图 3.2　目的地旅游安全评价分析框架

3.2.1　客观评价：目的地旅游安全度

目的地旅游系统是由目的地自然、社会、经济、文化、心理等多种确定性与不确定性因素在时空上有序及无序地、有机及混沌地相互作用而形成的一个开放复杂巨系统。只有当目的地旅游系统内在子系统自组织有序、协调运行，结构有机合理，同时目的地旅游行为主体对整个系统存在较高的认知评价，即子系统与子系统，人与系统之间各要素达到相互协调、相互耦合时，才认为目的地旅游系统达到安全、稳定状态。而目的地旅游系统内在子系统各要素的自组织运行是保障目的地旅游系统安全稳定的基础。探索目的地旅游系统诸要素运行的内在机理，并在高度综合和理论概况的基础上抽象出决定维持目的地旅游安全稳定的作用机理，进而为目的地旅游安全客观评价进行科学解释。

3.2.1.1　目的地旅游安全度的理论基础

（1）目的地旅游安全度

生态系统健康理论。英国生态学家 Tansley 于 1935 年最早提出了生态系统（ecosystem），生态系统是"完整的系统，不仅包括生物复合体，还包括环境的全部物理因素的复合体"[104]。生态系统是指在特定的空间和特定的时间，由生物群落与其环境组成的具有一定结构的整体，通过能量流动、物质循环和信息传递而相互联系、相互影响、相互依存，形成具有自适应、自调节和自组织功能的复合体[105]。

1989 年，Rapport 首次论述了生态系统健康（Ecosystem health）的理论内涵，认为生态系统健康是一个生态系统所具有的稳定性和可持续性[101]。1993 年，Karr 从生物群落结构和功能的完整性出发，提出生态系统健康是指"生态系统有能力供养一个平衡、完整、适应的生物群落，此群落由若干物种组成并且构成一个有功能的组织"[106]。健康的生态系统的重要特征是生态系统可持续性，即在外界胁迫因素的作用下，系统能够维持其组织结构和功能（活力），其重要标志就在于：生态系统持久地维持或支持其内在组织、组织结构和功能动态健康及其进化发展的潜在和显在的能动性的总和。也就是说，一个较完整的生态系统要维持其健康发展和活力，并且在该系统的外部环境与内部组织共同作用和影响下，达到一个较为均衡和稳定的状态[107]。

随着生态学的发展，生态系统健康已经超越了单纯的生态学上的意义，逐渐形成生态、社会经济和人类进步整合的综合定义。Rapport 等于1998 年将生态系统健康的概念总结为"以符合适宜的目标为标准来定义的一个生态系统的状态条件或表现"，即生态系统健康应该具有两方面的内涵：满足人类社会合理要求的能力和生态系统本身自我维持与更新的能力。两个方面相辅相成，缺一不可，前者是后者的目标，后者是前者的基础[103]。也有学者认为，生态系统健康是指生态系统的能量流动和物质循环没有受到损伤，关键生态成分保留下来（如野生动物、土壤和微生物等），系统对自然干扰的长期效应具有抵抗力和恢复力，系统能够维持自身的组织结构长期稳定，并具有自我运作能力，而且能够维持自身的组织结构优化和长期稳定，具有自我调控能力[108]。依上述而言，生态系统健康是生态系统在受干扰后的具有抵抗干扰和恢复的能力，能够维持自组织长期稳定的状态。因此，由生态学理论看，一个健康的生态系统是安全稳定的生态系统。生态系统健康理论与医学的免疫系统理论存在类似的原理，免疫系统的健康主要受到病原体和抗体的相互作用影响，是二者博弈的结果[109]。

社会脆弱性理论。20世纪60年代以来，西方学者将风险评价引入社会研究领域，并形成了基于风险事件的历史后果来推测未来风险的统计分析范式（Lowrance，1976）[110]。随着研究和实践的深入发展，人们越来越意识到对风险进行归因，探索风险的本质和根源，对防范和化解风险具有更为重要的指导意义[111]。蒂默曼较早给出了脆弱性的权威定义，认为脆弱性是"系统朝灾害事件发展的倾向或可能性，对人类而言是负面的，脆弱性同时受到系统恢复力（即应对能力）的影响"（Timmerman，1981）[111]。在"联合国国际减灾十年战略"（*International Decade for Natural Disaster Reduction*，IDNDR）的推动下，"脆弱性—能力"逐渐成为预测灾害造成的潜在损害和生命损失的依据（Cutter，1996）[112]。

20世纪90年代以来，关于脆弱性的研究大量涌现，学者将脆弱性应用于社会、生态、城市等不同领域。以UNISDR（*United Nations International Strategy for Disaster Reduction*）的脆弱性界定最为典型，表述为："脆弱性是由自然、社会、经济和环境因素及过程共同决定的系统对各种胁迫的易损性，是系统的内在属性。"[111]

此后，对脆弱性的理解逐渐走向多元化，脆弱性被视为多种因素共同作用的结果。王岩等认为"城市脆弱性是指在自然因素和人为因素的共同作用下，城市发展过程中的人口增长、经济发展、资源利用、环境污染、生态破坏等，超过了现有社会经济和科学技术水平所能维持城市长期发展的能力"[113]。李鹤等认为脆弱性是"指由于系统（子系统、系统组分）对系统内外扰动的敏感性以及缺乏应对能力从而使系统的结构和功能容易发生改变的一种属性，它是源于系统内部的、与生俱来的一种属性，只是当系统遭受扰动时这种属性才表现出来"[114]。余中元等认为"社会生态系统的脆弱性指面临风险（压力）情况下社会生态系统的敏感程度和应对能力，是其演替阶段所具有的功能结构的综合反映，是系统所受压力和自身敏感性的相互作用的结果"[105]。高长波等从生态学角度认为，"区域生态安全是指在一定时空范围内，在自然及人类活动的干扰下，区域内生态环境条件以及所面临生态环境问题不对人类生存和持续发展造成威胁，并且系统生态脆弱性能够不断得到改善的状态"[94]。

上述学者对社会脆弱性的研究论述，可以抽象出影响社会脆弱性的两个决定性因素：应对能力和干扰强度。社会脆弱性反映的是社会系统面对各种风险干扰和胁迫所表现出的易损性，或抗干扰的敏感程度。若社会系统具有较强的应对能力，足以抵抗各类风险灾害的入侵和干扰，能够维持系统自身稳定和人类利益的方向发展，即社会系统具备维持自身稳定的抵抗力和恢复能力，那么社会系统脆弱性逐渐减弱或退化。

基于上述生态系统健康理论和社会脆弱性理论论述和本质抽象提取，本节认为目的地旅游系统维持安全稳定的本质存在同构现象。目的地旅游安全度，即目的地旅游系统的稳定程度，是指在目的地的特定时空情境下，在目的地旅游系统的内外部各种干扰作用下，目的地旅游系统中各子系统、子系统之间及子系统中要素间相互作用、相互协调运行，抵御风险干扰，维持目的地旅游系统稳定的程度。目的地旅游安全度具有显著特征：①目的地旅游系统受到各种风险因素的干扰；②目的地旅游系统各子系统相互作用、相互影响，具有维持系统稳定的抗体；③目的地旅游系统的稳定性取决于目的地风险入侵的干扰力度与目的地旅游系统抗干扰的程度。本节将维持目的地旅游稳定的作用力称为目的地旅游安全抵抗力；将影响目的地旅游稳定的各种干扰因素称为目的地旅游安全入侵度。目的地旅游安全抵抗力，是抵抗各种风险因素干扰的能力，是指可能受到威胁的目的地旅游系统，通过抵御或防控，在旅游安全子系统的结构和功能上达到或保持一种稳定或适应的状态。抵抗力越强，目的地旅游系统各要素、功能越有序，系统越稳定；抵抗力越弱，目的地旅游系统内部各要素、功能越混乱，系统越不稳定。目的地旅游安全入侵度，是指干扰目的地旅游系统的各种风险因素，如自然灾害、突发事件、安全防御系统的脆弱性等因素，入侵度直接影响目的地旅游系统的稳定性。入侵度越大，目的地旅游系统稳定性越弱；入侵度越小，目的地旅游系统的稳定性越强。

目的地旅游安全实质是维持目的地旅游系统在自组织发展和稳定运行，提供一个有保证或有保障的游客和居民共享的生活空间。目的地旅游系统在自组织运行过程中，一方面通过自组织的协同作用，使系统的各要素从无序走向有序，达到结构合理，增强保障能力；另一方面也抵抗各种入侵风险威胁，但各种入侵威胁要对目的地旅游系统进行干扰，需要与系统的保障要素或抵抗力因子进行抗争。当系统的入侵威胁因素的侵犯能力大于系统自身抵抗能力，则系统处于脆弱的不稳定状态，当系统的入侵威胁因素的侵犯能力不抵系统的抵抗因子，则系统处于相对稳定的有保障稳定状态。目的地旅游系统要维持系统的平衡和稳定，实现系统能够提供保证或有保障的安全状态。目的地旅游系统的安全运行和发展的抽象过程，通过具体的结构图展示，如图3.3所示。

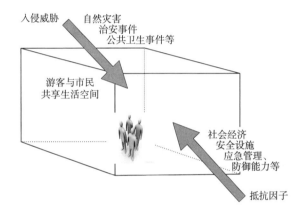

图3.3　目的地旅游系统安全维系的结构

（2）目的地旅游安全抵抗力

Rapport（1985）等认为生态系统健康的抗干扰能力是"满足人类社会合理要求的能力和生态系统本身自我维持与更新的能力"[115]。朱正威（2011）认为区域公共安全的应对能力是指"可能受到危害的一个系统、社区或社会，通过抵御或变革，从而在职能和结构上达到或保持可接受水平的适应能力"[116]。本节认为，目的地旅游系统的安全抵抗力是目的地旅游系统各要素相互作用、相互影响，形成具有特定组织结构和功能的有机整体，具有抵御各种风险因素干扰的能力。

目的地旅游安全抵抗力具有明确功能。目的地旅游系统各要素的相互作用、相互影响，形成具有特定结构的有机整体，同时发挥着特定的功能。抵御风险的干扰，为旅游系统在自组织的运行过程中提供持续安全、稳定的环境和条件。

目的地旅游安全抵抗力具有自我更新能力。一个目的地旅游系统为了适应目的地整个大系统、大环境，并与各种风险因素相抗争，往往需要不断地自我维持和自我调控，实现系统的持续更新，以适应环境的发展，维持系统的平衡稳定。目的地旅游系统抵抗力的自我更新，具体表现在随着各种风险因素的干扰加重，旅游系统需要增强抵抗因素，如突发灾害风险增多的情形下，各种预防突发灾害的应急预案就需要出台，增强抵御突发灾害的能力。

目的地旅游安全抵抗力具有动态性。目的地旅游系统的抵抗力是随着目的地的不断发展、演化而不断增强的，不断从目的地旅游系统发展的初级阶段向高级阶段演化，同时也随着目的地旅游系统的风险因素的增多，不断自我更新和调控，不断增强抵抗风险的能力。

目的地旅游系统是自组织运行的复杂的生态巨系统。生态系统运行和维持系统的稳定关键在于其内部形成较完整的抵抗结构体系。Rapport 认为生态系统健康（Ecosystem health）是指一个生态系统所具有的稳定性和可持续性，即在时间上具有维持其组织结构、自我调节和对胁迫的恢复能力，通过活力（Vigor）、组织结构（Organization）和恢复力（Resilience）3 个维度来表征[117]。Costanza（1992）和 Karr（1993）进一步完善生态系统健康理论，认为生态系统健康应该是：有能力供养一个平衡、完整、适应的生物群落，此群落由若干物种组成并且构成一个有功能的组织，如果一个生态系统是稳定和持续的，也就是说它是活跃的，能够维持它的组织结构，并能够在一段时间后自动从胁迫状态恢复过来，这个生态系统是健康和不受胁迫综合症的影响，它应该由"活力""组织"和"恢复力"三个方面构成[117]。1995 年，Jorgensen 等提出的评价生态系统健康指标体现生态系统整体性能的活化能（Energy）、结构活化能（Structural energy）和生态缓冲量（Ecological buffer capacity），这三个指标是评价生态系统健康的核心和关键。活化能是与环境达成平衡状态时，生态系统所能做的功，由生态系统进行有序化过程的能力来体现；结构活化能是生态系统中的某一种有机体成分相对于整个系统所具有的活化能，而生态缓冲量是生态系统的强制函数与状态变量（活化能与结构活化能）之比[118]。城市生态系统作为一个以人类为主体的复杂生态系统，其健康状况应从城市生态系统的恢复力、组织结构、活力、生态系统服务功能等方面来衡量[119]。近些年，对生态系统健康评价的研究主要集中在活力、组织结构和恢复力（或弹性力）三者的关系与如何测量上。一个健康的生态系统在活力、组织结构和恢复力（或弹性力）之间有一定的动态平衡，并能维持物种多样性和物质交换途径的多样性，缺少任何一方就会导致生态系统的健康问题[120]。肖风劲和欧阳华（2002）认为，Costanza 等（1992）提出的生态系统健康评价内容，是比较全面的一套指标体系，具有相对较强的可操作性，同时目前针对系统健康状况的评价大多数是基于 Costanza 等指标体系展开的[121]。

基于上述，目的地旅游系统抵抗力，即其充满活力，能够维持系统组织结构有机运行，并能从特殊的状态中或威胁中恢复，故目的地旅游系统安全抵抗力的评价可以通过其活力、结构和恢复力三个主要维度来衡量。

①活力。活力（Vigor）表示生态系统的功能，可根据活动性、新陈代谢或初级生产力等来测度[122]，它是生态系统的能量输入和营养循环容量。在一定范围内生态系统的能量输入越多，物质循环越快，活力就越高[120]。在目的地旅游系统中，活力表示目的地旅游系统抵御外部风险干扰的基础能力，描述的是目的地旅游系统抵抗力积极抵御风险的实力，可以通过目的地的经济能力、安全投入等指标来测度。目的地的经济能力越强，安全投入越多，目的地旅游系统的抵抗力越强、越具有活力，能够积极抵御各种风险干扰。

当然，理论上认为活力越高，系统的抵抗力越强，但也未必意味着系统就更健康。由于目的地旅游系统是诸多要素相互作用的复杂系统，各要素相互作用，一味地增加目的地旅游系统的能量，使其循环加速，充满活力，这样的高能力输入有可能导致"营养化"。营养成分过度的系统，并不能认为就是健康的系统[121]。

②结构。组织结构（Organization）即系统的复杂性，这一特征会随生态系统的次生演替而发生变化和作用，一般认为，生态系统的组织越复杂就越健康[120]。组织结构是指生态系统结构的复杂性，组织结构是根据系统组分间相互作用的多样性及数量来评价[122]。

在目的地旅游系统中，组织结构是指目的地旅游系统在开放的、远离平衡态的自组织发展、运行过程中形成的系统各要素相互作用、相互影响的有机整体。各要素之间相互作用、协同发展，组织结构越复杂稳固、联系越紧密，目的地旅游系统的抵抗力越强，能够经受各种风险考验。组织结构复杂性，反映的是目的地旅游系统抵抗力强弱的重要指标。目的地旅游安全抵抗力结构是目的地旅游安全"防护网"的节点，结构越复杂稳固，表明"防护网"节点越密集和牢固。现实中的目的地旅游安全"防护网"，通过旅游安全公共服务体系予以体现。目的地旅游安全的公共服务体系结构复杂，节点多样，但无外乎"人员—机械设备—环境—管理①"四个要素的综合渗透。

　　人的要素是旅游安全"防护网"的核心节点，旅游安全组织机构、应急救援队伍是保障旅游安全的健全力量。机械设施设备构成的安全设施是重要的技术支撑；安全的旅游环境是保障旅游系统运行的空间载体；安全管理是协调目的地旅游系统有序运转的重要指挥。目的地旅游安全管理通过目的地的安全制度建设、安全文化建设等逐渐完善；安全环境则由自然环境、生态环境、安全基础设施建设等社会环境共同营造；安全组织通常是由安全管理机构、应急救援组织、相关协调组织等机构构成，也是人员要素的集合。目的地旅游安全制度越健全，安全文化越丰富，生态环境保护越有效，安全设施建设越夯实，目的地旅游系统组织结构越复杂稳固，各要素相互越有序运行，旅游系统的抵抗力就越强。

　　此外，组织结构随系统的不同而发生变化。一般情况下，生态系统会随着物种的多样性和共生、竞合机制的作用趋于复杂。组织结构越复杂，共生关系越牢固，则会削减外来物种入侵的机会[121]。

　　③恢复力。恢复力（*Resilience*）是指系统在外界压力消失的情况下逐步恢复的能力，通过系统受干扰后能够返回的能力来测量[121]。即系统在胁迫下维持其结构和功能的能力[122]。它是胁迫消失时，系统克服压力及反弹回复的容量，具体指标为自然干扰的恢复速率和生态系统对自然干扰

---

① 20 世纪 30 年代，海因里希（Heinrich）提出了著名的"事故因果连锁"理论，该理论认为"人—机—环—管"四个关键要素是维持系统安全的构成因素。海因里希的事故因果连锁理论提出的"人—机—环—管"，为安全事故的致因做出了解释，并为安全事故的原因提供了分析思路。

的抵抗力[120]。

目的地旅游系统的恢复力是抵御旅游系统风险入侵干扰的弹力。当遭遇风险因素干扰时，目的地旅游系统具有一定的抗压的弹性。当目的地旅游系统遭遇风险干扰时，能否从受到威胁的不稳定状态恢复到稳定状态，取决于恢复力的弹性大小。恢复力也是反映目的地旅游系统抵抗力强弱的重要指标，恢复能力越强，目的地旅游系统能够从威胁状态恢复到稳定状态的时间越短，抵御重大威胁的能力越强。恢复力是目的地旅游系统内部自我保护和调控、自我更新能力的反映。目的地旅游系统的恢复力可以通过目的地旅游紧急救援和善后重振能力等指标来测量，一个目的地旅游系统的应急能力和善后重振能力越强，遭遇重大威胁时，能尽快从灾难中恢复，恢复时间越短，表明抵抗风险能力越强。

（3）目的地旅游安全入侵度

入侵是来自生态学的术语，是一种外来物种的干扰。外来物种是本来不属于某一生态系统而通过人为或非人为的方式被引入特定生态系统中的物种。一些外来物种对当地自然环境、生物多样性、人类健康和经济发展造成或可能造成危害过程，被称为"外来物种入侵"[123]。

生态入侵是外来物种借助人为作用而越过不可自然逾越的空间障碍，进入其过去自然分布范围以外的新栖息地后，成为绝对优势种群，迅速蔓延发展，导致土著类濒临灭绝，破坏本土原有的生态系统结构和功能的现象[158]。一个物种被带到一个新的生态环境中，若丧失天敌，致使其无节制繁衍，如此蔓延，将会破坏生态平衡，造成生态灾难[123]。一个天然、稳定的生态系统，它的不同物种处于一种动态的平衡之中，当外界有在其自我调节程度之内的变动时，它可以经过一定时期的调整又达到平衡；而外来物种的入侵，则会打破这种平衡，甚至使它原来的生态平衡不能恢复[123]。

当今时代，社会系统的"生态风险"不断入侵，且呈加速加大趋势，人类安全面临挑战，外来物种对社会系统的入侵已经成为全球性的问题。目的地旅游系统是社会系统的一部分。目的地旅游系统的稳定性，既要在特定的时空条件下，能够维持它的组织结构和对破坏的恢复能力，同时也要规避防御各种风险因素的干扰。目的地旅游系统的入侵度是威胁目的旅游系统稳定的各种因素的综合。如果干扰的入侵度超过所能承受的限度，目的地旅游系统的平衡与稳定将会被打破，导致目的地旅游系统进入不稳定、不安全状态，或者说致使目的地旅游系统变得脆弱，甚或造成系统崩溃。目的地旅游安全入侵的特点显著。

入侵时空不确定性。目的地旅游系统时常遭遇到突发自然灾害，如地震、泥石流、塌方、社会治安事件等突发事件干扰，同时这些入侵风险或遭遇的威胁干扰因素具体在何时、何地发生，难以预测。虽然可以通过现代科技进行预测预警，但也难以准确预测发生时间和定位发生地点，甚至难以准确推测可能对目的地旅游系统的干扰破坏程度。

入侵来源多样性。目的地旅游系统威胁因素的干扰来源多样，从系统的角度看，既有来自系统内部组织结构混乱，导致的安全事故，亦有来自系统外部的胁迫因素，致使目的地旅游系统突发灾害。从突发事件类型看，旅游系统时常遭受的外部胁迫因素，如自然灾害、社会安全、事故灾难、公共卫生事件等的入侵干扰，都将给目的地旅游系统稳定性带来灾难性影响。

入侵是相对系统的抵抗。目的地旅游系统的入侵，是相对于目的地旅游系统的抵抗而言的。抵抗是目的地旅游系统维持其应对各种威胁干扰的能力。在社会脆弱性研究领域，"入侵度"则表征为"脆弱性"。"脆弱性—应对能力"与"抵抗力—入侵度"，是两对相对的概念。虽称谓不同，但实质相近。脆弱性其实类似入侵，系统越脆弱，说明系统的入侵度越大。脆弱性是从社会系统的反面来衡量系统的稳定性和安全性，而入侵度则是从正面反映系统的安全威胁。应对能力实质上类似抵抗力，应对能力越强，抵抗力越强。

诚然，风险干扰的入侵是一柄"双刃剑"，虽然给目的地旅游系统造成了威胁，导致目的地旅游系统的稳定受到影响，但是也迫使目的地旅游系统不断地增强抵抗力，提高防御和抵御风险的能力，推动目的地旅游系统抵抗力的演化升级。

目的地旅游系统面临各种威胁因素干扰和入侵影响。入侵风险和干扰因素通过影响目的地旅游系统内在的稳定性而使系统变得愈加脆弱。有学者研究认为城市的主要突发性公共事件可划分为自然灾害、事故灾难、公共卫生事件和社会安全事件四大类[124]，表明城市的风险干扰来源于自然灾害、事故灾难和公共卫生事件和社会安全事件。目的地旅游系统稳定性的风险入侵来源具有多样性，通过总结和依据《旅游突发事件应急预案》的风险类型，本节将其分成自然环境风险和社会环境风险两大类。

①自然环境风险入侵。自然环境风险入侵主要指由自然环境因素导致的自然灾害事件对目的地旅游系统的扰动。目的地旅游系统中的自然环境风险扰动因素较多，如地震、水灾、雷电、泥石流、滑坡、塌方等灾害事件。近年来，气候变化加剧，降雨量变率增大，暴雨导致各目的地旅游景区泥石流、滑坡、塌方等自然灾害发生，更为严重的是持续的暴雨导致旅游系统崩溃。自然风险因素的干扰是目的地旅游系统的重要入侵因子，自然风险因素越多，目的地旅游系统的入侵度越大。

②社会环境风险入侵。社会环境风险入侵是由社会治安管理、经济发展以及安全生产等社会环境风险因素导致的安全事故对目的地旅游系统的干扰过程。社会环境风险诱发因素较多，加之人为因素的综合作用，造成的突发事件类型复杂，包括事故灾难、公共卫生事件和社会安全事件。具体如下。目的地旅游交通事故、消防安全事故；环境污染事件，空气质量受损；以及由社会环境和人为因素综合作用产生的突发传染疾病、流行性传染疾病；危及社会安全的社会治安事件，斗殴、扰乱公共秩序、盗窃等治安问题等对目的地社会环境造成较大干扰，给目的地旅游安全带来极大风险，影响目的地游客的安全感。另外，目的地经济发展状况和波动情况，也会影响目的地旅游安全稳定，如居民消费价格指数的上涨影响消费者信心和购买欲望；基尼系数的变化，极易导致贫富分化，造成社会问题，给旅游系统带来不稳定安全隐患。

随着现代性和科技的飞速发展，人类面临的社会环境风险日趋严重。在德国社会学家乌尔里希·贝克（Ulrich Beck）看来，一种人为制造的风险或不确定性（*fabricated/manufactured risks/uncertainties*）的现代化风险（*Modernization risks*），已经超出了人类的掌控[4]。由于普遍的风险和风险认知，个人不再能够从社会和特定集团中获取安全感，对"宏大叙事"产生了怀疑，而只能由自身的感受来赋予事物意义[125]。英国社会学家安东尼·吉登斯（Giddens，1999）则是把风险区分为"外部风险"（*exter-*

nal risk）与"被制造出来的风险"（*manufactured risk*），而且认为"被制造出来的风险"充斥着人为性，并逐步取代了"外部风险"占据了主导地位[3]。

社会环境风险加上人为干扰对目的地旅游系统的稳定性影响越来越大，各种可预见与不可预见的突发事件时常见诸报端，旅游目的地发生的社会安全事件增多，对目的地旅游系统影响较大，直接影响了目的地旅游系统的稳定性。

3.2.1.2　目的地旅游安全度运行特点

依照目的地旅游安全的内涵，目的地旅游安全是依托目的地的区域空间载体，以游客的需求和体验界面为核心，目的地社会经济、自然环境、安全保障与自然灾害、社会治安等要素相互作用、相互交织而形成的自组织复杂系统。目的地旅游安全系统在自组织中运行，该系统由小到大、由简单到复杂、由无序走向有序，诸要素在不断地进行物质、能量和信息的交换中演化发展。

目的地旅游安全是一个开放的系统，与系统外的环境风险有不断的物质、能量、信息交换。目的地旅游安全系统，既存在系统活力、结构和恢复力子系统相互作用，其社会经济、安全投入、安全组织、安全管理、安全环境、安全设施、紧急救援和善后重振等要素进行能量交换，也存在与环境风险密切相连，自然灾害、突发公共安全事件等也会产生负面作用和影响。目的地旅游安全抵抗子系统与风险入侵子系统之间是紧密联系的，任何一个子系统的变化都会对整个旅游安全系统产生影响。目的地旅游安全系统的开放性发展，本质就是追求子系统从无序向有序演化的过程，并且能够不断地调整和增强抵抗子系统的作用，以更好地适应环境风险入侵的发展变化，实现与风险入侵子系统相抗争的过程中，维持旅游安全系统长期稳定运行。

目的地旅游安全系统远离平衡态，即目的地旅游安全从无序走向有序，从低级向高级演化的状态。目的地旅游安全系统在内外部子系统相互作用、相互影响的过程中，不断地进行物质、能量和信息等交换和竞争。在这个复杂系统内部，一方面是抵抗力子系统和入侵度子系统内部间的协同，另一方面是子系统之间的竞争。抵抗力子系统内部协同作用的大小决定了该复杂系统抵抗性功能的强弱，若抵抗力子系统间协同作用不强，则"内耗大"，整体抵抗性功能就弱；反之，若抵抗力子系统间相互适应、协调运作，复杂系统整体抵抗性功能就强。此外，入侵度子系统与抵抗力子系统之间存在相互竞争关系，入侵度子系统的干扰作用大于抵抗力子系统的抵抗作用，整个目的地旅游安全系统将处于破坏，甚或崩溃状态。所以目的地旅游安全系统处于相互协同和竞争的此消彼长的远离平衡态。

目的地旅游安全系统具有非线性特征。目的地旅游安全系统众多的不确定因素作用不是线性迭加，而是存在抵抗力和入侵度相互竞争的错综复杂关系。目的地旅游安全系统中的抵抗力子系统与入侵度子系统在相互抗争运行中，存在相互竞争、要素自催化的非线性相互作用。"在非线性相互作用下，自组织系统形成内部涨落，经正负反馈作用，使这些涨落成为非平衡态。某一微小的随机涨落可能在同其他涨落的竞争中迅速增长，通过相干效应不断增强，最终取得对整个系统的支配地位，从而驱使失稳的系统上升到一个新的稳定有序状态。"[107]

目的地旅游安全复杂系统各子系统的自组织交互运作过程是一个动态涨落过程，其受制于其子系统作用且是一个演变着的动态演化系统。目的地旅游安全复杂系统是一个开放的、远离平衡态、非线性组织，在相互作用和自组织运行过程中动态演化，各子系统及其要素的演化作用，支配着目的地旅游安全的自组织运行发展。

3.2.1.3 目的地旅游安全度运行机制

（1）目的地旅游安全演化机制

目的地旅游安全系统的自组织运行发展演化过程追求的是目的地旅游安全系统在自组织发展过程中的客观稳定性，为目的地旅游安全提供有保证或有保障状态。

牛顿力学的物质系统平衡性或稳定性分析中指出，物质平衡性或稳定性是指物质系统受干扰后回到最初运动轨迹的性质[104]。目的地旅游安全，即目的地旅游系统的稳定性是指旅游安全系统受到外界的威胁入侵后，系统离开原来的动态平衡，以及在系统自身抵抗力的作用下，入侵威胁消除，系统逐渐恢复到相对动态平衡状态。目的地旅游系统的稳定性，不仅与目的地旅游安全系统自身特征有关，而且与外界威胁的入侵性质有关。

目的地旅游安全自组织系统的稳定性取决于抵抗力子系统与入侵度子系统两个子系统的相互作用、相互影响的动态演化结果。目的地旅游安全自组织系统的两个子系统间存在复杂的对抗关系，二者在相互影响和制约的过程中，驱动目的地旅游安全系统演化发展。目的地旅游安全系统的抵抗力子系统内部各要素存在复杂的耦合关系，形成一个有机整体，内部各要素的协调运行，是增强抵抗力系统、发挥抵抗功能的必要前提。抵抗力子系统内部各要素之间存在物质、能量和信息等交互作用，其交互作用是非线性的，各要素在相互作用、相互耦合的过程中形成整体效应，增强抵抗力子系统的整体性功能。

（2）目的地旅游安全演化的作用原理

目的地旅游安全系统的稳定性表明，各子系统之间的相互作用协调，抵抗力子系统发挥积极作用，维护整个系统安全，入侵子系统在整个系统中的作用力受到抑制，不会引起系统整体的震荡。相反，若入侵子系统的各要素相互集中发挥作用，外界的自然灾害、社会公共安全事件、公共卫生事件集中而至，入侵子系统的入侵力度很大，导致目的地旅游安全系统的抵抗力子系统无法与入侵子系统对抗，系统整体因缺乏抵抗力而导致系统崩溃。由此而言，目的地旅游安全演化的过程是抵抗响应机制与入侵传递机制相互博弈的过程（如图3.4所示）。

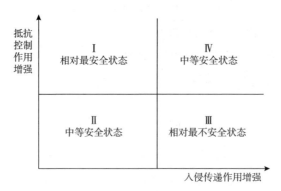

图3.4　入侵传递作用与抵抗控制作用关系

目的地旅游安全演化的入侵传递机制是指诱发安全态势恶化演变的自然环境与社会环境风险因素的触发及危害的传递过程。入侵传递的过程取决于入侵威胁因素发生的概率及破坏力大小，二者共同反映了各种不同类型目的地旅游安全入侵威胁或隐患的危害效果，但是究竟安全与否与隐患的抵抗响应机制有关[126]。目的地旅游安全演化的抵抗响应机制是指控制不安全状态发生和风险入侵传递以及减轻风险危害影响的系统响应过程[126]。

目的地旅游安全系统的自组织运行，实质是追求从无序走向有序、从安全稳定走向更安全稳定的过程。目的地旅游安全演化的作用机理，揭示目的地旅游安全系统中抵抗子系统和入侵子系统两个子系统的对抗局势，是目的地旅游安全系统通过与外界的物质、信息、能量的交互作用，非线性作用使抵抗力子系统中的社会经济、安全环境、安全保障要素之间达到一种优化组合的状态，实现目的地旅游安全系统在特定的时空条件下，发挥抵抗力子系统的作用，实现子系统内要素协调、结构有序合理运行，最大限度地为游客提供有保证或有保障的旅游环境。同时，通过目的地旅游安全演化作用机理分析，可以减少或消除外界威胁因素入侵子系统的威胁，逐步扭转无序状态，使目的地旅游安全系统更加有序、协调运行。

（3）目的地旅游安全演化的系统结构分析

依据上述目的地旅游安全的理论内涵和演化机制分析，基于系统动力学理论，分别对旅游安全抵抗力和旅游安全入侵度中各要素的逻辑关系和影响机理进行分析。

①目的地旅游安全系统逻辑关系分析

目的地旅游安全系统运行主要围绕目的地旅游安全抵抗力和旅游安全入侵度两个关键要素进行博弈运行。因此，本节从目的地旅游安全抵抗力和旅游安全风险入侵度两个角度对目的地旅游安全系统的逻辑关系进行分析（如图3.5–a/b所示）。

图3.5–a显示，目的地旅游安全度与目的地旅游安全入侵度存在负反馈的回路关系，即目的地旅游安全度越高，目的地旅游安全入侵度越低；或者说，目的地旅游安全入侵度越高，目的地旅游安全度越低。目的地旅游安全度与目的地旅游安全抵抗力存在正反馈的回路关系，即目的地

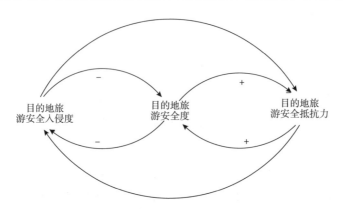

图 3.5 - a　目的地旅游安全入侵度、抵抗力和目的地旅游安全度的静态关系

旅游安全度越高，目的地旅游安全抵抗力越强；或者说，目的地旅游安全抵抗力越强，目的地旅游安全度越高。

目的地旅游安全度取决于旅游安全抵抗力与旅游安全入侵度的博弈，图 3.5 - b 反映了目的地旅游安全抵抗力与旅游安全入侵度动态博弈过程。旅游安全抵抗力与旅游安全入侵度在演化过程中逐渐增大，但当目的地旅游安全抵抗力大于目的地旅游安全入侵度时，旅游安全抵抗力逐渐增强，目的地旅游安全度越来越大；当目的地旅游安全入侵度始终大于旅游安全抵抗力时，旅游安全入侵度逐渐增大，目的地旅游安全度日渐失去稳定，越来越弱。

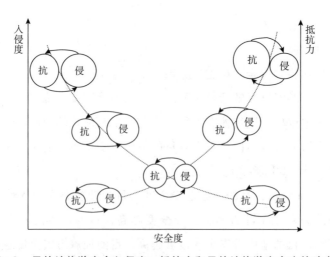

图 3.5 - b　目的地旅游安全入侵度、抵抗力和目的地旅游安全度的动态关系

②目的地旅游安全抵抗力反馈回路分析

目的地旅游安全抵抗力包括三个维度，即抵抗结构、抵抗活力、抵抗恢复力，三者各自影响目的地旅游安全抵抗力，同时又紧密相关。因此，提升目的地旅游安全度，需要从目的地旅游安全抵抗力的三个关键因素入手。目的地旅游安全抵抗力系统存在三个正向反馈回路（如图3.6所示）。

回路1：目的地旅游安全度↑→抵抗结构↑→目的地旅游安全抵抗力↑→目的地旅游安全度↑；

回路2：目的地旅游安全度↑→抵抗活力↑→目的地旅游安全抵抗力↑→目的地旅游安全度↑；

回路3：目的地旅游安全度↑→抵抗恢复力↑→目的地旅游安全抵抗力↑→目的地旅游安全度↑。

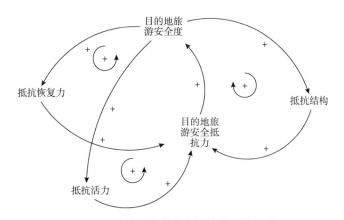

图3.6 目的地旅游安全抵抗力反馈回路

③目的地旅游安全入侵度反馈回路分析

目的地旅游安全入侵度包括两个维度，即自然灾害事件的自然环境风险入侵和由社会安全事件风险、事故灾难和公共卫生事件等构成的社会环境风险入侵，两者共同影响目的地旅游安全风险入侵度的高低。因此，要降低目的地旅游安全入侵度，提升目的地旅游安全度，需要减少目的地自然灾害风险、社会安全风险、事故灾难和公共卫生事件发生。目的地旅游安全入侵度子系统存在两个正向反馈回路（如图3.7所示）。

回路1：目的地旅游安全度↑→自然环境风险入侵↓→目的地旅游安

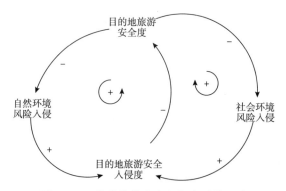

图 3.7　目的地旅游安全入侵度反馈回路

全入侵度↓→目的地旅游安全度↑；

　　回路 2：目的地旅游安全度↑→社会环境风险入侵↓→目的地旅游安全入侵度↓→目的地旅游安全度↑。

　　（4）目的地旅游安全的子系统分析

　　为进一步刻画目的地旅游系统的安全运行机制，本节对目的地旅游安全抵抗力和目的地旅游安全入侵度两个子系统的因果关系进行描述。

　　①目的地旅游安全抵抗力子系统因果关系分析

　　目的地旅游安全抵抗力子系统由抵抗活力、抵抗结构和抵抗恢复力三个关键因素影响，而三个因素又各自包含若干层级的子因素，其中，抵抗活力包括经济能力、安全投入；抵抗结构包括安全管理、安全组织、安全设施、安全环境；抵抗恢复力包括紧急救援和善后重振。目的地旅游安全抵抗力子系统主要存在的因果关系回路有（如图 3.8 所示）如下几个。

　　回路 1：目的地旅游安全抵抗力↑→经济能力↑→抵抗活力↑→目的地旅游安全抵抗力↑；

　　回路 2：目的地旅游安全抵抗力↑→安全投入↑→抵抗活力↑→目的地旅游安全抵抗力↑；

　　回路 3：目的地旅游安全抵抗力↑→安全管理↑→抵抗结构↑→目的地旅游安全抵抗力↑；

　　回路 4：目的地旅游安全抵抗力↑→安全组织↑→抵抗结构↑→目的地旅游安全抵抗力↑；

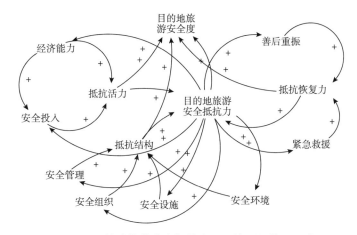

图 3.8　目的地旅游安全抵抗力子系统因果关系回路

回路 5：目的地旅游安全抵抗力↑→安全设施↑→抵抗结构↑→目的地旅游安全抵抗力↑；

回路 6：目的地旅游安全抵抗力↑→安全环境↑→抵抗结构↑→目的地旅游安全抵抗力↑；

回路 7：目的地旅游安全抵抗力↑→紧急救援↑→抵抗恢复力↑→目的地旅游安全抵抗力↑；

回路 8：目的地旅游安全抵抗力↑→善后重振↑→抵抗恢复力↑→目的地旅游安全抵抗力↑。

②目的地旅游安全入侵度子系统因果关系分析

目的地旅游安全入侵度受到目的地自然环境风险和社会环境风险两个风险因子入侵影响。具体涵盖自然灾害风险、事故灾难、社会安全事件和公共卫生事件四个风险因素的影响，四个风险因素各自又包括若干子因素，自然环境风险入侵的自然灾害风险主要包括地震、台风、暴雨、洪灾、泥石流等；社会环境风险入侵的社会风险包括社会治安、经济风险、安全生产事故。事故灾难包括消防安全事故、交通安全事故；公共卫生事件包括传染性疾病、食物中毒事件、环境污染事件等。目的地旅游安全入侵度子系统存在的主要因果关系回路有（如图 3.9 所示）如下几个。

回路 1：目的地旅游安全入侵度↑→自然灾害↑→自然环境风险入侵↑→目的地旅游安全入侵度↑；

回路2：目的地旅游安全入侵度↑→社会安全事故↑→社会环境风险入侵↑→目的地旅游安全入侵度↑；

回路3：目的地旅游安全入侵度↑→公共卫生事件↑→社会环境风险入侵↑→目的地旅游安全入侵度↑；

回路4：目的地旅游安全入侵度↑→事故灾难↑→社会环境风险入侵↑→目的地旅游安全入侵度↑。

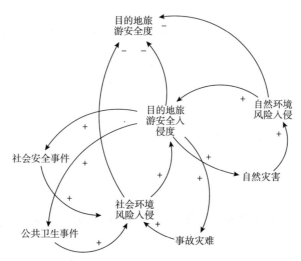

图3.9　目的地旅游安全入侵度子系统因果关系回路

（5）目的地旅游安全系统整体运行模型

图3.10 - a 显示了目的地旅游安全系统运行的静态模型，目的地旅游安全度是在旅游安全抵抗力和旅游安全入侵度两个子系统竞争的自组织运行中博弈发展。

图3.10 - b 揭示了目的地旅游安全系统自组织运行过程的动态变化。目的地旅游安全抵抗力在安全活力、安全结构和安全恢复力的三个要素的协同作用下，抵抗能力逐渐增强；目的地旅游安全入侵度在自然环境风险和社会环境风险耦合作用下，入侵威胁也在逐步加大。两个子系统在自组织运行中不断演化升级，目的地旅游安全度取决于旅游安全抵抗力与旅游安全入侵度的抗争博弈结果。随着目的地旅游安全抵抗力与旅游安全入侵度理论上的平衡态打破，当目的地旅游安全入侵度始终大于旅游安全抵抗力时，目的地旅游安全度沿着较弱的方向发展；当目的地旅游安全抵抗力

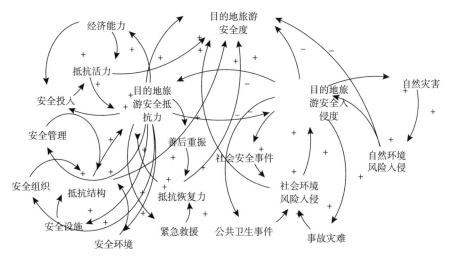

图 3.10 – a 目的地旅游安全系统整体运行静态模型

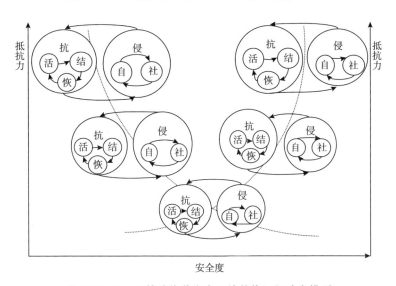

图 3.10 – b 目的地旅游安全系统整体运行动态模型

始终大十旅游安全入侵度时，目的地旅游安全度朝着越来越强的方向
演化。

3.2.1.4 目的地旅游安全度评价：抵抗力与入侵度的博弈

依据上述从生态系统健康理论和社会脆弱性理论视角对目的地旅游系
统安全度进行的概念界定和理论阐释，不难发现目的地旅游系统的稳定性
是目的地旅游系统安全抵抗力与入侵风险因素之间对抗的博弈结果。一方

面，目的地旅游系统的活力、结构和恢复力各要素之间协同，增强抵抗能力；另一方面目的地旅游系统稳定性受诸多风险因素影响，且各种风险入侵因子动态变化，直接对目的地旅游系统产生风险入侵。目的地旅游系统的安全稳定取决于目的地旅游系统安全抵抗因子与入侵风险因素之间的对抗。

通过高度综合和抽象概括得出目的地旅游系统安全主要取决于目的地旅游系统安全入侵度、目的地旅游系统安全抵抗力两个重要因素。目的地旅游自身系统维持稳定的状态取决于系统安全入侵度和抵抗力二者之间的平衡。使用公式表述即：

$$目的地旅游安全度指数 = \frac{目的地旅游安全抵抗力}{目的地旅游安全入侵度} \tag{3.1}$$

在式（3.1）中，当目的地旅游安全度指数等于 1，表明目的地旅游系统安全抵抗力与安全入侵度势均力敌，达到理论上的安全状态，系统协调稳定；当目的地旅游安全度指数大于 1，表明目的地旅游系统安全抵抗力大于目的地旅游系统安全入侵度；指数愈大于 1，目的地旅游系统愈处于安全状态，系统相对稳定；当目的地旅游安全度指数小于 1，表明目的地旅游系统的安全入侵度大于目的地旅游系统安全抵抗力，入侵风险因素较多，系统不稳定；指数愈小于 1，说明目的地旅游系统愈处于不安全状态。当目的地旅游安全度指数越来越小于 1 时，目的地旅游系统的稳定状态逐渐被扰乱或被打破，各种突发事件发生的可能性愈趋加大。各种突发事件的发生，给旅游目的地居民和旅游者生活及旅游环境破坏带来风险，入侵风险的增大，必将增加目的地旅游系统紊乱甚至崩溃的可能性。

一个开放的目的地旅游复杂巨系统，在风险入侵威胁因素的干扰作用下，风险因素入侵目的地旅游系统后，使整个系统由一种相对有序状况进入相对无序状态。在无序状态下，目的地旅游系统的抵抗力与风险的入侵度相互较量，若目的地旅游系统的抵抗力处于弱势，目的地旅游系统的入侵度逐渐增强。目的地旅游系统的无序状态愈演愈烈，干扰目的地旅游系统抵抗因素的运行，随着这种状态持续下去，目的地旅游系统将面临崩溃的危险。

理论上，目的地旅游系统安全抵抗力与入侵度博弈期待的结果是旅游安全度指数愈来愈大，旅游系统愈加稳定。但一般来讲，稳定的系统是健康、安全的，但健康、安全的系统不一定是绝对稳定的，也可能是相对稳定。旅游系统的稳定性是抵抗与入侵处于相对均衡状态，入侵风险未能干扰或破坏旅游系统，旅游系统是健康的、安全的。健康、安全的旅游系统是未受到风险入侵干扰，或各种风险入侵因素作用于目的地旅游系统，导致系统不安全或不健康，但在一定的可承受范围之内，不至于导致系统遭到破坏，但旅游系统依然是稳定的。"绝对健康的系统是不存在的，健康是一种相对的状态"[98]，但旅游系统的绝对健康、安全只在理论上存在。所以，目的地旅游系统始终处于抵抗与入侵的博弈对抗的相对状况。

3.2.2　主观评价：目的地游客安全感

游客安全感是游客对目的地旅游安全状况的综合主观感受，是衡量目的地旅游安全状况的"晴雨表"，也是体现目的地"宜游"质量的重要指标，还反映了目的地旅游安全治理的效果。

3.2.2.1　安全感的界定

早期，安全领域的哥本哈根学派认为，欧洲的安全研究需要从关注欧洲国家内某少数民族的认同入手，而威尔士学派的肯·布斯则极力说服政府在寻求国家安全的同时一定要关注个人安全："国家虽是提供安全的工具，但最终它只有在涉及个人时，安全的意义才会显得重要。真正的安全只有通过人民和集体才能获得。"[127]当前，国内外复杂的社会局势，各种可预见与不可预见的突发事件，以及社会转型的快速推进，使得我国出现的社会问题和社会矛盾日益加剧，诸多不和谐的因素给民众安全带来了更多的不稳定性和不确定性。安全感是反映区域安全状况的"晴雨表"，是民众对区域安全客观状况的主观感受。

安全感的研究最早兴起于近代西方学术界，弗洛伊德、霍妮、沙利文、弗洛姆、埃里克森、马斯洛等人在这一方面都有专门的研究。20世纪60年代美国总统执法委员会和司法行政委员会批判缺乏安全感的研究，安全感研究开始受到国外犯罪学家和其他社会学家的重视。随着现代社会发生的"切尔诺贝利事件""日本核电站泄漏事件"、"5·12"汶川地震、"9·11"事件、"疯牛病""禽流感""毒奶粉事件"、"H1N1"等事件，安全感问题越来越多地受到各方面的关注和重视[128]。安全感成为学术理论热点和社会关注的焦点，为安全感的深入研究奠定了坚实的基础。

关于安全感的概念界定，众说纷纭。英语中安全一词 security，既有安全的含义也有安全感的含义。来源于罗马语言中的 securus，意思是没有担心与忧虑。Howard（1999）用 feelings of insecurity 表示不安全感，用 feeling safe 表示安全感[129]。

哥本哈根学派的维夫提出安全本质上是一种主体间性的社会认知：一个共享的、对某种威胁的集体反应和认识过程，安全最终保持着既不是主体又不是客体，而是存在于主体中间的这样一种特质，这种存在于主体中间的特质就是社会世界的特质[127]。社会主体的安全离不开社会世界的社会性生存，而人对社会性生存的需求实质上就是对安全的需求。单一的个体一旦组成社会群体，个体就会产生进入群体正常社会生活与获得社会身份的强烈渴望，这种社会性生存需求的实现被称为"本体安全"（ontological security）[127]。吉登斯把本体安全（ontological security）认为是人格特质的安全感。吉登斯还认为基本的信任是本体性安全（人格特质安全感，有时也称"本体安全感"）建立的基础，"本体安全感"体现个体对融入各种社会关系的自信，即一种对社会环境以及其他社会成员的信任[127]。马克斯·威尼曾说："人们生活在各种社会关系中，需要获得社会生存的自信而避免被剥夺社会生存的焦虑与不安全。这表现在人的婴儿时代，因父母不在身边的恐惧而啼哭。"[129]社会心理学的研究表明，人们一般会在自己熟悉的社会环境、群体与社会活动中产生信任感，这种熟悉来自人们对日常社会生活过程和行为程序（routine）的可预期性（expectability）。因此，"本体安全感"实质上体现了主体对社会日常行为程序可预期的信任状态，即自信有能力了解、熟悉或掌控与自身生存有关的社会行为模式[127]。在社会生活中，判断一个事务或一种行为安全与否，一般需要观察事务的发展过程是否拥有得以掌控的可预期性程序，如果没有可预期性程序或无法获得信任，则被认为是不安全的。如果没有对他者行为的基本预期与信任，个体就会把他者的行为目标与后果向最不利的结果的方向设想，就会产生个体对他者行为无法预期的焦虑与不安[127]。

近代以来，学者们通常从主观与客观意义两个角度解释安全的内涵。

无论"是否存在威胁"还是"是否存在恐惧",均需要通过人的认知判断和意识理解。因此,主观对威胁是否感到恐惧"绝不是毫无任何客观背景的纯粹的幻觉和意识,它必定与个人或者群体的社会存在的物质性实在相关联,并不是纯粹主观的东西[127]",即安全感是主观见之于客观的心理感受。

综上所述,安全感本质上是"个体或社会群体对他者行为可预期性程序的信任,体现出社会互动基础上的一种主体间认知"[127],是主观见之于客观的心理感受。吉登斯认为"安全感是幸福、安全的感觉和状态,是个人实现目标的自我肯定和心理预期,也是个体对周围环境和关系可靠的持续的期望"[129]。同时,安全感"是一种动态的平衡,其是否在现有社会条件下取得平衡,取决于内生变量——个体自致性因素(包括个体对社会的信任程度、风险的认知能力),也取决于外生变量,社会发展水平和社会治理情况。安全感随着内生和外在变量的变动而变化"[130]。

3.2.2.2 游客安全感的概念及内涵

洛克(Lock,1973)提出差距理论认为:"一个人对工作满足与否决定于他觉得在此工作中实际获得的与期望获得的差距,如果没有差距存在就会满足,若实际获得的比期望少,就会不满足。即心理差距指对期望值过高,实际条件无法实现或是难于实现,从而导致理想与现实之间产生了心理落差"[131]。

20世纪70年代社会心理学和组织行为学领域提出了期望不一致理论(*Expectation – Disconfirmation Theory*,简称期望模型),该理论模型由奥沙维斯凯、米勒(Olshavsky and Miller,1972)的"顾客期望、产品绩效与感知产品质量[132]"和安德逊(Anderson,1973)的"顾客不满意:期望与感知质量不一致的效应[133]"的理论做基础并建构而成。从期望模型理论①可以

---

① 期望模型源于顾客满意理论,认为:满意的形成是通过两阶段的过程实现的。在购买前,顾客会对产品将会提供的各种利益和效用,即产品的绩效,形成"期望";在顾客进行了购买以后,又会将消费产品所获得的真实绩效水平与购买前的期望进行比较,若二者之间存在差距,则称为"不一致",此为第一阶段。在第二阶段,顾客由"不一致"的不同情况作出不同的"满意"反应:当实际感知绩效与期望相同,即"不一致"为零时,顾客产生"适度的满意"(*Moderate Satisfaction*);当实际感知绩效超过期望,即"不一致"为正时,导致"满意"(*Satisfaction*);而当实际感知绩效未达到期望,即"不一致"为负时,导致"不满意"(*Dis – Satisfaction*)。MBA lib 智库百科. 顾客满意理论 . http: // wiki. mbalib. com/wiki/顾客满意理论。

发现，满意度既体现了购买前期望、购后实际绩效之间消费者行为过程，还存在实际绩效与期望之间的因果关系，期望会影响实际绩效，二者的差距表现为消费者的满意与否。

期望模型体现的满意度取决于期望与实际绩效之间差距的评价，而洛克（Lock，1973）的差距理论认为，工作的满意来源于理想与现实之间的差距。由此来看，个体的心理稳定满足程度取决于期望与现实之间的心理差异。依据期望模型和差距理论，结合上述安全感概念进行分析推理，本节认为游客安全感是指游客在旅游过程中的特定时空条件下，对旅游目的地自组织运行中所拥有的、所能提供的一种有保证或有保障状态的心理预期。也即游客不受危险、不受外界因素干扰而免于承受身心压力、人身伤害或财物损失等可预期信任的综合主观心理状态，是旅游者对旅游目的地安全客观状况的主观评价，是主观诉诸客观的行为过程。游客安全感取决于游客对旅游活动过程的安全感知和旅游前的事先安全期望的对比，二者之间通过认知分析过程产生心理差距。

游客安全期望，是指游客在旅游之前对旅游目的地安全状况的心理预期，预期旅游目的地拥有安全的旅游环境，是游客主观心理评价。游客安全感知，是指游客通过获取关于旅游目的地安全方面的信息和已有的旅游经历进行体验感受，从而形成对旅游目的地安全状况的认识。游客的安全感知既可以是尚未到过目的地或者是出游前通过外部信息对旅游目的地安全状况的评价，也可以是发生在旅游目的地，通过实际感受形成的对安全状况的认识。

旅游目的地游客安全感包括三方面的内涵：一是游客对旅游目的地安全客观状况的主观认知评价。游客安全认知评价，是游客在已有安全期望基础上，通过在旅游目的地的实地逗留和真实感受，在心理上进行进一步的认识，从而形成对旅游目的地安全状况的客观评价。安全认知评价要求游客必须在旅游目的地进行过逗留，且在此基础上与期望进行对比，形成客观评价。二是游客对旅游目的地自组织运作中处于平衡、稳定、正常状态的综合主观感受。三是游客在旅游体验活动中、旅游目的地人际交往等过程中未受到任何损失、获得可预期信任的稳定状态。旅游目的地游客安全感既体现了游客旅游前安全期望，旅游中的体验、感知及旅游后的客观评价的旅游行为过程，也体现了游客对旅游地安全状况心理评价活动过程。

3.2.2.3　游客安全感的两个方面：游客心理安全感和社会安全感

安全感的内涵是一种情绪情感，是人对客观事物能否满足其安全需要所产生的情绪情感体验。情绪情感虽然都是个体对需要满足状况的心理反映，却属于同一类不同层次的心理体验，情绪具有情境性，而情感具有稳定性。情感和情绪两个层次特征，与现代心理学的心理安全感和社会安全感的内涵相吻合[134]。因为，从心理学取向的安全感的分析可知，心理安全感考察的是个体比较稳定、持久和内隐的主观体验，而社会安全感考察的是个体比较即时性、冲动性、外显性的主观体验。即心理安全感是情感反映，是一种特质，而社会安全感是情绪反映，是一种状态。为避免混淆，将心理安全感（情感）称为特质安全感，将社会安全感（情绪）称为状态安全感。由此，安全感包括心理安全感（特质）和社会安全感（状态）两个方面[134]。

姚本先、汪海彬（2011）以情绪情感为基础，探索安全感的发生机制认为，状态安全感是个体基于客观事物与安全需要的认知评价下产生的情绪体验，而特质安全感则是在随着安全感需要的发展、认知的深化而形成的比较稳定的情感体验，同时特质安全感又会在具体情境中以状态安全感的形式表现出来[134]，如图 3.11 所示。

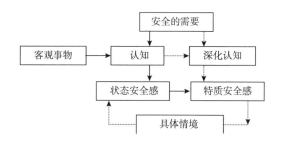

图 3.11　安全感（包括情绪、情感两个方面）形成的基本模式①

基于对安全感概念和发生机制的探讨，本文试图从安全感的定义出发，并结合安全感的发生机制来确定游客安全感的划分。游客安全感作为

---

①　资料来源：整合视角下安全感概念的探究，姚本先，汪海彬（2011）。

一种情绪情感，有心理安全感（特质）和社会安全感（状态）两个方面。国外关于安全感的研究也主要包括心理和社会两个方面，即心理安全感和社会安全感。因此，本文从游客心理安全感和社会安全感两个方面诠释旅游目的地游客安全感。

（1）游客心理安全感

①游客心理安全感的概念

安全感较早作为心理学的一个重要概念，在心理学领域对安全感进行了较全面深入的研究，且多见于精神分析和人本主义心理学的理论中[135]。安全感始于弗洛伊德（Freud）的精神分析理论，认为"缺乏爱或对身体受到危害的恐惧会产生焦虑，而这种焦虑会威胁到一个人的基本安全感"[136]。嗣后，其学派的众多代表诸如霍妮（Horney）、沙利文（Sullivan）、弗洛姆（Fromm）、埃里克森（Erikson）就儿童如何获得安全感进行了探讨[137]。但遗憾的是，上述学者始终没有对安全感这一概念进行界定，也尚未对安全感的内涵进行探究。直到1945年马斯洛（Maslow）首次正式提出心理安全感概念，认为心理安全感（psychological security）是"一种从恐惧和焦虑中脱离出来的信心、安全和自由的感觉，特别是满足一个人现在和将来各种需要的感觉"[138,139]。马斯洛（Maslow）的安全感定义具体是指人在摆脱危险情境或受到保护时所体验到的情感，是维持个体与社会生存不可缺少的因素，它表现为人们要求稳定、安全、受到保护、有秩序，能免除恐惧和焦虑等[139]。安全感是衡量个体心理健康的重要指标之一。缺乏安全感的人往往伴随着焦虑、恐惧和怀疑，感到被歧视、冷落和抛弃。而具有安全感的人往往热情、自信和奋进，能够从他人那里感受到温暖、归属，也能够以开放、宽容的态度对待这个世界[128]。但布列茨（Blaze）则反对用定义界说安全感，并提示只要抓住"主宰"与"负责"这两个关键词，就能看出安全感背后隐藏着"控制"这种感觉[140]。安莉娟等则吸收了布列茨理论中"控制"一词，提出了安全感的概念，认为："安全感是对可能出现的对身体或心理的危险或风险的预感，以及个体在应对处置时的有力/无力感，主要表现为确定感和可控制感。"[141]

心理安全感是一种基于认知而产生的情感上的体验，它建立在过去的经验的基础上而对现在的状况进行评价和预测[128]。游客心理安全感是游客在旅游过程中，与在过去旅游经历的基础上，对旅游目的地所能提供的一种有保证或有保障状态的心理安全预期，也是游客不受危险、不受外界因素干扰而免于承受身心压力、人身伤害或财物损失等可预期信任的综合主观心理状态。具体来说，游客心理安全感包括以下几种。

游客不受危险、不受外界因素干扰而免于承受身心压力、人身伤害或财物损失。沈学武等研究表明，神经症患者较健康人群显著缺乏安全感，存在不安全心理；钟友彬认为强迫症的核心就是恐惧和不安全感，如对传染病恐惧的强迫性洗手，对门锁的强迫性检查等，均是出于对生命和财产安全的担心，也就是缺乏安全感[135]。江绍伦认为，当个体甘心承担自己行为或抉择的后果，毫不退缩或逃避，就是一个具有心理安全感的人，其意识状态是安静的；反之，当个体尝试逃避自己的行为或抉择的后果，表明缺乏安全感，其意识状态是不安和焦虑的[142]。

游客心理安全感是对旅游过程中的安全预期。陈顺森等学者认为心理安全感主要包括个体对自身应对风险的能力的评估、面对风险时的主观体验以及对可能发生风险的预感三个方面。它包括能力评估、主观体验、具体情境风险预感、虚幻情境的风险预感、模糊情境的风险预感五个维度[143]。曹中平认为心理安全感就是一种主观感受、体验，其本质上是一种个体的意识状态[144]。

游客对旅游过程中可能出现的安全预期的可控性。丛中等人认为安全感是主体对可能出现的对身体或心理的危险或风险的预感，以及个体在应对时的有力或无力感，主要表现为人际安全感和确定可控制感[145]。刘玲爽认为，如果一个人能体验到安全感，将会延伸出对他人和世界的信任，并且感觉到自尊、自信以及对现实和未来的确定感和控制感，这种感觉就是心理安全感，包括安全需要的满足、归属需要的满足、确定感和控制感三个维度[146]。

②游客心理安全感的特征

基于以上分析，本文认为游客心理安全感具有以下特征。

游客心理安全感是相对的动态平衡，而不是绝对的。游客心理安全感是对一种稳定的有保证或有保障状态的心理预期，而这种有保证或有保障的状态是相对稳定的，当社会复杂系统各种要素相互协调运行，整个社会处于相对稳定状态，游客心理安全感相对较高；当社会复杂系统面临各种不和谐因素，社会问题或社会矛盾加剧时，整个社会系统的稳定状态被打破，社会系统的安全失去动态平衡，陷入了一种不安全的风险状态，游客心理对社会的保障预期较低。只有随着社会经济的发展及社会保障体系的健全，社会系统再次呈现一种动态的平衡时，人与社会经济发展达到一种和谐状态，游客心理安全感恢复相对稳定状态。

　　游客心理安全是一种主观感受，它受到客观安全的制约，但又不完全受制于客观安全。游客心理安全感是游客对自身安全状态的体验及经验性判断。游客心理安全感是有特定含义的，它是一种自我感觉，而不是一种认识中的对外感觉，是人们对自己安全状态的心态[147]。游客心理安全感是一种主观感受，此外，游客安全感还受到年龄、性别、健康状态、受教育程度、社会经济地位、人格、文化背景和社会环境等各种客观因素的影响，并且这些因素总是相互交织在一起，共同起作用的。

　　游客心理安全感包含认知和情感。游客心理安全感是一种基于认知而产生的并且包含认知成分的一种情感体验，但是，与其说游客心理安全感是一种情感体验，倒不如说游客心理安全感是一种感知经验。因为不论是游客心理安全感还是不安全感，都是建立在过去经验基础上而对现在状况的评价或对未来的预感[135]。游客心理安全感是以非理性为主导的体验，在一般情况下，非理性的自我体验是安全感的主要内容，在安全感中占主导地位，而经验理性的自我判断是安全感的次要内容，在安全感中居于次要地位[147]。

　　③游客心理安全感的维度

　　为了更清晰和定量地了解游客心理安全感的特点，本文基于游客心理安全感的概念和内涵，借鉴已有心理安全感的测量维度，认为游客心理安全感的测量维度主要包括：人际交往安全感、主观控制安全感和自我认同安全感。

　　人际交往安全感。人际交往是游客旅游活动过程中的一个重要部分，游客在旅游体验过程中离不开与团队中其他游客或与旅游经营者等进行交往，游客的良好的人际交往行为，能很好地与交往环境相融合，游客之间良好的交往环境打破了彼此陌生的旅游氛围，使旅游活动更加愉悦，也增强了游客安全感。

主观控制安全感。主观控制因素主要用来反映游客对当前生活的确定感以及控制感。不确定因素的存在会导致个体内心恐慌，同时对于现状的无法控制则会造成产生更多的焦虑[148]，这都与游客的心理安全感直接相关。

自我认同安全感。所谓的自我同一感（认同感）是一种关于自己是谁，未来在社会上应处于什么样的地位，自己准备成为什么样的人，并且明确要成为理想中的人需付出怎样的努力等一系列的意识及思维活动[148]。而自我同一感就是个体对自身的认同，即：一种熟悉自己的感觉；一种知道自己将要怎样生活的感觉；也是对未来将要发生或面对的事物的一种内在的自信[149]。游客自我认同安全感是游客在旅游目的地的旅游对将要发生的旅游活动的安全状况的预期自信。

（2）游客社会安全感

①游客社会安全感的概念

社会安全感始于20世纪60年代末，美国总统执法委员会和司法行政委员会批判缺乏安全感的研究，安全感研究开始受到犯罪学家和其他社会学家的重视。在此，值得注意的是，在西方学术领域中，对社会安全感词义的表达，更多的是"*fear of crime*"，即犯罪恐惧感。

国内外研究者对社会安全感内涵的界定大体可以分成两派：一些研究者把社会安全感界定为一种情绪反应及伴随的心理变化，如"情绪上的主观综合反应""一种因恐惧情绪而产生的心理变化，表现为心跳加快、血压升高等""对犯罪和犯罪迹象所产生的消极情绪反应""对犯罪和社会不安产生的情绪反应"和"对潜在危险的意识而引发的恐惧情绪"[150]；另一些研究者，主要是国内研究者们认为社会安全感是对社会治安状况的一种综合心理反应，如"对社会治安状况的主观感受和评价"[151]"对一定时期和空间下的社会治安破坏力和控制力状况的综合主观心理感受"，国外有些研究者也认同这一观点，并认为社会安全感包括认知评价、情绪反应、生理和行为变化等[151]。

学者认为，"社会安全感强调人们会根据过去的社会体验、现在的状况来预测未来的需求状况。但人类的需求并不是单一的，而是多种需求组合在一起，社会安全感也正是人的一种综合的体验"[128]。社会安全感考察的更多是个体比较即时性、冲动性、外显性、情绪性的主观体验，而这种体验会伴随着社会治安状况的好坏等变化[134]。

综合国内外社会安全感的界定，结合旅游过程中游客安全感的特征，本文认为游客社会安全感是指游客在旅游过程中的特定时空条件下，对旅游目的地自组织运行中所拥有的、所能提供的一种有保证或有保障状态的社会安全感受。也即游客不受治安威胁，不受社会因素干扰而免于承受身心压力、人身伤害或财物损失等可预期信任的综合主观心理状态，是旅游者对旅游目的地社会安全客观状况的主观评价。具体来说，游客社会安全感的内涵主要包括以下几种。

游客社会安全感不仅是治安安全感，也是整个社会安全状况的综合感受。社会学或犯罪学领域的社会安全感研究认为社会安全感是公民对当地社会治安状况的主观感受和评价，社会安全感的指涉对象主要是社会治安。如吴宗宪主编的《法律心理学大词典》中的"安全感"是特指人们对消除违法犯罪分子造成的恐怖情境之后的身心健康有保障，家庭财产不受侵犯的良好社会气氛的感受[152]。1988 年公安部公共安全研究所主持的《公众安全感指标研究与评价》把公众安全感定义为："公民对社会治安状况的主观感受和评价，是公民在一定时期内的社会生活中对人身、财产等合法权益受到侵害和保护程度的综合的心态反应。"[151]洪伟从公安工作的研究角度和局限范围来看，安全感就是个体通过客观行为表现出来的对一定时间和空间下的社会治安破坏力和控制力状况的综合主观心理感受[153]。李锡伟认为，严格来说，治安安全感只是公众安全感的一个组成部分，公众安全感还应包括食品安全感、就业安全感、劳动安全感、消费安全感等[154]。罗文进、王小锋认为，"通常所说的安全感是狭义的安全感，就是人们基于特定时期的社会治安状况，而对公共安全、公共秩序及自身的人身、财产安全产生的信心、安全和自由。广义的安全感不仅包括社会治安的安全感，还包括自然灾害、军事战争、疾病传播、食品安全、信用经济、行政政策、人际关系等广泛领域。由此可见，安全感是人们与生俱来的一种心理活动，是人与自然、人与社会交往过程中产生的信心、安全和自由"[155]。

游客在旅游目的地的短暂逗留，是处于一个非惯常环境，旅游目的地与旅游安全相关的要素，或者说游客所能体验的界面都将影响游客的安全感受。由此，游客社会安全感受的对象范围较广泛，不仅包括旅游目的地的一些硬件内容，如社会治安状况：犯罪率的高低、当地警察能否快速应急救助；旅游基础设施状况：安全标识的完善程度、警示信息的完善程度、交通秩序是否混乱、旅游景区（点）是否拥挤不堪等；还包括一些当地软件因素，如旅游要素的服务状况：当地居民或经营者服务态度是否友善、购物是否会遭遇欺诈、食品是否卫生安全、住宿设施安全是否有保障；旅游目的地的地域文化状况：当地文化是否可以很好地融入、是否可以包容游客的特殊行为等。总之，游客在旅游目的地体验所能接触的内容，都将影响游客社会安全感受。游客社会安全感是游客在旅游目的地逗留的特定的时空状态下的社会安全综合感受。

游客社会安全感是一种情绪状态，通过游客客观行为表现出来。是指由情感反映的特质安全感相对应的情绪状态安全感，即游客社会安全感。影响游客社会安全感的外在因素，有的是暂时环境变化所引起，有的则是由来自相对持久的社会环境或人际关系所引起[156]。无论是暂时环境变化，还是旅游目的地社会环境或人际关系，都是旅游目的地中游客体验所能接触、感受的服务界面，外在的影响因素通过游客的感受体现出来，所以游客社会安全感也是主观见之于客观的行为。

游客社会安全感是一种情绪反映，可以通过游客的客观行为表现出来。在社会安全感的诸多研究中，已有学者认为安全感是通过客观语言、行为表现出来的主观心理感受。尽管安全感属于主观的感受，但是，安全感又不是不可捉摸的东西，它完全可以通过客观的语言或行为反应来认识或评价，而且必然通过语言和行为表现出来，如观点、评论、行为等[156]。考察游客社会安全感，可以通过考察游客安全感受的观点、评价和行为选择来反映游客社会安全感。游客社会安全感往往通过游客的感受、体验、预感、认识、评价、反应、自由、自信等客观行为体现出来，同时通常是即时性、冲动性、外显性、情绪性的主观体验，是一种情绪化的心理感受。国际通用的安全感测评有一项简单的指标是："您是否敢深夜单独外出走夜路?"这是一例典型的社会安全感内心感受通过客观行为表现出来的"自由度"[156]。

游客社会安全感是游客对旅游目的地社会安全状况可信任的感受。安全感是人们对其生存环境的安全状态的认识和体验。"安全感是对可能出现的对身体或心理的危险或风险的预感,以及个体在应对处置时的有力或无力感,主要表现为确定感和可控制感。也通过客观行为(包括语言的评价)表现出来的对一定时期和空间下的社会治安破坏力和制控力状况的综合主观心理感受。"[156]安全感常常外在表现为一种归属感,一种对稳定依附关系的期望。安全感的内在体验是自我归属感,表现为对自我完整性的体验。

旅游的目的和动机主要是放松心情、追求愉悦的体验,游客选择旅游目的地充满了对其安全状况的信任,总是期望旅游目的地能拥有或提供一种有保证或保障的旅游环境,让其在旅游过程中能够寻找自我归属感,能让其避免因外界因素干扰而遭受身心、财产压力。游客的安全期望,以及追寻的自我归属感充分体现了游客对旅游目的地心理预期。

②游客社会安全感的特征

游客社会安全感的主体性。游客社会安全感是安全感主体对旅游目的地客观现状的感受,是主观与客观统一体,同时也强调了游客的主体特征。"现实的个人"是安全感的发生机制,是安全感的主体。安全感是"现实的个人"对于外部环境的一种心理反应[128]。

此外,游客社会安全感的主体性不仅仅指个体的游客,还包括以团队形式出现的群体游客。当然,个体游客与群体游客的社会安全感是存在差异的。研究表明,公众安全感的定义不同于个体安全感,公众安全感是一个态度问题,"态度是针对一套社会事务而发的具有一致性的反映群"[153]。作为个体出现和团队出现的游客社会安全感在相同的时空条件下,所产生的社会安全感是不同的。团队游客作为群体,所体现的是一个暂时的密切联系的组织对旅游目的地安全状况的一致性、同方向的综合性反映。此外,"在不同的外界条件下,不同的个体的安全感感觉与强度不一致,而处在相同的客观外界条件下,相同的个体安全感也会表现出不一致。它受到客观因素的制约,又不完全受制于客观。个体的安全感还要受到年龄、性格、社会地位等等的影响，这些因素共同决定着安全感的形成"[128]。故游客社会安全感研究需要考虑其所指涉对象的主体性特征。

游客社会安全感的相对动态平衡。与游客心理安全感类似，游客社会安全感并不是绝对的，而是一个相对的概念。社会公众安全感是人们对社会安全与否的认识的整体反映，它是由社会中个体的安全感来体现的，反映了社会治安的破坏力和控制力的动态平衡状况[153]。一方面，游客社会安全感不仅体现了对社会治安状况的动态平衡的主观感受，也反映了游客对旅游目的地旅游环境、服务态度等社会安全多方面的综合主观感受，所以游客社会安全感需要综合平衡众多社会安全因素，至于是旅游目的地治安状况的影响较大，还是旅游目的地服务安全影响较大，以及旅游目的地地域文化的安全影响较大，则需要衡量上述社会安全因素对游客所遭受心理或财物破坏的大小。若其中一个社会安全因素的影响较大，那么游客社会安全感整体将受到影响。另一方面，游客社会安全感作为一种对旅游目的地所能提供的有保证或有保障社会状况可信任的心理预期的反映，那么游客社会安全感则受到游客安全预期与游客安全感知的双重因素影响，若游客在旅游目的地旅游之前的安全期望较高，旅游之后的游客安全感知较低，则会产生较大的心理落差，游客社会安全感降低。游客社会安全感的接受程度取决于游客安全期望与游客安全感知之间的动态平衡，所以游客社会安全感较多的是相对的动态平衡。

游客社会安全感包括认知和情绪。学者认为社会安全感就是人们基于特定时期的社会治安状况，对公共安全、公共秩序及自身的人身、财产安全产生的信心、安全和自由[156]。在此概念中，"信心、安全和自由"就是一种认知和情绪的表现，社会安全感通过"信心、安全和自由"表现出来，也使得安全感不再让人看不见摸不着，可以反映出游客的内心体验和感受以及客观的行为表现[128]。游客社会安全感是游客对社会安全状况的认知，通过情绪反应体现出来。它建立在游客过去旅游体验基础之上而对当前旅游过程的特定时空状况进行评价和情绪反应。游客社会安全感是旅游目的地社会安全状况的"晴雨表"，体现了游客对旅游目的地社会安全状况的认知和主观感受。

③游客社会安全感的维度

为了更清晰和客观地了解游客社会安全感的状况，本文基于游客社会安全感的概念和内涵，借鉴已有社会安全感的测量维度，认为游客社会安全感的测量维度主要包括：治安状况安全感、旅游环境安全感、服务要素安全感、安全信息安全感和地域文化安全感五个维度。

治安状况安全感。旅游地治安状况是指旅游地社会治安及安全事件发生、处置情况，主要通过旅游目的地警察出现率、旅游安全事故的应急响应速度、安全标识的完善程度等衡量。旅游目的地的治安环境是游客安全感的重要保障，游客安全离不开完善的治安环境。游客对旅游目的地治安环境的亲身体验，形成了对治安状况的整体感受和直接印象，这种印象和感受，随着旅游活动的深入和旅游体验的继续，以及旅游交互界面的扩大，最终影响了游客对旅游目的地的社会治安状况的安全感。

旅游环境安全感。旅游环境状况是指旅游目的地交通、娱乐、安全监控的设施设备以及自然环境的保护状况，主要通过旅游目的地交通状况、旅游安全监控设施、娱乐场所的秩序等反映。总体说，旅游环境是由旅游目的地商业体系和公共服务设施共同组成的旅游环境，这些旅游环境既为当地居民所使用，也有部分专为游客所提供，但旅游环境成为居民和游客共享的生活空间，其对游客社会安全感的影响不容忽视。

服务要素安全感。服务要素内容是指旅游目的地经营者的服务态度、食宿卫生、安全信息服务等。交互界面主要是食、宿、行、游、购、娱等环节的服务提供与服务接受过程。在上述交互过程中，游客是否有遭受不法侵害的经历或遭受不法侵害的潜在威胁，使个人在承受能力的心态反应方面有所不同，由此影响并形成各具特点的心理反应[157]。

安全信息安全感。旅游目的地安全信息是指旅游目的地安全信息的传播渠道、游客对安全事件的了解、周围人及媒体对安全事件的评价和报道等。信息传播能使人们对社会安全状况产生间接印象，也是影响社会安全感形成的重要因素。

地域文化安全感。地域文化安全感是旅游目的地对外来文化的认同、居民的友好态度、当地文化的包容性等感受。若一个旅游目的地对外来游客的行为越包容，当地居民友善、好客，游客对该旅游目的地的印象较好，游客的社会安全感会越高。社会风气与安全感呈正相关关系，邻里相帮、见义勇为的风气越好，游客安全感越高。

3.2.2.4 目的地游客安全感的形成机理①

游客对旅游目的地的选择是对各种影响因素进行权衡和评价做出的决策，游客安全感的形成是对复杂开放的旅游目的地系统进行认知评价的过程，经历了特殊的认知阶段。

（1）旅游目的地游客安全感的认知过程

游客对旅游目的地安全感形成是通过旅游目的地安全客观状况的认知过程实现的，游客在旅游的不同阶段，对旅游目的地安全感是不同的（如图 3.12 所示）。

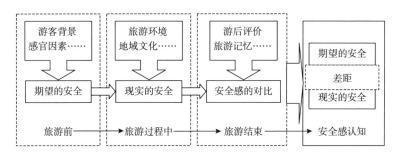

图 3.12　游客安全感的认知过程

在旅游前，游客通过各种感官因素、旅游目的地的信息和形象、社会经历、外出经验等进行综合权衡和评价，形成安全期望和感知；在旅游过程中，通过对旅游目的地旅游环境、人文状况等进行感受和体验，产生实际的安全感；在旅游之后，游客通过旅游的整体感受和旅游记忆，同时对期望与实际体进行对比，形成对旅游目的地安全感的认知。游客的总体评价往往会因期望的安全感与实际的安全感经过对比形成旅游经验，直接影响游客的口碑宣传和下次旅游购买决策。

---

① 该部分内容已发表在《游客安全感的影响要素、形成机理及提升策略研究》，《人文地理》2012 年第 3 期。

（2）目的地游客安全感的形成机理

可以认为游客安全感的形成是以游客的购买决策、参与体验、认知评价整个过程，同时涵盖了出游前、旅游体验中、旅游结束后3个主要阶段的认知过程。游客安全感的形成机理包括3个主要过程。

首先，旅游需求认识与旅游目的地选择。游客通过各种感官因素、旅游动机和旅游感知风险等内外部各种制约因素进行综合权衡和评价，产生了安全期望；根据权衡结果和各种约束条件分析，结合安全期望的高度，选择安全需求等综合效用最大的旅游目的地。其次，旅游地体验与安全感受。在旅游过程中，通过对旅游目的地旅游环境、人文状况等进行感受和体验，感受当地的安全状况后，才真正形成了实际的安全感知。最后，安全感综合评价。旅游结束后，游客通过旅游的整体感受和旅游记忆、印象对期望与实际体会进行评价对比，即游客安全期望与安全感知进行对比，看是否一致。若存在差距，安全期望高于安全感知，则安全感低，游客可能改变或调整计划；若现实与期望的安全感一致，则有可能会影响游客的口碑宣传和下次旅游购买决策。此外，游客对旅游目的地的安全感还会直

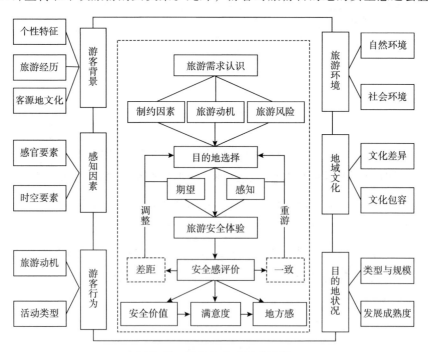

图 3.13　游客安全感形成机理

接影响游客安全价值、满意度的形成。

3.2.2.5 游客安全感的特征

游客安全感是指游客在旅游过程中的特定时空条件下，对旅游目的地自组织运行中所拥有的、所能提供的一种有保证或有保障状态的感受。在游客安全感概念的基础上，本文认为目的地游客安全感应对其内涵的逻辑延伸和具体化，以更全面、深入地诠释和理解游客安全感。

游客安全感强调的是旅游目的地的社会行为主体——游客。而游客的指涉对象不仅是作为个体的游客，也可以指涉作为群体或团队的游客。从组织行为学发现，由于作为群体或团队的整体概念的游客，在旅游目的地与个体的游客的可预期信任的综合主观心理状态存在差异。因此，在具体的研究过程中，作为个体的游客和作为整体的游客的安全感应区别和加以强调，但作为个体的游客安全感更能反映出旅游目的地安全状况，本文的游客指涉对象是作为个体存在的游客。

游客安全感既是属性范畴也是状态范畴。游客安全感是一个属性范畴，有其自身的本质属性和规定性。游客所获得的有保证或有保障的、稳定的、可信任的预期，是游客安全感的实质性含义。同时，游客安全感也是一个状态范畴，游客安全感的状况有其具体性、差异性和动态性，并表现出各种程度的差别。

游客安全感具有普遍性与相对性等多重表征。游客安全感的普遍性是指，在旅游过程中，游客对旅游目的地自组织运行时，所能提供的有保证或有保障的可信任与不可信任的预期状态，具有普遍性的含义，是可以通过每个游客安全感反映出来的。游客安全感的相对性则是指，由于旅游目的地在自组织发展过程中，面对各种复杂的社会环境和社会风险，在复杂的社会系统中，各种不安全和不稳定因素存在，所以游客对旅游目的地的信任预期也是不确定的，游客安全也是相对安全的状况，游客安全感又具有不确定性和相对性。

游客安全感既是客观的事实状态，也涉及主观的心理感受。一方面，游客安全感反映的是对旅游目的地在自组织运行过程中一种可信任的安全状态，这种状态是客观性的，不以个人的主观意志为转移。另一方面，游客安全感所反映的是游客的一种心理预期，是人的主观心理感受。游客的主观心理感受与游客的心智反应（意识、情绪、感受、认知等）密切相关，游客的不同心智反应对同一旅游目的地的客观状态往往呈现差异性。游客安全感以人的社会特征和社会背景为参数，游客安全感因"个性"的不同而不同[134]。

游客安全感既有价值性也有实践性。作为价值性，游客安全感内含了价值评价和价值追求，游客安全感体现了旅游目的地安全客观状态与游客感受和信任预期的安全两个价值维度，游客安全感追求的不仅是"有保证或有保障状态"的底线安全，而且总是追求积极的、更高的、更好的稳定、可靠，协调、和谐的社会状态。作为实践性，游客安全感状态总是有差异的、具体的、相对的和有条件的，总是与特定的旅游时间、旅游过程、旅游认知阶段以及旅游目的地空间、场所、环境和发展阶段相联系的[88]。

3.2.2.6   目的地游客安全感的影响因素

旅游活动是一种跨文化的交互行为和体验活动过程，影响、制约游客安全感的因素繁多。本文围绕游客安全感的定义和内涵，从行为学和心理学角度分析游客安全感的影响因素，如图 3.14 所示。

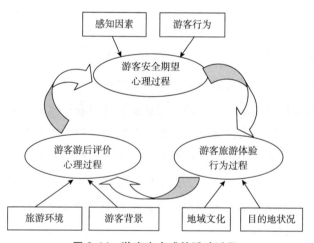

图 3.14   游客安全感的活动过程

通过对旅游的行为过程和游客的心理活动过程分析，可以发现游客安全感的影响因素具体可以分成两部分：其一是旅游目的地方面的因素，包括旅游环境、地域文化和目的地状况；其二是游客方面的因素，包括游客背景、感知因素和游客行为。

（1）旅游目的地因素

自然环境和社会环境共同构成了旅游环境系统，为游客提供旅游活动空间。自然环境受到破坏后引发的各种自然灾害，直接影响游客安全感。当地居民与游客的友好关系、经营规范有序、游客购物过程中未受到欺诈等良好的社会环境，会增强游客安全感。在一定的地理环境和人文因素影响下形成的地域文化，存在客观差异且不断发展、变化，而地域文化差异一旦超出界限、互相抵制就易产生文化冲突，会直接影响游客安全感。为此，大众旅游时代，在尊重地域文化多样性的基础上，需增强地域文化的包容性，才有利于增加游客安全感。旅游目的地由于自然条件、经济基础、发展成熟度等也存在差异，各类旅游地的安全状况与保障措施不尽相同，旅游目的地安全感存在显著差异。

（2）游客方面因素

已有的研究发现[67]，来自不同地域、不同文化层次、不同的社会经历和出外经验等不同游客背景对旅游目的安全感显著不同。旅游目的地游客安全感除了受旅游环境、地域文化等影响外，还与游客的感知因素有关。游客通过网络等媒体、亲朋好友的介绍等感官因素和对旅游目的地的时空感知获取安全信息，对游客安全感也有所不同。通过相关研究还发现，游客的自身行为对旅游目的地安全感也会产生一定的影响，且旅游动机和游客类型不同，安全感存在差异。

3.2.2.7　目的地游客安全感评价：安全期望和安全感知的双重审视

从上述分析可知，游客安全感的概念，即在旅游前，游客通过对通过各种渠道可能获取的感知信息和游客自身的出游动机、选择的旅游活动类型等安全因素进行判断，在心理产生了对旅游目的地的安全期望；游客在安全期望的基础上，在旅游体验的行为过程中，游客感知旅游目的地的地域文化和安全状况，形成了较实际且真实的安全感受与认知；当旅游结束后，游客对旅游环境的回忆，并结合自身的背景因素，对旅游目的地形成了安全综合评价。游客在旅游过程中的特定时空条件下，对旅游目的地安全客观状况的主观感受，是主观诉诸客观的行为过程，既是游客在安全期望与安全感知对比基础上形成安全认知评价的心理活动过程，也是游客旅游前期望、旅游中的感受、旅游后的认知三阶段的旅游行为过程，是集游客心理和旅游行为活动过程于一体。

依据期望模型和差距理论，结合前文的游客安全感形成过程和机理分析，本节认为游客安全感取决于游客的安全认知评价，而游客安全认知评价是游客对旅游活动过程的安全感知和旅游前的事先安全期望的对比，二者之间通过认知分析过程产生的心理评价。如果现实的安全感知超过旅游前的事先安全期望，则心理差距为正，表明游客对旅游目的地的安全状况比较满意，该旅游目的地比较安全，游客安全感较高；反之，若心理差距为负值，则表明游客对旅游目的地的安全感较低。使用公式表述即：

$$目的地游客安全感指数 = \frac{游客安全感知}{游客安全期望} \tag{3.2}$$

在式（3.2）中，当目的地游客安全感指数等于 1，表明目的地游客安全感达到理论上的安全状态，安全感知与安全期望相吻合，满足游客安全需求；当目的地游客安全感指数大于 1，表明目的地游客安全感知大于目的地游客安全期望；指数愈大于 1，目的地游客安全感越高，游客对目的地游客安全状况感受越满意；当目的地游客安全感指数小于 1，表明目的地游客安全期望大于目的地游客安全感知，游客安全期望越高，越难满足游客安全需求；指数愈小于 1，说明目的地游客安全期望越大于游客安全感知。当目的地游客安全感指数越来越小于 1 时，目的地游客安全需求越来越无法满足，导致游客对目的地旅游安全状况越来越失望，将会对目的地旅游安全产生不良影响，甚至给目的地旅游安全带来舆论压力。

通过理论上的分析发现，旅游目的地游客安全感受诸多因素的影响，既有主观因素，亦有客观因素，并由这些因素引发一系列连锁反应。游客对旅游目的地的安全认知直接影响了游客安全感，游客安全感又对满意度产生重要影响，倘若游客对旅游目的地的安全感低，甚或造成的人身、财物损失，则对旅游目的地产生负面影响，游客满意度可能下降。

3.2.3 整合评价：目的地旅游安全的全面解释

通过上述分析，衡量目的地旅游安全状况，需要从客观和主观双重视角进行全面整合分析。即目的地旅游安全整合评价，既要度量目的地旅游系统自身的安全稳定性，也需考量旅游主体对目的地旅游系统的安全感受。目的地旅游安全的客观和主观双重整合评价，反映了安全的本质要义，是目的地旅游安全科学内涵和外延的诠释，也是目的地旅游安全全面评价的题中之义。

为更清晰、形象地展现目的地旅游安全状况，本章构建目的地旅游安全评价的双重整合的方格象限图，目的地旅游安全评价结果可直观、清晰地定位于方格象限中。如图 3.15 所示。

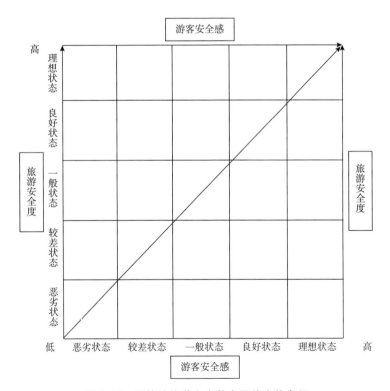

图 3.15   目的地旅游安全整合评价方格象限
注：图中对角线为旅游安全度与游客安全感匹配的均衡线。

上文对目的地旅游安全度和游客安全感评价的理论分析发现，经过模型检验和应用测算，最后可测量出目的地旅游安全度指数和目的地游客安全感指数。为了更直观地反映目的地旅游的具体内容和实际状态，本章将目的地旅游安全度指数和目的地游客安全感指数分别定性地划分为恶劣状态、较差状态、一般状态、良好状态和理想状态五种情况，因此，目的地旅游安全评价结果是目的地旅游安全度指数和目的地游客安全感指数双重整合考量，可具体定位在图 3.15 的方格象限中。

3.3　目的地旅游安全预警的理论分析框架

"凡事预则立、不预则废"，预警是古老而又永恒的话题。现实生活中，时常见到经济预警、气象预警、疾病预警等预警信息。预警是在灾害或灾难以及其他需要提防的危险发生之前，在一定时空范围内对灾害或灾难及危害程度进行预报，及时采取防范措施，最大限度减低危害所造成的损失的行为[158]。

大众旅游阶段，国内外旅游人次剧增，但可预见与不可预见的突发事件和安全事故使旅游安全的稳定性受到影响，潜在旅游者出游前经常寻找能够满足安全预期的旅游目的地。因此，要对目的地旅游安全状况进行科学客观的评价，并据此发布安全信息，对具有一定威胁的、超出旅游安全阈限、影响旅游者进行旅游活动的目的地进行安全预警，在一定程度上为旅游者的出游购买决策和旅游行为提供信息和帮助。此外，目的地旅游主管部门可以根据安全预警信息制定相应的安全管控措施，最大限度地排查旅游安全隐患，以缓解或减少旅游突发事件和风险因素对旅游安全造成的影响和冲击，最大限度地保障旅游者安全、轻松地旅游。

3.3.1　目的地旅游安全预警概念

预警具有预测、警报之意。预警是在科学、客观的评价基础上，对可能或将要发生的灾害、风险发出预测、警报信息。旅游安全预警研究已广泛深入开展，但目前，学界尚未提出统一的概念，学者众说纷纭。韩林芝、郑江华（2009）研究认为，旅游安全预警是以相关统计数据或调查信息为依据，利用多种统计方法或非统计方法，对影响旅游安全的因子进行分析、预测，以发现潜在的风险或可能发生的危机，并在危机发生之前向有关方面发出警告，督促管理当局采取有效措施，避免潜在的风险演变成损失。旅游安全预警的功能主要包括监测、诊断和防治等[159]。祝喜、王静、吴郭泉（2010）则认为旅游安全预警就是指在可能存在的旅游安全隐患还没有引发旅游安全事故之前，通过构建合理的指标体系，采用科学的方法手段对一定区域未来一段时期内的旅游动向进行预测和警示，使旅游活动顺利开展，旅游效果达到最佳。所以，构建旅游安全预警指标体系对于能否达到预警效果与效果的高低具有重要影响，也意味着在旅游安全预警研究中，构建科学合理的指标体系是整个工作的基础与前提，对当地旅游安全预警机制的建立或旅游安全有关决策的出台都具有重要意义[160]。楼文高、王广雷、冯国珍（2013）研究发现，旅游安全评价与预警就是根据旅游地相关指标统计数据或调查信息，利用可靠、有效的建模方法，对影响旅游安全的评价指标进行分析、预测，并对旅游安全状况进行客观、公正、合理的评价，发现潜在的风险或可能发生的危机，向有关方面发出警告，督促管理者采取有效措施，避免潜在的风险演变成损失[161]。

从上述可以发现，虽表述不一，但实质上已形成共识。旅游安全预警是依据旅游安全系统的全面认识，对影响旅游安全的因素进行分析，构建合理的指标体系，采用科学的统计建模方法，对一定区域或一段时期内的旅游安全状况进行客观评价，以做出预测和警示，为旅游主管部门制定旅游安全管控措施提供科学依据，尽可能地降低潜在风险带来的损失。

3.3.2 目的地旅游安全预警意义

旅游安全预警是旅游安全运行的晴雨表和指示器，具有重要意义，主要表现在以下方面。

（1）旅游安全预警为旅游者提供决策信息

通过获取官方发布的旅游安全预警信息，现实旅游者或潜在旅游者可以及时掌握目的地旅游安全状况和变化趋势，为旅游活动的开展或目的地旅游选择决策提供参考依据，以减少旅游者盲目选择的不安全行为，同时可以让现实旅游者采取安全旅游行为，降低旅游风险和损失。

（2）旅游安全预警是目的地旅游安全治理的理论依据

在客观评价的基础上做出的旅游安全预警，反映了目的地旅游安全状况，指出了目的地旅游安全存在的问题，是目的地旅游主管部门进行旅游安全治理的科学依据。

（3）旅游安全预警是旅游经营者等提供安全服务的信息指南

旅游安全预警既包括目的地旅游安全度，也包括目的地游客安全感。游客安全感的信息预警与目的地旅游经营者等息息相关。游客在目的地逗留期间更多地与目的地旅游经营者进行交互接触，游客安全感在一定程度上反映了目的地旅游服务的安全状况，因此，旅游安全预警信息也是旅游经营者等提供安全服务的指南。

3.3.3 目的地旅游安全预警内容

旅游安全预警的目的是通过客观评价，发现预警信息，警示采取措施，最大限度地规避或减少潜在风险造成的损失。具体来说，旅游安全预警的内容包括旅游安全状况的客观评价、旅游安全状况的变化趋势、旅游安全的防控三个部分。首先，科学准确地评价目的地旅游安全状况是旅游安全预警的基础，也是对旅游安全状况未来走势进行预测的依据，更是进行警示和提出安全防控措施的理论依据。其次，预测目的地旅游安全状况的变化趋势。根据目的地区域一段时期内，旅游系统各要素的变化和运行情况，游客安全感的变化，预测目的地旅游安全状况的未来变化趋势，应据此发布警示信息。最后，针对警示信息，采取可能的应对措施。预警的目的在于防控。旅游安全预警的最终目的是对旅游安全系统的运作过程中出现或可能出现的问题采取防控措施，使旅游系统更加安全、稳定地运行。

从旅游系统安全运行的情况分析，旅游安全预警应该主要从目的地旅游安全度和目的地游客安全感两部分内容进行展开。

目的地旅游安全度的预警。通过对维持目的地旅游安全度的旅游安全抵抗力和旅游安全入侵度两个维度的客观评价，分析旅游安全抵抗力和旅游安全入侵度的均衡程度，寻找存在失衡的问题，同时主要发现旅游安全入侵度的关键风险因素，寻找可能的解决对策。

目的地游客安全感的预警。通过对影响目的地游客安全感的心理和社会安全感两方面内容进行全面剖析，寻找制约目的地游客安全感的主要因素，探索游客心理安全感和游客社会安全感各自的潜在风险，发布警示信息，并提出可能的解决措施。

3.3.4 目的地旅游安全预警等级

预警等级是预报警度的标准。有关安全预警的等级划分，国内外诸多学者一般根据研究对象的不同，依据研究内容的具体特点将其划分成不同等级，并使用蓝色、红色、黄色、橙色等代表不同警情轻重。目前，与旅游安全预警相关的研究中，对旅游安全预警等级的划分较为典型的有以下几种。

魏永忠（2007）采用国际惯例和国家权威机构预警等级一般范式，结合研究内容的具体特点，根据我国实际情况和警情轻重将城市社会安全与稳定预警等级依次设为四级四色：Ⅳ级（蓝色级）、Ⅲ级（黄色级）、Ⅱ级（橙色级）和Ⅰ级（红色级）。其中，轻警情（Ⅳ级，非常态）、中度警情（Ⅲ级，警示级）、重警情（Ⅱ级，危险级）和特重警情（Ⅰ级，极度危险级）四个等级。蓝色级：社会安全与稳定状况已出现轻度警情，但整个社会基本安全有序，人们对社会安全与稳定现状基本满意，近期发生影响社会安全与稳定事件的可能性较小。黄色级：社会安全与稳定状况出现中度警情，人们普遍有一种不安全感，但对政府有信心，社会中存在威胁安全与稳定的因子，近期可能引发影响安全与稳定的事件。橙色级：社会安全与稳定状况明显不好，人们感到社会不安定的威胁，对于政府管控能力产生怀疑，不利于稳定的流言开始产生，群体中已孕育着不满情绪，社会处于一种轻微的动荡中，这种状况继续发展极有可能引发大规模突发群体性事件。红色级：整个社会处于不安全与动荡的状态中，人们缺乏安全感，社会出现动荡与危机，局部地区已经在一定程度上失控，随时都有可能引发更大规模群体性事件，而且这种状况有可能持续或恶化[162]。

《旅游者安全保障办法》虽然提出了旅游安全预警分为绿色、蓝色、橙色和红色4个等级，但要求根据具体情况确定旅游安全不同等级的警戒值和报警判别模式。

杨俭波等（2007）根据我国实际建立了旅游安全预警评价指标体系，提出旅游安全预警4个级的单指标警戒值区间和报警判别模式：优秀级，即旅游地旅游环境安全性高，无安全隐患，旅游者可以放心进行旅游活动；良好级，即旅游地安全度较高，安全隐患和爆发小规模安全事故的可能性存在，但发生概率较小且有相应的应对措施可补救；合格级，即旅游地旅游环境存在一定的安全风险，有潜在的旅游安全事故发生的现实概率，但此类安全事故的影响面可以控制在一定的范围之内，旅游者必须对安全隐患有知识储备，否则不鼓励旅游者进入；恶劣级，即旅游地有爆发严重旅游安全事故的现实可能，这样的事故一旦发生，将对旅游者和旅游环境产生灾难性打击，此时应杜绝旅游者前往该地，并对正在该地旅行的游客进行疏散和迁移。四级报警模式配对相应的报警指示信号：优秀（绿）、良好（蓝）、合格（橙）和恶劣（红）[163]。

韩林芝、郑江华（2009）采用旅游安全预警 BP 神经网络模型，模型一般由输入层、隐含层和输出层 3 层神经元组成。其中输入层神经元是经过标准化处理的旅游安全预警基础指标，输出层神经元是旅游安全预警系统的输出——旅游安全状态，期望输出值集合：$\{1，2，3，4\}$，分别对应于旅游安全的 4 种状况——优秀、良好、合格和恶劣[159]。

祝喜等（2010）在旅游安全预警过程中，通过指标样本对网络进行训练，将指标的观测值输入网络中，得到旅游地的旅游安全状态值，结合确定的旅游安全预警警戒值域，对旅游地旅游安全状态做出响应旅游安全预警警戒值域依次分为（0.8~1）、（0.6~0.8）、（0.5~0.6）和（0~0.5），对应的安全状态分别为优秀、良好、合格与恶劣[160]。

3.3.5 目的地旅游安全预警机制

旅游安全预警机制是为了科学、规范和有效防范旅游安全问题而制定的旅游安全预警程序，是旅游安全预警的逻辑方案。预警机制一般由明确警义、寻找警源、分析警兆、预报警度等几部分组成（畅明琦、黄强，2006）[164]。

（1）明确警义

明确警义是旅游安全预警研究的基础。警义是指在旅游安全系统变化过程中出现警情的含义。旅游安全警情主要反映了旅游安全系统在变化过程中出现了什么异常情况、现在的运行状况或将来的可能情况是什么。通常情况下，警情是通过警示灯来反映或表示出来的。通过警示灯可以反映警情所处状态，即旅游安全的严重程度，一般情况下，有安全、基本安全、不安全和危险四个预警级别，分别用蓝色、黄色、橙色和红色表示。

（2）寻找警源

警源是警情发生的根源。旅游系统是复杂系统，影响旅游系统的安全因素较多，本章主要以目的地旅游安全度和游客安全感两部分作为分析要素，同时目的地旅游安全度又包括目的地旅游安全抵抗力和入侵度，游客安全感包括游客心理安全感和社会安全感，因此，通常可以从对上述四个方面的客观评价结果寻找警源，分析旅游安全隐患产生的来源。

（3）分析警兆

警兆是警素发生异常变化导致警情爆发之前出现的先兆。警兆反映警情的变化状况，当警情变化接近或超过警戒点时，警兆就能反映出来，以提醒应及时采取相应的安全措施，防止警情发生。因此分析警兆是预警的关键环节。

旅游安全的警兆主要来自两方面，即目的地旅游安全度的警兆、目的地游客安全感的警兆。目的地旅游安全度的警兆主要是衡量目的地旅游安全抵抗力和入侵度的博弈程度；目的地游客安全感的警兆主要是评价游客社会安全感和游客心理安全感的状况。

（4）预报警度

预报警度是预警的主要目的。旅游安全预警的预报警度是根据科学的评价指标体系和方法得出的客观评价结果，并对照旅游安全预警等级，做出旅游安全预警警度和信息。

3.4　本章小结

本章对旅游安全概念进行重新审视，提出旅游安全是指具有特定功能和属性的旅游事物和特定的社会行为主体在实际生存和旅游发展过程中，在内部和外部因素相互作用下，所拥有的一种有保证或有保障的状态。基于此，本章阐述了目的地旅游安全概念、内涵、特征、影响因素，并从目的地旅游安全的理论内涵出发，探索了目的地旅游安全运行的机理与特征，提出了评价目的地旅游安全应从客观和主观两个角度全面审视。客观视角的目的地旅游安全评价是目的地旅游安全抵抗力和目的地旅游安全入侵度两个维度的博弈，主观视角的目的地旅游安全评价是目的地游客安全期望和游客安全感知的双重审视。

4 旅游安全度：目的地旅游安全客观评价与预警研究

本章主要基于生态系统健康理论、社会脆弱性理论，抽象出决定目的地旅游安全度的客观因素，建构目的地旅游安全度的客观评价模型，并使用历时性数据验证目的地旅游安全度评价模型，进而获得目的地旅游安全度评价指标体系。同时，本章将运用经过验证和修正的目的地旅游安全度评价指标体系，测算目的地旅游安全度指数，确定评价等级标准。依照等级标准，评价 2003~2013 年全国 31 个城市目的地旅游安全度状况，预测 2014 年和 2015 年全国 31 个城市目的地旅游安全度指数，并做出预警判断，发布预警信号。

4.1 评价模型

基于前文的理论分析和阐释，目的地旅游安全客观评价通过旅游安全入侵度—旅游安全抵抗力来衡量。目的地旅游安全度评价模型：旅游安全抵抗力—旅游安全入侵度。

目的地旅游安全抵抗力。抵抗力是维持系统结构稳定的能力。旅游安全系统的抵抗力源于生态系统思想，生态系统的抵抗力由生态活力、结构和恢复力三个关键因素支撑。活力是生态能力输入的反映。结构体现了生态多样性与数量的复杂程度。恢复力是当出现外来物种或人类活动干扰时，系统本身具有的一定的克服压力以及反弹修复的能力。生态系统从胁迫状态恢复到稳定状态的时间，以及生态系统能够承受的最大胁迫，是一个生态系统自我保护和调整的能力[165]。目的地旅游安全抵抗力是目的地旅游系统维持稳定的能力。抵抗力取决于目的地旅游安全活力、结构和恢复力。即目的地旅游安全抵抗力来源于旅游目的地经济状况、安全投入、安全管理、紧急救援能力和安全保障能力等。

目的地旅游安全入侵度。入侵是外来风险因素的干扰或胁迫。生态入侵就是一种外来物种对生态系统的干扰。外来物种借助人为作用而越过不可自然逾越的空间障碍，进入其过去自然分布范围以外的新栖息地后，成为绝对优势种群，迅速蔓延发展，导致土著类濒临灭绝，破坏本土原有的生态系统结构和功能[165]。目的地各种风险因素借助自然或人为作用而越过不可自然逾越的空间障碍，抵挡旅游系统进行干扰。目的地旅游安全入侵度是指目的地旅游安全遭受的风险侵袭或胁迫的程度。入侵度来源于旅游目的地的自然灾害、事故灾难、公共卫生事件、社会安全事件等突发事件。

目的地旅游安全度的客观评价模型如图 4.1 所示。

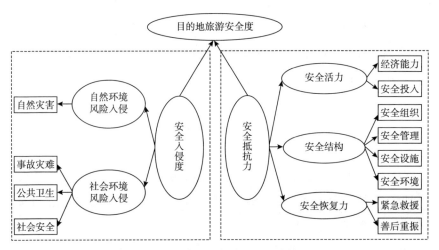

图 4.1   目的地旅游安全度评价模型

通过对目的地旅游安全进行的理论分析和阐释，不难发现，目的地旅游安全稳定受诸多因素影响，且各种响应因子是动态变化的，直接影响着目的地旅游安全的稳定状态。通过高度综合和抽象概括得出目的地旅游安全主要取决于目的地旅游安全外在入侵度、目的地旅游安全内在抵抗力两个重要维度。使用公式（4.1）表述，即：

$$目的地旅游安全度 = \frac{目的地旅游安全抵抗力}{目的地旅游安全入侵度} \qquad (4.1)$$

当目的地旅游安全度指数等于1，表明目的地旅游系统达到理论上的均衡状态，系统协调稳定；当目的地旅游安全度指数大于1，表明目的地旅游系统处于较安全状态，目的地旅游安全抵抗力大于目的地旅游安全入侵度。目的地旅游安全度指数越大于1，系统越稳定；当目的地旅游安全度指数小于1，表明目的地旅游系统处于不安全状态，目的地旅游安全入侵度大于目的地旅游安全抵抗力，外来风险因素较多，目的地旅游系统不稳定；当目的地旅游安全度指数越来越小于1时，目的地旅游系统的稳定状态将被扰乱或被打破，极大地潜藏着各种安全事故发生的可能。而各种安全事故的发生，不仅会给目的地居民和旅游者生活及旅游环境带来灾难、给目的地造成损失，严重的情况，还会致使系统发生紊乱甚至崩溃。

本节应用上述的两维度模型衡量城市目的地旅游安全状况。当然，正如 Rapport 所言，"我们不能比较哪一种类型的生态系统比另一种更健康，而只能比较同一类型生态系统的健康程度"[166]。所以，本节选择同类型的城市目的地的旅游安全状况进行评价比较分析，以探讨城市目的地旅游安全度的空间差异。

4.2 目的地旅游安全度评价指标体系设计

4.2.1 指标体系设计的原则

目的地旅游安全系统复杂且规模庞大，评价指标多样且繁杂，因此，在目的地旅游安全度评价指标选取和确定过程中，需要遵循一定的标准和原则。

（1）层次性

目的地旅游安全是一个复杂系统，复杂系统的内部层次是设计指标的依据。目的地旅游安全抵抗力和入侵度评价指标，应依据目的地旅游安全度评价的理论框架，按照理论内涵和涵盖的内容逐层细分，形成多层次多维度的复合整体。

（2）客观性

本节从客观角度对目的地旅游安全状况进行评价，为避免主观评价带来的主观性误差，所设计的指标均是客观统计数据能够反映和可获取的数据。指标体系通过经济活力、安全投入、安全管理、安全组织等维度客观反映目的地旅游安全抵抗力状况；通过自然灾害发生数和事故灾难发生数量客观表征目的地旅游安全入侵状况。

（3）可比性

可比性的潜在前提是可获取性，可比的指标首先需要获取比较数据。所选取指标无法可比，可能因统计口径不一致，亦有可能统计工作问题存在缺失，为此需要考虑指标数据的可获取性和可比性。特别是本节涉及全国 31 个地区样本数据，可能部分地区数据未能获取或缺失，导致各地区指标间无法比较，所以指标设计需要兼顾指标在数据可获取的基础上追求可比性。

（4）动态性

目的地旅游系统是开放的、动态发展的系统。随着目的地旅游城市经济发展、治理深入，其旅游安全管理也逐渐受到重视。为了刻画旅游安全动态发展状况，需要选择历时性的指标，通过统计数据，反映目的地旅游安全变化特征。

（5）可测量性

指标的可测量性是评价的重要要求。为了更客观地评价分析，所选择的指标均需满足可度量性要求。虽然有些指标数据未能通过统计年鉴和统计公报等直接获取，但只要符合可测量性，可通过数据转换得到数据，以便对指标进行测量、比较及评价分析。

4.2.2　指标体系结构和具体阐释

目的地旅游系统的安全评价指标体系是评价维度的具体化，是目的地旅游系统安全评价的理论依据。评价指标体系反映了目的地旅游系统安全评价维度和评价内容，揭示了目的地旅游系统安全的属性和特征。

指标体系的选取依据源于对概念的理解。"概念是对事物、现象的抽象，是一类事物的属性在人们主观上的反映。在社会科学当中，将抽象的概念转化为具体的指标的过程，即概念的操作化"[167]。为此，本节依据目的地旅游系统安全的概念和评价的维度，将决定目的地旅游系统安全度的目的地旅游安全抵抗力和入侵度两个维度的抽象概念具体化和操作化处理，形成一套可供测量的评价体系。

4.2.2.1　评价指标体系的结构

目的地旅游安全是一个复杂巨系统，系统具有层次性特征，目的地旅游安全也是由多层次构成的，且各层次发挥不同功能的有机整体。遵循指标体系设计的原则，结合目的地旅游安全度的理论内涵及旅游安全系统运行机理，本节将目的地旅游安全度评价的总体分成目的地旅游安全抵抗力评价指标体系和目的地旅游安全入侵度评价指标体系，为更清晰地刻画目的地旅游安全系统的整体，将整体指标体系分成五个层次（如图4.2所示）。

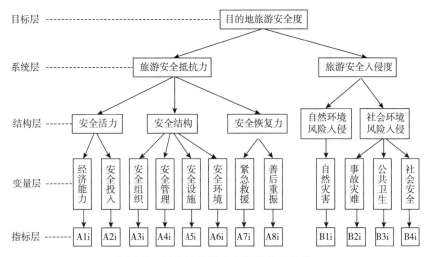

图4.2　目的地旅游安全评价体系结构

第一层次，目标层：目的地旅游安全度。

第二层次，系统层：目的地旅游安全抵抗力、目的地旅游安全入侵度。

第三层次，结构层：目的地旅游安全抵抗力中包含的旅游安全抵抗活力指数、结构指数和恢复力指数；目的地旅游安全入侵度包括旅游安全自然环境风险入侵指数和社会环境风险入侵指数。

第四层次，变量层：目的地旅游安全抵抗力中活力指数包括经济能力、安全投入两个维度；结构指数包括安全组织、安全管理、安全设施和安全环境四个维度；恢复力指数包括紧急救援和善后重振两个维度。目的地旅游安全入侵度中的自然环境风险入侵包括自然灾害维度；社会环境风险入侵包括事故灾难、公共卫生和社会安全三个维度。

第五层次，指标层：具体指标是每个维度中选取能够直接被测度的指标组成。每个维度的测量指标主要依据相关文献和理论，以及遵循指标设计的原则，目的地旅游抵抗力评价模型选取 32 个指标，目的地旅游安全入侵度评价模型选取 18 个指标，构成了目的地旅游安全度评价总体指标体系。

4.2.2.2　评价指标的具体阐释

为更好地对目的地旅游安全度进行测度，本节将目的地旅游安全度分成目的地旅游安全抵抗力和目的地旅游安全入侵度两个评价体系，分别进行评价，进而对目的地旅游安全度进行整体评价分析。两个评价体系所涵盖的指标尽可能地反映出目的地旅游安全抵抗力和入侵度的实际状况。

（1）目的地旅游系统抵抗力的评价指标体系

朱正威（2011）在总结国内外公共安全评价理论与实践成果的基础上提出了基于"脆弱性—能力"视角的区域公共安全综合评价框架。其中，能力，即应对能力，是指可能受到危害的一个系统，社区或社会，通过抵御或变革，从而在职能和结构上达到或保持可接受水平的适应能力，其中政府的应对能力构成其主要方面。应对能力指标包括基础设施、管制能力、社会防御和经济能力四个方面（朱正威，2011）[168]。由此看来，经济水平、安全管理状况及社会防御能力等成为评价应对能力的关键要素。

经济能力是增强目的地旅游安全抵抗力的最重要因素。一个地区的人均地区生产总值和地区生产总值增长率反映了该地经济发展状况，经济能力越强，社会保障投入越多；反过来，社会保障投入越多，反映出经济能力越强。刘爱华、欧阳建涛构建了城市安全评价指标体系，涉及城市安全抵抗力的指标中，选取了地区生产总值、收支比、人均地区生产总值、贫困率来测量财政收支状况[169]。孙华丽、周战杰和薛耀锋借助于鱼骨图分析法，综合考虑我国公共安全实际情况，提出影响城市公共安全能力的社会经济能力、社会保障能力、应急储备能力三大主要因素。其中社会经济能力指标包括：人口密度、自然增长率、人均地区生产总值、城市化率[170]。胡树华、杨高翔和秦嘉黎从涉及的领域划分，以食品、环境、生产、经济、社会五个方面建立城市安全预警指标体系。其中，反映经济安全的指标，主要是从主导产业安全指标和居民消费安全指标两个方面的状况来考察[171]。赵帅等认为经济水平和经济效率反映城市生态系统的活力，可以通过城市生产总值增长率、人均生产总值、实际利用外资等指标反映城市生态系统的经济水平和经济效率[119]。徐丰良构建了由城市灾害、社会治安、城市消防、生活保障、财政收入、生态环境、应急救援、医疗卫生、安全管理等九个要素组成的城市安全评价指标体系，其中财政收支指标包括：过去 3 年 GDP 年平均增长率、城市居民人均可支配收入[172]。基于上述，并考虑指标数据可获取性，本节选取地区生产总值增长率（％）、人均地区生产总值（元）两个指标测度经济能力。

安全投入反映了目的地旅游安全实力，也透露出目的地旅游安全受重视程度。安全投入是增强旅游安全实力的直接因素。罗云、裴晶晶和苏筠在研究城市小康社会安全指标体系中，设计了 12 大指标，其中反映安全投入的指标有：社会救助体系完善指数、失业保险金覆盖率、社会保障覆盖面[173]。田亚平、向清成和王鹏根据人地耦合系统脆弱性的概念内涵，以结构要素为系统框架，建立水土流失敏感区人地耦合系统脆弱性评价指标体系，其中，适应性指标，具体从政府财力、社会保障、教育水平和社会行动效率等维度，选择人均政府年度财政收入、基础设施投资金额比例、城镇医疗保险与农村合作医疗参与率和道路通达性指数等 7 项指标[174]。基于上述，并考虑指标数据可获取性，本文选取自然灾害投资（万元）、公共安全投入（亿元）、人身意外保险保费收入（亿元）3 个指标测度安全投入。

安全组织是指挥目的地旅游安全系统运行的神经中枢。目的地旅游安全管理相关组织机构、协调部门及应急组织是构成目的地旅游安全组织的元素。徐丰良构建了由城市灾害、社会治安、城市消防、生活保障、财政收入、生态环境、应急救援、医疗卫生、安全管理等九个要素组成的城市安全评价指标体系，其中涉及安全管理的有：设定安全管理常设机构[172]。中国职业安全健康协会制定了《安全社区评定管理办法（试行）》，由国家安全监管总局颁布，于 2006 年 5 月 1 日正式在全国范围内实施《安全社区建设基本要求》，明确提出"创建安全社区机构与职责，安全社区机构承担着组织对事故与伤害风险的辨识及其评价、制订社区安全目标和计划、组织安全促进项目实施、评审社区安全绩效、提供资源和条件保障等职责，安全社区建设需要协调各部门，整合资源"①。"所谓跨部门合作，就是将社区所在的政府部门、安全、卫生、社区行政管理、民政事务、劳动和社会保障、消防、公安、交通、科研、教育、医院、物业、企业、商业机构等部门联合起来，共同组成安全社区推进机构，发挥各自的优势，利用各自的资源，为社区安全建设服务。"②《中华人民共和国旅游法》第七十六条规定："县级以上人民政府统一负责旅游安全工作。县级以上人民政府有关部门依照法律、法规履行旅游安全监管职责。"第七十八条规定："县级以上人民政府应当依法将旅游应急管理纳入政府应急管理体系，制定应急预案，建立旅游突发事件应对机制。"③《中国优秀旅游城市检查标准》（2007年修订本）特别提出了"城市的旅游安全与保险，并作为重要内容。其中，旅游安全的评价指标提出：城市有巡警制度，突发情况下可以救助游客；在旅游场所规范执法，保护旅游者合法权益；旅游区（点）和游客集中场所设专职安全保卫人员"④。王丽华、俞金国提出以游客供求关系为核心系统的城市旅游安全系统模型，其中，用于诊断系统组成部分安全运转状况的旅游安全支撑子系统指标包括：量度安全人才与队伍状况的指标；量度旅游安全技术平台运转状况的指标；量度安全组织机构的指标[39]。基于上述，并考虑指标数据可获取性，本节选取旅游安全管理相关机构（个）、旅游安全管理机构协调部门（个）、医院卫生机构（个）、旅游突发事件相关应急组织（个）4个指标测度安全组织。

安全管理是协调目的地旅游安全运行的"指挥棒"。安全管理通常包括制度制定、监督检查、教育培训等内容。

有效的监督与监测是保证社区安全建设效果的手段⑤。《安全社区建设

---

① 中国职业安全健康协会：《安全社区评定管理办法〈安全社区建设基本要求〉》。
② 中国职业安全健康协会：《安全社区评定管理办法〈安全社区建设基本要求〉》。
③ 国务院法制办：《中华人民共和国旅游法（2013）》。
④ 《中国优秀旅游城市检查标准》（2007年修订本）。
⑤ 中国职业安全健康协会：《安全社区评定管理办法〈安全社区建设基本要求〉》。

基本要求》要求"建立社区安全监督机制，即：政府和相关部门的行政监督，企事业单位、群众组织和居民的公众监督以及媒体监督机制"①。

《中华人民共和国旅游法》第七十九条："旅游经营者应当严格执行安全生产管理和消防安全管理的法律、法规和国家标准、行业标准，具备相应的安全生产条件，制定旅游者安全保护制度和应急预案。旅游经营者应当对直接为旅游者提供服务的从业人员开展经常性应急救助技能培训，对提供的产品和服务进行安全检验、监测和评估，采取必要措施防止危害发生。"②《中国优秀旅游城市检查标准》（2007 年修订本）提出了城市的旅游安全管理评价指标有："旅游经营单位普遍建立健全安全教育、防范制度，每年都进行检查落实；近两年内无重大旅游安全事故发生。"③

尚志海、欧先交、曾兰华和何洁琼提出社区公共风险评估指标，其中应对能力方面涉及居民风险认知、居民安全教育培训、居民安全满意程度[175]。郑志恩构建了城市综合安全评价指标体系，其中涉及城市安全抵抗力的指标中，生产安全指标主要从事故指标与安全监管水平两类分析。其中安全监管包括安全监管人员比率、安全专业人员比率、安全培训比率[176]。胡树华、杨高翔和秦嘉黎从涉及的领域划分，以食品、环境、生产、经济、社会五方面建立城市安全预警指标体系。其中，反映生产安全的指标具体包括重危企业生产安全指标、日常安全监管指标[171]。刘爱华、欧阳建涛构建了城市安全评价指标体系，其中涉及城市安全抵抗力的指标中，安全管理体系包括安全管理机构设置情况、安全管理人员素质、安全设施装备、安全文化教育、安全法规[169]。崔秀娟建立旅游区安全评估指标体系，其中安全管理指标包括安全管理制度、安全管理机构、安全事故处理[48]。基于上述，并考虑指标数据可获取性，本书选取旅游安全管理制度与预案数量（件）、旅游安全教育和培训次数（次）、旅游安全监督检查次数（次）、旅游安全与预警信息发布数（次）、旅游突发事件应急演练开展次数（次）5 个指标测度安全管理状况。

安全设施是提供安全服务的平台，也是营造安全氛围的物质基础，更

---

① 中国职业安全健康协会：《安全社区评定管理办法〈安全社区建设基本要求〉》。
② 国务院法制办：《中华人民共和国旅游法（2013）》。
③ 《中国优秀旅游城市检查标准》（2007 年修订本）。

是保障安全的关键环节。《中国优秀旅游城市检查标准》（2007年修订本）特别提出了城市的旅游安全与保险相关要求，并将其作为该标准的重要内容。其中，旅游紧急救援的评价指标提出："城市建立旅游突发公共事件应急预案，有紧急救援机构并公布紧急救援电话号码，突发情况下可以救援海内外旅游者；主要旅游景区有医疗救护点。"[1] 宜居城市评价中的公共安全指标体系包括生命线工程完好率，医院、供排水、供电、供气、交通、通信、消防、输油等与市民生命安全密切相关的工程设施必须完好无损，确保城市在遭受地震、洪水、风暴等灾害袭击时人民群众的生命安全[2]。中国健康城市评价提出了"健康条件"，主要考察城市政府为人民的健康创造了什么样的基础健康条件。指标有："城区每平方公里医疗机构数、每千人执业（助理）医师数和床位数，反映的是维护健康所需要的基础条件。基本医疗保险参保人数，反映的是医疗保障的基本水平。"[3] 尚志海等提出社区公共风险评估指标，其中应对能力方面，社区应对能力包括安全设施完善程度、社区安全制度建设、社区安全保卫能力、应急场所建设情况[175]。罗云、裴晶晶和苏筠在研究城市小康社会安全指标体系涉及安全设施的指标中，包括万人病床配置率[173]。徐丰良构建了由城市灾害、社会治安、城市消防、生活保障、财政收入、生态环境、应急救援、医疗卫生、安全管理等九个要素组成的城市安全评价指标体系，其中涉及安全设施的指标有城市公共消防设施、公共消防管理保障、万人病床配置率、医疗保险投保率、万人拥有医生数[172]。郑志恩在构建的城市综合安全评价指标体系中，涉及消防安全设施指标包括单位面积用气量、单位面积用电量、建筑密集程度等；抵御火灾的能力指标包括单位面积专业消防人数、单位面积消防设施配备量、15分钟消防时间达标率、路网密度[176]。赵运林构造了城市安全指数模型，在城市不安全因素致灾过程抵御指数中，抵御自然灾害的因素包括防灾意识、抗灾意识、城市防灾基础设施、城市抗灾设施等；抵御人为灾害的因素包括防灾抗灾

① 《中国优秀旅游城市检查标准》（2007年修订本）。
② 中国城市科学研究会：《宜居城市科学评价指标体系研究》，2007。
③ 中国城市发展研究会：《中国健康城市评价指标体系及2013年度测评结果》，http：//www.chinacity.org.cn/cstj/zxgg/127303.html，2013。

意识、城市防灾抗灾设施、城市救灾设施等[177]。刘爱华、欧阳建涛构建了城市安全评价指标体系，其中涉及城市安全抵抗力的指标中，医疗保障体系包括发病率、医护率、死亡率、最大急救时间半径、人均医疗保险金[169]。王丽华、俞金国提出以游客供求关系为核心系统的城市旅游安全系统模型，其中，用于诊断城市软件和硬件安全系统建设状况的旅游安全辅助子系统指标包括量度硬件设施是否安全的指标、量度软件服务安全的指标[39]。崔秀娟建立旅游区安全评估指标体系，其中安全设施指标包括游乐设施、交通设施、救援设施、其他设施等[48]。基于上述，并考虑指标数据可获取性，本书选取自然灾害防治项目数（个）、灾害监测台数（个）、医院卫生院床位数（张）、国际互联网用户数量（万户）4个指标测度安全设施状况。

安全环境是游客与当地居民共享的生活空间。宜居城市评价中的生活便宜度中，生态环境评价指标包括空气质量好于或等于二级标准的天数/年、集中式饮用水水源地水质达标率、城市工业污水处理率、城镇生活垃圾无害化处理率、噪声达标区覆盖率、工业固体废物处置利用率、人均公共绿地面积、城市绿化覆盖率①。"中国健康城市评价"中提出"健康环境"概念，认为"人是生活在一定自然环境之中，生态环境的质量直接影响人类的健康。主要考察指标包括空气质量达标天数、建成区绿化覆盖率、污水集中处理率、生活垃圾无害化处理率、城区人口密度"②。罗云、裴晶晶、苏筠在设计的城市小康社会安全指标体系，涉及抵抗力的指标中，环境安全指标包括空气质量优良率、水资源安全指数、生态安全指数[173]。徐丰良构建了由城市灾害、社会治安、城市消防、生活保障、财政收入、生态环境、应急救援、医疗卫生、安全管理等九个要素组成的城市安全评价指标体系，其中涉及生态环境包括工业废水排放达标率、区域环境噪声平均值、建成区绿化覆盖率、达到及好于二级的天数[172]。郑志恩在综述国内外有关城市安全评价内容中，构建了城市综合安全评价指标体系，涉及环境安全指标中包括三废处理指标：工业废水排放达标率、工业二氧化硫排放达标率、工业烟尘排放达标率、三废综合利用占工业产值比重；城市

---

① 中国城市科学研究会：《宜居城市科学评价指标体系研究》，2007。
② 中国城市发展研究会：《中国健康城市评价指标体系及2013年度测评结果》，http://www.chinacity.org.cn/cstj/zxgg/127303.html，2013。

环境状况指标包括集中饮水资源达标率、空气质量达标率、噪声达标区域覆盖率；环境投入状况指标包括环保建设投入占 GDP 比重、城市人口密度、城市人均绿地面积、建成区绿化覆盖率[176]。祝喜、王静、吴郭泉（2010）从系统论的角度来看，将区域旅游安全度分成区域旅游社会环境安全度和区域旅游自然环境安全度。其中，区域旅游自然环境安全度包括水文气象安全度（水文安全度、气象安全度）、地震地质安全度（地震安全度、地质安全度）、流行疾病安全度（流行疾病安全度）[160]。刘爱华、欧阳建涛构建了城市安全评价指标体系，其中涉及城市安全抵抗力的指标中，环境保护体系包括水、气、土、声污染指数，绿化率，文明程度，城市卫生情况[169]。崔秀娟建立旅游区安全评估指标体系，包括安全环境（活动场所、公共设施、安全通道、安全标识、救援服务等）方面[48]。基于上述，并考虑指标数据可获取性，本书选取人均城市道路面积（平方米）、森林覆盖率（%）、空气质量达到二级以上天数占全年比重（%）、工业固体废物综合利用率（%）、人均绿地面积（公顷）、生活污水处理率（%）、生活垃圾无害化处理率（%）7 个指标测度目的地旅游安全环境状况。

　　紧急救援能力是减少旅游安全事故对旅游系统影响的重要手段。"维护公共安全，是城市社会、经济、文化、环境协调发展的基础，是满足居民安居乐业的需求、创新宜人居住环境的保证。因此，宜居城市需要有完善的预防与应急处理机制，以及有效的控制危机的能力，将自然灾害和人为灾害等突发公共事件造成的损失减少到最低程度，使居住在这个城市的居民有安全感"（李丽萍，郭宝华）[124]。《安全社区建设基本要求》要求"社区制定重大事故和紧急事件应急预案和程序，落实预防措施和应急响应措施，确保应急预案的培训与演练，减少或消除事故、伤害、财产损失和环境破坏"①。《中华人民共和国旅游法》第八十一条规定："突发事件或者旅游安全事故发生后，旅游经营者应当立即采取必要的救助和处置措施，依法履行报告义务，并对旅游者作出妥善安排。"② 孙华丽、周战杰、薛耀锋提出影响城市公共安全的重要指标，其中，应急储备能力包括：救灾物资储备、救灾人员储备、

---

① 中国城市科学研究会：《宜居城市科学评价指标体系研究》，2007。
② 国务院法制办：《中华人民共和国旅游法（2013）》。

社会服务能力[170]。徐丰良构建了由城市灾害、社会治安、城市消防、生活保障、财政收入、生态环境、应急救援、医疗卫生、安全管理等九个要素组成的城市安全评价指标体系，其中涉及应急救援包括应急指挥系统、应急技术支撑、应急管理法律和规范系统[172]。赵运林构造了城市安全指数模型，包括3个部分，其中，城市不安全因素致灾后恢复指数，包括服务功能因素和设施功能因素，服务功能因素主要有政府服务功能、团体服务功能、个体服务功能；设施功能因素主要有城市规模、自我重建修建能力、吸引外援能力等[177]。刘爱华、欧阳建涛构建了城市安全评价指标体系，其中涉及城市安全抵抗力的指标中，应急救援体系包括应急救援队伍、应急救援队伍素质、应急救援装备、应急救援预案、应急救援后勤保障能力[169]。基于上述，并考虑指标数据可获取性，本书选取旅游安全事件应急响应速度（时）、旅游救援机构数量（个）、应急救灾物资保障（亿元）3个指标测量应急救助状况。

善后重振能力是目的地旅游安全的重要依靠。《中国优秀旅游城市检查标准》（2007年修订本）中，旅游保险的评价指标提出：旅行社投保、旅行社责任险率要求达100%；旅行社能够向旅游者提供有关旅游项目保险服务①。孙华丽、周战杰和薛耀锋提出影响城市公共安全的重要指标，其中社会保障能力包括人类发展指数、参保比率、基础设施指数、基尼系数、失业率[170]。郑志恩综述了国内外有关城市安全评价内容，构建了城市综合安全评价指标体系，其中涉及社会保障评价指标包括社会保险、社会救助及优抚、社会福利[176]。祝喜、王静、吴郭泉（2010）从系统论的角度来看，将区域旅游安全度分成区域旅游社会环境安全度和区域旅游自然环境安全度。其中，区域旅游社会环境安全度包括政治安全度（行政能力、政局稳定度）、经济安全度（失业率、CPI增幅）、文化安全度（主客文化冲突度）、治安安全度（治安稳定度）、交通安全度（陆路安全度、水路安全度、航空安全度）、消防安全度（设施设备度、火灾发生率）、饮食安全度（食品卫生合格率）、设施安全度（景区设施使用率、饭店入住率）[160]。胡树华、杨高翔和秦嘉黎建立城市安全预警指标体系，其中，反映社会安

---

① 《中国优秀旅游城市检查标准》（2007年修订本）。

全的指标，可以通过公共安全指标和社会保障指标两个指标来表示[171]。刘爱华、欧阳建涛构建了城市安全评价指标体系，其中涉及城市安全抵抗力的指标中，生活保障体系包括衣食住行、水电气信、劳动就业率、贫困救助[169]。基于上述，并考虑指标数据可获取性，本书选取旅游保险覆盖率（％）、社会救助人数（万人）、旅游安全事件修复能力（天）、社会保障增加额（亿元）4个指标测度目的地旅游安全保障状况。

综合参考和借鉴，同时基于对目的地旅游系统安全抵抗力的内涵和维度分析，本书选取目的地旅游安全抵抗力评价指标，具体见表4.1。

表 4.1　目的地旅游安全抵抗力的评价指标体系

系统层	结构层	变量层	具体指标层
旅游安全抵抗力	活力指标	经济能力	人均地区生产总值（元）A11、地区生产总值增长率（％）A12
		安全投入	自然灾害防治投资（万元）A21、公共安全投入（亿元）A22、人身意外保险保费投入（亿元）A23
	结构指标	安全组织	医院、卫生机构（个）A31、旅游安全管理机构协调部门（个）A32、旅游突发事件相关应急组织（个）A33、旅游安全管理相关机构（个）A34
		安全管理	旅游安全教育和培训次数（次）A41、旅游安全管理制度与预案数量（件）A42、旅游安全监督检查次数（次）A43、旅游安全与预警信息发布数（次）A44、旅游突发事件应急演练开展次数（次）A45
		安全设施	自然灾害防治项目数（个）A51、灾害监测台数（个）A52、医院、卫生院床位数（张）A53、国际互联网用户数量（万户）A54
		安全环境	人均城市道路面积（平方米）A61、森林覆盖率（％）A62、人均绿地面积（公顷）A63、生活污水处理率（％）A64、空气质量达到二级以上天数占全年比重（％）A65、生活垃圾无害化处理率（％）A66、工业固体废物综合利用率（％）A67
	恢复力指标	紧急救援能力	旅游安全事件应急响应速度（时）A71、旅游救援机构数量（个）A72、应急救灾物资保障（亿元）A73
		善后重振能力	旅游保险覆盖率（％）A81、社会救助人数（万人）A82、旅游安全事件修复能力（天）A83、社会保障增加额（亿元）A84

（2）目的地旅游系统入侵度的评价指标体系

从国内外现有文献和研究来看，对区域公共安全评价通常采用"脆弱性"视角，直接评价区域公共安全的脆弱性，通过脆弱性程度反映区域公共安全状况。脆弱性由 Timmerman（1981）在自然灾害风险研究中提出，并较早给出了脆弱性的权威定义，认为脆弱性是"系统朝灾害事件发展的倾向或可能性"，对人类而言是"负面的"，"脆弱性受到系统恢复力（即应对能力）的影响"（Timmerman，1981）[111]。朱正威（2011）提出的区域公共安全综合评价框架中的脆弱性，是指自然因素、社会因素、经济因素、环境因素等所决定的，是一个地区更易受到危害侵袭的各种条件的综合体[178]。

自然灾害是重要的自然环境风险入侵因素。宜居城市评价中的公共安全指标体系包括城市政府预防、应对自然灾难的设施、机制和预案。有整套暴风、暴雨、大雪、大雾、冰凌、雷电、洪水、地震、山体滑坡、泥石流、火山、海啸、干旱等应对设施和预案①。郑志恩构建了城市综合安全评价指标体系，其中涉及城市安全入侵度的指标中，自然灾害预防评价指标包括近五年自然灾害的变化率、近五年自然灾害损失变化率、近五年自然灾害伤亡变化率、自然灾害预警率、自然灾害预警准确率、万人军队武警数、万人专业医师数、救灾储备支出占地方财政支出比重[176]。田亚平、向清成、王鹏建立水土流失敏感区人地耦合系统脆弱性评价指标体系，其中敏感性指标主要针对该区域的滑坡、泥石流、洪、涝、旱等主要自然灾害，主要考虑反映降雨变异下的水土流失敏感性因子。具体从气候、地貌、植被、土壤和水文等自然环境要素方面，选择年降雨量、年暴雨日数、山地比重、平均坡度、土壤可侵蚀值、植被覆盖率、河川径流总量等7项自然生态指标。暴露性指标，主要针对区域遭遇灾害的程度，主要考虑灾害的空间集聚性及其区域对灾害威胁的暴露性，选择灾害频率指数等7项指标[174]。赵运林构造了城市安全指数模型，包括3个部分，在城市不安全因素影响指数中，影响城市的主要自然灾害包括气象灾害、地质灾害等[177]。刘爱华、欧阳建涛构建了城市安全评价指标体系，其中涉

---

① 中国城市科学研究会：《宜居城市科学评价指标体系研究》，2007。

及城市安全入侵度的指标中，灾害控制体系包括自然灾害控制体系、人为灾害控制体系、财产损失情况、伤亡率、职业病情况[169]。楼文高、王广雷、冯国珍构建了由旅游地灾害频度、出游设施安全度和旅游地区域安全度三大方面和10个评价指标组成的旅游安全预警评价指标体系，具体的指标含义为：旅游地灾害频度，主要包括旅游地地质稳定性和安全性、水文气象灾害及其发生的次数与频率和瘟疫流行病爆发情况等[161]。基于上述，本节选取自然灾害发生数（次）、自然灾害直接经济损失（万元）两个指标测度自然灾害状况。

事故灾难是目的地旅游安全影响大、发生频率高的重要危险源。朱正威（2011）提出的区域公共安全综合评价框架中的脆弱性指标：应当包含暴露性和敏感性指标、易损性指标，易损性指标包含安全生产事故起数、安全生产事故总死亡人数、安全生产较大事故、较大事故死亡人数、安全生产重大事故、重大事故死亡人数、交通事故伤亡人数、交通事故损失折算、火灾伤亡人数、火灾直接经济损失等[178]。"安全社区建设要求社区应有事故与伤害记录的制度，对社区发生的各种伤害及时、如实地予以描述。"① 孙华丽、周战杰和薛耀锋研究提出影响城市公共安全的重要指标，其中，事故统计指数包括直接间接损失、受灾成灾比、受灾人数[170]。罗云、裴晶晶、苏筠在研究城市小康社会安全指标体系中，设计了公共场所安全指标包括火灾10万人死亡率、火灾经济损失率、公共场所安全监控率、公共安全事件应急达标率；交通安全指标包括万车死亡率、道路视频监控率、事故救援率、事故应急反应时间；生产安全指标包括10万人死亡率、亿元GDP死亡率、百万吨煤死亡率、百万工时（日）伤害频率、职业病发生率[173]。尚志海等按照城市社区公共安全风险的内在作用机理，将该系统分解为由若干评估指标组成的多层指标体系，提出社区公共风险评估指标包括脆弱性方面、风险源危险性：公共安全事件伤亡人数、公共安全事件经济损失；风险受体暴露：人口密度、人均GDP[175]。赵运林结合现有关于城市安全研究的成果，构造了城市安全指数模型，其中影响城市的主要人为灾害包括交通事故、停电停水事故、恐

---

① 中国职业安全健康协会：《安全社区评定管理办法〈安全社区建设基本要求〉》。

怖事件等[177]。楼文高、王广雷、冯国珍构建了旅游安全预警评价指标体系，其中，出游设施安全度，主要指客源地和旅游地之间的交通安全状况、景点与设备过度使用、饭店等旅游配套设施使用率过高等造成旅游者不适的情况和其他事故，用旅游地设施使用饱和度和旅游交通路况安全度表示[161]。基于上述，本书选取火灾事故（起）、火灾死亡人数（人）、交通事故（起）、交通事故死亡人数（人）、交通事故损失折算（万元）、火灾损失折算（万元）6个指标测度事故灾难状况。

公共卫生事件对目的地旅游安全影响面广、影响较深。孙华丽、周战杰和薛耀锋研究提出影响城市公共安全的重要指标，其中，公共安全的脆弱性指标包括事故安全指数、生态环境安全指数和事故统计指数三大主要因素。生态环境安全指数包括"三废"处理率、自然灾害指数，事故安全指数的具体指标包括医疗卫生指数和突发事件指数[170]。基于上述，本书选取工业废水排放量（万吨）、工业二氧化硫排放量（万吨）、工业烟尘排放量（万吨）、环境污染与破坏事故（次）、传染病人员数量（万人）、食物中毒人数（人）6个指标测度公共卫生状况。

社会安全事件对目的地旅游安全影响迅速，直接影响游客的旅游意愿选择。罗云、裴晶晶和苏筠在研究城市小康社会安全指标体系中，涉及入侵度的社会治安指标包括每万人口刑事案件立案率、每万人口治安案件查处率、万人犯罪率、每万人口警察数[173]。徐丰良构建了由城市灾害、社会治安、城市消防、生活保障、财政收入、生态环境、应急救援、医疗卫生、安全管理等九个要素组成的城市安全评价指标体系，其中涉及社会治安指标包括社会治安破坏力指标，主要从万人刑事案件立案率和万人犯罪率指标来考察城市安全[172]。郑志恩构建了城市综合安全评价指标体系，其中涉及城市安全入侵度的指标包括社会治安评价指标、控制能力、最终确立的本层评价指标、案件信息指标、控制能力[176]。刘爱华、欧阳建涛构建了城市安全评价指标体系，其中涉及城市安全入侵度的指标社会治安体系包括犯罪率、上访率、纠纷率[169]。楼文高、王广雷、冯国珍构建了旅游安全预警评价指标体系，其中旅游地区域安全度主要用旅游地政治稳定度、社会实际失业率、社会治安稳定度、居民消费价格指数上涨率和主客文化冲突潜在指数表示[161]。

　　在考察违法犯罪对城市安全危害时，失业率是一个重要的指标。失业会加剧贫困，贫困则可能导致犯罪增多。据美国霍普金斯大学调查，美国失业率每提升 1%，杀人、盗窃犯罪率就提升 5.7%，进监狱的人数就增加 4%。因此，失业率应当列入评价城市治安安全的主要指标①。基于上述，本书选取人身意外保险赔付（亿元）社会治安事件（起）；年末城镇失业人数（万人）、消费价格上涨指数（%）4 个指标测量社会安全状况。

　　基于本书对目的地旅游系统安全入侵度的内涵和维度分析，同时参考和借鉴现有的相关研究，选取目的地旅游安全入侵度的评价指标，具体如表 4.2 所示。

表 4.2　目的地旅游安全入侵度的评价指标体系

系统层	结构层	变量层	具体指标层
旅游安全入侵度	自然环境风险入侵	自然灾害	自然灾害发生数（次）B11、自然灾害直接经济损失（万元）B12
	社会环境风险入侵	事故灾难	火灾事故（起）B21、火灾死亡人数（人）B22、火灾损失折算（万元）B23、交通事故（起）B24、交通事故死亡人数（人）B25、交通事故损失折算（万元）B26
		公共卫生	工业废水排放量（万吨）B31、工业二氧化硫排放量（万吨）B32、工业烟尘排放量（万吨）B33、环境污染与破坏事故（次）B34、传染病人员数量（万人）B35、食物中毒人数（人）B36
		社会安全	失业人数（万人）B41、人身意外保险赔付（亿元）B42、社会治安事件（起）B43、消费价格上涨指数（%）B44

4.2.3　指标体系的合理性

　　评价指标体系是综合反映和说明目的地旅游安全状况而设计的一套具

---

① 中国城市发展研究会：《中国健康城市评价指标体系及 2013 年度测评结果》，http：//www.chinacity.org.cn/cstj/zxgg/127303.html，2013。

有内在联系的衡量指标，是评价目的地旅游安全度的标准和依据。评价指标体系应该综合衡量目的地旅游安全抵抗力和入侵度的动态，指标体系设计的合理性显得尤为重要。一般而言，评价指标体系的合理性通常从理论角度和统计意义上予以论证。

4.2.3.1 理论角度的合理性验证

从理论角度对指标体系的合理性验证，主要是检验指标来源的科学依据和理论基础，以及研究共识，同时还需结合研究背景和当时的社会发展阶段特征和实际需求等。

目的地旅游安全度的评价指标整体框架基于社会脆弱性理论和生态系统健康理论，构建包括目的地旅游安全抵抗力和目的地旅游安全入侵度两个子系统。Timmerman 于 1981 年在对自然灾害的研究中正式提出了"脆弱性"的概念，灾害被认为是"社会脆弱性的实现"。脆弱性的概念最初就起源于对自然灾害的研究，但随后被其他领域广泛运用，后来，更有学者明确提出将其分化出"脆弱性—应对能力"两个维度[111]。美国学者麦肯泰尔（Mc Entire）曾经提出一个脆弱性发生关系图，从麦肯泰尔所设定的环境属性角度看，"脆弱性"是由"不利因素"（*Liabilities*）与"能力"（*Capabilities*）的此消彼长所构成，"不利因素"来源于"风险"和社会的"易感性"，"能力"则由科学技术与工程设施对灾害的"抵抗力"和社会公众面临灾难时表现出的"抗逆力"共同构成[178]。Costanza 等（1992）认为"如果一个生态系统是稳定和持续的，也就是说它是活跃的，能够维持它的组织结构，并能够在一段时间后自动从胁迫状态恢复过来，表明生态系统是健康的，它可以由'活力'、'组织结构'和'恢复力'三个方面构成"[179]。基于此理论，目的地旅游安全抵抗力包括旅游安全活力、结构和恢复力三个维度。目的地旅游安全入侵度则包括外在入侵和内在入侵两个维度。对于每个维度中的具体观测指标，主要来源于我国较为成熟的理论和实践应用成果。

宜居的旅游目的地定是宜游的旅游目的地，宜游的旅游目的地是安全的旅游目的地。目的地旅游安全度评价的本质是评价目的地旅游安全状况，评价的目的在于揭示目的地旅游安全状况，并维护目的地旅游安全。当前，我国正在全力塑造宜居城市，中国城科会宜居城市课题组研究认为，宜居城市：一是社会安定、社会和谐、社会文明，使人们能够无忧无虑、自由自在地生活；二是城市的社会公共安全、卫生安全有保障，防灾、减灾、救灾设施齐全，城市具有抵御自然灾害的能力，并具有发生突发事件的应急措施①。宜居城市评价指标的生活便利度和环境优美度中观测指标都是目的地旅游安全环境和目的地旅游安全设施指标的重要理论依据。

目的地旅游安全是重点旅游城市公共安全的重要组成部分，目的地旅游安全依托于目的地城市公共安全体系，安全的旅游城市目的地是游客与当地居民共享的生活空间。近年来，我国正在建设最安全城市和安全社区，评选最安全城市和安全社区，建构了一系列评价指标体系。中国城市竞争力研究会研究构建《中国最安全城市评价指标体系》，由包括社会安全、经济安全、生态安全、资讯安全在内的 4 项一级指标、10 项二级指标、59 项三级指标组成，并提出中国最安全城市的主要特征是当年无重特大安全事故、社会治安良好、投资环境优越、生产事故少发、消费品安全、生态可持续发展，能为市民、企业、政府提供良好的信息网络环境和强有力的信息安全保障②。中国职业安全健康协会制定了《安全社区评定管理办法（试行）》，由国家安全监管总局颁布，2006 年 5 月 1 日正式在全国范围内实施《安全社区建设基本要求》。安全社区评价的一级指标包括安全社区创建机构与职责、信息交流和全员参与、事故与伤害风险辨识及其评价、事故与伤害预防目标及计划、安全促进项目、宣传教育与培训、应急预案和响应、监测与监督、事故与伤害记录、安全社区创建档案、预防与纠正措施、评审与持续改进③。上述指标也都成为目的地旅游安全组织、安全管理、社会保障和应急救助指标的来源和参照。我国自1998 年以来，创建中国优秀旅游城市，2007 年修订的《中国优秀旅游城市检查标准》，包括了城市的旅游安全与保险一块重要内容，具体涵盖旅游安全、旅游紧急救援和旅游保险三个重要指标，该指标也是评价目的地旅游安全的重要参考。

---

① 中国城市科学研究会：《宜居城市科学评价指标体系研究》，2007。
② 中国城市竞争力研究会：《中国最安全城市评价指标体系》。
③ 中国职业安全健康协会：《安全社区评定管理办法〈安全社区建设基本要求〉》。

法律法规是"对照镜"，是评价准则和依据。2013 年 10 月 1 日《中华人民共和国旅游法》全面实施，旅游法设专章"旅游安全"，从政府、旅游经营者和旅游者等角度进行全面规定。旅游法第七十六条至第八十二条从旅游安全组织机构、旅游安全预案、旅游警示信息、安全制度、安全救助等方面进行了全面规定，如第七十六条、第七十八条等①。旅游法中规定的旅游安全内容是本书选取目的地旅游安全组织、安全管理、应急救助等指标的重要来源和依据。

国外的安全评价标准也是本书的理论参考和思想来源。目前，世界各国对"最安全城市"评价尚未形成一套较完整、公认的指标体系，但对于如何评价安全城市，国际、国内犯罪学研究普遍认为，且形成的共识是只要保障社会治安秩序稳定的控制力控制住危害社会治安秩序的破坏力，且破坏力的幅度控制在社会和群众能够承受的范围之内，那么城市社会治安就是平稳的、安全的，即为安全城市②。由于城市现代化的加速，经济和社会结构革新，利益不平衡和贫富差距加大，各种传统安全与非传统因素并存，各类违法犯罪案件增多。因此，也有许多国家和地区都把警方登记的刑事案件数量作为衡量是否安全的主要指标③。世界各国的做法定有其可取之处，因此本书的目的地旅游安全入侵度的内部入侵威胁的社会安全、事故灾难等指标也都受上述启示。

4.2.3.2　统计意义的合理性验证

从统计意义上验证评价指标的合理性，即检验评价指标间相互关系的程度。本书采用了"Pearson 相关系数双变量相关性分析法"，通过对"Pearson 相关系数"反映测量指标间的相关性及收敛情况，同时结合本书选择指标时的具体含义和代表性，充分论证目的地旅游安全抵抗力和入侵度评价指标的合理性。

依照前文所选取的指标，本书获取全国 31 个重点旅游城市的 2003～2013 年对应指标的统计数据作为样本数据，借助 SPSS 18.0 统计软件对各指标进行 Pearson 相关性分析。r_{xy} 表示指标两两间的相关

---

① 国务院法制办：《中华人民共和国旅游法（2013）》。
② 中国城市竞争力研究会：《中国最安全城市评价指标体系》。
③ 南京市政府网：《"全国最安全城市"评价指标体系初探》，2013 年 6 月 16 日。

系数，相关系数范围在 $-1 \sim 1$，r_{xy} 绝对值越大，说明指标间关系越强；r_{xy} 绝对值越小，说明之间关系越弱。一般认为，r_{xy} 绝对值小于0.3，表示微弱相关；$0.3 \sim 0.5$，表示低度相关；$0.5 \sim 0.8$，表示中度相关；$0.8 \sim 1$ 之间，表示高度相关或强相关；当 r_{xy} 绝对值等于 1时，表示完全线性相关；当 r_{xy} 绝对值等于 0，表示两者完全没有线性关系。上述为统计理论上的评价标准，当然在进行检验分析时，更多地应该结合指标本身的含义和内在意义，才能更科学、全面合理地进行评判。目的地旅游安全抵抗力和入侵度各指标的 *Pearson* 相关性分析结果如表 4.3 至表 4.14 所示。

表 4.3   "经济能力"维度两两之间 *Pearson* 相关系数

指　标	人均地区生产总值	地区生产总值增长率
人均地区生产总值	1	-0.140^{**}
地区生产总值增长率	-0.140^{**}	1

** 表示在 0.01 水平（双侧）上显著相关。

由表 4.3 可见，"经济能力"维度中的人均地区生产总值、地区生产总值增长率中二者之间两两相关分析，存在显著性。人均地区生产总值的相关系数较小，相关度较弱，但是考虑指标含义，予以保留。

表 4.4   "安全投入"维度两两之间 *Pearson* 相关系数

指　标	公共安全投入	自然灾害防治投资	人身意外保险保费收入
公共安全投入	1	-0.087	-0.061
自然灾害防治投资	-0.087	1	0.895^{**}
人身意外保险保费收入	-0.061	0.895^{**}	1

** 表示在 0.01 水平（双侧）上显著相关。

由表 4.4 可知，"安全投入"维度中，自然灾害防治投资与人身意外保险保费收入指标的相关系数较大，且存在显著性，因二者分别代表了不同的经济含义，故予以保留。公共安全投入与自然灾害防治投资和人身意外保险保费收入之间的关系都较微弱，本应剔除，但鉴于公共安全投入是安全投入的重要评价指标，故给予保留。

表 4.5   "安全组织"维度两两之间 *Pearson* 相关系数

指　标	旅游安全管理相关机构	旅游安全管理协调部门	医院卫生机构	旅游突发事件相关应急组织
旅游安全管理相关机构	1	0.463 **	0.240 **	0.290 **
旅游安全管理协调部门	0.463 **	1	0.481 **	0.486 **
医院卫生机构	0.240 **	0.481 **	1	0.560 **
旅游突发事件相关应急组织	0.290 **	0.486 **	0.560 **	1

注：** 表示在 0.01 水平（双侧）上显著相关。

由表 4.5 可见，"安全组织"维度中的旅游安全管理相关机构、旅游安全管理协调部门、医院卫生机构及旅游突发事件相关应急组织指标，两两间的相关系数为 0.2 ~ 0.6，6 个相关系数在 0.01 水平上存在显著相关，且属于低度相关，可以采用。

表 4.6   "安全管理"维度两两之间 *Pearson* 相关系数

指　标	旅游安全制度与预案数量	旅游安全教育培训次数	旅游安全监督检查次数	旅游安全与预警信息发布数	旅游突发事件应急演练开展次数
旅游安全制度与预案数量	1	0.317 **	0.471 **	0.538 **	0.489 **
旅游安全教育培训次数	0.317 **	1	0.520 **	0.537 **	0.563 **
旅游安全监督检查次数	0.471 **	0.520 **	1	0.725 **	0.523 **
旅游安全与预警信息发布数	0.538 **	0.537 **	0.725 **	1	0.467 **
旅游突发事件应急演练开展次数	0.489 **	0.563 **	0.523 **	0.467 **	1

注：** 表示在 0.01 水平（双侧）上显著相关。

由表 4.6 可见，"安全管理"维度的旅游安全制度与预案数量、旅游安全教育培训次数、旅游安全监督检查次数、旅游安全与预警信息发布数与旅游突发事件应急演练开展次数指标之间，两两间相关系数为 0.3 ~ 0.6，且相关系数在 0.01 水平上存在显著性，应给予保留。同时，旅游安全与预警信息发布数与旅游安全监督检查次数之间的相关系数为 0.725，且存在显著性，属于中度相关，鉴于二者之间未存在理论意义上的线性关系，应予以保留。

表 4.7　"安全设施"维度两两之间 *Pearson* 相关系数

指　标	自然灾害防治项目数	灾害监测台数	医院卫生院床位数	国际互联网用户数量
自然灾害防治项目数	1	0.546 **	0.488 **	0.278 **
灾害监测台数	0.546 **	1	0.628 **	0.352 **
医院卫生院床位数	0.488 **	0.628 **	1	0.532 **
国际互联网用户数量	0.278 **	0.352 **	0.532 **	1

注：** 表示在 0.01 水平（双侧）上显著相关。

由表 4.7 可知，"安全设施"维度的自然灾害防治项目数、灾害监测台数、医院卫生院床位数及国际互联网用户数量指标中，两两间的相关系数为 0.2~0.6，全部在 0.01 水平上存在显著相关，符合标准，予以采用。

表 4.8　"安全环境"维度两两之间 *Pearson* 相关系数

指　标	人均城市道路面积	森林覆盖率	人均绿地面积	空气质量达到二级以上天数占全年比重	工业固体废物综合利用率	生活污水处理率	生活垃圾无害化处理率
人均城市道路面积	1	-0.070	-0.063	0.212 **	0.340 **	0.321 **	0.263 **
森林覆盖率	-0.070	1	-0.029	0.450 **	0.224 **	0.257 **	0.305 **
人均绿地面积	-0.063	-0.029	1	-0.059	0.034	-0.085	-0.002
空气质量达到二级以上天数占全年比重	0.212 **	0.450 **	-0.059	1	0.123 *	0.235 **	0.258 **
工业固体废物综合利用率	0.340 **	0.224 **	0.034	0.123 *	1	0.266 **	0.136 *
生活污水处理率	0.321 **	0.257 **	-0.085	0.235 **	0.266 **	1	0.424 **
生活垃圾无害化处理率	0.263 **	0.305 **	-0.002	0.258 **	0.136 *	0.424 **	1

注：** 表示在 0.01 水平（双侧）上显著相关。
　　* 表示在 0.05 水平（双侧）上显著相关。

由表 4.8 可知，"安全环境"维度中的人均城市道路面积、森林覆盖率、人均绿地面积指标两两间存在微弱的线性关系，特别是人均绿地面积应给予剔除，考虑其与其他指标不存在理论相关性，暂时给予保留，待验证性因子分析后，进一步再验证其是否给予剔除。其他两两间存在低度相关，相关系数为 0.2～0.4，在 0.01 和 0.05 水平上存在显著性，可以采用。

表 4.9　"紧急救援能力"维度两两之间 *Pearson* 相关系数

指　　标	旅游安全事件应急响应速度	旅游救援机构数量	应急救灾物资保障
旅游安全事件应急响应速度	1	0.303 **	0.501 **
旅游救援机构数量	0.303 **	1	0.223 **
应急救灾物资保障	0.501 **	0.223 **	1

注：** 表示在 0.01 水平（双侧）上显著相关。

由表 4.9 可知，在"紧急救援能力"维度中旅游安全事件应急响应速度、旅游救援机构数量和应急救灾物资保障指标的两两分析中，相关系数为 0.1～0.5，其中，旅游救援机构数量和应急救灾物资保障的相关度较低，但考虑两者的实际意义，应给予保留，其他的相关性均符合统计要求。

表 4.10　"善后重振能力"维度两两之间 *Pearson* 相关系数

指　　标	社会救助人数	旅游保险覆盖率	旅游安全事件修复能力	社会保障增加额
社会救助人数	1	0.404 **	0.578 **	0.386 **
旅游保险覆盖率	0.404 **	1	0.393 **	0.170 **
旅游安全事件修复能力	0.578 **	0.393 **	1	0.419 **
社会保障增加额	0.386 **	0.170 **	0.419 **	1

注：** 表示在 0.01 水平（双侧）上显著相关。

由表 4.10 可知，"善后重振能力"维度的社会救助人数、旅游保险覆盖率、旅游安全事件修复能力和社会保障增加额指标两两间的相关系数为 0.3～0.5，在 0.01 水平上存在显著性，可以使用。

表 4.11 "自然灾害"维度两两之间 *Pearson* 相关系数

指　标	自然灾害发生数	自然灾害直接经济损失
自然灾害发生数	1	0.409 **
自然灾害直接经济损失	0.409 **	1

注：** 表示在 0.01 水平（双侧）上显著相关。

由表 4.11 可知，"自然灾害"维度的自然灾害发生数与自然灾害直接经济损失相关系数为 0.409，在 0.01 水平上显著相关，应保留使用。

表 4.12 "事故灾难"维度两两之间 *Pearson* 相关系数

指　标	火灾事故	火灾死亡人数	火灾损失折算	交通事故	交通事故死亡人数	交通事故损失折算
火灾事故	1	0.572 **	0.503 **	0.580 **	0.610 **	0.523 **
火灾死亡人数	0.572 **	1	0.494 **	0.651 **	0.694 **	0.504 **
火灾损失折算	0.503 **	0.494 **	1	0.437 **	0.535 **	0.347 **
交通事故	0.580 **	0.651 **	0.437 **	1	0.852 **	0.900 **
交通事故死亡人数	0.610 **	0.694 **	0.535 **	0.852 **	1	0.637 **
交通事故损失折算	0.523 **	0.504 **	0.347 **	0.900 **	0.637 **	1

注：** 表示在 0.01 水平（双侧）上显著相关。

由表 4.12 可知，"事故灾难"维度的 6 个指标的两两相关性较大，相关度较高，特别是交通事故与交通事故损失折算之间的相关系数为 0.9，属于高度相关，但二者是反映事故灾难对目的地旅游安全入侵度的重要指标，应给予保留。其他指标两两间属于中度相关，在 0.01 水平上存在显著相关。因此，对于 6 个指标应暂时都给予采用，待验证性因子分析时再进一步做判断。

表 4.13 "公共卫生"维度两两之间 *Pearson* 相关系数

指　标	工业废水排放量	工业二氧化硫排放量	工业烟尘排放量	环境污染与破坏事故	传染病人员数量	食物中毒人数
工业废水排放量	1	0.637 **	0.391 **	0.267	0.110 *	0.500
工业二氧化硫排放量	0.637 **	1	0.610 **	0.289	0.053	0.026
工业烟尘排放量	0.391 **	0.610 **	1	0.090	0.079	0.067
环境污染与破坏事故	0.267	0.289	0.090	1	0.061	0.059

指　标	工业废水排放量	工业二氧化硫排放量	工业烟尘排放量	环境污染与破坏事故	传染病人员数量	食物中毒人数
传染病人员数量	0.110*	0.053	0.079	0.061	1	0.128*
食物中毒人数	0.500	0.026	0.067	0.059	0.128*	1

注：** 表示在 0.01 水平（双侧）上显著相关。
　　* 表示在 0.05 水平（双侧）上显著相关。

由表 4.13 不难看出，"公共卫生"维度中的工业二氧化硫排放量与工业废水排放量、工业烟尘排放量两两间相关系数属于中度相关，且在 0.01 水平上存在显著性，故可以采用。环境污染与破坏事故与工业废水排放量、工业烟尘排放量两两间相关系数，食物中毒人数与工业废水排放量两两相关系数较高，由于二者反映了目的地旅游公共卫生风险入侵，故暂时给予保留。而工业废水排放量与工业烟尘排放量、传染病人员数量相关系数处于低度相关水平，在 0.01 水平上显著，予以保留。

表 4.14　"社会安全"维度两两之间 *Pearson* 相关系数

指　标	社会治安事件	人身意外保险赔付	失业人数	消费价格上涨指数
社会治安事件	1	−0.047	0.496**	−0.001
人身意外保险赔付	−0.047	1	0.251**	−0.024
失业人数	0.496**	0.251**	1	−0.050
消费价格上涨指数	−0.001	−0.024	−0.050	1

注：** 表示在 0.01 水平（双侧）上显著相关。

由表 4.14 发现，"社会安全"维度中，人身意外保险赔付与社会治安事件、失业人数、消费价格上涨指数两两间的相关性较弱，理论上应给予剔除，但是考虑到人身意外保险赔付时反映社会安全状况的重要指标，同时由于社会安全状况统计数据的缺失，故给予保留。其他指标间的相关系数均达到统计要求，给予采用。

4.3　评价模型拟合检验

4.3.1　分析方法

恰当的分析方法既有利于科学准确地阐释问题，也可清楚地呈现论证过程。现有关于评价研究，可使用的方法较多，通常采用的方法有层次分析法、主成分分析法、模糊综合评价法、综合指数法以及结构方程方法等。上述方法具有各自的特征和适用范围，也各有优缺点。当然，科学研究最主要的目的是能够解释现象，揭示事物内在规律，进而回答现实中的问题。从此意义上说，分析方法应不论优劣，而以解答和阐释问题视为最佳选择。本书选择分析方法的目的，主要在于有助于回答目的地旅游安全度测评模型中包含的两个重要测度模型——目的地旅游安全抵抗力评价模型和目的地旅游安全入侵度评价模型的科学性和有效性。具体而言，需要解决三个主要问题。

第一，检验目的地旅游安全抵抗力评价模型和目的地旅游安全入侵度评价模型，各自包括的诸多维度间的结构关系。目的地旅游安全系统是一个复杂巨系统以及旅游安全抵抗力和旅游安全入侵度子系统中包含许多错综复杂、相互作用和相互影响的因素。为了更好地进行评价，需要对子系统中的复杂因素及隐藏在系统内部的可观测与不可观测的作用要素进行揭示，同时要研究复杂系统中可观测与不可观测作用要素间的关系，以及对子系统的作用程度，即需要对系统内在结构关系进行揭示和论证。

第二，确定目的地旅游安全抵抗力评价模型和目的地旅游安全入侵度评价模型，各自包括评价指标体系。目的地旅游安全抵抗力和入侵度子系统内部包含着诸多隐性的结构要素，这些结构要素需要通过可观测的指标来解释和测量，因此，选取可观测的具有代表性、典型性、解释性、尽可能全面揭示性的指标，是需解决的问题。同时，论证观测指标能否全面解释隐性结构要素则更为重要。

第三，客观地对目的地旅游安全度进行评价研究。为了更客观地揭示目的地旅游安全度的状况，避免由于专家打分等主观评价而产生的主观性，规避主观评价的权重赋值的误差，选择的分析方法需能够客观地呈现要素与指标间作用程度的大小，从而客观地进行评价分析。

基于上述考虑，为更好地解决以上问题，本书综合对比现有评价方法的适用性，认为结构方程模型（*Structural Equation Model*，SEM），是比较可行的分析方法，能够全面地解决上述问题，同时可以清晰地呈现论证过程和结果。

结构方程模型是一种多变量的数据统计分析方法，它基于变量的协方差矩阵来分析变量之间的关系，也被称作协方差结构分析。协方差结构分析结合了（验证性）因素分析与经济计量模型的技巧，用于分析潜在变量（*latent variables*，无法观察的变量或理论变量）间的假设关系，潜在变量可被显性指标（*manifest indicators*，观察变量或实证指标）所测量。一个完整的协方差结构模型包含两个次模型：测量模型（*measurement model*）与结构模型（*structural model*），测量模型描述的是潜在变量如何被相对应的显性指标所测量或概念化（*operationalized*），而结构模型指的是潜在变量之间的关系，以及模型中的其他变量无法解释的变异量部分[180]。协方差结构分析本质上是一种验证式的模型分析，它试图利用研究者所搜集的实证资料来确认假设的潜在变量间的关系，以及潜在变量与显性指标的一致性程度。此种验证或检验就是在比较研究者所提的假设模型隐含的协方差矩阵与实际搜集数据导出的协方差矩阵之间的差异[181]。结构方程模型分析包括四个主要步骤：模型建构、模型拟合、模型评价、模型修正。

①模型建构。模型建构依据相关理论或经验确定潜变量之间因果关系，即结构模型建构；确定潜变量与观测变量之间的因果关系，即测量模型的建构。模型建构中，还可以设定变量的相关参数。②模型拟合。在构建出一个模型之后，就是设法求出模型的解，其本质是对模型参数进行估计，即模型拟合。在结构方程模型的分析中，通常使用极大似然估计、未加权最小二乘估计和广义最小二乘估计等估计方法估计参数值，使模型隐含的协方差矩阵与样本协方差矩阵的"差距"最小，差距越小，模型拟合越佳。③模型评价。在模型拟合之后，需要对拟合的效果进行评价，即模型评价。模型评价主要在于检验预设模型是否合理，通过对照参数估计值，检验模型拟合指数，如 $x2/df$、*CF1*、*RMSEA* 和 *GFI* 值等，来衡量模型拟合效果。④模型修正。对照模型评价标准，如发现模型拟合与原假设存在差异，依据研究的具体情况，需要对模型进行修正，使其达到或符合要求[181]。

鉴于结构方程模型的上述功能和分析步骤，本书认为该分析方法可以对目的地旅游安全抵抗力模型和目的地旅游安全入侵度模型进行检验，能够较好地确定目的地旅游安全度评价模型的有效性，同时得出一套较为科学的评价指标体系。

4.3.2 数据来源与处理

为了对目的地旅游安全度进行客观评价，本书所选取的评价指标均采用客观统计数据来进行衡量，同时评价指标数据皆可在历年统计数据等中得以反映。数据来源于全国 31 个重点旅游城市的 2003～2014 年《国民经济与社会发展统计公报》、2003～2014 年《中国城市统计年鉴》、全国 31 个重点旅游城市所在省份的 2003～2014 年统计年鉴、国家统计局 2003～2014 年《中国统计年鉴》。因旅游统计年鉴有关旅游安全方面的数据尚未进行统计，本书选择的旅游安全方面的统计指标数据，来自 2003～2014 年全国 31 个重点旅游城市的市政府官网、旅游政务网站等官方网站公布的数据进行搜集整理和统计处理。在获取上述来源的数据后，获得目的地旅游安全度评价指标原始数据。但因统计口径或统计工作等多方面的原因，部分重点旅游城市的某些年度、某些指标数据存在空缺，考虑到指标数据属于历时性统计数据，本书采用线性趋势法进行处理，最后得到较完整的统计数据。

本书采用结构方程模型，对目的地旅游安全抵抗力和入侵度评价模型进行检验分析，因此，为满足结构方程模型的样本数据要求，需对目的地旅游安全抵抗力和入侵度评价指标数据先后进行两次处理。

首先，评价指标数据的标准化（无量纲化）处理。本书所选取的评价指标来源多样，无论是《中国统计年鉴》，还是地方统计年鉴，乃至《国民经济与社会发展统计公报》存在统计口径的差异，同时指标的量纲上也存有差异，如"公共安全投入"的统计单位为亿元；"失业保险人数"的统计单位为万人；"旅游安全管理相关机构"的统计单位为个；"旅游安全管理制度数量"的统计差异为件；等等。为避免统计口径和量纲存在的差异影响，达到评价指标统计上的一致性，对评价指标数据进行了标准化处理，进而满足结构方程模型对数据的要求。

标准化处理的方法较多，常用的主要有："极差正规化法、极大化法、极小化法、平均化法、标准差化法、秩次化法和比重法，数据处理时，除了要保证处理后的结果与原数据在数量和归类上一致，不发生偏差和缺漏等基本要求外，更重要的是不能改变原数据的分布情况，同时还要考虑简单易行。"（樊红艳、刘学录，2010）[182] 相比其他的标准化处理方法，本书认为选择比重法较合适。该方法处理后不改变原始数据的属性，同时适用于正态或非正态分布的指标数据。

比重法的处理方法：$y_{ij} = \dfrac{x_{ij}}{\sqrt{\sum\limits_{i=1}^{n} x_{ij}{}^2}}$

式中，$i = 1, 2, \cdots, n$；$j = 1, 2, \cdots, m$，x_{ij} 表示第 i 个维度的第 j 个指标的原始值。y_{ij} 的取值范围在 $0 \sim 1$，各 y_{ij} 值的分布仍与相应 x_{ij} 原始值分布相同，适用于呈正态分布或非正态分布指标的标准化处理[182]。

其次，目的地旅游安全度评价指标数据的正态性检验。由于本书使用结构方程模型对评价模型进行拟合检验，结构方程模型在拟合检验时通常默认采用最大似然估计法进行估计，而最大似然估计方法要求所有样本数据必须符合正态分布。因此，本书在使用经过标准化处理后的指标数据时还需进行正态性检验。借助 SPSS 18.0 统计软件，对目的地旅游安全度评价指标标准化处理后，对数据进行正态性检验。

本书所选择的目的地旅游安全度评价指标数据较多来自统计年鉴，属于统计数据，因统计口径不一致等问题存在，导致诸多指标难于完全符合正态分布，同时正态分布受较多因素影响。但黄芳铭（2003）指出，"通常比较有用的方法是使用绝对值来判断正态性，当偏度绝对值大于 3.0 时，一般认为是极端的偏态；当峰度的绝对值大于 10.0 时，表示峰度有问题，若是大于 20.0 时，就可以认为是极端的峰度（Kline，1998）"[183]。根据这个标准，在目的地旅游安全抵抗力评价指标中 A21、A22、A33、A51、A52、A54、A63、A72、A73，以及在目的地旅游安全入侵度指标中 B11、B12、B24、B25、B26、B31、B33 和 B41 均未达到正态分布，较多偏度和峰度值与标准值相差不大。为了改善上述指标数据分布不佳状态，本书使用自然对数转换，将这些指标数据进行自然对数转换后，发现偏度值和峰度值均达到正态分布检验标准。正态分布检验结果如表4.15 所示。

表 4.15　目的地旅游安全度评价指标正态分布检验

指标	偏度		峰度		指标	偏度		峰度	
	统计量	标准误	统计量	标准误		统计量	标准误	统计量	标准误
A11	1.911	0.132	1.66	0.263	A71	0.312	0.132	1.059	0.263
A12	-0.169	0.132	1.341	0.263	A72	-0.018	0.132	0.516	0.263
A21	-1.449	0.132	4.739	0.263	A73	0.89	0.132	-0.263	0.263
A22	1.859	0.132	6.583	0.263	A81	0.807	0.132	2.916	0.263
A23	-0.58	0.132	1.341	0.263	A82	0.951	0.132	0.392	0.263
A31	0.61	0.132	-0.784	0.263	A83	1.075	0.132	2.36	0.263
A32	0.297	0.132	-1.566	0.263	A84	2.067	0.132	8.671	0.263
A33	0.453	0.132	-1.078	0.263	B11	0.817	0.132	-0.221	0.263
A34	0.498	0.132	-0.165	0.263	B12	0.465	0.132	0.554	0.263
A41	0.726	0.132	1.547	0.263	B21	1.752	0.132	3.031	0.263
A42	1.988	0.132	4.774	0.263	B22	0.518	0.132	0.377	0.263
A43	0.417	0.132	-0.748	0.263	B23	-0.835	0.132	1.072	0.263
A44	0.682	0.132	0.042	0.263	B24	-0.44	0.132	0.671	0.263
A45	1.392	0.132	8.687	0.263	B25	-0.691	0.132	0.874	0.263
A51	-0.634	0.132	0.625	0.263	B26	-0.291	0.132	0.123	0.263
A52	-0.096	0.132	0.651	0.263	B31	-1.092	0.132	1.171	0.263
A53	1.46	0.132	2.168	0.263	B32	-1.025	0.132	3.754	0.263
A54	0.502	0.132	3.033	0.263	B33	2.024	0.132	6.206	0.263
A61	0.858	0.132	0.794	0.263	B34	1.329	0.132	2.956	0.263
A62	0.307	0.132	-1.028	0.263	B35	0.559	0.132	1.421	0.263
A63	2.603	0.132	9.601	0.263	B36	1.023	0.132	0.767	0.263
A64	-0.73	0.132	-0.005	0.263	B41	2.235	0.132	5.374	0.263
A65	-0.765	0.132	0.092	0.263	B42	0.914	0.132	1.443	0.263
A66	-1.729	0.132	3.498	0.263	B43	-1.466	0.132	0.372	0.263
A67	-1.394	0.132	1.121	0.263	B44	0.805	0.132	2.651	0.263

　　从表 4.15 不难看出，对不符合正态分布检验的指标数据，经过自然对数转换后，均达到正态分布要求，指标数据经过处理后可以采用最大似然估计法，对评价模型进行拟合检验分析。

4.3.3 模型拟合与修正

依据前文构建的目的地旅游安全度评价的理论模型，本书对测度目的地旅游安全度的两个子模型——目的地旅游安全抵抗力评价模型、目的地旅游安全入侵度评价模型分别进行拟合检验和修正。

4.3.3.1 目的地旅游安全抵抗力与入侵度评价模型检验

目的地旅游安全抵抗力评价模型由 8 个测量维度、32 个观测变量组成。为了检验该模型的有效性，本书运用经正态分布检验的目的地旅游安全抵抗力评价指标数据进行了验证性因子分析，得到目的地旅游安全抵抗力评价模型的路径系数和拟合检验结果，将结果对照结构方程模型拟合的评判标准，发现模型拟合不佳，对比发现 4 个观测变量的路径系数存在异常值，按照结构方程模型拟合检验步骤，经过调试，先后将 4 个存在异常值的观测变量剔除后，再次进行拟合检验，并对照评判标准，发现模型拟合基本符合要求。目的地旅游安全抵抗力评价模型拟合修正后的路径系数和拟合检验结果如表 4.16 和表 4.17 所示。

表 4.16 目的地旅游安全抵抗力评价模型拟合修正后的路径系数

路　径			标准化路径系数	路径系数	S. E.	C. R.	P
经济能力	<---	抵抗力	0.915	1.000			
安全投入	<---	抵抗力	0.881	0.647	0.040	16.330	***
安全组织	<---	抵抗力	0.768	0.004	0.000	11.736	***
安全管理	<---	抵抗力	0.815	0.011	0.001	10.263	***
安全设施	<---	抵抗力	0.725	0.626	0.055	11.371	***
安全环境	<---	抵抗力	0.225	0.000	0.000	2.500	0.012
紧急救援	<---	抵抗力	0.136	0.068	0.023	3.022	0.003
善后重振	<---	抵抗力	0.936	0.287	0.042	6.853	***
A11	<---	经济能力	0.442	1.000			
A12	<---	经济能力	0.414	0.185	0.054	3.404	***
A21	<---	安全投入	0.823	1.000			
A22	<---	安全投入	0.376	0.849	0.110	7.735	***
A23	<---	安全投入	0.496	0.952	0.087	10.890	***

路　　径			标准化路径系数	路径系数	S. E.	C. R.	P
A31	<---	安全组织	0.767	1.000			
A32	<---	安全组织	0.658	2.450	0.208	11.786	***
A33	<---	安全组织	0.714	2.833	0.215	13.158	***
A34	<---	安全组织	0.443	1.043	0.116	8.995	***
A41	<---	安全管理	0.612	1.000			
A42	<---	安全管理	0.571	0.966	0.106	9.102	***
A43	<---	安全管理	0.826	1.108	0.092	11.991	***
A44	<---	安全管理	0.837	1.270	0.105	12.104	***
A51	<---	安全设施	0.699	1.000			
A52	<---	安全设施	0.178	0.293	0.083	3.534	***
A53	<---	安全设施	0.932	0.025	0.002	15.886	***
A54	<---	安全设施	0.544	0.725	0.077	9.417	***
A67	<---	安全环境	0.231	1.000			
A65	<---	安全环境	0.506	1.207	0.417	2.892	0.004
A62	<---	安全环境	0.764	7.900	2.138	3.696	***
A61	<---	安全环境	0.362	2.725	0.816	3.338	***
A71	<---	安全保障	0.547	1.000			
A72	<---	安全保障	0.772	2.138	0.235	9.095	***
A73	<---	安全保障	0.760	2.177	0.239	9.108	***
A81	<---	应急管理	0.367	1.000			
A82	<---	应急管理	0.888	0.061	0.009	6.698	***
A83	<---	应急管理	0.695	0.051	0.008	6.639	***
A84	<---	应急管理	0.523	0.047	0.008	6.164	***

注：*** 表示 $P < 0.001$。

表4.17　目的地旅游安全抵抗力评价模型拟合检验结果

模型	χ^2/df	RMSEA	RMR	GFI	AGFI	NFI	RFI	IFI	TLI	CFI	PNFI	PCFI	PGFI
原始模型	2.481	0.066	0.075	0.901	0.826	0.901	0.838	0.938	0.896	0.937	0.551	0.572	0.513
修正模型	1.897	0.051	0.000	0.922	0.855	0.929	0.878	0.965	0.938	0.964	0.538	0.559	0.497
建议标准	1<, <3	<0.05	<0.05	>0.9	>0.9	>0.9	>0.9	>0.9	>0.9	>0.9	>0.5	>0.5	>0.5

　　从目的地旅游安全抵抗力评价模型的二阶验证性因子分析结果来看，$\chi2/df = 1.897 < 3$，CFI 和 TLI 分别为 0.964 和 0.938，都接近 0.9；RM-SEA 的值为 0.051；GFI 值为 0.922，AGFI 值为 0.855；PNFI、PCFI 分别为 0.538、0.559，均大于 0.5。说明数据适配性较好。从表 4.16 还可以发现，各路径系数均具有统计上显著性。

　　目的地旅游安全入侵度评价模型由 4 个测量维度、18 个观测变量组成。为了检验该模型的有效性，本书运用经正态分布检验的目的地旅游安全入侵度评价指标数据进行了验证性因子分析，得到目的地旅游安全入侵度评价模型的路径系数和拟合检验结果，将结果对照结构方程模型拟合的评判标准，发现模型拟合不佳，对比发现 5 个观测变量的路径系数存在异常值，按照结构方程模型拟合检验步骤，经过逐次调试，先后将 5 个存在异常值的观测变量剔除后，再次进行拟合检验，并对照评判标准，发现模型拟合基本符合要求。目的地旅游安全入侵度评价模型拟合修正后的路径系数和拟合检验结果如表 4.18 和表 4.19 所示。

表 4.18　目的地旅游安全入侵度评价模型拟合修正后的路径系数

路　径			标准化路径系数	路径系数	S. E.	C. R.	P
自然灾害	<---	旅游安全入侵度	0.353	1.000			
事故灾难	<---	旅游安全入侵度	0.224	0.419	0.096	4.343	***
公共卫生	<---	旅游安全入侵度	0.371	0.468	0.071	6.566	***
社会安全	<---	旅游安全入侵度	0.356	2.304	0.802	2.873	0.004
B12	<---	自然灾害	0.159	1.000			
B11	<---	自然灾害	0.345	0.295	0.088	3.355	***
B26	<---	事故灾难	0.846	1.000			
B25	<---	事故灾难	0.801	0.798	0.041	19.363	***
B24	<---	事故灾难	0.640	1.226	0.072	16.995	***
B22	<---	事故灾难	0.614	0.661	0.066	10.009	***
B21	<---	事故灾难	0.774	0.754	0.067	11.309	***
B32	<---	公共卫生	0.977	1.000			
B33	<---	公共卫生	0.616	0.556	0.047	11.939	***
B31	<---	公共卫生	0.645	0.745	0.058	12.838	***

路 径			标准化路径系数	路径系数	S. E.	C. R.	P
B41	<---	社会安全	0.795	1.000			
B42	<---	社会安全	0.633	0.929	0.094	9.892	***
B43	<---	社会安全	0.619	1.140	0.116	9.796	***

注：*** 表示 P<0.001。

表 4.19　目的地旅游安全入侵度评价模型拟合检验结果

模型	$\chi 2/df$	RMSEA	RMR	GFI	AGFI	NFI	RFI	IFI	TLI	CFI	PNFI	PCFI	PGFI
原始模型	3.948	0.093	0.000	0.939	0.848	0.947	0.886	0.960	0.912	0.960	0.437	0.443	0.376
修正模型	2.528	0.067	0.000	0.964	0.907	0.969	0.932	0.981	0.958	0.981	0.435	0.440	0.371
修正模型	1.974	0.054	0.000	0.975	0.924	0.980	0.947	0.990	0.973	0.990	0.377	0.381	0.321
建议标准	1<, <3	<0.05	<0.05	>0.9	>0.9	>0.9	>0.9	>0.9	>0.9	>0.9	>0.5	>0.5	>0.5

在修正后模型拟合结果的适配性指标中，表 4.19 反映的目的地旅游安全入侵度评价模型验证性因子分析拟合结果表明，$\chi 2/df = 1.974 < 3$，TLI、CFI 分别为 0.973、0.990，均大于 0.9；RMSEA 的值为 0.054，小于 0.1；GFI = 0.975，AGFI = 0.924，均超过 0.9 的理想值。各路径系数均达到统计上显著性。

从表 4.18 和表 4.19 拟合检验结果比较还可发现，目的地旅游安全入侵度评价模型和目的地旅游安全抵抗力评价模型的拟合结果的绝对适配度指数（$\chi 2/df$、RMSEA、RMR、GFI、AGFI）基本达到评判标准值；增值适配度指数（NFI、RFI、IFI、TLI、CFL）均达到评判标准；而简约适配度指数（PNFI、PCFI、PGFI）接近评判标准。吴明隆（2007）认为，"模型适配度评估的指标值很多，供研究者选择的评估组合也有多种，在进行模型适配度的判断时要格外慎重，学者 McDonald 与 Ho（2002）明确指出研究者在使用不同评价指标时应注意，适配度的指标虽然都有很明确的意义，但是从实证的角度或数学观点来看，并没有一个强有力的理论基础来支持数字背后的意义与其使用原则，指标值的背后仍存有未知或未被察觉的隐忧"[180]。简约适配度指数接近评判标准，可能的原因在于：本书获取的样本量未达到观测变量10倍以上；甚或在于本书所选取的全国31个地区的统计数据，属于年度数据，具有历时性，加之各地区年度间及各地区间统计口径存在差异；或许在于部分地区的某些年度存在数据缺失。但从表4.18和表4.19拟合检验结果看，目的地旅游安全入侵度评价模型和目的地旅游安全抵抗力评价模型修正后的拟合检验结果均比原始模型的检验结果接近评判标准值，因此，本书认为修正模型是可以被接受的。模型修正后的目的地旅游安全评价指标体系如表4.20所示。

表4.20　目的地旅游安全度评价指标体系

系统层	结构层	变量层	具体指标层
旅游安全抵抗力	活力指标	经济能力	人均地区生产总值（元）A11、地区生产总值增长率（%）A12
		安全投入	自然灾害防治投资（万元/每万人）A21、公共安全投入（亿元）A22、人身意外保险保费投入（亿元）A23
	结构指标	安全组织	医院、卫生机构（个）A31、旅游安全管理机构协调部门（个）A32、旅游突发事件相关应急组织（个）A33、旅游安全管理相关机构（个）A34
		安全管理	旅游安全教育和培训次数（次）A41、旅游安全管理制度与预案数量（件）A42、旅游安全监督检查次数（次）A43、旅游安全与预警信息发布数（次）A44
		安全设施	自然灾害防治项目数（个）A51、灾害监测台数（个）A52、医院、卫生院床位数（张）A53、国际互联网用户数量（万户）A54
		安全环境	人均城市道路面积（平方米）A61、森林覆盖率（%）A62、空气质量达到一级以上天数占全年比重（%）A65、工业固体废物综合利用率（%）A67
	恢复力指标	紧急救援能力	旅游安全事件应急响应速度（时）A71、旅游救援机构数量（个）A72、应急救灾物资保障（亿元）A73
		善后重振能力	旅游保险覆盖率（%）A81、社会救助人数（万人）A82、旅游安全事件修复能力（天）A83、社会保障增加额（亿元）A84

续表

系统层	结构层	变量层	具体指标层
旅游安全入侵度	自然环境风险入侵	自然灾害	自然灾害发生数（次）B11、自然灾害直接经济损失（万元）B12
	社会环境风险入侵	事故灾难	火灾事故（起）B21、火灾死亡人数（人）B22、交通事故（起）B24、交通事故死亡人数（人）B25、交通事故损失折算（万元）B26
		公共卫生	工业废水排放量（万吨）B31、工业二氧化硫排放量（万吨）B32、工业烟尘排放量（万吨）B33
		社会安全	失业人数（万人）B41、人身意外保险赔付（亿元）B42、社会治安事件（起）B43

4.3.3.2 评价指标信度与效度检验

为了进一步证明本书所选用的评价指标有效性，确保评价指标的可使用性，在使用评价指标进行目的地旅游安全入侵度和抵抗力的测评分析与解释之前，需对其进行信度和效度检验。

（1）信度检验

信度是指测量指标未受到测量误差影响的程度，即测量指标所测得结果的稳定性（*stability*）和一致性（*consistency*），测量指标的信度愈大，则其测量标准误差愈小。信度检验通常使用 *Cronbach's Alpha* 系数来衡量和表征。*Cronbach's Alpha* 系数常用来估计每个因子所属各变量间的系统变异，*Cronbach's Alpha* 系数越高，该因子所属各变量之间的系统性越好[184]。本书借助 SPSS 18.0 统计软件对目的地旅游安全抵抗力和入侵度的各维度指标进行了信度检验，检验结果如表 4.21 所示。

由表 4.21 可见，12 个维度的指标 *Cronbach's Alpha* 系数值均大于 0.5，理论上可以证明目的地旅游安全抵抗力和入侵度的指标具有可靠性和内部的一致性。究竟 *Cronbach's Alpha* 系数要多大才算有高的信度，不同的方法论学者对此看法也不尽相同。Nunnally 认为，*Cronbach's Alpha* 系数值等于 0.70 是一个较低但可以接受的边界值[185]；而根据 Henson 的观点，认为这与研究目的和测验分数的运用有关，如使用者的目的在于编制预测问卷，测验（*predictor tests*）或测量某构念的先导性，信度系数为 0.50 至0.60 已足够。当以基础研究为目的时，信度系数最好在 0.80 以上（吴明

表 4.21 目的地旅游抵抗力和入侵度评价指标信度分析结果

系统层	结构层	变量层	Cronbach's Alpha 系数
旅游安全 抵抗力	活力指标	经济能力	0.765
		安全投入	0.743
	结构指标	安全组织	0.696
		安全管理	0.803
		安全设施	0.754
		安全环境	0.742
	恢复力指标	紧急救援能力	0.715
		善后重振能力	0.742
旅游安全 入侵度	自然环境 风险入侵	自然灾害	0.581
	社会环境 风险入侵	事故灾难	0.904
		公共卫生	0.728
		社会安全	0.778

隆，2000)[180]。综合多位学者的观点，由于在社会科学研究领域中，量表包括各维度，因而，内部一致性信度系数指标的判断原则是其中分维度的内部一致性信度系数要在 0.50 以上，最好能高于 0.60，而整个量表的最低的内部一致性信度系数要在 0.70 以上，最好能高于 0.80[180]。由此，本书所选取的指标具有很好的内部一致性，各维度指标达到信度要求。

（2）效度检验

效度是指量表的有效性，也即测量工具能够在多大程度上反映研究者想要测量概念的真实含义。也即效度就是反映指标的真实性程度。

表 4.22 目的地旅游安全入侵度和抵抗力指标的 KMO 和 Bartlett 检验结果

检验指标		目的地旅游安全入侵度指标	目的地旅游安全抵抗力指标
取样足够度的 Kaiser – Meyer – Olkin 度量		0.726	0.818
Bartlett 的球形度检验	近似卡方	2846.588	5269.885
	df	78	351
	Sig.	0.000	0.000

本书采用建构效度指标来检验两个测量模型效度，建构效度通常使用因子分析方法，通过 KMO 值和 Bartlett's 球形检验卡方值和评价建构效度的程度，进而检验测量模型的效度。借助 SPSS 18.0 统计软件，对目的地旅游安全抵抗力和入侵度两个测量模型指标数据分别进行因子分析后，得到检验效度结果如表 4.22 所示。

Kaise 认为，KMO 的度量标准以 0.7 为界，0.7 表示合适，0.8 表示很适合，0.9 以上表示非常适合[180]。从表 4.22 可知，KMO 检验统计量大于 0.7，符合要求。同时，两个测量模型指标数据的 *Bartlett* 球形检验显著性水平均为 0.000，因此，拒绝 *Bartlett's* 球形检验零假设。由此可知，目的地旅游安全抵抗力和入侵度建构模型具有较好的效度。

4.4　检验结果分析

4.4.1　目的地旅游安全抵抗力评价模型验证分析

利用结构方程模型进行拟合检验，得到目的地旅游安全抵抗力评价模型的路径系数，如图 4.3 所示。从目的地旅游安全抵抗力评价模型的路径系数图可以看出，目的地旅游安全抵抗力八个维度对旅游安全抵抗力均存在显著的正向影响。

善后重振能力对目的地旅游安全抵抗力的作用最大，影响路径系数 $\beta = 0.936$，表明善后重振能力越强，旅游安全抵抗力越强。强大的善后重振能力是最大限度恢复因事故造成损失的强大动力，即使遭遇风险灾害的入侵影响，导致突发事件发生，完备、强大的重振能力也能使灾害入侵后尽快得到恢复。从应急管理的测量指标的路径系数看，4 个观测指标的作用程度不用，其中，社会救助对善后重振能力的作用显著，路径系数为 0.888；旅游安全事件修复能力的路径系数为 0.695；社会保障增加额的路径系数为 0.523；旅游保险覆盖率的作用路径系数为 0.367。上述观测指标的路径系数表明：社会救助力量是增强旅游安全善后重振能力的重要保证。当前，全国各地正在健全和完善旅游救援体系，大力推动公益性救援和商业性救援机构。诸多的旅游突发事故案例，因救援队伍缺失或救援能力不足，延误了最佳救援时间，也再次验证了社会救助是增强旅游安全抵抗能力的关键动力。旅游安全事件修复能力对应急管理能力提升也具有重要作用，最快速度获取旅游安全与预警信息、最快速度应急响应、快速修复是确保及时应急准备和控制、快速减少灾害影响的先决条件。社会保障增加额等作为善后重振能力的保障力量，是保障旅游安全运行的稳定器，具有重要作用。旅游保险的作用不容忽视，旅游保险是风险化解和规避的有力措施。目前，全国各地都在提高旅游保险的覆盖率，特别是建立健全旅游者意外保险和旅行社统保机制，旅游保险意识得到提升，旅游保险覆盖率逐年提高。一旦遇到旅游突发事件，旅游保险在很大程度上可减少事故造成的损失。

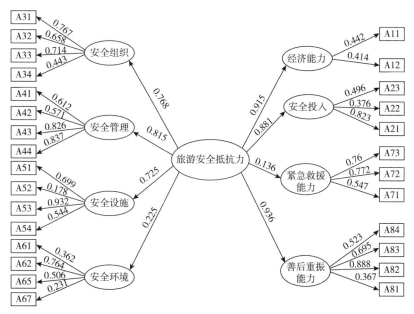

图 4.3　目的地旅游安全抵抗力评价模型路径系数

目的地的经济能力对旅游安全抵抗力的影响作用次之，影响路径系数 $\beta = 0.915$，表明目的地经济越发达，旅游安全抵抗力越强，因此认为经济能力是旅游安全保障的坚强后盾。从经济能力观测指标的路径系数可看出，人均地区生产总值和地区生产总值增长率的作用力相当，其路径系数分别为 0.442 和 0.414。GDP 的增长率反映了经济能力，经济增长越快，经济实力越强；社会保障投入也体现了经济能力的强弱，社会保障投入越多，经济实力越强。经济实力越强的，社会保障越健全，抵抗风险能力越强。

目的地安全投入对旅游安全抵抗力的影响也较大，路径系数 $\beta =$ 0.881，显见，公共安全投入越多，旅游安全抵抗力越强。反映公共安全投入指标的作用程度存在差异，其中自然灾害防治投资对旅游安全投入的作用为 0.823；人身意外保险保费投入的作用系数为 0.496；而公共安全投入对安全投入的影响系数为 0.376。上述表明，目的地旅游安全投入不仅依赖直接的公共安全投入，更多依赖于整个社会保障力度。自然灾害防治投资对旅游安全稳定具有重要作用。人身意外保险保费收入多，即使遭遇旅游安全事故，也能在一定程度上得到缓解，并尽快得以恢复。

目的地旅游安全管理对旅游安全抵抗力的作用较大，影响的路径系数 $\beta = 0.815$。显然，旅游安全管理越佳，旅游安全抵抗力越强。同时，影响旅游安全管理的观测指标对其所起作用均较大，旅游安全教育和培训次数、旅游安全管理制度与预案数量、旅游安全监督检查次数、旅游安全与预警信息发布数对旅游安全管理的作用系数分别为 0.612、0.571、0.826、0.837。旅游安全管理制度数量既反映了目的地对旅游安全管理的重视程度，也是增强旅游安全管理的软实力。旅游安全教育和培训数量增强了目的地管理者、经营者及游客的安全意识和应急技能。近些年，全国各地各级旅游主管部门每年均会纷纷组织旅游安全教育和培训，对旅游安全抵抗力的作用也是不容忽视的。旅游安全监督检查是排查旅游安全隐患的重要手段。每年全国各地各级旅游主管部门联合安监、公安、消防等部门定期或不定期地进行安全监督检查，发现问题，集中整治。旅游安全信息发布给游客提供了决策信息，让游客理性选择，也增强了游客的安全警惕意识。

目的地旅游安全组织对旅游安全抵抗力的影响路径系数 $\beta = 0.768$，表明旅游安全组织的作用较大。旅游安全组织是旅游安全系统运行的指挥中心，是旅游安全抵抗力增强的中枢神经系统。旅游安全组织的 4 个观测指标的作用程度均较大，医院卫生机构数、旅游安全管理机构协调部门数、旅游突发事件相关应急组织数和旅游安全管理相关机构对旅游安全组织力量的作用路径系数分别为 0.767、0.658、0.714 和 0.443。医疗卫生机构是检验目的地旅游公共安全服务供给的要素，旅游安全管理需要整合、协调相关安全管理部门协同治理，旅游安全和应急管理的相关部门越多，整合作用力越大，抵抗旅游风险的能力越强。

目的地旅游安全设施对旅游安全抵抗力的影响系数 $\beta = 0.725$，表明旅游安全设施的作用较大。安全设施的完善程度反映目的地旅游安全公共服务体系的健全状况。反映旅游安全设施完善程度的指标中，医院、卫生院床位数对旅游安全的保障显著，路径系数为 0.932。自然灾害防治项目数对旅游安全设施的作用系数为 0.699，而反映旅游安全信息通畅程度的国际互联网用户数量对旅游安全设施的作用为 0.544，国际互联网用户数愈多，旅游安全信息化程度越高。此外，作为目的地旅游安全设施重要辅助作用的灾害监测台数的作用程度为 0.178，作用也不容忽视，灾害监测台数对监测目的地旅游安全预警信息，做好应急管理具有重要作用。

目的地旅游安全环境对旅游安全抵抗力的作用路径系数 $\beta = 0.225$，良好的安全环境是反映旅游安全抵抗力的又一重要标志。体现旅游安全环境的指标中，人均城市道路面积、森林覆盖率、空气质量达到二级以上天数占全年比重、工业固体废弃物综合利用率对安全环境的作用程度系数分别为 0.362、0.764、0.506 和 0.231。森林覆盖率对目的地旅游安全环境的作用贡献较大，良好的绿色环境对目的地旅游安全作用愈来愈显著。近年来，一些城市雾霾等恶劣天气对旅游造成了影响，游客对环境的诉求日益凸显。空气质量优良天数越多的城市，游客的青睐度越高。森林覆盖率越高，对旅游废弃物的吸纳和空气的净化作用越大，对增强环境的安全抵抗力作用越大。

目的地旅游安全紧急救援能力对旅游安全抵抗力的影响系数 $\beta = 0.136$，旅游安全紧急救援能力对旅游安全抵抗力的作用不容忽视。表征目的地旅游安全紧急救援能力的三个指标旅游安全事件应急响应速度、旅游救援机构数量和应急救灾物资保障对旅游安全紧急救援能力的作用均较大，路径系数分别为 0.547、0.772 和 0.760。旅游救援机构数量愈多，旅游安全紧急救援能力愈强。旅游安全事件应急响应速度和应急救灾物资保障对旅游安全紧急救援能力影响作用愈加重要。健全的旅游救援体系和强大的旅游安全紧急救援能力是增强旅游安全抵抗力的有力支撑。

4.4.2　目的地旅游安全入侵度评价模型验证分析

通过使用结构方程模型进行拟合验证，得到目的地旅游安全入侵度评价模型的路径系数，如图4.4所示。从目的地旅游安全入侵度评价模型的路径系数图可以看出，目的地旅游安全入侵度风险的4个重要来源对旅游安全的入侵风险均存在显著的正向影响。

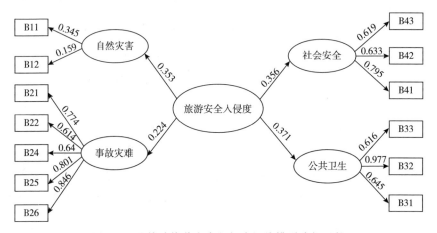

图4.4　目的地旅游安全入侵度评价模型路径系数

目的地自然灾害对旅游安全入侵度的影响路径系数 $\beta = 0.353$，不可抗力的自然灾害对目的地旅游安全带来巨大风险入侵，给目的地旅游造成巨大的损失。而反映目的地自然灾害入侵的两个指标：自然灾害发生数和自然灾害直接经济损失的入侵威胁程度分别为0.345和0.159。自然灾害数量愈多，旅游风险入侵威胁愈大。

目的地事故灾难对旅游安全入侵威胁程度路径系数 $\beta = 0.224$，目的地火灾、交通事故居旅游突发事件首位，对旅游安全威胁作用显著。火灾事故、火灾死亡人数、交通事故、交通事故死亡人数和交通事故损失折算的威胁程度分别为0.774、0.614、0.640、0.801和0.846。交通事故在旅游突发事件中频发，所造成的事故损失巨大，是旅游安全入侵度的主要来源，是目的地旅游安全的重要隐患。

目的地公共卫生事件对旅游安全入侵度的影响路径系数 $\beta = 0.371$，说明，公共卫生事件是旅游安全的重要风险源。而体现目的地旅游公共卫生事件的指标中工业废水排放量、工业二氧化硫排放量和工业烟尘排放量对目的地旅游公共卫生的影响巨大，分别为 0.645、0.977 和 0.616。当前许多城市的雾霾天气，理应追究上述三者的风险责任。因此，该验证结果符合实际逻辑。

目的地社会安全对旅游安全入侵度的影响路径系数 $\beta = 0.356$，目的地社会安全事件也是影响旅游安全稳定的风险因子，失业人数的增多，社会斗殴、抢劫、盗窃等犯罪事件的增多，社会破坏事件的频发对整体目的地旅游安全造成了极大影响。而体现目的地旅游安全社会治安状况的三个指标的作用力分别为 0.795、0.633 和 0.619，三者的入侵威胁均较大，其中城镇失业人数对社会安全的破坏最大。据美国霍普金斯大学调查，美国失业率每提升 1%，杀人、盗窃犯罪率就提升 5.7%[1]。人身意外保险赔付反映了社会安全状况，赔付越多，社会安全事件越多。上述验证结果与现实逻辑吻合。

综上，可以发现，目的地旅游安全抵抗力和入侵度评价模型的验证结果证实了目的地旅游安全抵抗力和入侵度评价指标体系的有效性和合理性，其验证结果与现实逻辑符合，能够得到解释。

4.5 目的地旅游安全度评价与预警分析

4.5.1 评价指标权重确定

确定目的地旅游安全抵抗力和入侵度评价指标的权重系数是测算目的地旅游安全度指数的基础，也对目的地旅游安全度进行评价的关键环节。为了对目的地旅游安全度进行客观评价，分析目的地旅游安全的客观状况，本书使用结构方程模型分析方法对目的地旅游安全抵抗力和入

---

[1] 中国城市发展研究会：《中国健康城市评价指标体系及 2013 年度测评结果》，2013，http://www.chinacity.org.cn/cstj/zxgg/127303.html。

侵度评价模型验证性检验的路径系数计算评价指标权重。结构方程模型分析，实质上是使用路径分析思路对结构模型和测量模型进行的参数估计和拟合检验。路径系数是结构方程模型路径分析的标准回归系数，描述和刻画了潜在变量之间，以及潜在变量与观测指标之间相互作用、相互影响的程度大小。路径系数越大，表明观测指标对潜在变量的影响或贡献越大，本书为客观评价目的地旅游安全度，清晰地揭示评价指标的影响程度，采用前文模型验证分析得出的路径系数，计算目的地旅游安全抵抗力和入侵度评价指标权重系数，计算公式如公式下所示。

$$r_{ij} = \frac{s_{ij}}{\sum\limits_{i=1}^{n} s_{ij}}, \quad i = 1,2,\cdots,8; j = 1,2,\cdots,4(i = 1,2,\cdots,4; j = 1,2,\cdots,5) \quad (4.1)$$

$$R_{i} = \frac{t_{i}}{\sum\limits_{i=1}^{n} t_{i}}, \quad i = 1,2,\cdots,8(i = 1,2,\cdots,4) \quad\quad (4.2)$$

式（4.1）中 s_{ij} 表示目的地旅游安全抵抗力和入侵度评价指标的标准化路径系数，r_{ij} 表示各评价指标的权重系数；式（4.2）中 t_{i} 表示目的地旅游安全抵抗力和入侵度维度的标准化路径系数，R_{i} 表示各维度的权重系数。按照公式（4.1）、公式（4.2），得到目的地旅游安全抵抗力和入侵度各维度和各评价指标的权重系数，具体结果如表4.23和表4.24所示。

表4.23   目的地旅游安全抵抗力评价维度与指标权重系数

维　　度	标准化路径系数	权重系数
经济能力	0.915	0.1694
安全投入	0.881	0.1631
安全组织	0.768	0.1422
安全管理	0.815	0.1509
安全设施	0.725	0.1342
安全环境	0.225	0.0417
紧急救援能力	0.136	0.0252
善后重振能力	0.936	0.1733

续表

维　度	标准化路径系数	权重系数
人均地区生产总值（元）A11	0.442	0.5164
地区生产总值增长率（%）A12	0.414	0.4836
自然灾害防治投资（万人）A21	0.823	0.4855
公共安全投入（亿元）A22	0.376	0.2218
人身意外保险保费投入（亿元）A23	0.496	0.2926
医院、卫生机构（个）A31	0.767	0.2971
旅游安全管理机构协调部门（个）A32	0.658	0.2548
旅游突发事件相关应急组织（个）A33	0.714	0.2765
旅游安全管理相关机构（个）A34	0.443	0.1716
旅游安全教育和培训次数（次）A41	0.612	0.2150
旅游安全管理制度与预案数量（件）A42	0.571	0.2006
旅游安全监督检查次数（次）A43	0.826	0.2902
旅游安全与预警信息发布数（次）A44	0.837	0.2940
自然灾害防治项目数（个）A51	0.699	0.2971
灾害监测台数（个）A52	0.178	0.0756
医院、卫生院床位数（张）A53	0.932	0.3961
国际互联网用户数量（万户）A54	0.544	0.2312
人均城市道路面积（平方米）A61	0.362	0.1943
森林覆盖率（%）A62	0.764	0.4101
空气质量达到二级以上天数占全年比重（%）A65	0.506	0.2716
工业固体废物综合利用率（%）A67	0.231	0.1240
旅游安全事件应急响应速度（时）A71	0.547	0.1484
旅游救援机构数量（个）A72	0.772	0.3591
应急救灾物资保障（亿元）A73	0.760	0.2810
旅游保险覆盖率（%）A81	0.367	0.2631
社会救助人数（万人）A82	0.888	0.3713
旅游安全事件修复能力（天）A83	0.695	0.3656
社会保障增加额（亿元）A84	0.523	0.2115

表 4.24 目的地旅游安全入侵度评价维度与指标权重系数

维 度	标准化路径系数	权重系数
自然灾害	0.353	0.2707
事故灾难	0.224	0.1718
公共卫生	0.371	0.2845
社会安全	0.356	0.2730
评价指标	标准化路径系数	权重系数
自然灾害发生数（次）B11	0.345	0.6845
自然灾害直接经济损失（万元）B12	0.159	0.3155
火灾事故（起）B21	0.774	0.2106
火灾死亡人数（人）B22	0.614	0.1671
交通事故（起）B24	0.640	0.1741
交通事故死亡人数（人）B25	0.801	0.2180
交通事故损失折算（万元）B26	0.846	0.2302
工业废水排放量（万吨）B31	0.645	0.2882
工业二氧化硫排放量（万吨）B32	0.977	0.4366
工业烟尘排放量（万吨）B33	0.616	0.2752
失业人数（万人）B41	0.795	0.3884
人身意外保险赔付（亿元）B42	0.633	0.3092
社会治安事件（次）B43	0.619	0.3024

4.5.2 目的地旅游安全度测算

依据前文确定的目的地旅游安全抵抗力和入侵度评价维度和指标权重系数，结合结构方程模型拟合检验后修正的指标体系，并使用标准化处理后数据，运用综合指数法测算目的地旅游安全度指数。在测算目的地旅游安全度指数之前，需分别测算目的地旅游安全抵抗力指数和入侵度指数，计算过程如下所示。

首先，分别计算目的地旅游安全抵抗力和入侵度各维度评价指标综合数据。使用各维度评价指标数据与其权重系数的乘积，得出目的地旅游安全抵抗力 8 个维度和目的地旅游安全入侵度 4 个维度的综合数据。计算公式如下所示。

$$S_i = \sum S_{ij} r_{ij} \tag{4.3}$$

$$S_{\text{抵抗力}}: i = 1,2,\cdots,8; j = 1,2,\cdots,7; S_{\text{入侵度}}: i = 1,2,\cdots,4; j = 1,2,\cdots,6$$

公式（4.3）中，S_{ij} 为路径系数为 s_{ij} 的标准化处理后的目的地旅游安全抵抗力（$S_{\text{抵抗力}}$）和入侵度（$S_{\text{入侵度}}$）指标数据，r_{ij} 为相应指标的权重系数，S_i 为 $S_{\text{抵抗力}}$ 和 $S_{\text{入侵度}}$ 各维度指数值。

其次，分别计算目的地旅游安全抵抗力和入侵度指数。使用各维度指数值与其权重系数乘积，得到目的地旅游安全抵抗力指数 $T_{\text{抵抗力}}$ 和目的地旅游安全入侵度指数值 $T_{\text{入侵度}}$。计算公式如下所示。

$$T = \sum_{i=1}^{n} S_i R_i \tag{4.4}$$

$$T_{\text{抵抗力}}: i = 1,2,\cdots,8; T_{\text{入侵度}}: i = 1,2,\cdots,4$$

R_i 为目的地旅游安全抵抗力和入侵度各维度权重系数。

最后，结合前文论述的目的地旅游安全度的理论内涵，采用目的地旅游安全抵抗力指数和目的地旅游安全入侵度指数，计算目的地旅游安全度指数。计算公式如下所示。

$$I_{\text{安全度}} = \frac{T_{\text{抵抗力}}}{T_{\text{入侵度}}} \tag{4.5}$$

$T_{\text{抵抗力}}$ 为目的地旅游安全抵抗力指数；$T_{\text{入侵度}}$ 为目的地旅游安全入侵度指数。

4.5.3 目的地旅游安全度等级划分

确定目的地旅游安全度阈值，划分目的地旅游安全度等级，是对目的地旅游安全度进行评价和预警的衡量标准。目的地旅游安全度等级能够准确地刻画出目的地旅游安全态势，也是实现目的地旅游安全动态监测和发布预警信号的标准和依据。目前，我国尚无以规范、统一的旅游安全度等级划分的国家标准和行业标准，甚至社会治安预警等级标准也暂缺，但是，学界和业界根据各自需要，从理论上和实践上制定了相关的安全等级。

社会实践中，从社会治安状况和突发事件的严重性，制定了相关的安全或预警等级。例如，美国国土安全部（*The Department of Homeland Security, DHS*）在"9·11"恐怖袭击之后启用了新的预警系统——国土安全咨询系统（*The Homeland Security Advisory System*，HSAS）来对包括恐怖袭击在内的突发公共事件进行预警。国土安全咨询系统将突发事件按其严重程度依次分为绿、蓝、黄、橙、红五级[186]。英国政府以事件发生的概率来确定预警信息的发布[186]。广东省佛山市用"绿、红、黑"三色分别表示其治安状况；上海将社会治安形势设定为"橙、红、蓝"三色预警等级；河北张家口市用"红、黄、绿"三色进行社会治安预警；云南曲靖市公安局将预警结果分为"正常、关注、紧急、严重"四个等级[186]。"社会治安动态预警研究"及"社会治安预警等级标准"课题组（2010），按照社会治安案件严重性和紧急程度，将社会治安状态预警等级分为特大警情、重大警情、较大警情、一般警情、没有警情五级[187]。《国家突发公共事件总体应急预案（2006）》依据突发公共事件可能造成的危害程度、紧急程度和发展势态，将预警级别划分为特别严重、严重、较重和一般四级①。

　　学者们多从理论上对社会安全状况和社会相关系统进行了研究，例如魏永忠和吴绍忠（2007）[188]，曾永泉（2011）[189]，徐成龙、程钰和任建兰（2014）[190]，杨俭波等（2007）[191]等依据评价结果也形成了较多的安全等级划分方法和标准。

　　安全等级或预警警度的划分方法主要有系统化方法、突变论方法、专家确定法等。由于系统化方法是根据各种并列的原则（多数原则、半数原则、均数原则、众数原则等）或标准来研究警限，然后综合各种研究结果，从而得出科学的结论[192]。因此，本书使用系统化的方法，结合评价数值特征及实际状况，在充分借鉴前人研究成果的基础上，按四等分法将目的地旅游安全抵抗力和入侵度指数划分为五个等级：（0～0.25]、（0.25～0.5]、（0.5～0.75]、（0.75～1]、（1，＋∞），具体等级标准如表4.25所示。

----

① 国家突发事件总体应急预案（2006）。

表 4.25　目的地旅游安全抵抗力指数和入侵度指数评价等级标准划分

等级	指数范围	抵抗力指数 表征状态	抵抗力指数 预警信号灯	入侵度指数 表征状态	入侵度指数 预警信号灯
I	(0~0.25]	重警 (恶劣状态)	红色灯	安全状态 (理想状态)	绿色灯
II	(0.25~0.5]	中警 (较差状态)	橙色灯	较安全状态 (良好状态)	蓝色灯
III	(0.5~0.75]	预警 (一般状态)	黄色灯	预警 (一般状态)	黄色灯
IV	(0.75~1]	较安全状态 (良好状态)	蓝色灯	中警 (较差状态)	橙色灯
V	(1, +∞)	安全状态 (理想状态)	绿色灯	重警 (恶劣状态)	红色灯

　　依据目的地旅游安全度指数的测算公式，结合目的地旅游安全抵抗力指数和旅游安全入侵度指数评价等级标准，以二者的极大值、极小值之商值为临界点，将目的地旅游安全度指数划分成五个等级，具体等级标准和释义如表 4.26 所示。

表 4.26　目的地旅游安全度指数评价等级标准划分

等级	指数范围	安全度指数 表征状态	安全度指数 等级释义	安全度指数 预警信号灯
I	(0~1.0]	重警 (恶劣状态)	目的地旅游安全抵抗力与入侵度接近，目的地旅游安全系统几近崩溃	红色灯
II	(1.0~1.3]	中警 (较差状态)	目的地旅游安全抵抗力略大于入侵度，但抵抗力与入侵度势均力敌，目的地旅游安全抵抗力需增强，入侵风险需控制	橙色灯
III	(1.3~2.0]	预警 (一般状态)	目的地旅游安全抵抗力大于入侵度，抵抗能力一般，安全状况一般；目的地旅游安全抵抗力需提升	黄色灯
IV	(2.0~4.0]	较安全状态 (良好状态)	目的地旅游安全抵抗力大于入侵度，安全状况较好，入侵风险需继续控制	蓝色灯
V	(4, +∞)	安全状态 (理想状态)	目的地旅游安全抵抗力远大于入侵度，安全状况理想，抵抗力能够完全抵御入侵风险	绿色灯

4.5.4　目的地旅游安全度评价结果

4.5.4.1　目的地旅游安全抵抗力评价

依据目的地旅游安全抵抗力的评价模型，目的地旅游安全抵抗力的结构层包括安全活力、安全结构和安全恢复力三方面主要内容，三方面内容共同影响，体现出目的地旅游安全抵抗力的强弱。

（1）目的地旅游安全活力分析

目的地的经济能力和安全投入是安全活力的动力源，经济能力的强弱和安全投入的高低是影响目的地旅游安全活力的决定性因素。按照目的地旅游安全抵抗力各维度的计算公式，测算出经济能力和安全投入的指数，将二者进行整合，得到全国 31 个城市 2003～2013 年旅游安全活力指数。为清楚地刻画目的地旅游安全活力发展态势，本书选择 2004 年、2007 年、2010 年、2013 年 4 个间隔的年度数据，表征全国 31 个城市目的地旅游安全活力状况，如图 4.5 所示。

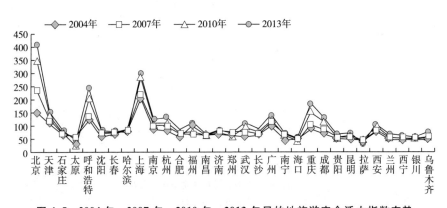

图 4.5　2004 年、2007 年、2010 年、2013 年目的地旅游安全活力指数态势

从图 4.5 可以看出，总体上，全国 31 个城市的旅游安全活力呈现增长态势。其中，北京、呼和浩特、上海、重庆、广州、西安 6 个城市的旅游安全活力增长显著，北京最具旅游安全活力，上海次之，呼和浩特的经济增长较快，旅游安全充满活力；重庆的安全投入增多，旅游安全也充满活力。其他城市目的地的经济增长和安全投入较为稳定，旅游安全活力未表现出较大波动。可见，目的地旅游安全依靠当地经济增长和公共安全投入，旅游安全是公共安全的组成部分，离不开社会经济和公共安全保障支撑。

（2）目的地旅游安全结构分析

"人—机—环—管"是维护系统稳定的四大结构要素。安全组织、安全设施、安全环境和安全管理则是维持目的地旅游安全系统稳定的四大结构要素。本章整合目的地旅游安全抵抗力的安全组织、安全设施、安全环境和安全管理四个维度指数，揭示目的地旅游安全结构状况。本章选取全国 31 个城市 2004 年、2007 年、2010 年、2013 年 4 个间隔的目的地旅游安全结构指数，表征目的地旅游安全抵抗力的结构态势，如图 4.6 所示。

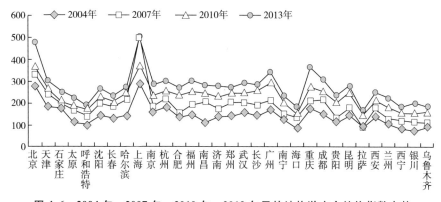

图 4.6　2004 年、2007 年、2010 年、2013 年目的地旅游安全结构指数态势

图 4.6 显示，总体上，全国 31 个城市目的地旅游安全结构指数呈增长态势，但城市间存在差异。北京、上海和重庆的旅游安全抵抗力结构指数凸显，与省会城市相比，直辖市的旅游安全结构指数明显较高。省会城市中，广州市旅游安全抵抗力指数较突出，杭州、合肥、福州、南昌、济南、郑州、武汉、长沙等市旅游安全抵抗力较接近，增长幅度稳定。上述城市的旅游安全组织、旅游安全设施、旅游安全环境和旅游安全管理的程度也在逐步完善和提升。而呼和浩特、海口、拉萨、西宁、银川及乌鲁木齐在 2004 年处于较低指数的情况下，2007 年、2010 年、2013 年则明显提升，这些城市也在逐步重视旅游安全管理。从旅游突发事件应急预案的制定或修订情况可以发现，海口市 2009 年对 2006 年制定的旅游突发公共

事件应急预案进行了修订，其他部分城市也在制定和修订旅游突发事件应
急预案。此外，近些年，旅游安全合作得到加强，城市间签订旅游安全与
应急合作协议，构建旅游安全协同治理架构。

（3）目的地旅游安全恢复力分析

紧急救援能力是最低限度降低和规避旅游突发事件所造成损失的有力
保证，善后重振能力是保障旅游系统继续稳定运行的支撑。紧急救援能力
和善后重振能力是体现旅游安全恢复力的指标。紧急救援能力和善后重振
能力越强，旅游安全恢复力越强。一旦遭遇旅游突发公共事件的影响，紧
急救援能力和善后重振能力越强的城市目的地，能尽快得到恢复。本章整
合紧急救援能力和善后重振能力两个维度指数，透视目的地旅游安全恢复
力状况。选取了 2004 年、2007 年、2010 年和 2013 年的全国 31 个城市目
的地旅游安全恢复力指数，表征目的地的旅游安全恢复力发展态势，如图
4.7 所示。

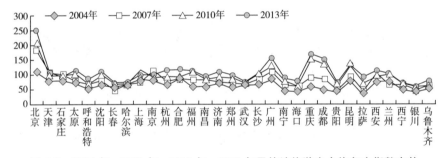

图 4.7   2004 年、2007 年、2010 年、2013 年目的地旅游安全恢复力指数态势

从图 4.7 不难发现，除天津、上海、南京等城市在个别年度的波动
外，整体上，城市目的地旅游安全恢复力逐渐增强。北京、广州、重庆、
昆明、西安恢复力明显高于其他城市，其中，北京居首位。从空间格局来
看，东部地区的旅游安全恢复力高于中部地区和西部地区，西部地区恢复
力较弱，但是，东部地区城市间的旅游安全恢复力存在差异，北京、广东
较高；中部地区的旅游安全恢复力较平稳；西部地区的旅游安全恢复力也
存在差异，昆明、西安高于西部其他城市，拉萨的旅游安全恢复力最低。
由此证明，经济越发达，善后重振能力越强；紧急救援能力越强的区域，
旅游安全抵抗力越强。

（4）目的地旅游安全抵抗力分析

使用目的地旅游安全抵抗力指数的计算公式，本章测算了 2003 ～ 2013 年全国 31 个城市目的地旅游安全抵抗力指数，如表 4.27 所示。

表 4.27 2003～2013 年全国 31 个城市目的地旅游安全抵抗力指数

城 市	2003 年	2004 年	2005 年	2006 年	2007 年	2008 年	2009 年	2010 年	2011 年	2012 年	2013 年
北京	0.524	0.539	0.807	0.669	0.754	0.884	0.842	0.932	1.023	1.088	1.145
天津	0.352	0.370	0.429	0.433	0.469	0.519	0.471	0.504	0.502	0.535	0.566
石家庄	0.314	0.325	0.323	0.324	0.372	0.406	0.358	0.386	0.372	0.393	0.428
太原	0.235	0.241	0.253	0.318	0.305	0.355	0.328	0.321	0.355	0.377	0.388
呼和浩特	0.327	0.277	1.101	0.307	0.346	0.382	0.340	0.449	0.478	0.485	0.519
沈阳	0.263	0.268	0.292	0.351	0.347	0.484	0.404	0.410	0.414	0.439	0.461
长春	0.249	0.254	0.311	0.260	0.303	0.344	0.371	0.355	0.357	0.358	0.385
哈尔滨	0.275	0.298	0.328	0.301	0.359	0.383	0.394	0.405	0.410	0.424	0.426
上海	0.524	0.575	0.596	0.580	0.797	0.809	0.847	0.781	0.922	0.765	0.905
南京	0.302	0.329	0.350	0.344	0.397	0.487	0.409	0.433	0.462	0.514	0.510
杭州	0.306	0.332	0.355	0.356	0.396	0.455	0.447	0.460	0.523	0.541	0.555
合肥	0.250	0.280	0.281	0.303	0.307	0.472	0.414	0.406	0.450	0.461	0.475
福州	0.327	0.310	0.297	0.308	0.344	0.401	0.412	0.444	0.477	0.482	0.530
南昌	0.243	0.238	0.258	0.300	0.354	0.411	0.395	0.394	0.416	0.438	0.445
济南	0.265	0.279	0.293	0.318	0.328	0.428	0.410	0.402	0.422	0.438	0.476
郑州	0.248	0.267	0.279	0.332	0.352	0.394	0.399	0.400	0.409	0.435	0.444
武汉	0.262	0.287	0.315	0.329	0.352	0.414	0.395	0.418	0.440	0.462	0.483
长沙	0.234	0.273	0.285	0.287	0.348	0.395	0.420	0.440	0.469	0.460	0.477
广州	0.326	0.355	0.370	0.389	0.436	0.509	0.501	0.549	0.576	0.641	0.650
南宁	0.219	0.216	0.251	0.272	0.283	0.333	0.338	0.352	0.378	0.368	0.391
海口	0.177	0.176	0.216	0.218	0.243	0.247	0.248	0.257	0.299	0.297	0.311
重庆	0.358	0.328	0.359	0.362	0.412	0.536	0.571	0.588	0.614	0.717	0.725
成都	0.269	0.269	0.327	0.361	0.391	0.499	0.450	0.508	0.508	0.546	0.593
贵阳	0.192	0.209	0.221	0.226	0.246	0.326	0.301	0.329	0.342	0.372	0.373
昆明	0.251	0.273	0.312	0.304	0.332	0.403	0.397	0.450	0.449	0.472	0.492
拉萨	0.153	0.177	0.172	0.151	0.178	0.249	0.236	0.256	0.241	0.261	0.291

续表

城　　市	2003 年	2004 年	2005 年	2006 年	2007 年	2008 年	2009 年	2010 年	2011 年	2012 年	2013 年
西安	0.253	0.296	0.325	0.329	0.365	0.377	0.403	0.410	0.425	0.451	0.474
兰州	0.216	0.233	0.243	0.242	0.248	0.299	0.332	0.341	0.372	0.391	0.400
西宁	0.174	0.181	0.189	0.210	0.237	0.263	0.284	0.278	0.298	0.303	0.318
银川	0.163	0.167	0.199	0.194	0.216	0.254	0.280	0.266	0.298	0.292	0.322
乌鲁木齐	0.174	0.194	0.203	0.210	0.236	0.259	0.269	0.280	0.287	0.327	0.345

为了更清楚地描述目的地旅游安全抵抗力发展动态，本章选择 2004 年、2007 年、2010 年和 2013 年的全国 31 个城市目的地旅游安全抵抗力指数，绘制目的地旅游安全抵抗力指数态势图，如图 4.8 所示。

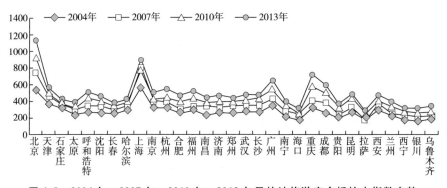

图 4.8   2004 年、2007 年、2010 年、2013 年目的地旅游安全抵抗力指数态势

整体上，全国 31 个城市目的地旅游安全抵抗力呈增长态势。北京、上海、重庆、成都、广州、昆明、西安旅游安全抵抗力较突出，北京作为首都，经济、政治中心和旅游热点目的地，旅游安全抵抗力最高；上海作为金融中心和旅游热点目的地，旅游安全抵抗力也较高；随着重庆近些年公共安全投入的增加，旅游安全抵抗力也显见增强；广州市的经济实力、社会保障、旅游安全管理等方面的努力，也显示了较强的旅游安全抵抗力。中部地区的合肥、南昌、济南、郑州、武汉、长沙 6 个城市的旅游安全抵抗力虽稳步增强，但抵抗力还具有增长空间。处于西部地区的拉萨、兰州、西宁、银川和乌鲁木齐的旅游安全抵抗力虽也在提升，但依然脆弱，亟待增强。

4.5.4.2 目的地旅游安全入侵度评价

（1）目的地旅游安全自然环境风险入侵分析

自然灾害等不可抗力的因素是目的地旅游系统难以规避的自然环境风险，自然灾害风险的入侵严重影响了目的地旅游系统的安全、稳定。目的地旅游安全的自然灾害风险入侵主要包括目的地发生的地震、暴雨、台风、洪灾、泥石流、滑坡、塌方等自然灾害。本章通过目的地自然灾害发生数和自然灾害损失两个指标，透视目的地旅游安全入侵风险程度，并运用两个指标的历时性数据，测算目的地旅游安全入侵度指数。为了清晰地描述目的地旅游安全自然环境风险入侵度状态，选择 2004 年、2007 年、2010 年和 2013 年的全国 31 个城市目的地旅游安全自然环境风险入侵指数，刻画目的地旅游安全自然环境风险入侵的态势，如图 4.9 所示。

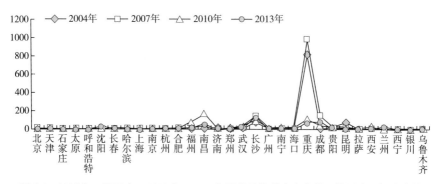

图 4.9　2004 年、2007 年、2010 年、2013 年目的地旅游安全自然环境风险入侵度态势

图 4.9 显示，整体上看，2003～2013 年全国 31 个城市目的地旅游安全自然环境风险入侵大部分威胁较小，但福州、南昌、长沙、重庆、成都、昆明等较为突出。2010 年南昌市的自然环境风险入侵度突出，雷电、暴雨等自然灾害给南昌市造成了损失，长沙市自然灾害连续几年发生数较多，自然环境风险入侵较大。重庆、成都的地质灾害频发，灾害损失惨重，入侵风险巨大。云南昆明的自然灾害也较多，入侵风险较为突出。由此可见，目的地旅游安全自然环境风险入侵受到目的地所在区域的区位、纬度、地形、地貌、气候、环境等自然因素影响较多，而且特征显著。东部沿海地区的台风灾害、城市暴雨洪灾等，中部地区的炎热气候、洪灾及山体地质地貌灾害，以及西部地区的地质灾害这些由先天的区位特征等自

然因素导致的自然灾害风险是目的地难以规避的风险。

（2）目的地旅游安全社会环境风险入侵分析

目的地旅游系统内部运行过程中，因系统要素的错位、社会结构的混乱及人为干扰等因素，导致的系统故障给目的地旅游系统增加了社会环境风险。目的地旅游系统社会环境风险具体表征为事故灾难、公共卫生事件、社会安全事件三大类突发事件。三大类旅游突发事件给目的地旅游系统造成了极大影响，本章以 2003～2013 年历时性的统计数据测算，全国 31 个城市目的地旅游系统社会环境突发事件的风险较大，不容忽视。图 4.10 刻画了 2004 年、2007 年、2010 年和 2013 年的全国 31 个城市目的地旅游安全社会环境风险入侵指数态势。

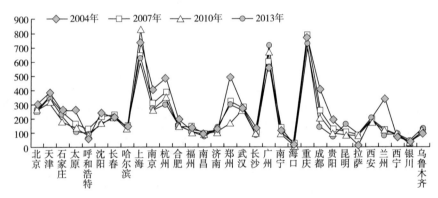

图 4.10　2004 年、2007 年、2010 年、2013 年目的地旅游安全社会环境风险入侵度态势

从图 4.10 可清楚地看出，2004 年、2007 年、2010 年和 2013 年全国 31 个城市整体上存在显著差异，上海、广州、重庆三个城市四年的旅游安全社会环境风险入侵均十分突出，风险巨大。海口的旅游安全社会环境风险入侵指数最低，风险较小。从时间上看，总体上，全国 31 个城市旅游安全社会环境风险入侵度呈逐渐减少态势，天津、杭州、郑州等城市存在波动起伏。从空间上看，全国 31 个城市旅游安全社会环境风险入侵呈现出一定的规律性，经济较发达或人口流动性大的大型城市，如天津、上海、杭州、郑州、广州、重庆及兰州等，社会环境风险较大，旅游突发事件较多，易发生火灾、交通事故等事故灾难，空气污染等公共卫生事件，以及斗殴、盗窃、欺诈等社会治安问题。

（3）目的地旅游安全入侵度分析

使用目的地旅游安全入侵度指数的计算公式，本章测算了 2003 ～ 2013 年全国 31 个城市目的地旅游安全入侵度指数，如表 4.28 所示。

表 4.28　2003～2013 年全国 31 个城市目的地旅游安全入侵度指数

城　市	2003 年	2004 年	2005 年	2006 年	2007 年	2008 年	2009 年	2010 年	2011 年	2012 年	2013 年
北京	0.289	0.305	0.295	0.299	0.257	0.312	0.284	0.269	0.267	0.247	0.255
天津	0.304	0.386	0.359	0.387	0.343	0.334	0.323	0.319	0.332	0.406	0.355
石家庄	0.161	0.263	0.267	0.251	0.255	0.245	0.192	0.18	0.177	0.27	0.218
太原	0.171	0.264	0.207	0.176	0.168	0.163	0.139	0.136	0.128	0.142	0.114
呼和浩特	0.122	0.062	0.11	0.149	0.127	0.08	0.098	0.092	0.093	0.119	0.102
沈阳	0.262	0.246	0.213	0.239	0.217	0.207	0.18	0.179	0.181	0.249	0.197
长春	0.226	0.221	0.213	0.219	0.220	0.217	0.207	0.233	0.224	0.243	0.23
哈尔滨	0.174	0.15	0.099	0.154	0.153	0.143	0.139	0.136	0.126	0.159	0.138
上海	0.737	0.738	0.652	0.658	0.642	0.725	0.779	0.834	0.904	0.912	0.608
南京	0.317	0.405	0.387	0.363	0.318	0.290	0.410	0.268	0.260	0.269	0.264
杭州	0.436	0.489	0.407	0.422	0.388	0.366	0.353	0.364	0.35	0.291	0.32
合肥	0.229	0.203	0.297	0.146	0.15	0.145	0.145	0.154	0.167	0.216	0.161
福州	0.170	0.122	0.243	0.291	0.168	0.134	0.124	0.192	0.114	0.129	0.128
南昌	0.140	0.103	0.101	0.176	0.119	0.105	0.091	0.272	0.097	0.104	0.14
济南	0.148	0.114	0.115	0.119	0.12	0.113	0.106	0.111	0.108	0.199	0.137
郑州	0.52	0.493	0.215	0.255	0.325	0.274	0.22	0.181	0.248	0.28	0.301
武汉	0.252	0.288	0.285	0.263	0.291	0.277	0.305	0.295	0.256	0.254	0.276
长沙	0.188	0.206	0.145	1.620	0.260	0.220	0.200	0.204	0.267	0.164	0.225
广州	0.574	0.568	0.754	0.753	0.595	0.593	0.574	0.69	0.759	0.741	0.726
南宁	0.12	0.127	0.126	0.161	0.138	0.131	0.111	0.125	0.112	0.103	0.116
海口	0.115	0.033	0.04	0.021	0.023	0.021	0.020	0.015	0.014	0.012	0.029
重庆	1.17	1.57	0.974	0.922	1.780	1.320	1.070	0.809	0.709	0.891	0.808
成都	0.264	0.414	0.434	0.381	0.410	0.344	0.231	0.26	0.217	0.234	0.224
贵阳	0.137	0.195	0.215	0.200	0.142	0.128	0.105	0.114	0.097	0.106	0.085
昆明	0.146	0.170	0.108	0.121	0.130	0.130	0.101	0.106	0.098	0.278	0.165
拉萨	0.082	0.018	0.086	0.085	0.087	0.088	0.098	0.091	0.088	0.091	0.103

续表

城　　市	2003 年	2004 年	2005 年	2006 年	2007 年	2008 年	2009 年	2010 年	2011 年	2012 年	2013 年
西安	0.236	0.191	0.215	0.206	0.209	0.196	0.196	0.209	0.201	0.233	0.213
兰州	0.252	0.339	0.114	0.122	0.122	0.267	0.114	0.127	0.136	0.181	0.115
西宁	0.096	0.071	0.074	0.088	0.085	0.081	0.083	0.091	0.086	0.102	0.093
银川	0.080	0.025	0.027	0.026	0.029	0.035	0.038	0.038	0.044	0.083	0.051
乌鲁木齐	0.100	0.097	0.101	0.104	0.122	0.124	0.113	0.124	0.108	0.153	0.138

　　为了更清楚地描述目的地旅游安全入侵度发展动态，本章选择 2004年、2007 年、2010 年和 2013 年的全国 31 个城市目的地旅游安全入侵度指数，绘制目的地旅游安全入侵度指数态势，如图 4.11 所示。

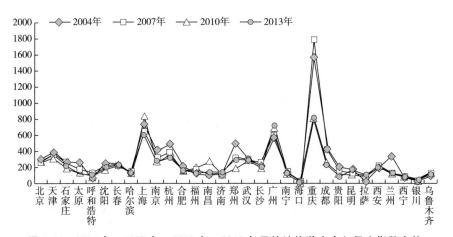

图 4.11　2004 年、2007 年、2010 年、2013 年目的地旅游安全入侵度指数态势

　　整体上看，全国 31 个城市目的地旅游安全入侵度态势差异显著。四年中，上海、郑州、广州、重庆、兰州等城市的旅游安全风险入侵度较大，重庆居首位。从时间上看，四年中，全国 31 个城市中的大部分城市旅游安全风险入侵度存在波动，尚未表现出明显地减少或增加态势。从空间上看，城市的经济发展与风险并存。天津、上海、广州、兰州、重庆等城市的旅游风险入侵较大，但重庆、上海等城市的风险呈降低趋势。

4.5.4.3　目的地旅游安全度指数评价

　　为了更全面地评价目的地旅游安全状况，并进行比较，本章依据前文建构的涵盖目的地旅游安全抵抗力和旅游安全入侵度两个维度的评价模型，测算目的地旅游安全度指数。选择 2003～2013 年历时性数据，客观反映全国 31 个城市目的地旅游安全度状况，测算结果如表 4.29 所示。

表 4.29　2003～2013 年全国 31 个城市目的地旅游安全度指数

城　市	2003 年	2004 年	2005 年	2006 年	2007 年	2008 年	2009 年	2010 年	2011 年	2012 年	2013 年
北京	1.812	1.765	2.736	2.236	2.933	2.833	2.965	3.464	3.832	4.404	4.490
天津	1.159	0.96	1.194	1.120	1.367	1.553	1.458	1.580	1.511	1.318	1.594
石家庄	1.948	1.237	1.208	1.290	1.459	1.655	1.865	2.144	2.104	1.457	1.965
太原	1.372	0.915	1.221	1.805	1.815	2.177	2.361	2.362	2.770	2.653	3.405
呼和浩特	2.681	4.466	10.007	2.062	2.725	4.762	3.475	4.906	5.138	4.072	5.092
沈阳	1.002	1.088	1.370	1.469	1.597	2.339	2.242	2.292	2.285	1.762	2.342
长春	1.102	1.151	1.462	1.189	1.379	1.585	1.793	1.524	1.594	1.471	1.672
哈尔滨	1.581	1.987	3.322	1.953	2.348	2.675	2.836	2.979	3.257	2.666	3.083
上海	0.712	0.779	0.914	0.881	1.242	1.116	1.087	0.936	1.020	0.839	1.489
南京	0.952	0.812	0.903	0.947	1.249	1.679	0.998	1.617	1.778	1.91	1.931
杭州	0.701	0.679	0.872	0.843	1.019	1.243	1.268	1.265	1.495	1.857	1.733
合肥	1.089	1.379	0.947	2.074	2.049	3.253	2.858	2.633	2.695	2.134	2.952
福州	1.925	2.540	1.222	1.058	2.045	2.989	3.322	2.314	4.186	3.738	4.141
南昌	1.738	2.310	2.550	1.703	2.978	3.917	4.345	1.448	4.299	4.216	3.178
济南	1.791	2.446	2.545	2.669	2.734	3.787	3.870	3.622	3.910	2.203	3.476
郑州	0.476	0.542	1.297	1.301	1.082	1.437	1.815	2.208	1.651	1.555	1.475
武汉	1.039	0.997	1.106	1.251	1.209	1.493	1.295	1.418	1.72	1.820	1.750
长沙	1.246	1.325	1.966	0.177	1.337	1.794	2.100	2.159	1.756	2.806	2.119
广州	0.567	0.626	0.490	0.517	0.733	0.858	0.872	0.796	0.758	0.865	0.895
南宁	1.821	1.697	1.990	1.690	2.048	2.540	3.047	2.812	3.371	3.571	3.368
海口	1.537	5.378	5.421	10.204	10.803	11.996	12.356	17.107	21.63	24.301	10.879
重庆	0.306	0.209	0.369	0.393	0.231	0.406	0.534	0.727	0.866	0.805	0.897
成都	1.018	0.649	0.753	0.947	0.954	1.450	1.948	1.954	2.341	2.331	2.649
贵阳	1.404	1.072	1.027	1.129	1.730	2.547	2.863	2.889	3.536	3.509	4.409
昆明	1.719	1.608	2.888	2.509	2.556	3.097	3.930	4.246	4.579	1.699	2.983
拉萨	1.876	10.046	1.989	1.770	2.041	2.833	2.407	2.81	2.746	2.869	2.821
西安	1.070	1.549	1.510	1.597	1.747	1.921	2.054	1.963	2.114	1.936	2.224

城　　市	2003 年	2004 年	2005 年	2006 年	2007 年	2008 年	2009 年	2010 年	2011 年	2012 年	2013 年
兰州	0.856	0.688	2.129	1.984	2.033	1.119	2.914	2.682	2.735	2.158	3.475
西宁	1.819	2.563	2.553	2.388	2.793	3.243	3.434	3.057	3.471	2.969	3.414
银川	2.037	6.628	7.260	7.420	7.518	7.352	7.466	7.048	6.735	3.540	6.364
乌鲁木齐	1.740	2.007	2.010	2.022	1.932	2.092	2.378	2.259	2.655	2.139	2.501

为了清晰地反映目的地旅游安全态势，本章选择了 2004 年、2007 年、2010 年和 2013 年的全国 31 个城市目的地旅游安全度指数，绘制目的地旅游安全度态势图，如图 4.12 所示。

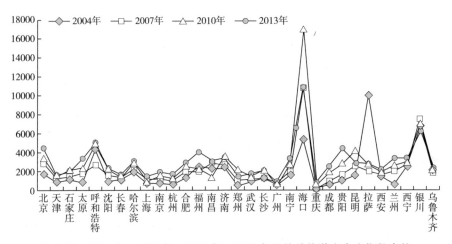

图 4.12　2004 年、2007 年、2010 年、2013 年目的地旅游安全度指数态势

从态势图可以发现，从整体上看，四年间，全国 31 个城市目的地旅游安全度差异显著，海口的旅游安全度指数最高，重庆的旅游安全度指数为最低。从时间上看，四年中，全国 31 个城市中，大部分城市旅游安全度表现出增长态势，但海口波动较大，2013 年的旅游安全度指数低于 2010 年的旅游安全度指数；拉萨的旅游安全度指数呈减少的波动态势。从空间上看，东部地区、中部地区和西部地区尚未表现出明显的规律性。但不难发现，经济发达的城市或抵抗力越强的城市，如风险入侵度越强，旅游安全度依然较低，如天津、上海、广州、郑州四年间旅游安全度指数总体表现较低。由此证明，维持目的地旅游安全维度，既需要增强旅游系统安全抵抗力，也需要遏制旅游系统的风险入侵隐患，最大限度减少旅游安全风险入侵威胁。

4.5.5　目的地旅游安全度指数预警

"凡事预则立，不预则废"。旅游安全预警的目的是通过客观评价，发现预警信息，警示采取措施，最大限度规避或减少潜在风险造成的损失。

4.5.5.1　目的地旅游安全度预测

目的地旅游安全度由旅游安全抵抗力和旅游安全入侵度决定，而旅游安全抵抗力子系统受旅游安全活力、结构和恢复力三个结构层面影响，由经济能力、安全投入、安全组织、安全设施、安全环境、安全管理、紧急救援能力和善后重振能力八个相关维度共同构成；旅游安全入侵度则由旅游安全自然环境风险入侵和社会环境风险入侵两个结构层面的自然灾害、事故灾难、公共卫生和社会安全四个相关维度共同构成。每个维度通过若干指标体现和测度，因此，各个维度和各个指标对子系统及旅游安全度的影响程度各不相同，为了分析其影响的差异程度，并进一步验证目的地旅游安全度评价指标体系的有效性和适用性，本章使用 *Pearson* 相关性分析进行验证。

（1）目的地旅游安全评价指标体系的相关性验证

依据目的地旅游安全活力指数与各评价指标的相关性分析，可以发现目的地旅游安全活力指数与五个观测指标均存在正相关关系，但彼此之间的影响程度不同。

表 4.30　目的地旅游安全活力指数与评价指标的相关性验证

项　目		A11	A12	A21	A22	A23	活力
A11	Pearson 相关性	1	0.171**	−0.262**	0.053	−0.240**	0.056
	显著性（双侧）		0.002	0.000	0.326	0.000	0.306
	N	341	341	341	341	336	341
A12	Pearson 相关性	0.171**	1	0.001	0.030	0.008	0.651**
	显著性（双侧）	0.002		0.980	0.577	0.883	0.000
	N	341	341	341	341	336	341

项　目		A11	A12	A21	A22	A23	活力
A21	Pearson 相关性	− 0. 262 **	0. 001	1	− 0. 087	0. 894 **	0. 682 **
	显著性（双侧）	0. 000	0. 980		0. 108	0. 000	0. 000
	N	341	341	341	341	336	341
A22	Pearson 相关性	0. 053	0. 030	− 0. 087	1	− 0. 062	0. 237 **
	显著性（双侧）	0. 326	0. 577	0. 108		0. 254	0. 000
	N	341	341	341	341	336	341
A23	Pearson 相关性	− 0. 240 **	0. 008	0. 894 **	− 0. 062	1	0. 680 **
	显著性（双侧）	0. 000	0. 883	0. 000	0. 254		0. 000
	N	336	336	336	336	336	336
活力	Pearson 相关性	0. 056	0. 651 **	0. 682 **	0. 237 **	0. 680 **	1
	显著性（双侧）	0. 306	0. 000	0. 000	0. 000	0. 000	
	N	341	341	341	341	336	341

注：** 在 0. 01 水平（双侧）上显著相关。

A11：人均地区生产总值；A12：地区生产总值增长率；A21：自然灾害防治投资；A22：公共安全投入；A23：人身意外保险保费投入。

从表 4.30 中可知，目的地旅游安全活力与地区生产总值增长率、自然灾害防治投资、人身意外保险保费投入影响呈显著相关性，相关系数 $r > 0.6$；与公共安全投入的相关性不高，相关性在 0.01 水平上显著，相关系数 $r = 0.237$；与人均地区生产总值相关微弱，同时相关性在 0.01 水平上不显著。说明目的地旅游安全活力受地区生产总值增长率、自然灾害防治投资、人身意外保险保费收入影响较大，但也需要公共安全投入和人均地区生产总值的增长率贡献。

通过对目的地旅游安全结构指数与其观测指标的相关性分析可以看出，目的地旅游安全结构与其观测指标均呈显著正相关关系，其中与 A53 医院卫生院床位数的相关系数 $r = 0.805$；与 A31 医院卫生机构的相关系数 $r = 0.574$；与 A32 旅游安全管理机构协调部门的相关系数 $r = 0.559$；与 A33 旅游突发事件相关应急组织的相关系数 $r = 0.503$；与 A34 旅游安全管理相关机构的相关系数 $r = 0.643$；与 A41 旅游安全教育和培训次数的相关系数 $r = 0.613$；与 A42 旅游安全管理制度与预案数量的相关系数 $r = 0.608$；与 A43 旅游安全监督检查次数的相关系数 $r = 0.715$；与 A44 旅游

表 4.31　目的地旅游安全结构指数与评价指标的相关性验证

		A31	A32	A33	A34	A41	A42	A43	A44	A51	A52	A53	A54	A61	A62	A65	A67	结构
A31	Pearson 相关性	1	0.481**	0.560**	0.240**	0.327**	0.563**	0.502**	0.434**	0.140**	0.076	0.282**	0.164**	0.408**	0.140*	0.337**	0.215**	0.574**
	显著性（双侧）		0.000	0.000	0.000	0.000	0.000	0.000	0.000	0.009	0.164	0.000	0.002	0.000	0.010	0.000	0.000	0.000
	N	341	341	341	341	341	341	341	341	341	341	341	341	341	341	341	341	341
A32	Pearson 相关性	0.481**	1	0.486**	0.463**	0.301**	0.456**	0.388**	0.308**	0.150**	0.069	0.334**	0.136*	0.202**	0.051	0.152**	0.131*	0.559**
	显著性（双侧）	0.000		0.000	0.000	0.000	0.000	0.000	0.000	0.005	0.201	0.000	0.012	0.000	0.345	0.005	0.015	0.000
	N	341		341	341	341	341	341	341	341	341	341	341	341	341	341	341	341
A33	Pearson 相关性	0.560**	0.486**	1	0.290**	0.311**	0.429**	0.311**	0.300**	0.045	−0.015	0.234**	0.101	0.222**	0.209**	0.389**	0.155**	0.503**
	显著性（双侧）	0.000	0.000		0.000	0.000	0.000	0.000	0.000	0.408	0.787	0.000	0.063	0.000	0.000	0.000	0.004	0.000
	N	341	341		341	341	341	341	341	341	341	341	341	341	341	341	341	341
A34	Pearson 相关性	0.240**	0.463**	0.290**	1	0.337**	0.248**	0.370**	0.321**	0.349**	0.307**	0.711**	0.338**	0.016	0.118*	−0.070	0.081	0.643**
	显著性（双侧）	0.000	0.000	0.000		0.000	0.000	0.000	0.000	0.000	0.000	0.000	0.000	0.768	0.029	0.199	0.136	0.000
	N	341	341	341		341	341	341	341	341	341	341	341	341	341	341	341	341
A41	Pearson 相关性	0.327**	0.301**	0.311**	0.337**	1	0.317**	0.520**	0.537**	0.217**	0.138*	0.371**	0.234**	0.240**	0.194**	0.220**	0.153**	0.613**
	显著性（双侧）	0.000	0.000	0.000	0.000		0.000	0.000	0.000	0.000	0.010	0.000	0.000	0.000	0.000	0.000	0.005	0.000
	N	341	341	341	341		341	341	341	341	341	341	341	341	341	341	341	341
A42	Pearson 相关性	0.563**	0.456**	0.429**	0.248**	0.317**	1	0.471**	0.538**	0.131*	0.150*	0.313**	0.219**	0.197**	0.205**	0.149**	0.080	0.608**
	显著性（双侧）	0.000	0.000	0.000	0.000	0.000		0.000	0.000	0.016	0.006	0.000	0.000	0.000	0.000	0.006	0.141	0.000
	N	341	341	341	341	341		341	341	341	341	341	341	341	341	341	341	341

续表

		A31	A32	A33	A34	A41	A42	A43	A44	A51	A52	A53	A54	A61	A62	A65	A67	结构
A43	Pearson 相关性	0.502**	0.388**	0.311**	0.370**	0.520**	0.471**	1	0.725**	0.250**	0.267**	0.432**	0.281**	0.206**	0.110*	0.094	0.209**	0.715**
	显著性（双侧）	0.000	0.000	0.000	0.000	0.000	0.000		0.000	0.000	0.000	0.000	0.000	0.000	0.043	0.084	0.000	0.000
	N	341	341	341	341	341	341	341	341	341	341	341	341	341	341	341	341	341
A44	Pearson 相关性	0.434**	0.308**	0.300**	0.321**	0.537**	0.538**	0.725**	1	0.188**	0.202**	0.386**	0.203**	0.274**	0.205**	0.061	0.092	0.676**
	显著性（双侧）	0.000	0.000	0.000	0.000	0.000	0.000	0.000		0.000	0.000	0.000	0.000	0.000	0.000	0.262	0.089	0.000
	N	341	341	341	341	341	341	341	341	341	341	341	341	341	341	341	341	341
A51	Pearson 相关性	0.140**	0.150**	0.045	0.349**	0.217**	0.131*	0.250**	0.188**	1	0.546**	0.628**	0.352**	0.005	−0.140**	−0.044	0.107*	0.615**
	显著性（双侧）	0.009	0.005	0.408	0.000	0.000	0.016	0.000	0.000		0.000	0.000	0.000	0.930	0.009	0.417	0.048	0.000
	N	341	341	341	341	341	341	341	341	341	341	341	341	341	341	341	341	341
A52	Pearson 相关性	0.076	0.069	−0.015	0.307**	0.138*	0.150**	0.267**	0.202**	0.546**	1	0.488**	0.278**	0.026	−0.157**	−0.161**	0.072	0.460**
	显著性（双侧）	0.164	0.201	0.787	0.000	0.010	0.006	0.000	0.000	0.000		0.000	0.000	0.631	0.004	0.003	0.186	0.000
	N	341	341	341	341	341	341	341	341	341	341	341	341	341	341	341	341	341
A53	Pearson 相关性	0.282**	0.334**	0.234**	0.711**	0.371**	0.313**	0.432**	0.386**	0.628**	0.488**	1	0.532**	−0.072	0.014	−0.124**	0.159**	0.805**
	显著性（双侧）	0.000	0.000	0.000	0.000	0.000	0.000	0.000	0.000	0.000	0.000		0.000	0.187	0.800	0.022	0.003	0.000
	N	341	341	341	341	341	341	341	341	341	341	341	341	341	341	341	341	341
A54	Pearson 相关性	0.164**	0.136*	0.101	0.338**	0.234**	0.219**	0.281**	0.203**	0.352**	0.278**	0.532**	1	−0.040	−0.049	−0.020	0.074	0.579**
	显著性（双侧）	0.002	0.012	0.063	0.000	0.000	0.000	0.000	0.000	0.000	0.000	0.000		0.465	0.364	0.711	0.173	0.000
	N	341	341	341	341	341	341	341	341	341	341	341	341	341	341	341	341	341

续表

		A31	A32	A33	A34	A41	A42	A43	A44	A51	A52	A53	A54	A61	A62	A65	A67	结构
A61	Pearson 相关性	0.408**	0.202**	0.222**	0.016	0.240**	0.197**	0.206**	0.274**	0.005	0.026	-0.072	-0.040	1	-0.070	0.212**	0.340**	0.193**
	显著性（双侧）	0.000	0.000	0.000	0.768	0.000	0.000	0.000	0.000	0.930	0.631	0.187	0.465		0.200	0.000	0.000	0.000
	N	341	341	341	341	341	341	341	341	341	341	341	341	341	341	341	341	341
A62	Pearson 相关性	0.140**	0.051	0.209**	0.118*	0.194**	0.205**	0.110*	0.205**	-0.140**	-0.157**	0.014	-0.049	-0.070	1	0.450**	0.224**	0.153**
	显著性（双侧）	0.010	0.345	0.000	0.029	0.000	0.000	0.043	0.000	0.009	0.004	0.800	0.364	0.200		0.000	0.000	0.005
	N	341	341	341	341	341	341	341	341	341	341	341	341	341	341	341	341	341
A65	Pearson 相关性	0.337**	0.152**	0.389**	-0.070	0.220**	0.149**	0.094	0.061	-0.044	-0.161**	-0.124*	-0.020	0.212**	0.450**	1	0.123*	0.139*
	显著性（双侧）	0.000	0.005	0.000	0.199	0.000	0.006	0.084	0.262	0.417	0.003	0.022	0.711	0.000	0.000		0.023	0.010
	N	341	341	341	341	341	341	341	341	341	341	341	341	341	341	341	341	341
A67	Pearson 相关性	0.215**	0.131*	0.155**	0.081	0.153**	0.080	0.209**	0.092	0.107*	0.072	0.159**	0.074	0.340**	0.224**	0.123*	1	0.226**
	显著性（双侧）	0.000	0.015	0.004	0.136	0.005	0.141	0.000	0.089	0.048	0.186	0.003	0.173	0.000	0.000	0.023		0.000
	N	341	341	341	341	341	341	341	341	341	341	341	341	341	341	341	341	341
结构	Pearson 相关性	0.574**	0.559**	0.503**	0.643**	0.613**	0.608**	0.715**	0.676**	0.615**	0.460**	0.805**	0.579**	0.193**	0.153**	0.139*	0.226**	1
	显著性（双侧）	0.000	0.000	0.000	0.000	0.000	0.000	0.000	0.000	0.000	0.000	0.000	0.000	0.000	0.005	0.010	0.000	
	N	341	341	341	341	341	341	341	341	341	341	341	341	341	341	341	341	341

注：** 在 0.01 水平（双侧）上显著相关。
* 在 0.05 水平（双侧）上显著相关。
A31：医院卫生机构；A32：旅游安全管理机构部门；A33：旅游突发事件相关应急组织；A34：旅游安全管理相关机构；A41：旅游安全教育和培训次数；A42：旅游安全管理制度与预案数量；A43：旅游安全监督检查次数；A44：旅游安全与预警信息发布数；A51：自然灾害防治项目数；A52：森林覆盖率；A53：医院卫生院床位数；A54：国际互联网用户数量；A61：人均城市道路面积；A62：空气质量达到二级以上天数占全年比重；A65：A67：工业固体废物综合利用率。

安全与预警信息发布数的相关性系数 $r = 0.676$；与 A51 自然灾害防治项目数的相关系数 $r = 0.615$；与 A54 国际互联网用户数量的相关系数 $r = 0.579$；旅游安全结构与上述指标的相关性较大，表明上述指标对旅游安全结构的贡献较大。

而与 A52 灾害监测台数的相关系数 $r = 0.460$；与 A61 人均城市道路面积的相关系数 $r = 0.193$；与 A62 森林覆盖率的相关系数 $r = 0.153$；与 A65 空气质量达到二级以上天数占全年比重的相关系数 $r = 0.139$；与 A67 工业固体废物综合利用率的相关系数 $r = 0.226$。与上述指标的相关性较小，但在 0.01 和 0.05 水平上呈显著相关。

表 4.32　目的地旅游安全恢复力指数与评价指标的相关性验证

	项　目	A71	A72	A73	A81	A82	A83	A84	恢复力
A71	Pearson 相关性	1	0.404 **	0.393 **	0.176 **	0.111 *	− 0.098	0.116 *	0.253 **
	显著性（双侧）		0.000	0.000	0.001	0.041	0.071	0.032	0.000
	N	341	341	341	341	341	341	341	341
A72	Pearson 相关性	0.404 **	1	0.578 **	0.122 *	0.265 **	0.027	0.135 *	0.379 **
	显著性（双侧）	0.000		0.000	0.024	0.000	0.615	0.012	0.000
	N	341	341	341	341	341	341	341	341
A73	Pearson 相关性	0.393 **	0.578 **	1	0.163 **	0.326 **	− 0.030	0.133 *	0.370 **
	显著性（双侧）	0.000	0.000		0.003	0.000	0.576	0.014	0.000
	N	341	341	341	341	341	341	341	341
A81	Pearson 相关性	0.176 **	0.122 *	0.163 **	1	0.303 **	0.501 **	0.386 **	0.746 **
	显著性（双侧）	0.001	0.024	0.003		0.000	0.000	0.000	0.000
	N	341	341	341	341	341	341	341	341
A82	Pearson 相关性	0.111 *	0.265 **	0.326 **	0.303 **	1	0.223 **	0.170 **	0.420 **
	显著性（双侧）	0.041	0.000	0.000	0.000		0.000	0.002	0.000
	N	341	341	341	341	341	341	341	341
A83	Pearson 相关性	− 0.098	0.027	− 0.030	0.501 **	0.223 **	1	0.419 **	0.752 **
	显著性（双侧）	0.071	0.615	0.576	0.000	0.000		0.000	0.000
	N	341	341	341	341	341	341	341	341
A84	Pearson 相关性	0.116 *	0.135 *	0.133 *	0.386 **	0.170 **	0.419 **	1	0.750 **
	显著性（双侧）	0.032	0.012	0.014	0.000	0.002	0.000		0.000
	N	341	341	341	341	341	341	341	341

续表

项　　目		A71	A72	A73	A81	A82	A83	A84	恢复力
恢复力	Pearson 相关性	0.253**	0.379**	0.370**	0.746**	0.420**	0.752**	0.750**	1
	显著性（双侧）	0.000	0.000	0.000	0.000	0.000	0.000	0.000	
	N	341	341	341	341	341	341	341	341

注：** 在 0.01 水平（双侧）上显著相关。

* 在 0.05 水平（双侧）上显著相关。

A71：旅游安全事件应急响应速度；A72：旅游救援机构数量；A73：应急救灾物资保障；A81：旅游保险覆盖率；A82：社会救助人数；A83：旅游安全事件修复能力；A84：社会保障增加额。

从表 4.32 的目的地旅游安全恢复力指数与观测指标的相关性分析可以看出，目的地旅游安全恢复力与 A81 旅游保险覆盖率 $r=0.747$；与 A83 旅游安全事件修复能力的相关系数 $r=0.752$；与 A84 社会保障增加额的相关系数 $r=0.750$；与上述三个指标的相关性较大，且在 0.01 水平上呈显著相关，表明上述三个指标对目的地旅游安全恢复力作用较大。

目的地旅游安全恢复力指数与 A71 旅游安全事件应急响应速度的相关系数 $r=0.253$、与 A72 旅游救援机构数量的相关系数 $r=0.379$、与 A73 应急救灾物资保障的相关系数 $r=0.370$、与 A82 社会救助人数的相关系数 $r=0.420$，说明目的地旅游安全恢复力与上述四个指标的相关性较低，但在 0.01 水平上呈显著的正向相关。

表 4.33　目的地旅游安全抵抗力指数与各维度的相关性验证

项　　目		经济能力	安全投入	安全组织	安全管理	安全设施	安全环境	紧急救援能力	善后重振能力	抵抗力指数
经济能力	Pearson 相关性	1	-0.032	-0.020	-0.027	-0.038	-0.039	-0.041	-0.006	0.257**
	显著性（双侧）		0.558	0.712	0.621	0.489	0.468	0.451	0.908	0.000
	N	341	341	341	341	341	341	341	341	341
安全投入	Pearson 相关性	-0.032	1	0.308**	0.492**	0.782**	-0.053	0.626**	0.200**	0.845**
	显著性（双侧）	0.558		0.000	0.000	0.000	0.331	0.000	0.000	0.000
	N	341	341	341	341	341	341	341	341	341
安全组织	Pearson 相关性	-0.020	0.308**	1	0.566**	0.316**	0.284**	0.433**	0.223**	0.558**
	显著性（双侧）	0.712	0.000		0.000	0.000	0.000	0.000	0.000	0.000
	N	341	341	341	341	341	341	341	341	341

项　目		经济能力	安全投入	安全组织	安全管理	安全设施	安全环境	紧急救援能力	善后重振能力	抵抗力指数
安全管理	Pearson 相关性	−0.027	0.492**	0.566**	1	0.403**	0.311**	0.755**	0.111*	0.732**
	显著性（双侧）	0.621	0.000	0.000		0.000	0.000	0.000	0.041	0.000
	N	341	341	341	341	341	341	341	341	341
安全设施	Pearson 相关性	−0.038	0.782**	0.316**	0.403**	1	−0.084	0.449**	0.308**	0.783**
	显著性（双侧）	0.489	0.000	0.000	0.000		0.123	0.000	0.000	0.000
	N	341	341	341	341	341	341	341	341	341
安全环境	Pearson 相关性	−0.039	−0.053	0.284**	0.311**	−0.084	1	0.182**	0.056	0.124*
	显著性（双侧）	0.468	0.331	0.000	0.000	0.123		0.001	0.300	0.022
	N	341	341	341	341	341	341	341	341	341
紧急救援能力	Pearson 相关性	−0.041	0.626**	0.433**	0.755**	0.449**	0.182**	1	0.143**	0.763**
	显著性（双侧）	0.451	0.000	0.000	0.000	0.000	0.001		0.008	0.000
	N	341	341	341	341	341	341	341	341	341
善后重振能力	Pearson 相关性	−0.006	0.200**	0.223**	0.111*	0.308**	0.056	0.143**	1	0.303**
	显著性（双侧）	0.908	0.000	0.000	0.041	0.000	0.300	0.008		0.000
	N	341	341	341	341	341	341	341	341	341
抵抗力指数	Pearson 相关性	0.257**	0.845**	0.558**	0.732**	0.783**	0.124*	0.763**	0.303**	1
	显著性（双侧）	0.000	0.000	0.000	0.000	0.000	0.022	0.000	0.000	
	N	341	341	341	341	341	341	341	341	341

注：** 表示在 0.01 水平（双侧）上显著相关。
* 表示在 0.05 水平（双侧）上显著相关。

从旅游安全抵抗力指数与 8 个维度指数的相关性分析发现，目的地旅游安全抵抗力与安全投入的相关系数 $r=0.845$，与安全组织的相关系数 $r=0.558$，与安全管理的相关系数 $r=0.732$，与安全设施的相关系数 $r=0.783$，与紧急救援能力的相关系数 $r=0.763$，同时目的地旅游安全抵抗力与上述五个指标存在显著正向相关性。这说明目的地旅游安全抵抗力受到上述五个维度的影响较大，其中受安全投入的影响最大。

此外，目的地旅游安全抵抗力与经济能力的相关系数 $r=0.257$，与安全环境的相关系数 $r=0.124$，与善后重振能力的相关系数 $r=0.303$，与上述三个维度的相关性较弱，与经济能力和善后重振能力在 0.01 水平上呈显著正向相关性，与安全环境在 0.05 水平上呈正向显著相关性。

表 4.34　目的地旅游安全自然环境风险入侵指数与评价指标的相关性验证

项　目		B11	B12	自然环境风险入侵
B11	Pearson 相关性	1	0.409 **	0.942 **
	显著性（双侧）		0.000	0.000
	N	341	341	341
B12	Pearson 相关性	0.409 **	1	0.693 **
	显著性（双侧）	0.000		0.000
	N	341	341	341
自然环境风险入侵	Pearson 相关性	0.942 **	0.693 **	1
	显著性（双侧）	0.000	0.000	
	N	341	341	341

注：** 表示在 0.01 水平（双侧）上显著相关。
B11：自然灾害发生数；B12：自然灾害直接经济损失。

　　通过目的地旅游安全自然环境风险入侵指数与观测指标的相关性分析，发现目的地旅游安全受自然灾害发生数量影响最大，相关系数 r = 0.942，在 0.01 水平上呈显著相关性。与目的地自然灾害直接经济损失的相关系数 r = 0.693，在 0.01 水平上显著相关。表明目的地自然灾害发生数和自然灾害直接经济损失二者能够体现目的地旅游安全自然环境风险入侵度特征。

　　通过目的地旅游安全社会环境风险入侵度与观测指标的相关性验证分析发现，目的地旅游安全内部入侵指数与 B21 火灾事故的相关系数 r = 0.627、与 B22 火灾死亡人数的相关性系数 r = 0.612、与 B24 交通事故的相关系数 r = 0.628、与 B25 交通事故死亡人数的相关系数 r = 0.658、与 B31 工业废水排放量的相关系数 r = 0.703、与 B32 工业二氧化硫排放量的相关系数 r = 0.708、与 B41 失业人数的相关系数 r = 0.784。同时，与上述七个指标在 0.01 水平上呈显著正相关关系。说明目的地旅游安全社会环境风险入侵度受到上述七个指标的影响较大。

　　相比而言，目的地旅游安全社会环境风险入侵度与 B26 交通事故损失折算的相关系数 r = 0.517、与 B33 工业烟尘排放量的相关系数 r = 0.470、与 B42 人身意外保险赔付的相关系数 r = 0.360、与 B43 社会治安事件的相关系数 r = 0.507，与上述四个指标在 0.01 水平上呈显著正向相

表 4.35　目的地旅游安全社会环境风险入侵指数与评价指标的相关性验证

项　目		B21	B22	B24	B25	B26	B31	B32	B33	B41	B42	B43	社会环境风险入侵
B21	Pearson 相关性（双侧）	1	0.572**	0.579**	0.610**	0.523**	0.310**	0.348**	0.259**	0.482**	0.070	0.244**	0.627**
	显著性（双侧）		0.000	0.000	0.000	0.000	0.000	0.000	0.000	0.000	0.198	0.000	0.000
	N	341	341	340	341	341	341	341	341	341	341	341	341
B22	Pearson 相关性（双侧）	0.572**	1	0.651**	0.694**	0.504**	0.333**	0.306**	0.177**	0.322**	0.278**	0.160**	0.612**
	显著性（双侧）	0.000		0.000	0.000	0.000	0.000	0.000	0.001	0.000	0.000	0.003	0.000
	N	341	341	340	341	341	341	341	341	341	341	341	341
B24	Pearson 相关性（双侧）	0.579**	0.651**	1	0.852**	0.900**	0.294**	0.221**	0.130*	0.360**	0.363**	0.014	0.628**
	显著性（双侧）	0.000	0.000		0.000	0.000	0.000	0.000	0.016	0.000	0.000	0.804	0.000
	N	340	340	340	340	340	340	340	340	340	340	340	340
B25	Pearson 相关性（双侧）	0.610**	0.694**	0.852**	1	0.637**	0.413**	0.222**	0.133*	0.332**	0.465**	0.054	0.658**
	显著性（双侧）	0.000	0.000	0.000		0.000	0.000	0.000	0.014	0.000	0.000	0.322	0.000
	N	341	341	341	341	341	341	341	341	341	341	341	341
B26	Pearson 相关性（双侧）	0.523**	0.504**	0.900**	0.637**	1	0.196**	0.144**	0.111*	0.381**	0.163**	0.028	0.517**
	显著性（双侧）	0.000	0.000	0.000	0.000		0.000	0.008	0.041	0.000	0.003	0.604	0.000
	N	341	341	340	341	341	341	341	341	341	341	341	341
B31	Pearson 相关性（双侧）	0.310**	0.333**	0.294**	0.413**	0.196**	1	0.637**	0.391**	0.485**	0.025	0.267**	0.703**
	显著性（双侧）	0.000	0.000	0.000	0.000	0.000		0.000	0.000	0.000	0.651	0.000	0.000
	N	341	341	340	341	341	341	341	341	341	341	341	341
B32	Pearson 相关性（双侧）	0.348**	0.306**	0.221**	0.222**	0.144**	0.637**	1	0.610**	0.448**	-0.059	0.289**	0.708**
	显著性（双侧）	0.000	0.000	0.000	0.000	0.008	0.000		0.000	0.000	0.279	0.000	0.000
	N	341	341	340	341	341	341	341	341	341	341	341	341

续表

项目		B21	B22	B24	B25	B26	B31	B32	B33	B41	B42	B43	社会环境风险入侵
B33	Pearson 相关性（双侧）	0.259**	0.177**	0.130*	0.133*	0.111*	0.391**	0.610**	1	0.235**	-0.148**	0.090	0.470**
	显著性（双侧）	0.000	0.001	0.016	0.014	0.041	0.000	0.000		0.000	0.006	0.096	0.000
	N	341	341	340	341	341	341	341	341	341	341	341	341
B41	Pearson 相关性（双侧）	0.482**	0.322**	0.360**	0.332**	0.381**	0.485**	0.448**	0.235**	1	0.251**	0.496**	0.784**
	显著性（双侧）	0.000	0.000	0.000	0.000	0.000	0.000	0.000	0.000		0.000	0.000	0.000
	N	341	341	340	341	341	341	341	341	341	341	341	341
B42	Pearson 相关性（双侧）	0.070	0.278**	0.363**	0.465**	0.163**	0.025	-0.059	-0.148**	0.251**	1	-0.047	0.360**
	显著性（双侧）	0.198	0.000	0.000	0.000	0.003	0.651	0.279	0.006	0.000		0.391	0.000
	N	341	341	340	341	341	341	341	341	341	341	341	341
B43	Pearson 相关性（双侧）	0.244**	0.160**	0.014	0.054	0.028	0.267**	0.289**	0.090	0.496**	-0.047	1	0.507**
	显著性（双侧）	0.000	0.003	0.804	0.322	0.604	0.000	0.000	0.096	0.000	0.391		0.000
	N	341	341	340	341	341	341	341	341	341	341	341	341
社会环境风险入侵	Pearson 相关性（双侧）	0.627**	0.612**	0.628**	0.658**	0.517**	0.703**	0.708**	0.470**	0.784**	0.360**	0.507**	1
	显著性（双侧）	0.000	0.000	0.000	0.000	0.000	0.000	0.000	0.000	0.000	0.000	0.000	
	N	341	341	340	341	341	341	341	341	341	341	341	341

注：** 表示在 0.01 水平（双侧）上显著相关。

* 表示在 0.05 水平（双侧）上显著相关。

B21：火灾事故；B22：火灾死亡人数；B24：交通事故；B25：交通事故死亡人数；B26：交通事故损失折算；B31：工业废水排放量；B32：工业二氧化硫排放量；B33：工业烟尘排放量；B41：失业人数；B42：失业率；B43：人身意外保险赔付；B43：社会治安事件。

关性。这表明目的地旅游安全社会环境风险入侵度受到上述四个指标影响较小。

表 4.36 目的地旅游安全入侵度指数与各维度的相关性验证

项 目		自然灾害	事故灾难	公共卫生	社会安全	入侵度指数
自然灾害	Pearson 相关性	1	0.076	0.305 **	0.048	0.664 **
	显著性（双侧）		0.160	0.000	0.381	0.000
	N	341	341	341	341	341
事故灾难	Pearson 相关性	0.076	1	0.334 **	0.406 **	0.580 **
	显著性（双侧）	0.160		0.000	0.000	0.000
	N	341	341	341	341	341
公共卫生	Pearson 相关性	0.305 **	0.334 **	1	0.318 **	0.740 **
	显著性（双侧）	0.000	0.000		0.000	0.000
	N	341	341	341	341	341
社会安全	Pearson 相关性	0.048	0.406 **	0.318 **	1	0.618 **
	显著性（双侧）	0.381	0.000	0.000		0.000
	N	341	341	341	341	341
入侵度指数	Pearson 相关性	0.664 **	0.580 **	0.740 **	0.618 **	1
	显著性（双侧）	0.000	0.000	0.000	0.000	
	N	341	341	341	341	341

注：** 在 0.01 水平（双侧）上显著相关。

表 4.36 显示目的地旅游安全入侵度指数与其各维度的相关性分析结果，可以看出，目的地旅游安全入侵度受到自然灾害、事故灾难、公共卫生和社会安全四个维度的影响，且影响较大。其中，旅游安全入侵度与自然灾害的相关系数 $r = 0.664$、与事故灾难的相关系数 $r = 0.580$、与公共卫生的相关系数 $r = 0.740$、与社会安全的相关系数 $r = 0.618$，而且旅游安全入侵度与上述四个维度在 0.01 水平上呈显著正向相关性。

（2）目的地旅游安全度指数预测

通过上述目的地旅游安全抵抗力、旅游安全入侵度评价指标及各维度的相关性验证分析，发现各指标存在相关关系，再次验证了目的地旅游安全抵抗力评价模型和目的地旅游安全入侵度评价模型的有效性和适用性。本章使用目的地旅游安全抵抗力和入侵度评价指标体系作为预警评价指标，并进行预测。使用 2003～2013 年目的地旅游安全抵抗力和入侵度测算的统计数据，运用趋势外推法对 2014 年和 2015 年目的地旅游安全抵抗力、旅游安全入侵度，以及目的地旅游安全度状况进行预测。

使用全国 31 个城市 2003～2013 年目的地旅游安全抵抗力和入侵度评价指标的历史数据与时间建立时间序列函数，并以此预测全国 31 个城市 2014 年和 2015 年目的地旅游安全抵抗力指数、目的地旅游安全入侵度指数，进而测算目的地旅游安全度指数。运用 SPSS 18.0 统计软件，对以上数据做相关性直线和曲线回归分析，结果显示各方程自变量与因变量高度相关，回归模型有效，相关系数平方均大于 0.7，拟合优度较好。经过整理和计算推导后，得到 2014 年和 2015 年全国 31 个目的地旅游安全度指数预测值如表 4.37 所示。

表 4.37　2014 年、2015 年全国 31 个城市目的地旅游安全度指数预测

2014 年	抵抗力预测	入侵度预测	安全度指数预测	2015 年	抵抗力预测	入侵度预测	安全度指数预测
北京	1.190	0.255	4.667	北京	1.250	0.250	5.000
天津	0.580	0.350	1.657	天津	0.599	0.350	1.711
石家庄	0.427	0.225	1.898	石家庄	0.437	0.225	1.942
太原	0.404	0.104	3.885	太原	0.419	0.094	4.457
呼和浩特	0.456	0.105	4.343	呼和浩特	0.456	0.105	4.343
沈阳	0.492	0.215	2.288	沈阳	0.512	0.215	2.381
长春	0.401	0.223	1.798	长春	0.415	0.223	1.861
哈尔滨	0.457	0.143	3.196	哈尔滨	0.473	0.143	3.308
上海	0.953	0.775	1.230	上海	0.990	0.779	1.271
南京	0.535	0.264	2.027	南京	0.556	0.252	2.206
杭州	0.585	0.290	2.017	杭州	0.610	0.274	2.226
合肥	0.514	0.183	2.809	合肥	0.538	0.183	2.94
福州	0.563	0.165	3.412	福州	0.597	0.165	3.618
南昌	0.465	0.132	3.523	南昌	0.485	0.132	3.674
济南	0.494	0.126	3.921	济南	0.515	0.126	4.087
郑州	0.464	0.301	1.542	郑州	0.483	0.301	1.605
武汉	0.508	0.277	1.834	武汉	0.530	0.277	1.913

2014 年	抵抗力预测	入侵度预测	安全度指数预测	2015 年	抵抗力预测	入侵度预测	安全度指数预测
长沙	0.501	0.336	1.491	长沙	0.525	0.336	1.563
广州	0.688	0.666	1.033	广州	0.722	0.666	1.084
南宁	0.420	0.113	3.717	南宁	0.439	0.113	3.885
海口	0.325	0.028	11.607	海口	0.338	0.033	10.242
重庆	0.761	0.807	0.943	重庆	0.798	0.75	1.064
成都	0.624	0.224	2.786	成都	0.657	0.224	2.933
贵阳	0.403	0.085	4.741	贵阳	0.423	0.085	4.976
昆明	0.526	0.141	3.730	昆明	0.551	0.141	3.908
拉萨	0.294	0.103	2.854	拉萨	0.307	0.107	2.869
西安	0.494	0.210	2.352	西安	0.514	0.210	2.448
兰州	0.418	0.172	2.430	兰州	0.436	0.172	2.535
西宁	0.332	0.086	3.860	西宁	0.347	0.086	4.035
银川	0.338	0.043	7.860	银川	0.355	0.043	8.256
乌鲁木齐	0.352	0.142	2.479	乌鲁木齐	0.368	0.146	2.521

4.5.5.2　目的地旅游安全度预警

目的地旅游安全预警是通过利用各方面的历时性统计数据，对维持目的地旅游安全稳定的两个重要维度——旅游安全抵抗力和旅游安全入侵度的发展变化趋势进行动态监测，判断目的地旅游安全状况及未来发展趋势，捕捉和刻画可能导致目的地旅游安全出现失衡、失序和失控的征兆，并进行预报。

依据上述对 2014 年和 2015 年全国 31 个目的地旅游安全抵抗力和入侵度指数的预测，对照前文制定的目的地旅游安全抵抗力指数、入侵度指数和安全度指数的等级标准，可确定目的地旅游安全抵抗力、入侵度和安全度的警情。从预测的 2014 年全国 31 个城市目的地旅游安全度情况发现，2014 年，重庆市旅游安全处于重警的恶劣状态；广州、上海处于较差的中度预警状态，广州和上海作为两个经济发达的城市，然而较强的经济能力却难于抵抗风险的入侵，需要控制风险因素的影响；长春、天津、石家庄、郑州、武汉、长沙处于预警的一般状态。处于安全状态的仅有北京、呼和浩特、银川、贵阳、海口五个城市，其他城市均处于较安全状态。

2015年，重庆、上海、广州处于较差的中度预警状态；长春、天津、石家庄、郑州、武汉、长沙处于预警的一般状态；处于安全状态的则有北京、呼和浩特、银川、太原、济南、西宁、贵阳、海口8个城市；其他城市均处于较安全状态。整体上看，31个城市目的地旅游安全状况愈趋安全发展。重庆市由2014年的红色预警状态趋向橙色预警，太原、西宁、济南3个城市由蓝色的较安全状况向绿色安全状况发展。经济发达城市未必是旅游安全度高的城市，广州、上海依然处于橙色预警状态，需要防控风险入侵的影响。上述再次证明了从旅游安全抵抗力和旅游安全入侵度两维度评价目的地旅游安全状况的适用性和价值所在。

4.6 本章小结

本章基于前文建构的目的地旅游安全度的客观评价模型，依据目的地旅游安全理论内涵和现有文献，结合指标选取的原则，设计目的地旅游安全度评价指标体系。搜集2003～2013年全国31个城市目的地旅游安全度测评的指标数据，经过数据处理、分析等环节，验证和修正了目的地旅游安全度评价模型，最后获得较完整的目的地旅游安全评价指标体系，为测量目的地旅游安全度做好准备。

本章运用经过结构方程模型验证和修正的目的地旅游安全度评价模型，根据评价指标的因子载荷系数，确定目的地旅游安全度评价指标的权重系数。使用综合指数评价法，测算了2003～2013年全国31个城市目的地旅游安全度指数，制定了评价等级标准。对照评价标准，确定了目的地旅游安全度等级，并评价了2003～2013年全国31个城市目的地旅游安全状况，基于此，预测2014年和2015年全国31个城市目的地旅游安全度指数，分析了旅游安全状况，判定预警等级。其中，2014年，重庆市旅游安全处于重度预警的恶劣状态；广州、上海处于较差的中度预警状态；长春、天津、石家庄、郑州、武汉、长沙处于预警的一般状态；处于安全状态的仅有北京、呼和浩特、银川、贵阳、海口五个城市；其他城市均处于较安全状态。2015 年，重庆、上海、广州处于较差的中度预警状态；长春、天津、石家庄、郑州、武汉、长沙处于预警的一般状态；处于安全状态的则有北京、呼和浩特、银川、太原、济南、西宁、贵阳、海口 8 个城市；其他城市均处于较安全状态。整体上看，31 个城市目的地旅游安全状况愈趋安全发展态势。

5 游客安全感：目的地旅游安全主观评价与预警研究

本章主要基于奥利沃（Oliver）的期望差异理论对游客安全感进行诠释，以现有的研究和游客安全感的理论阐述做基础，提出游客安全感测评模型和研究假设，并从游客心理安全感和游客社会安全感两个方面全面分析游客安全感。通过研究设计，验证游客安全感测评模型和研究假设，建构目的地游客安全感评价指标体系。同时，本章运用经过验证和修正的目的地游客安全感评价模型，测算目的地游客心理安全感指数、游客社会安全感指数和游客安全感指数，确定评价等级标准，对照等级标准，评价样本城市游客安全感指数，做出预警判断，发布预警信号。

5.1 理论模型与研究假设

5.1.1 理论模型

依据期望模型和差距理论，结合前文的游客安全感形成过程和机理分析，本章认为游客安全感取决于游客的安全认知评价，而游客安全认知评价是游客对旅游活动过程的安全感知和旅游前的事先安全期望的对比，二者之间通过认知分析过程产生的心理差距。游客对旅游目的地安全状况的综合认知评价而形成的安全感是基于游客对旅游目的地安全期望—安全感知的认知心理和旅游活动的行为过程。基于此，建立了目的地游客安全感测评理论模型，如图5.1所示。该理论模型体现了一种由游客心理、行为过程而产生的因果关系路径图，主要由游客对旅游目的地的安全期望、旅游安全感知、旅游安全认知评价、游客安全感四种结构变量构成。观测变量主要来源于前文对目的地游客心理安全感和游客社会安全感的相关研究。其中，游客心理安全感的构成维度作为观测变量，即人际交往、主观控制、自我认同；游客社会安全感的构成维度作为观测变量，即治安状况、旅游环境、服务要素、安全信息、地域文化。

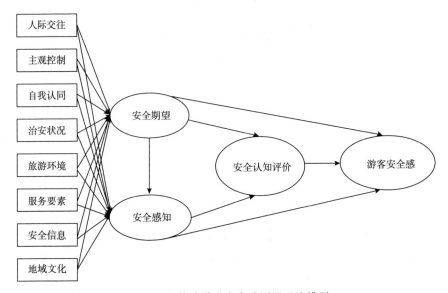

图 5.1　目的地游客安全感测评理论模型

5.1.2　研究假设

从现有的文献来看，关于期望与感知之间的关系研究散见于顾客服务满意度、企业社会责任感知绩效与消费者期望等领域，使用的是期望差异理论进行分析。奥利沃（Oliver，1980）提出期望差异理论（*expectation disconfirmation*）认为，消费者具有对某种产品或服务的消费前期望（*purchase expectation*），消费活动结束后，消费者会将感知实绩（*perceived performance*）与消费前期望进行对比，如果两者不一致就会出现差异，正差异意味着实绩高于期望，这时消费者会感到非常满意；负的差异意味着实绩低于期望，消费者会感到失望[193]。卢东（2010）根据期望差异理论，研究得出企业社会责任的期望一致性直接正向影响消费者对企业社会责任的评价。当期望一致性高时，即企业社会责任感知绩效超过消费者的期望，消费者会感到满意，对企业行为作出正面的评价，反之亦然[194]。汪侠、梅虎（2006）认为游客期望与游客满意度呈负相关，游客体验与游客感知之间存在正相关关系，游客体验与游客感知价值是游客满意度的驱动因素，与游客满意度之间存在正相关关系[195]。

依据前文的相关文献综述与期望差异理论，本章推论出游客安全期望、安全感知、安全认知评价、安全感之间的关系。

（1）游客安全期望对游客安全感知的影响

连漪、汪侠（2004）研究认为顾客期望与顾客感知质量和顾客感知价值之间存在负相关关系，即顾客期望越高，其实际感知会相应地降低；反之，顾客期望越低，其实际感知会相应地提高[196]。Fornenll 等人的研究认为，"顾客期望是指顾客对未来可能得到何种质量服务的预期。顾客期望一方面包括顾客从以前的消费经历中得到对企业服务水平及业绩的预期，另一方面包括顾客从广告或口碑等非真实经历中得到的企业服务水平及业绩预期。顾客期望通过对未来企业提供的服务质量预期对顾客感知服务质量具有直接关系"[197]。因此，本章提出如下假设。

H1：游客安全期望越高，游客安全感知越差。

（2）游客安全期望、安全感知对游客安全认知评价的影响

根据 Fornenll 等人的研究为 ACSI 在关系的构建上提供了理论依据，认为顾客感知质量是顾客感知价值的一个构成要素，顾客感知质量与顾客感知价值之间存在直接的关系。顾客感知质量和顾客感知价值的增加都会带来顾客满意度的提升[197]。连漪、汪侠（2004）研究认为，顾客感知质量、感知价值与满意度三者之间存在正相关。感知越多，满意度则越高；反之亦然。而顾客期望与满意度之间呈负相关关系，期望越高，满意度则越低。此外，顾客对质量的感知会影响顾客对价值的感知，二者呈正相关关系[196]。马全恩、张伟（2003）研究指出顾客满意度指数的大小是由顾客期望和感知价值两方面决定的，顾客的期望价值是指顾客购买产品前将会得到产品或服务的预期值，而感知价值是指顾客实际购买产品后对产品的实际体验值，顾客的感知价值与顾客满意度呈正相关关系，而顾客期望值与顾客满意度呈负相关关系[198]。

根据顾客满意形成的期望不一致理论模型，顾客期望对产品和服务的

绩效表现具有较强的预期。顾客期望受产品和服务的广告和平均绩效水平的影响较大，顾客在消费前常常用顾客期望作为评价标准。顾客期望通常反映出产品和服务最可能的绩效[199]。在期望一致性模型中，感知绩效是期望与之比较的参考点。感知绩效越高，感知绩效越可能超过期望，即正的期望一致性；感知绩效越低，感知绩效越可能低于期望，即负的期望一致性[200]。因此感知绩效正向影响期望一致性，关于期望与期望一致性的关系，一些学者认为两者无关，而一些学者认为它们存在负相关关系，期望越高，期望一致性越可能为负；期望越低，期望一致性越可能为正[201]。由于期望一致性与满意正相关，期望对满意的整体间接效应可能为负。由于人们对事物的感知会受期望的同化，期望会影响消费者对企业社会责任的感知。社会判断理论（Social judgment theory）认为信念会系统地扭曲人们的感知，并且当结果不明确时，这种信念扭曲感知的效果最强。因此，期望对企业社会责任满意度会产生两种相反的效应。消费者的期望一方面提高了对企业社会责任的感知绩效，另一方面又扩大了期望与感知绩效之间的差距[202]。

根据期望差异理论，民众对警察信任度的高低可以表达为民众对警察的"理想期望"与民众对警察实际工作的"感知质量"之间的落差大小。当前，民众对警察的期望在不断升高，相反，民众对于警察工作的感知质量却在日益下降，正是这种日益增大的反差造成警民信任危机的出现[203]。卢东等（2010）研究证实消费者对企业社会责任的期望与对企业社会责任行为的满意负相关。也就是说，消费者对企业承担社会责任期望在提升，对企业社会责任行为的满意却在降低[194]。基于上述，本章提出如下假设：

H2：游客安全期望越高，游客安全认知评价越低。

H3：游客安全感知越高，游客安全认知评价越高。

（3）游客安全期望、安全感知对游客安全感的影响

"中国旅游研究院出境游客的年度报告（2010）"中指出：出境游客预期值略高于其对目的地形象的评价值，预期值远远高于游客对目的地服务质量的感知值，从而导致抱怨率较高，满意度低，尤其对投诉处理的满意度最低[204]。白凯（2006）认为，游客期望值和游客满意度之间存在三

种动态关系：高期望值低满意度导致负向体验质量评价；低期望值高满意度导致正向体验质量评价；期望值和满意度对等产生客观事实的体验质量评价[205]。

根据国内外关于居住区治安评价的研究，梅琳（2010）发现四个居住区治安影响因素对居住区治安评价有显著影响。对采取安全防范措施和未采取安全防范措施的群体的公众安全感进行比较分析，发现其存在显著差异，自我防范能力越强，安全感越高。采取防范行为正向影响公众安全感。在遇到不法侵害时，报案、协助斗争、反抗、检举警察违法行为对公众安全感存在显著影响，受到不法侵害时反应正向影响公众安全感。受到不法侵害时反应，包括当发现犯罪时是否敢于报警、看见有人正在同犯罪分子做斗争时是否上前协助、遇到不法侵害时是否敢于当即反抗搏斗、对警察违法乱纪行为是否敢于揭发检举，均正向影响公众安全感。探讨反映公众安全感的情感表现与公众安全感的关系，反映公众安全感的情感表现能够反映出公众安全感，深夜是否敢独自外出、独自在家时有陌生人敲门是否害怕开门，均与公众安全感具有相关关系[206]。

工作环境与心理安全感的关系。工作环境主要通过环境的恶劣程度和危险程度对心理安全感产生影响。恶劣危险的工作环境导致一线煤矿工人心理安全感分析偏高，超过正常人群分数，心理安全感整体偏低。工作环境越恶劣，煤矿工人的心理安全感越低；工作环境相对较好，煤矿工人的心理安全感相对偏好[207]。工作性质通过工作安全度对煤矿工人心理安全感产生影响。工作安全度与煤矿工人的心理安全感呈正比关系。工作安全度越高，心理安全感越高；工作安全度越低，心理安全感越低（曹渝，2012）[207]。人际信任对心理安全感高低有直接影响（赵超，2012）[208]。基于上述，本章提出如下假设：

H4：游客安全期望越高，游客安全感越低。

H5：游客安全感知越高，游客安全感越高。

（4）游客安全认知评价对安全感的影响

大量的文献表明顾客感知质量是判别服务产品整体水平的较好标准。满意指数模型的已有研究表明，顾客感知质量是顾客满足和顾客忠诚形成机理中的重要变量，顾客感知质量的提高会提高顾客满意度的整体水平，同时也与顾客感知价值之间存在正向关系[209、210]。

近年来，一项对广州市治安安全感调查数据所做的相关分析研究，社区的治安状况越好，群众的治安安全感就越强，显示出较强的正相关关系；而如果小区发生过某类案件，居住在该小区的大部分群众会担心也成为某类案件的受害者，其总体安全感、居住地安全感以及在某些特定场合的安全感都会明显下降。同时，对调查数据的交互分析表明，群众有无亲身遭受过或有无亲眼看到过违法犯罪对安全感影响很大，遭受过或目睹过违法犯罪的群众，其安全感明显比没有遭受过或目睹过违法犯罪的群众低[154]。

社会治安状况评价越高，安全感越高；社会稳定评价越高，安全感越高；通过验证得出，社会稳定评价、个人或家人的社会治安体验对于各项安全感都有显著的影响。越是认为社会稳定的人，安全感越高；个人或家人具有社会治安焦虑体验的人，安全感更低[129]。梅琳（2010）从媒体正面和负面影响来考察其与公众安全感的关系，得出媒体负面影响使公众认为不太安全，媒体正面影响使公众认为比较安全，即负面影响稍大于正面影响[206]。梅琳（2010）研究得出警务工作总体评价正向影响公众安全感。曾遭受不法侵害群体寻求警察帮助得到积极结果将正向影响公众安全感；警察工作评价、警民关系、警察可见度将正向影响公众安全感；对警察和司法信任程度正向影响公众安全感[206]。因此，本章提出如下假设。

H6：游客安全认知评价越高，安全感也越高。

5.2　研究设计

5.2.1　问卷设计

5.2.1.1　问卷的设计过程

本章围绕游客安全感评价的概念模型和游客主观评价的研究目标设计调查问卷。问卷设计的方法和步骤主要包括以下两个阶段。

第一阶段：通过文献研究，设计初始的测量维度。搜集国内外有关社会安全感、心理安全感、旅游安全、游客安全的相关研究文献，分析文献的研究过程和研究结论，寻找与本章测量变量相关的研究成果和测量量表，提炼出经过验证的成熟量表，初步设计本章的测量题项。

第二阶段：根据预调查数据对问卷题项进行净化，形成正式问卷。本章设计的问卷进行了预调研，通过调研反馈和问卷作答的信息，对问卷的有关措辞、表述的准确性和内容的完整性进行修正，同时，通过探索性因子分析和信度检验，删除不符合要求的测量题项，最终确定正式调研使用的问卷。本章在不同的城市旅游目的地调研使用的问卷完全相同，只在统计编码时予以注明，便于区分。

5.2.1.2 问卷的内容构成

本章的问卷题项是根据游客安全感的形成机理和游客安全感的影响因素，围绕游客在旅游之前的安全期望和游客旅游之后的安全感知两个阶段的感受内容设计问卷，问卷包括两部分内容。

第一部分主要是针对游客社会安全感和心理安全感的安全期望、安全感知进行测量，借鉴丛中等人编制的《安全感量表》等，游客社会安全感和游客心理安全感共设计 40 个描述题项。其中，游客社会安全感设计 25 个测量题项，游客心理安全感设计 15 个测量题项。另外，游客社会安全感和游客心理安全感是通过游客旅游之前的安全期望与游客旅游之后的安全感知两方面进行评价的，游客安全期望与安全感知的测量题项相同，采用李克特 5 点量表尺度 (Likert Scale) 来测量，1 表示完全不同意；2 表示不同意；3 表示一般；4 表示同意；5 表示完全同意。

第二部分主要是游客的背景资料。在问卷设计上，此部分采用类别尺度，包括性别、年龄、文化程度、职业、家庭人均月收入、出游方式和在旅游目的地逗留的时间等 7 个问题。

5.2.2 变量的测度与操作性定义

5.2.2.1 游客心理安全感的测量

国内外学术界有关心理安全感概念的探讨层出不穷，学者们还自编或改编了许多心理安全感的相关量表，为心理安全感的定量研究奠定了基础。本章借鉴已有的心理安全感的测量量表，结合游客心理安全感的特征，修正并形成了游客安全感的测量题项。

（1）人际交往（*Interpersonal Communication*）安全感的测量

马斯洛（Maslow）首次正式提出心理安全感概念，认为心理安全感（*psychological security*）是"一种从恐惧和焦虑中脱离出来的信心、安全和自由的感觉，特别是满足一个人现在和将来各种需要的感觉"[211]。沈学武等学者认为心理安全感是没有明确定义的，只是咨询及临床实践中操作，把人追求生存需要、人际交往需要、爱与被爱需要、自我实现与成功需要四种基本需要的总变量，作为心理安全感系数。它包括生存、人际交往、爱与被爱、自我实现与成功四个维度[212]。曹中平认为心理安全感就是一种主观感受、体验，其本质上是一种个体的意识状态，它包括情绪安全感、人际安全感、自我安全感[144]。因此，这一维度测量题项借鉴了丛中等人编制的量表中因子"人际安全感"，以及沈学武等人（2005）所编制的"人际交往的需要"等的测量量表。本章依据上述进行修改，得到人际交往安全感的测量题项见表5.1。

表5.1　人际交往安全感的测量题项和参考来源

代码	测量题项	参考来源
Com 1	当和陌生人交往时，我会提高警惕，担心受骗	
Com 2	在拥挤的人群中，我会时常留心自己的钱包和贵重物品	丛中；
Com 3	我会关注媒体对旅游地居民和经营者态度的评价	沈学武等；
Com 4	需要咨询时，我担心当地居民不会热情回答	曹中平
Com 5	遇到困难时，我担心当地居民不会积极帮助	

（2）主观控制（*Subjective Control*）安全感的测量

布列茨认为安全感只要抓住"主宰"与"负责"这两个关键词，就能看出安全感背后隐藏着"控制"这种感觉。国内学者丛中和安莉娟（2004）也对心理安全感提出了界定，认为心理安全感是对可能出现的对身体或心理的危险或风险的预感，以及个体在应对处置时的有力/无力感，主要表现为确定感和可控制感[145]。刘玲爽认为，如果一个人能体验到安全感，将会延伸出对他人和世界的信任，并且感觉到自尊、自信以及对现实和未来的确定感和控制感，这种感觉就是心理安全感，包括安全需要的满足、归属需要的满足、确定感和控制感三个维度[146]。这一维度测量题项借鉴了丛中等人编制的《安全感量表》中因子2"确定控制感"等测量量表，结合游客心理安全感的特征进行了修正，形成了游客主观控制安全感的测量题项，见表5.2。

表5.2 主观控制安全感的测量题项和参考来源

代码	测量题项	参考来源
Sub 1	因缺乏安全装备，我担心无法应对当地突发暴力事件	丛中、安莉娟；刘玲爽、雷丹
Sub 2	因缺乏防范技能，我担心无法应对当地的违法犯罪行为	
Sub 3	因缺乏防范措施，我担心无法应对当地疾病的传播	
Sub 4	因缺乏应急知识，我担心无法应对自然灾害（如地震、滑坡等）	
Sub 5	到处都是监控设施，我担心个人隐私安全	

（3）自我认同（Self-identification）安全感的测量

人本主义心理学家马斯洛在其需要层次理论中将安全列为第二层次的需要，他还结合自己的临床实践，编制了《安全感——不安全感问卷》（又称S-I问卷）。我国很多学者在此基础上编制了安全感量表（丛中、安莉娟，2004）和不安全感量表（沈学武等，2005）[212]。曹中平认为心理安全感就是一种主观感受、体验，其本质上是一种个体的意识状态，它包括情绪安全感、人际安全感、自我安全感[144]。这一维度借鉴了沈学武等人为调查神经症的影响因素，编制的《不安全感自评量表》中的"自我实现与成功"等测量量表[212]，以及孙思玉等编制的《天津市大学生安全感调查问卷》中的"自我实现感"的测量量表[213]，虽然所针对的调查对象都有着很大的区别，但也存在一定的相似之处。本章依据上述分析，结合游客心理安全感的特征进行了修正，形成了游客自我认同安全感的测量题项，见表5.3。

表5.3 游客自我认同安全感的测量题项和参考来源

代码	测量题项	参考来源
Sel 1	根据媒体等信息，我感觉选择的旅游地比较安全	丛中、安莉娟；曹中平、黄月胜；沈学武、赵长银等；孙思玉等
Sel 2	我会判断旅游地安全状况，并提高警惕	
Sel 3	我认为旅游地社会秩序会得到控制	
Sel 4	我认为我会与当地居民和经营者沟通好	
Sel 5	我认为我会很快适应当地社会环境	

5.2.2.2 游客社会安全感的测量

国内外学术界有关社会安全感概念的探讨众说纷纭，学者们还构建了许多社会安全感的评价体系和测量量表，但现有的评价指标体系和测量量表纷繁复杂，尚未形成一致的社会安全感评价体系，本章主要借鉴《公众安全感的评价指标量表》，为深入探索社会安全感提供来源。

（1）治安状况（*Law and Order Situation*）安全感的测量

从社会治安方面的情况来看，直接影响游客安全感的相关因素主要包括以下两方面：一是社会治安秩序，如犯罪侵害发生的数量、社会治安秩序混乱、惩治犯罪的效果、警务活动效能、社会防范监督机制、社区治安环境等[157]。二是社会治安治理情况，如公安机关控制和打击犯罪活动的能力与成效，特别是破案能力、防范控制能力和快速反应能力；街面路面的有警时间、有警密度；车辆与停车场管理情况；等等[154]。本章借鉴公众安全感的评价指标，结合游客社会安全感的特征，进行修正和完善，形成治安状况安全感的测量题项，见表5.4。

表5.4 治安状况安全感的测量题项和参考来源

代码	测量题项	参考来源
Sit 1	晚上十一点之后，我不敢单独外出	Wilks et al.；Brunt et al.；丛中、安莉娟；王俊秀、王娟、刘朝捷；李锡伟
Sit 2	我担心旅游地突发暴力、抢劫等安全事件	
Sit 3	我担心该地的社会风气不好	
Sit 4	我担心旅游地警察不能时常出现	
Sit 5	看到游客被盗、纠纷等不法侵害时，我担心警察不去帮助	

（2）旅游环境（*Tourism Environment*）安全感的测量

近年来，一项对广州市治安安全感调查数据所作的相关分析研究发现，群众生活的社区各方面设施越完备，群众的安全感相应也越高，呈现出一种较强的正相关关系。特别是公共安全防范设施与治安安全感的相关系数达 0.7 以上，对群众的安全感影响最为显著[154]。由此看来，旅游环境对游客社会安全感有重要影响，本章借鉴社会治安安全感的调查指标和国内外相关文献，得到了旅游环境安全感的测量题项，见表 5.5。

表5.5 旅游环境安全感的测量题项和参考来源

代码	测量题项	参考来源
Env 1	我担心旅游地安全标识、警示信息不完善	
Env 2	我担心旅游地安全监控设施不完善	Wilks et al.；Rittichainu-wat et al.；林荫茂；刘朝捷；汪海彬
Env 3	我担心旅游地的环境污染严重	
Env 4	我担心所在旅游地交通安全和交通秩序混乱	
Env 5	我担心旅游地景区（点）游客拥挤不堪	

（3）服务要素（Service Contents）安全感的测量

游客安全感通过个体对旅游目的地居民或经营者交互界面的判断和估计形成，通过个体因素反映出来，游客的个体因素对服务要素的安全感影响较大，特别是人们往往存在某种思维定式，对安全感的形成有较大影响。如游客到达旅游目的地的火车站、公交车站等公共服务区域，游客总是提高警惕；游客与旅游目的地经营者的交易过程中，总是担心会不会被欺诈等现象，以及游客在遇到非法侵害报警或投诉时，游客总是认为报了警或投诉了，也很难得到及时的回复，即使答复也是敷衍塞责，所以很多游客遇到突发情况时往往自救或自认倒霉。这些影响的产生，都是游客在旅游体验过程中对旅游目的地社会安全感或已形成的刻板印象。游客社会安全感的服务要素的相关测量题项较少，本章基于游客的旅游活动的交互界面，围绕食、宿、行、游、购、娱六要素的服务内容，设计服务要素安全感的测量题项，见表5.6。

表5.6 服务要素安全感的测量题项和参考来源

代码	测量题项	参考来源
Ser 1	我担心旅游地安全事件不能得到及时处理	
Ser 2	我担心休闲娱乐场所的安全状况	Wilks et al.；Mansfeld et al.；高萍等，作者修正
Ser 3	在购买食品时，我担心当地的食品安全	
Ser 4	在当地住宿时，我担心住宿设施安全	
Ser 5	外出乘坐交通工具时，我担心安全问题，也怕被宰	
Ser 6	在购买物品时，我倾向于大型超市或专卖店，担心欺诈受骗	

（4）安全信息（Safety Information）安全感的测量

旅游安全信息传播的渠道主要有新闻媒体、亲属、邻里、同事及道听途说等，这些途径对传播旅游目的地安全信息，其信息舆情对游客社会安全感的影响不容忽视。社会治安历来是群众关注的焦点问题，一旦发生刑事案件，特别是后果严重的大要案、恶性案件，会迅速在群众中传播扩散，有的传播会失真甚至以讹传讹，这种小道消息的传播方式对安全感的形成极易产生负面效应和连锁反应[154]。根据2011年一项研究所作的广州市公众安全感调查显示，85.1%的市民认为电台、电视报道对安全感评价有影响，81.5%的市民认为报刊相关报道对其有影响，72.8%的市民认为互联网相关信息对其有影响，约75.1%的市民认为周围的人谈论治安对其安全感评价有影响[154]。本章借鉴治安安全感的调查指标和公众安全感的调查指标，结合游客社会安全感的特征，设计安全信息的安全感的测量题项，见表5.7。

表5.7　安全信息的安全感的测量题项和参考来源

代码	测量题项	参考来源
Inf 1	我会关注旅游地的安全信息	Wilks et al.；Mansfeld et al.；George；Jehn et al.；刘朝捷；作者修正
Inf 2	我会留意周围人对旅游地安全事件的看法	
Inf 3	我会关注专家对旅游地安全事件的评价	
Inf 4	我会留意媒体对该地安全事件的报道	
Inf 5	我担心旅游地安全信息发布不及时	

（5）地域文化（*Local Culture*）安全感的测量

近年来，一项研究进行的安全感调查表明，群众看到犯罪事件发生时，明确表示会主动制止犯罪的比例及愿意帮助作证的比例，与群众治安安全感的高低基本上是同步的，显示出明显的耦合[154]。本章借鉴治安安全感的调查指标和公众安全感的调查指标，结合游客社会安全感的特征，设计地域文化安全感的测量题项，见表5.8。

表5.8　地域文化安全感的测量题项和参考来源

代码	测量题项	参考来源
Cul 1	我担心当地的服务人员对游客态度不好	Wilks et al.；Kozakl et al.；汪海彬；作者修正
Cul 2	我担心当地居民不会对游客热心帮助	
Cul 3	我担心当地居民排斥游客的行为方式	
Cul 4	我担心违反当地文化习俗和禁忌	

5.3 小样本数据测试

基于上文对目的地游客安全感的理论阐述和研究设计，以及测量变量的操作性分析，选取测量题项、编制调查问卷，进行小样本调查测试。小样本测试的目的在于检测调查问卷测量题项的准确性，测量维度的信度和效度，并据此对测量题项进行修正，形成较完善、准确的测量量表。小样本测试采用探索性因子分析方法对测量题项的信度、效度进行检验，提取具有较高载荷共性因子的测量题项，删除因子载荷较低或信度较低的测量题项。

5.3.1 小样本数据收集

本章小样本数据获取主要通过问卷调查，采用现场随机拦访调查收集数据。现场调查对象为城市旅游目的地旅游的游客，调查方式是询问大致信息和逗留时间后，让游客直接作答，当场发放，现场收回。小样本问卷调研主要选取在 5 个城市旅游目的地（南京、成都、广州、重庆、郑州）进行了旅游的游客，问卷发放选择在 5 个城市旅游目的地的各大旅游景区（点），发放时间在 2014 年 7 月 2～22 日。共发放问卷 300 份，全部收回，其中有效问卷 241 份，有效率 80.3%。

5.3.2 小样本数据描述性统计分析

5.3.2.1 小样本社会人口统计特征

通过对预调查选取的小样本数据的社会人口统计特征的基本情况进行统计，本章预调查小样本数据社会人口统计学特征如表 5.9 所示。

表 5.9 显示了调查小样本数据的社会人口统计学特征，具体如下。在性别方面，男性占 43.2%，女性占 56.8%；从年龄来看，18～24 岁的年青人居多，占 40.7%，25～34 岁的占 28.1%，35～44 岁、45～54 岁和 55 岁以上的分别占 19.5%、8.1%、3.6%；职业方面，学生较多，占 28.4%，7.7% 的受访者是工人，4.5% 的受访者是公务员，受访者中农民占 2.7%，个体经营者占 9.9%，教师、专业技术人员分别占 5.9%、7.2%，

表 5.9　小样本数据社会人口统计特征

内容	基本特征	比重（%）	内容	基本特征	比重（%）
性别	男性	43.2	职业或身份	工人	7.7
	女性	56.8		学生	28.4
年龄	18～24 岁	40.7		公务员	4.5
	25～34 岁	28.1		农民	2.7
	35～44 岁	19.5		个体经营者	9.9
	45～54 岁	8.1		教师	5.9
	55 岁以上	3.6		专业技术人员	7.2
文化程度	初中以下	4.5		企事业单位管理人员	9.0
	高中或中专	35.6		服务或销售人员	16.7
	大专或本科	55.0		离退休人员	3.2
	研究生	4.5		军人	0.5
月收入	1000～2000 元	25.0		其他	4.5
	2001～3000 元	30.0	出游方式	单位组织	10.4
	3001～4000 元	24.5		旅行社组团	10.0
	4001～5000 元	14.5		家庭出游	27.6
	5000 元及以上	5.5		亲朋好友出游	36.2
逗留天数	1 天	48.4		独自出游	15.8
	2 天	23.5			
	3 天	10.9			
	4 天及以上	17.2			

企事业单位管理人员、服务或销售人员分别占 9.0%、16.7%，离退休人员和军人分别占 3.2% 和 0.5%；文化程度，4.5% 的受访者是初中以下文化，35.6% 的受访者拥有高中或中专文化，55.0% 的受访者拥有大专或本科文化，4.5% 的受访者拥有研究生学历；在家庭人均月收入方面，1000～2000 元的占 25.0%，2001～3000 元的占 30.0%，3001～4000 元的占 24.5%，4001～5000 元的占 14.5%，5000 元及以上的占 5.5%；从出游方式来看，单位组织的占 10.4%，通过旅行社组团的占 10.0%，27.6% 是家庭出游，与亲朋好友出游的有 36.2%，独自出游的占 15.8%；受访者逗留天数均在 1 天及以上，其中逗留 1 天的占 48.4%，23.5% 的受访者逗留 2 天，3 天的占 10.9%，4 天及以上的占 17.2%。总体而言，从

调查的小样本数据的人口社会学统计特征看，样本具有代表性。

5.3.2.2　小样本题项的描述性统计

本章采用 SPSS 18.0 统计软件，对小样本数据题项的均值和标准差进行了统计，描述性统计结果见表 5.10。

表 5.10　小样本题项的描述性统计

安全期望	样本量	均值	标准差	安全感知	样本量	均值	标准差
sit 1	241	2.93	1.213	*sit* 1	238	2.92	1.130
sit 2	241	3.05	1.041	*sit* 2	238	2.84	1.083
sit 3	241	2.93	1.099	*sit* 3	238	2.79	1.106
sit 4	241	3.06	1.057	*sit* 4	238	2.80	1.088
sit 5	241	3.10	1.052	*sit* 5	238	2.85	1.076
env 1	241	3.17	0.997	*env* 1	238	2.62	1.076
env 2	241	3.20	1.050	*env* 2	238	2.74	1.042
env 3	241	3.15	1.080	*env* 3	238	2.75	1.076
env 4	241	3.32	0.988	*env* 4	238	2.86	1.021
env 5	241	3.49	1.029	*env* 5	238	3.06	1.087
ser 1	240	3.29	0.953	*ser* 1	238	2.85	1.024
ser 2	241	3.34	0.993	*ser* 2	238	2.85	1.027
ser 3	241	3.29	0.973	*ser* 3	238	2.84	0.966
ser 4	241	3.33	1.011	*ser* 4	238	2.89	1.059
ser 5	241	3.37	1.068	*ser* 5	238	3.00	1.073
ser 6	241	3.47	1.158	*ser* 6	238	3.24	1.057
cul 1	241	3.27	1.067	*cul* 1	238	2.84	1.054
cul 2	241	3.18	1.043	*cul* 2	237	2.78	1.008
cul 3	241	3.29	1.003	*cul* 3	237	2.79	0.990
cul 4	241	3.36	1.044	*cul* 4	237	3.00	1.048
inf 1	241	3.32	1.038	*inf* 1	237	3.12	1.051
inf 2	241	3.41	1.009	*inf* 2	237	3.14	0.990
inf 3	241	3.23	1.058	*inf* 3	237	3.02	1.015
inf 4	241	3.37	1.004	*inf* 4	237	3.14	1.056
inf 5	241	3.30	1.034	*inf* 5	237	3.10	1.087
com 1	234	3.48	1.073	*com* 1	238	3.26	1.155

安全期望	样本量	均值	标准差	安全感知	样本量	均值	标准差
com 2	234	3.61	1.019	com 2	238	3.43	1.060
com 3	234	3.29	1.007	com 3	238	3.11	1.025
com 4	234	3.16	0.971	com 4	238	2.85	0.986
com 5	234	3.21	1.002	com 5	238	2.82	1.010
sub 1	234	3.22	1.028	sub 1	238	2.95	1.040
sub 2	234	3.18	1.040	sub 2	238	3.02	1.017
sub 3	234	3.15	0.989	sub 3	238	2.98	1.075
sub 4	234	3.17	1.059	sub 4	238	2.92	1.069
sub 5	234	3.01	1.032	sub 5	238	2.92	1.003
sel 1	234	3.41	0.991	sel 1	238	3.26	1.055
sel 2	234	3.35	0.984	sel 2	238	3.19	1.044
sel 3	234	3.29	0.980	sel 3	238	3.13	0.986
sel 4	234	3.29	0.936	sel 4	238	3.22	0.969
sel 5	234	3.47	0.990	sel 5	238	3.37	1.050

注：因部分题项存在缺失值。

5.3.2.3　测量题项的净化

（1）游客安全期望的探索性因子分析和信度检验

①游客心理安全期望的探索性因子分析和信度检验

为了得到游客心理安全期望的测量维度，本章采用了因子分析法，综合提取旋转后的公共因子。在使用因子分析法之前，借助 SPSS 18.0 统计软件对所获得数据进行分析，发现 KMO 值为 0.858，大于 0.7；巴特勒球形检验值为 161553.438，自由度为 105，显著水平为 0.000，说明游客心理安全期望测量维度的相关系数矩阵间存在公因子，适合进行因子分析。进而对游客心理安全期望的测量题项进行探索性因子分析，采用主成分萃取的方法，并使用方差最大化正交旋转法对提取的公因子进行旋转，提取出公因子。在对游客心理安全期望进行因子分析后发现，测量题项 com 3、com 4、com 5 的载荷较低，根据特征根大于 1，最大因子载荷大于 0.5 的要求，据此将该题项予以剔除。剔除后进行因子分析，提取 3 个公因子，依据各因子属性和测量题项的内容，分别将其命名为"主观控制""自我认同""人际交往"。

为检验各公因子的测量题项的内部一致性，对游客心理安全期望的 3 个公因子进行了信度分析。信度检验通常采用克朗巴哈值（Cronbach'α）来衡量，若克朗巴哈值大于或等于 0.7，则说明数据的信度较高，是可靠的[180]。经检验游客心理安全期望的 3 个公因子的 Cronbach'α 值为 0.781~0.835，均高于 0.7，且各题项—总体相关系数均大于 0.35，说明各指标均通过了信度检验，游客心理安全期望各测量题项具有较好的可靠性、稳定性和内部一致性。

表 5.11　游客心理安全期望的探索性因子分析和信度检验

题项	因子载荷	特征值	解释方差	题项—总体相关系数	删除该项后 Cronbach's Alpha 值	Cronbach's Alpha
因子 1：		5.984	39.896			0.814
sub 1	0.668			0.569	0.787	
sub 2	0.699			0.661	0.759	
sub 3	0.738			0.699	0.749	
sub 4	0.737			0.662	0.759	
sub 5	0.666			0.435	0.826	
因子 2：		1.635	10.897			0.835
sel 1	0.666			0.589	0.815	
sel 2	0.710			0.653	0.797	
sel 3	0.771			0.691	0.787	
sel 4	0.802			0.666	0.794	
sel 5	0.739			0.584	0.817	
因子 3：		1.343	8.953			0.781
com 1	0.876			0.546	0.745	
com 2	0.848			0.587	0.730	

注：提取方法：主成分分析；旋转法：具有 Kaiser 标准化的正交旋转法。

②游客社会安全期望的探索性因子分析和信度检验

经检验，游客社会安全期望的 KMO 值为 0.881，大于 0.7；巴特勒球形检验的值为 2172.431，自由度为 171，显著水平为 0.000，说明游客社

会安全期望测量适合进行因子分析。探索性因子分析发现，*sit* 5、*env* 5、
ser 1、*ser* 5、*cul* 4、*inf* 5 题项在各主成分上的因子载荷较低，低于 0.5，
据此予以剔除。剔除后进行探索性因子分析，结果表明剩余题项因子载荷
均大于 0.5，因子旋转萃取出 5 个公因子，命名为："安全信息期望"、
"旅游环境期望"、"治安状况期望"、"地域文化期望"和"服务要素期
望"，如表 5.12 所示。

　　本章对游客社会安全期望 5 个公因子进行信度检验，结果发现，游客
社会安全期望的信度较为理想，5 个公因子的克朗巴哈值（Cronbach'α）
为 0.795 ~ 0.863，均高于 0.7 的标准，且各题项—总体相关系数均大于
0.35，说明各指标均通过了信度检验，游客社会安全期望各测量题项具有
较好的可靠性、稳定性和内部一致性。

表 5.12　游客社会安全期望的探索性因子分析和信度检验

题项	因子载荷	特征值	解释方差	题项—总体相关系数	删除该项后 Cronbach's Alpha 值	Cronbach's Alpha
因子 1：		7.355	38.709			0.863
inf 1	0.682			0.632	0.846	
inf 2	0.788			0.741	0.819	
inf 3	0.780			0.709	0.827	
inf 4	0.775			0.702	0.829	
因子 2：		1.854	9.758			0.795
env 1	0.690			0.557	0.762	
env 2	0.749			0.650	0.732	
env 3	0.718			0.621	0.741	
env 4	0.607			0.617	0.744	
因子 3：		1.299	6.838			0.804
sit 1	0.747			0.438	0.818	
sit 2	0.794			0.652	0.748	
sit 3	0.734			0.670	0.740	
sit 4	0.611			0.668	0.742	
因子 4：		1.140	5.998			0.831
cul 1	0.689			0.656	0.789	

续表

题项	因子载荷	特征值	解释方差	题项—总体相关系数	删除该项后Cronbach's Alpha 值	Cronbach's Alpha
cul 2	0.752			0.740	0.750	
cul 3	0.740			0.655	0.789	
因子 5：		1.053	5.544			0.836
ser 2	0.647			0.561	0.819	
ser 3	0.784			0.679	0.796	
ser 4	0.772			0.724	0.786	
ser 6	0.539			0.563	0.821	

注：提取方法：主成分分析；旋转法：具有 Kaiser 标准化的正交旋转法。

（2）游客安全感知的探索性因子分析和信度检验

①游客心理安全感知的探索性因子分析和信度检验

经检验，游客心理安全感知的 KMO 值为 0.836，大于 0.7；巴特勒球形检验的值为 1172.117，自由度为 66，显著水平为 0.000，说明游客心理安全感知测量适合进一步进行因子分析。探索性因子分析发现，*com* 3、*com* 4、*com* 5 三个题项在各主成分上的因子载荷较低，低于 0.5，根据特征根大于 1，最大因子载荷大于 0.5 的标准，据此予以剔除。剔除后再次进行探索性因子分析，结果表明剩余所有题项因子载荷均大于 0.5，因子旋转萃取出 3 个公因子，命名为："自我认同感知"、"主观控制感知"和"人际交往感知"，如表 5.13 所示。

表 5.13　游客心理安全感知的探索性因子分析和信度检验

题项	因子载荷	特征值	解释力差	题项—总体相关系数	删除该项后Cronbach's Alpha 值	Cronbach's Alpha
因子 1：		4.810	40.081			0.842
sel 1	0.701			0.633	0.813	
sel 2	0.801			0.672	0.802	
sel 3	0.750			0.637	0.812	
sel 4	0.810			0.696	0.797	

续表

题项	因子载荷	特征值	解释方差	题项—总体相关系数	删除该项后Cronbach's Alpha 值	Cronbach's Alpha
sel 5	0.663			0.598	0.823	
因子 2：		1.680	14.003			0.821
sub 1	0.674			0.579	0.796	
sub 2	0.812			0.695	0.762	
sub 3	0.778			0.647	0.776	
sub 4	0.776			0.671	0.769	
sub 5	0.638			0.483	0.822	
因子 3：		1.269	10.577			0.837
com 1	0.900			0.436	0.607	
com 2	0.897			0.509	0.571	

注：提取方法：主成分分析；旋转法：具有 Kaiser 标准化的正交旋转法。

本章对游客心理安全感知 3 个公因子进行信度检验，结果发现，游客心理安全感知的信度较为理想，3 个公因子的克朗巴哈值（Cronbach'α）均大于 0.8，均高于 0.7 的标准，且各题项—总体相关系数均大于 0.35，说明各指标均通过了信度检验，游客心理安全感知各测量题项具有较好的可靠性、稳定性和内部一致性。

②游客社会安全感知的探索性因子分析和信度检验

经检验，游客社会安全感知的 KMO 值为 0.864，大于 0.7；巴特勒球形检验的值为 1822.569，自由度为 171，显著水平为 0.000，说明游客社会安全感知测量适合进一步进行因子分析。探索性因子分析发现，*sit* 5、*env* 5、*ser* 1、*ser* 5、*cul* 4、*inf* 5 题项在各主成分上的因子载荷较低，低于 0.5，根据特征根大于 1，最大因子载荷大于 0.5 的标准，据此予以剔除。剔除后再次进行探索性因子分析，结果表明剩余所有题项因子载荷均大于 0.5，因子旋转萃取出 5 个公因子，命名为"旅游环境安全感知"、"安全信息感知"、"服务要素安全感知"、"地域文化安全感知"和"治安状况安全感知"，如表 5.14 所示。

本章对游客社会安全感知 5 个公因子进行信度检验，结果发现，游客社会安全感知的信度较为理想，5 个公因子的克朗巴哈值（Cronbach'α）为 0.765 ~ 0.817，均高于 0.7 的标准，且各题项—总体相关系数均大于 0.35，说明各指标均通过了信度检验，游客社会安全感知各测量题项具有较好的可靠性、稳定性和内部一致性。

表 5.14　游客社会安全感知的探索性因子分析和信度检验

题项	因子载荷	特征值	解释方差	题项—总体相关系数	删除该项后 Cronbach's Alpha 值	Cronbach's Alpha
因子1：		6.574	34.598			0.817
env 1	0.602			0.596	0.785	
env 2	0.722			0.663	0.765	
env 3	0.845			0.671	0.762	
env 4	0.756			0.658	0.767	
因子2：		1.906	10.032			0.791
inf 1	0.702			0.511	0.771	
inf 2	0.797			0.635	0.732	
inf 3	0.780			0.619	0.736	
inf 4	0.758			0.657	0.723	
因子3：		1.342	7.063			0.801
ser 2	0.707			0.525	0.777	
ser 3	0.762			0.640	0.752	
ser 4	0.747			0.666	0.744	
ser 6	0.492			0.437	0.798	
因子4：		1.316	6.927			0.765
cul 1	0.765			0.568	0.708	
cul 2	0.806			0.624	0.679	
cul 3	0.703			0.660	0.660	
因子5：		1.087	5.723			0.797
sit 1	0.767			0.406	0.813	
sit 2	0.768			0.647	0.737	
sit 3	0.636			0.646	0.737	
sit 4	0.541			0.640	0.739	

注：提取方法：主成分分析；旋转法：具有 Kaiser 标准化的正交旋转法。

基于上述采用小样本数据，进行游客安全期望和游客安全感知的探索性因子分析，并进行信度检验。根据特征根大于 1，最大因子载荷大于0.5 的标准，经过剔除因子载荷低于 0.5 的测量题项后再次进行检验，最后得到了具有一致性和稳定性的测量题项。经过检验后的测量题项，为进一步开展正式大样本调查的测量量表提供来源，如表 5.15 所示。

表 5.15　正式调研问卷的测量题项

测量结构	测量维度	测量题项数目
游客安全期望/游客安全感知		安全期望/安全感知
心理安全期望/心理安全感知	维度一：人际交往	2/2
	维度二：主观控制	5/5
	维度三：自我认同	5/5
社会安全期望/社会安全感知	维度一：治安状况	4/4
	维度二：旅游环境	4/4
	维度三：服务要素	4/4
	维度四：地域文化	3/3
	维度五：安全信息	4/4

5.4　大样本数据测试

5.4.1　大样本数据收集

5.4.1.1　调研范围

从历年的各地区接待旅游人次数据来看，全国重点旅游城市每年接待的游客较多，成游客首选、青睐的旅游目的地。同时，随着全国重点旅游城市公共服务体系的不断完善、旅游环境的优化、旅游吸引物的增多，以及国民大众旅游的释放和出游意愿的增加，重点旅游城市接待的旅游人次将逐年递增。全国重点旅游城市日益成为游客聚集区，以及游客与当地市民共享的生活空间。游客安全感是衡量旅游城市旅游安全状况的重要指标和晴雨表。

本章选择全国 8 个重点旅游城市作为调研区域，包括北京、上海、南京、郑州、合肥、长春、广州、成都 8 个重点旅游城市，涵盖了全国东部、中部、西部三大区域，三大区域中的 8 个重点旅游城市，由于旅游安全治理状况不同，游客安全感或许存在差异。同时，获取三大区域中的 8 个重点旅游城市的大样本数据，为本章提出的游客安全感测评理论模型进行拟合检验和修正，以提出普适性的游客安全感测评模型。

5.4.1.2　调查样本数量

本章采用随机拦访调查，调查所需要的样本量通过下面的随机抽样计算公式（5.1）[①]：

$$N = \frac{Z^2 P_\mu (1 - P_\mu)}{\Delta^2} \qquad (5.1)$$

式（5.1）中，N 表示需要的样本量；Z 表示对于所选置信水平的概率；P_μ 表示总体成数（习惯上将 P_μ 设置为 0.5）；$\triangle$ 表示以十进制表示的抽样误差量。

根据上面的计算公式，本章选择在 95% 的置信水平下（查表得知，在 95% 置信水平，$Z = 1.96$），限制误差为 +3%，样本量等于：

$$N = \frac{1.96^2 (0.5)(1 - 0.5)}{0.03^2} = 1067.11 \qquad (5.2)$$

为确保 95% 置信水平、准确度在 +3% 以内时，所需要样本量为 1067.11，取整数，本章的调查样本总量至少为 1067 份。实际中发放问卷的情况如表 5.16 所示，共发放问卷 2400 份。

表 5.16　正式调查问卷发放情况

问卷发放城市	发放数量	回收数量/回收率	有效数量/有效率
北　京	300	300/100%	289/100%
上　海	300	275/91.7%	267/97.1%
南　京	300	261/87%	261/100%
郑　州	300	252/84%	250/100%
长　春	300	300/100%	267/89%
合　肥	300	283/94.3%	278/98.2%

---

① 骆克任：《社会经济定量研究与 PASW 和 SAS 的应用（授课讲义）》（电子版），电子工业出版社，2002。

问卷发放城市	发放数量	回收数量/回收率	有效数量/有效率
广　州	300	241/80.3%	232/96.3%
成　都	300	300/100%	298/99.3%

5.4.2　大样本数据的描述性统计分析

5.4.2.1　大样本数据的社会人口统计特征

通过对正式调查选取的大样本数据的社会人口统计特征的基本情况进行统计，本章正式调查大样本的社会人口统计学特征如表 5.17 所示。

表 5.17　大样本数据的社会人口统计特征

内容	基本特征	比重（%）	内容	基本特征	比重（%）
性别	男性	50.0	职业或身份	工人	8.1
	女性	49.6		学生	20.5
年龄	18~24 岁	18.7		公务员	8.8
	25~34 岁	34.6		农民	6.4
	35~44 岁	30.0		个体经营者	12.4
	45~54 岁	9.9		教师	4.9
	55 岁以上	6.4		专业技术人员	5.7
文化程度	初中以下	9.5		企事业单位管理人员	7.8
	高中或中专	29.3		服务或销售人员	10.6
	大专或本科	48.8		离退休人员	4.6
	研究生	11.7		军人	2.1
月收入	1000~2000 元	21.9		其他	7.8
	2001~3000 元	21.9	出游方式	单位组织	13.4
	3001~4000 元	28.3		旅行社组团	27.6
	4001~5000 元	21.2		家庭出游	30.4
	5000 元及以上	5.3		亲朋好友出游	17.0
逗留天数	1 天	52.1		独自出游	11.3
	2 天	19.8			
	3 天	16.6			
	4 天及以上	11.3			

注：因存在缺失值，合计≤100%。

5.4.2.2 大样本数据题项的描述性统计

本章采用 SPSS 18.0 统计软件，对正式调研的大样本数据题项的均值和标准差进行了统计，描述性统计结果见表 5.18。

表 5.18 大样本数据题项的描述性统计

安全期望	样本量	均值	标准差	安全感知	样本量	均值	标准差
sit 1	1328	3.04	1.140	*sit* 1	1327	3.10	1.132
sit 2	1328	3.09	1.079	*sit* 2	1328	3.13	1.167
sit 3	1328	2.99	1.090	*sit* 3	1328	2.98	1.175
sit 4	1328	2.98	1.062	*sit* 4	1328	2.93	1.120
sit 5	1328	3.12	1.085	*sit* 5	1328	3.03	1.129
env 1	1327	3.32	1.002	*env* 1	1328	3.11	1.092
env 2	1328	3.35	0.995	*env* 2	1328	3.15	1.046
env 3	1328	3.29	1.018	*env* 3	1328	3.17	1.062
env 4	1328	3.44	1.042	*env* 4	1328	3.15	1.096
env 5	1328	3.52	0.991	*env* 5	1328	3.24	1.062
ser 1	1327	3.45	0.971	*ser* 1	1328	3.21	0.971
ser 2	1328	3.41	0.976	*ser* 2	1328	3.17	1.035
ser 3	1328	3.47	1.014	*ser* 3	1328	3.22	1.029
ser 4	1328	3.43	1.010	*ser* 4	1328	3.23	1.080
ser 5	1328	3.50	1.024	*ser* 5	1328	3.30	1.073
ser 6	1328	3.57	1.036	*ser* 6	1328	3.43	1.057
cul 1	1328	3.26	0.983	*cul* 1	1328	3.12	1.014
cul 2	1328	3.19	0.960	*cul* 2	1327	3.11	1.019
cul 3	1328	3.23	0.933	*cul* 3	1327	3.06	1.016
cul 4	1328	3.24	0.928	*cul* 4	1326	3.11	0.996
inf 1	1327	3.35	0.925	*inf* 1	1327	3.41	0.957
inf 2	1328	3.34	0.927	*inf* 2	1327	3.35	0.937
inf 3	1328	3.28	0.927	*inf* 3	1327	3.29	0.965
inf 4	1327	3.35	0.917	*inf* 4	1327	3.35	0.965
inf 5	1328	3.42	1.441	*inf* 5	1327	3.32	0.989
com 1	1323	3.45	1.054	*com* 1	1327	3.43	1.090
com 2	1323	3.54	1.027	*com* 2	1327	3.65	1.064

续表

安全期望	样本量	均值	标准差	安全感知	样本量	均值	标准差
com 3	1323	3.25	1.740	*com* 3	1327	3.22	1.064
com 4	1323	3.10	0.977	*com* 4	1327	3.06	1.038
com 5	1323	3.15	0.971	*com* 5	1327	3.05	1.061
sub 1	1323	3.34	0.988	*sub* 1	1327	3.27	1.024
sub 2	1323	3.36	0.992	*sub* 2	1327	3.22	1.012
sub 3	1323	3.38	1.015	*sub* 3	1327	3.18	1.049
sub 4	1323	3.34	1.037	*sub* 4	1327	3.20	1.059
sub 5	1323	3.18	1.046	*sub* 5	1327	3.09	1.073
sel 1	1323	3.53	0.926	*sel* 1	1327	3.52	0.979
sel 2	1323	3.46	0.942	*sel* 2	1327	3.48	0.974
sel 3	1323	3.38	0.917	*sel* 3	1327	3.42	0.969
sel 4	1323	3.38	0.908	*sel* 4	1327	3.46	0.970
sel 5	1323	3.48	0.906	*sel* 5	1327	3.50	1.003

5.4.3   大样本数据的信度和效度检验

为提高模型拟合检验的效果，在进行结构方程模型（SEM）分析之前需对测量量表进行信度和效度检验。通过检验测量量表的可靠性和测量的准确性，从而提高模型拟合的优度。

5.4.3.1   信度检验

信度检验是通过描述观测变量来反映潜在变量内部的一致性或稳定性。信度的测量指标通常采用内部一致性（*Internal Consistency*）来衡量。内部一致性指标在问卷法观测数据中常用，是指测量同一个概念的各子测量题项之间的一致性。

本章采用克朗巴哈值（*Cronbach'α*）、题项—总体相关系数（*Correlated item - total correlation*，CITC）作为主要衡量指标。对于克朗巴哈值（*Cronbach'α*）的标准，Wortzel 认为克朗巴哈值（*Cronbach'α*）为 0.7 ~ 0.98 具有较高信度，李怀祖则认为通常情况下，克朗巴哈值（*Cronbach'α*）应大于 0.7。虽学者的观点不同，但一般都认为应大于 0.7[214]。经过测量，游客社会安全期望、游客心理安全期望、游客社会安

表 5.19　大样本数据的信度分析

游客社会安全期望		题项—总体相关系数	删除该项后Cronbach's Alpha 值	Cronbach's Alpha 系数	游客社会安全感知		题项—总体相关系数	删除该项后Cronbach's Alpha 值	Cronbach's Alpha 系数
治安状况	*sit* 1	0.496	0.779		治安状况	*sit* 1	0.576	0.809	
	sit 2	0.689	0.679	0.783		*sit* 2	0.734	0.735	0.823
	sit 3	0.633	0.708			*sit* 3	0.696	0.754	
	sit 4	0.548	0.750			*sit* 4	0.586	0.804	
旅游环境	*env* 1	0.559	0.693		旅游环境	*env* 1	0.590	0.752	
	env 2	0.616	0.662	0.755		*env* 2	0.657	0.719	0.795
	env 3	0.510	0.719			*env* 3	0.612	0.741	
	env 4	0.521	0.714			*env* 4	0.565	0.764	
服务要素	*ser* 2	0.454	0.701		服务要素	*ser* 2	0.424	0.689	
	ser 3	0.604	0.613	0.727		*ser* 3	0.585	0.592	0.710
	ser 4	0.555	0.643			*ser* 4	0.568	0.600	
	ser 6	0.458	0.701			*ser* 6	0.415	0.696	
地域文化	*cul* 1	0.433	0.687		地域文化	*cul* 1	0.595	0.703	
	cul 2	0.573	0.599	0.710		*cul* 2	0.611	0.694	0.770
	cul 3	0.534	0.624			*cul* 3	0.615	0.692	
	cul 4	0.451	0.674			*cul* 4	0.468	0.767	
安全信息	*inf* 1	0.490	0.647		安全信息	*inf* 1	0.531	0.740	
	inf 2	0.516	0.631	0.708		*inf* 2	0.621	0.693	0.772
	inf 3	0.517	0.630			*inf* 3	0.593	0.707	
	inf 4	0.451	0.670			*inf* 4	0.551	0.729	
人际交往	*com* 1	0.706	0.516	0.827	人际交往	*com* 1	0.704	0.679	0.826
	com 2	0.706	0.496			*com* 2	0.704	0.627	
主观控制	*sub* 1	0.594	0.729		主观控制	*sub* 1	0.655	0.797	
	sub 2	0.634	0.715			*sub* 2	0.682	0.790	
	sub 3	0.630	0.716	0.781		*sub* 3	0.679	0.790	0.835
	sub 4	0.622	0.718			*sub* 4	0.674	0.791	
	sub 5	0.427	0.815			*sub* 5	0.499	0.840	
自我认同	*sel* 1	0.501	0.750		自我认同	*sel* 1	0.571	0.802	
	sel 2	0.579	0.723			*sel* 2	0.627	0.785	
	sel 3	0.594	0.718	0.776		*sel* 3	0.653	0.778	0.823
	sel 4	0.558	0.731			*sel* 4	0.625	0.786	
	sel 5	0.509	0.747			*sel* 5	0.609	0.791	

全感知、游客心理安全感知各维度的 Cronbach'α 系数均大于 0.7，各题项与总体相关系数值均大于 0.4，如表 5.19 所示。说明各指标均通过了信度检验，游客安全期望和游客安全感知的各测量题项具有较好的可靠性和稳定性，以及内部一致性。

5.4.3.2　效度检验

效度（*Validity*）指测量工具能够正确测量出所要测量问题的程度。测量效度就是要确认所收集的数据能否得到所要得到的结论、反映所要讨论的问题，同时也判断潜变量是否确定得合理（易丹辉，2008）[181]。因子分析是检验效度的一种常用有效方法。本章采用探索性因子分析（EFA）和验证性因子（CFA）对测量量表和测量的结构进行效度检验。

（1）探索性因子分析

依照 Bentler 和 Chou 的观点和建议，倘若变量的数目较多，在使用探索性因子分析（EFA）时，应该把变量分成几个部分分别来做分析[180]。本章使用 SPSS 18.0 软件分别将游客安全期望、游客安全感知和游客安全认知评价分成游客心理安全期望和游客社会安全期望、游客心理安全感知和游客社会安全感知、游客心理安全认知评价和游客社会安全认知评价进行探索性因子分析。

①游客心理与社会安全期望的探索性因子分析

在使用探索性因子分析法之前，首先借助 SPSS 18.0 统计软件对所获得数据进行分析，发现游客心理安全期望和社会安全期望的 KMO 值分别为 0.812 和 0.826，大于 0.7；巴特勒球形检验的值为 5058.499 和 6759.497，显著水平均达到 0.000，说明游客心理安全期望和社会安全期望测量维度的相关系数矩阵间存在公因子，适合进行因子分析，进而对游客心理和社会安全期望的测量题项进行探索性因子分析。

在对游客心理安全期望进行因子分析后发现，测量题项 *com* 3、*com* 4、*com* 5 的载荷较低；在对游客社会安全期望进行因子分析后发现，*sit* 5、*env* 5、*ser* 1、*ser* 5、*cul* 4、*inf* 5 题项在各主成分上的因子载荷较低，低于 0.5。根据特征根大于 1，最大因子载荷大于 0.5 的要求，据此将该题项予以剔除。剔除后进行因子分析，游客心理安全期望可提取 3 个公因子，游客社会安全期望提取 5 个公因子。依据各因子属性和测量题项的内容，将游客心理安全期望提取的 3 个公因子命名为"主观控制""自我认同""人际交往"；将游客社会安全期望提取的 5 个公因子命名为"治安状况安全期望""服务要素安全期望""旅游环境安全期望""安全信息安全期望"和"地域文化安全期望"，如表 5.20 所示。

表 5.20　基于大样本数据游客心理与社会安全期望的探索性因子分析

题项	成分					题项	成分		
	1	2	3	4	5		1	2	3
sit 1	0.712	0.122	0.013	0.003	0.037	*com*1	0.192	0.109	0.870
sit 2	0.831	0.113	0.083	0.092	0.057	*com*2	0.129	0.185	0.859
sit 3	0.770	0.018	0.149	0.102	0.173	*sub* 1	0.718	0.183	0.177
sit 4	0.723	0.002	0.117	0.124	0.125	*sub* 2	0.751	0.139	0.231
env 1	0.192	0.226	0.706	0.075	0.008	*sub* 3	0.759	0.114	0.197
env 2	0.145	0.217	0.756	0.094	0.069	*sub* 4	0.771	0.088	0.129
env 3	0.010	0.039	0.742	0.133	0.133	*sub* 5	0.586	0.025	-0.261
env 4	0.048	0.260	0.668	0.119	-0.009	*sel* 1	0.169	0.607	0.219
ser 2	0.120	0.637	0.146	0.079	0.062	*sel* 2	0.156	0.682	0.255
ser 3	0.059	0.758	0.221	0.096	0.021	*sel* 3	0.091	0.740	0.164
ser 4	0.060	0.729	0.174	0.117	0.040	*sel* 4	0.067	0.763	0.006
ser 6	0.015	0.674	0.114	0.156	0.065	*sel* 5	0.057	0.747	-0.109
cul 1	0.082	0.237	0.032	0.075	0.698	成分	1	2	3
cul 2	0.134	0.061	0.045	0.061	0.827				
cul 3	0.124	-0.097	0.094	0.095	0.750				
inf 1	0.069	0.126	0.124	0.718	0.043	特征值	3.995	1.860	1.358
inf 2	0.099	0.018	0.100	0.744	0.121				
inf 3	0.047	0.076	0.076	0.695	0.052				
成分	1	2	3	4	5				
特征值	4.684	2.109	1.601	1.416	1.229	解释方差	33.293	15.497	11.316
解释方差	24.654	11.097	8.425	7.455	6.467				
累积方差	24.654	35.751	44.176	51.631	58.098	累积方差	33.293	48.790	60.105

注：提取方法：主成分分析；旋转法：具有 Kaiser 标准化的正交旋转法。

通过比较使用大样本数据和小样本数据的探索性因子分析结果，发现游客心理和社会安全期望的各测量题项与各因子提取得到的维度一致。

②游客心理与社会安全感知的探索性因子分析

首先借助 SPSS 18.0 统计软件对所获得数据进行分析，发现游客心理安全感知和社会安全感知的 KMO 值分别为 0.830 和 0.893，大于 0.7；巴特勒球形检验的值为 5956.439 和 8909.671，显著水平均达到 0.000，说明游客心理安全感知和社会安全感知测量维度的相关系数矩阵间存在公因子，适合进行因子分析，进而对游客心理和社会安全感知的测量题项进行探索性因子分析。

在对游客心理安全感知进行因子分析后发现，测量题项 com 3、com 4、com 5 的载荷较低；在对游客社会安全感知进行因子分析后发现，sit 5、env 5、ser 1、ser 5、cul 4、inf 5 题项在各主成分上的因子载荷较低，低于 0.5。根据特征根大于 1，最大因子载荷大于 0.5 的要求，据此将该题项予以剔除。剔除后进行因子分析，游客心理安全感知提取 3 个公因子，游客社会安全感知提取 5 个公因子。依据各因子属性和测量题项的内容，将游客心理安全感知提取的公因子命名为"主观控制""自我认同""人际交往"；将游客社会安全感知提取的 5 个公因子命名为"旅游环境安全感知""治安状况安全感知""安全信息感知""地域文化安全感知"和"服务要素安全感知"，如表 5.21 所示。

通过比较使用大样本数据和小样本数据的探索性因子分析结果，表明游客心理和社会安全感知的各测量题项和各因子的提取维度一致，得到证实。

表 5.21　基于大样本数据游客心理与社会安全感知的探索性因子分析

题项	成分					题项	成分		
	1	2	3	4	5		1	2	3
sit 1	0.076	0.798	0.090	0.067	0.052	com 1	0.062	0.132	0.913
sit 2	0.188	0.838	0.149	0.101	0.095	com 2	0.126	0.246	0.867
sit 3	0.288	0.713	0.146	0.215	0.145	sub 1	0.772	0.149	0.104
sit 4	0.311	0.600	0.188	0.198	0.132	sub 2	0.796	0.110	0.151
env 1	0.665	0.259	0.127	0.242	0.058	sub 3	0.808	0.071	0.080

续表

题项	成　分					题项	成　分		
	1	2	3	4	5		1	2	3
env 2	0.769	0.175	0.061	0.211	0.080	sub 4	0.801	0.088	0.057
env 3	0.779	0.140	0.137	0.076	0.096	sub 5	0.660	0.093	-0.074
env 4	0.712	0.140	0.128	0.167	0.050	sel 1	0.115	0.683	0.195
ser 2	0.141	0.276	0.113	0.328	0.481	sel 2	0.093	0.735	0.211
ser 3	0.114	0.121	0.129	0.091	0.781	sel 3	0.123	0.771	0.136
ser 4	0.096	0.146	0.090	0.101	0.782	sel 4	0.082	0.785	0.021
ser 6	-0.019	-0.045	0.197	0.098	0.678	sel 5	0.102	0.772	0.008
cul 1	0.181	0.104	0.135	0.752	0.160	成分	1	2	3
cul 2	0.199	0.133	0.072	0.810	0.152				
cul 3	0.224	0.184	0.119	0.724	0.104				
inf 1	0.142	0.095	0.697	0.034	0.163	特征值	4.144	2.228	1.344
inf 2	0.123	0.100	0.777	0.082	0.127				
inf 3	0.104	0.151	0.748	0.141	0.083				
inf 4	0.053	0.115	0.729	0.089	0.124	解释方差	34.537	18.568	11.201
成分	1	2	3	4	5				
特征值	6.141	1.876	1.499	1.312	1.029				
解释方差	32.322	9.873	7.890	6.905	5.417	累积方差	34.537	53.105	64.307
累积方差	32.322	42.196	50.086	56.992	62.408				

注：提取方法：主成分分析；旋转法：具有 Kaiser 标准化的正交旋转法。

③游客心理与社会安全认知评价的探索性因子分析

首先借助 SPSS 18.0 统计软件对所获得数据进行分析，发现游客心理安全认知评价和社会安全认知评价的 KMO 值分别为 0.790 和 0.841，大于 0.7；巴特勒球形检验的值分别为 2615.479 和 4025.146，显著水平均达到 0.000，说明游客心理安全感知和社会安全感知测量适合进行因子分析，进而对游客心理和社会安全认知评价的测量题项进行探索性因子分析。

在对游客心理安全认知评价进行因子分析后发现，测量题项 com 3、

com 4、com 5 的载荷较低，在对游客社会安全认知评价进行因子分析后发现，sit 5、env 5、ser 1、ser 5、cul 4、inf 5 题项在各主成分上的因子载荷较低，低于 0.5。根据特征根大于 1，最大因子载荷大于 0.5 的要求，依据将该题项予以剔除。剔除后进行因子分析，游客心理安全认知评价提取3 个公因子，游客社会安全认知评价提取 5 个公因子。依据各因子属性和测量题项的内容，将游客心理安全认知评价提取的公因子命名为"主观控制""自我认同""人际交往"，将游客社会安全认知评价提取的 5 个公因子命名为"旅游环境安全认知评价""治安状况安全认知评价""服务要素安全认知评价""安全信息感知"和"地域文化安全感知"，如表5.22 所示。

表 5.22　基于大样本数据游客心理与社会安全认知评价的探索性因子分析

题项	成　分					题项	成　分		
	1	2	3	4	5		1	2	3
sit 1	0.015	0.762	0.009	0.118	−0.006	com 1	0.078	0.111	0.838
sit 2	0.108	0.763	0.111	0.138	−0.003	com 2	0.104	0.165	0.792
sit 3	0.162	0.619	0.169	−0.016	0.160	sub 1	0.703	0.125	0.152
sit 4	0.356	0.460	−0.002	0.156	0.108	sub 2	0.739	0.046	0.134
env 1	0.744	0.134	0.083	0.043	0.112	sub 3	0.727	0.045	0.038
env 2	0.768	0.090	0.145	0.004	0.093	sub 4	0.717	0.086	0.043
env 3	0.622	0.050	0.098	0.127	0.054	sub 5	0.484	0.178	−0.062
env 4	0.656	0.137	0.231	0.093	0.009	sel 1	0.094	0.571	0.181
ser 2	0.286	0.107	0.479	0.038	0.097	sel 2	0.057	0.578	0.300
ser 3	0.129	0.109	0.733	0.091	0.008	sel 3	0.070	0.630	0.197
ser 4	0.099	0.099	0.704	0.063	0.093	sel 4	0.161	0.657	−0.088
ser 6	0.082	−0.035	0.495	0.175	0.210	sel 5	0.088	0.662	−0.035
cul 1	0.215	0.011	0.245	0.105	0.589				
cul 2	0.068	−0.005	0.087	0.088	0.803	成分	1	2	3
cul 3	0.013	0.175	0.055	0.106	0.672				

题项	成　分					题项	成　分		
	1	2	3	4	5		1	2	3
inf 1	0.213	0.025	0.117	0.606	-0.002	特征值	3.141	1.644	1.175
inf 2	0.092	0.086	0.094	0.683	0.087				
inf 3	0.048	0.114	-0.063	0.628	0.163				
inf 4	-0.061	0.090	0.204	0.548	0.057	解释方差	26.173	13.701	9.791
成分	1	2	3	4	5				
特征值	4.134	1.505	1.469	1.129	1.084				
解释方差	21.755	7.919	7.732	5.942	5.705	累积方差	26.173	39.874	49.665
累积方差	21.755	29.675	37.407	43.349	49.054				

注：提取方法：主成分分析；旋转法：具有 Kaiser 标准化的正交旋转法。

通过比较使用大样本数据和小样本数据的探索性因子分析结果，得出游客心理和社会安全认知评价的各测量题项和各因子提取的维度一致，且得到证实。

（2）验证性因子分析

在上文进行探索性因子分析的基础上，将对所有测量变量进行验证性因子分析，验证测量变量与潜在变量之间的关系。由于测量题项和潜在变量较多，在进行验证性因子分析（CFA）时，将游客安全期望、游客安全感知和游客安全认知评价分别分成心理和社会两部分来做分析。

①游客心理安全期望的验证性因子分析

游客心理安全期望由游客人际交往、主观控制和自我认同三个维度构成，由于游客心理安全期望概念的测量时，包括了不止一个层次的潜变量，因此有必要对各个层次分别进行验证（Byrne，2001）[180]。因此，本章对游客心理安全期望进行一阶（*First - order*）验证性因子分析和二阶（*Second - order*）验证性因子分析。游客心理安全期望的一阶验证性因子分析结果如表 5.23 所示，二阶验证性因子分析结果如表 5.24 所示。

表 5.23　游客心理安全期望的一阶验证性因子分析

路　径			标准化路径系数	路径系数	S. E.	C. R.	P
com 2	<---	人际交往	0.755	1.000			
com 1	<---	人际交往	0.713	1.009	0.121	8.357	***
sub 4	<---	主观控制	0.590	1.000			
sub 3	<---	主观控制	0.636	1.044	0.089	11.676	***
sub 2	<---	主观控制	0.644	1.053	0.090	11.744	***
sub 1	<---	主观控制	0.575	0.934	0.085	11.011	***
sel 4	<---	自我认同	0.548	1.000			
sel 3	<---	自我认同	0.627	1.162	0.108	10.722	***
sel 2	<---	自我认同	0.615	1.145	0.108	10.630	***
sel 1	<---	自我认同	0.531	0.966	0.099	9.809	***
CMIN	DF	P	CMIN/DF	RMR	GFI	AGFI	PGFI
41.392	32	0.124	1.294	0.017	0.989	0.981	0.575
TLI	CFI				PNFI	PCFI	RMSEA
0.990	0.993				0.690	0.706	0.020

*** 表示 P < 0.001。

表 5.24　游客心理安全期望的二阶验证性因子分析

路　径			标准化路径系数	路径系数	S. E.	C. R.	P
人际交往	<---	心理安全期望	0.514	1.000			
主观控制	<---	心理安全期望	0.749	1.240	0.184	6.722	***
自我认同	<---	心理安全期望	0.858	1.184	0.189	6.279	***
CMIN	DF	P	CMIN/DF	RMR	GFI	AGFI	PGFI
41.392	32	0.124	1.294	0.017	0.989	0.981	0.575
TLI	CFI				PNFI	PCFI	RMSEA
0.990	0.993				0.690	0.706	0.020

*** 表示 P < 0.001。

由表 5.23 和表 5.24 可得，从游客心理安全期望的一阶和二阶验证性因子分析结果来看，在模型的适配性指标中，CMIN/DF = 1.294 < 3，TLI、CFI都大于 0.9，接近 1；RMSEA 的值为 0.02，小于 0.1；GFI = 0.989，AGFI =

0.981，均超过 0.9 的理想值；PNFI、PCFI 均大于 0.5；说明数据适配性较好。从表 5.23、表 5.24 还可以看出，各路径系数均在 P < 0.001 的水平上具有统计显著性。通过验证，游客心理安全期望三个维度的测度是有效的。

②游客心理安全感知的验证性因子分析

游客心理安全感知由人际交往感知、主观控制感知和自我认同感知三个维度构成，人际交往感知、主观控制感知和自我认同感知共有 10 个测量题项。本章通过对游客心理安全感知的一阶验证性因子分析和二阶验证性因子分析，从而更科学全面地验证游客心理安全感知的测量模型。验证性因子分析拟合结果如表 5.25 和表 5.26 所示。

表 5.25　游客心理安全感知的一阶验证性因子分析

路　径			标准化路径系数	路径系数	S. E.	C. R.	P
com 2	<---	人际交往	0.866	1.000			
com 1	<---	人际交往	0.686	0.837	0.081	10.325	***
sub 4	<---	主观控制	0.747	1.000			
sub 3	<---	主观控制	0.732	0.954	0.052	18.256	***
sub 2	<---	主观控制	0.757	0.952	0.053	18.129	***
sub 1	<---	主观控制	0.743	0.952	0.052	18.265	***
sel 4	<---	自我认同	0.657	1.000			
sel 3	<---	自我认同	0.680	1.038	0.074	13.936	***
sel 2	<---	自我认同	0.689	1.035	0.072	14.292	***
sel 1	<---	自我认同	0.652	0.985	0.071	13.801	***
CMIN	DF	P	CMIN/DF	RMR	GFI	AGFI	PGFI
48.404	32	0.032	1.513	0.022	0.987	0.978	0.574
TLI	CFI				PNFI	PCFI	RMSEA
0.990	0.993				0.697	0.706	0.026

　　*** 表示 P < 0.001。

由表 5.25 和表 5.26 可得，从游客心理安全感知的一阶验证性因子分析和二阶验证性因子分析结果来看，在模型的适配性指标中，CMIN/DF = 1.513 < 3，TLI、CFI 都大于 0.9，接近 1；RMSEA 的值为 0.026，小于 0.1；GFI = 0.987，AGFI = 0.978，均超过 0.9 的理想值；PNFI、PCFI 分

别为 0.697 和 0.706，均大于 0.5。整体来看，数据适配性较理想。从上表还可以发现，各路径系数均在 P < 0.001 的水平上具有统计显著性。通过验证，游客心理安全感知三个维度的测度是有效的。

表 5.26　游客心理安全感知的二阶验证性因子分析

路　径			标准化路径系数	路径系数	S. E.	C. R.	P
人际交往	<---	心理安全感知	0.616	1.000			
主观控制	<---	心理安全感知	0.573	0.977	0.120	8.154	***
自我认同	<---	心理安全感知	0.812	1.069	0.147	7.258	***
CMIN	DF	P	CMIN/DF	RMR	GFI	AGFI	PGFI
48.404	32	0.032	1.513	0.022	0.987	0.978	0.574
TLI	CFI				PNFI	PCFI	RMSEA
0.990	0 993				0.697	0.706	0.026

*** 表示 P < 0.001。

③游客社会安全期望的验证性因子分析

游客社会安全期望由治安状况、旅游环境、服务要素、地域文化和安全信息的安全期望五个维度构成，五个维度共 17 个测量题项。为更科学、全面、准确地测量游客社会安全期望的测评模型，本章采用一阶验证性因子分析和二阶验证性因子分析。

表 5.27　游客社会安全期望的一阶验证性因子分析

路　径			标准化路径系数	路径系数	S. E.	C. R.	P
sit 4	<---	治安状况	0.581	1.000			
sit 3	<---	治安状况	0.646	1.172	0.099	11.787	***
sit 2	<---	治安状况	0.658	1.115	0.100	11.129	***
sit 1	<---	治安状况	0.531	0.996	0.102	9.776	***
inf 4	<---	安全信息	0.541	1.000			
inf 3	<---	安全信息	0.578	1.088	0.105	10.338	***
inf 2	<---	安全信息	0.559	0.991	0.102	9.724	***
inf 1	<---	安全信息	0.551	1.000	0.105	9.496	***

路　径			标准化路径系数	路径系数	S. E.	C. R.	P
cul 3	<---	地域文化	0.546	1.000			
cul 2	<---	地域文化	0.615	1.152	0.109	10.578	***
cul 1	<---	地域文化	0.562	1.070	0.113	9.445	***
env 3	<---	旅游环境	0.555	1.000			
env 2	<---	旅游环境	0.670	1.183	0.105	11.251	***
env. 1	<---	旅游环境	0.547	0.926	0.094	9.850	***
ser 4	<---	服务要素	0.523	1.000			
ser 3	<---	服务要素	0.593	1.101	0.113	9.782	***
ser 2	<---	服务要素	0.489	0.933	0.108	8.675	***
CMIN	DF	P	CMIN/DF	RMR	GFI	AGFI	PGFI
200.586	109	0.000	1.840	0.027	0.968	0.955	0.690
TLI	CFI				PNFI	PCFI	RMSEA
0.948	0.958				0.733	0.768	0.034

*** 表示 P < 0.001。

表 5.28　游客社会安全期望的二阶验证性因子分析

路　径			标准化路径系数	路径系数	S. E.	C. R.	P
治安状况	<---	社会安全期望	0.620	1.000			
旅游环境	<---	社会安全期望	0.808	1.306	0.165	7.907	***
服务要素	<---	社会安全期望	0.876	1.272	0.162	7.849	***
地域文化	<---	社会安全期望	0.844	1.061	0.144	7.383	***
安全信息	<---	社会安全期望	0.734	1.111	0.145	7.657	***
CMIN	DF	P	CMIN/DF	RMR	GFI	AGFI	PGFI
189.047	114	0.000	1.658	0.028	0.970	0.960	0.723
TLI	CFI				PNFI	PCFI	RMSEA
0.958	0.965				0.768	0.809	0.030

*** 表示 P < 0.001。

由表 5.27 和表 5.28 不难发现，在模型的适配性指标中，从游客社会安全期望的一阶验证性因子分析拟合结果来看，CMIN/DF = 1.840 < 3，

TLI、CFI 分别为 0.948 和 0.958，都大于 0.9，接近 1；RMSEA 的值为 0.034，小于 0.1；GFI = 0.968，AGFI = 0.955，均超过 0.9 的理想值；PNFI、PCFI 均大于 0.5；各路径系数均在 P < 0.001 的水平上具有统计显著性。

游客社会安全期望的二阶验证性因子分析结果来看，CMIN/DF = 1.658 < 3，CFI 和 TLI 都大于 0.9，接近于 1；RMSEA 的值为 0.030，小于 0.1；GFI = 0.970，AGFI = 0.960，均超过 0.9 的理想值；PNFI、PCFI 分别为 0.768、0.809，均大于 0.5；说明数据适配性较好。从表 5.27、表 5.28 还可以看出，各路径系数均在 P < 0.001 的水平上具有统计显著性。经过验证，游客社会安全期望五个维度的测度是有效的。

④游客社会安全感知的验证性因子分析

与游客社会安全期望的验证性因子分析类似，游客社会安全感知也包含了治安状况、旅游环境、服务要素、地域文化和安全信息的安全感知五个维度，每个维度又由系列观测指标进行测量。因此，也需要对游客社会安全感知进行一阶验证性因子分析和二阶验证性因子分析。

表 5.29 游客社会安全感知的一阶验证性因子分析

路　径			标准化路径系数	路径系数	S. E.	C. R.	P
sit 4	<---	治安状况	0.684	1.000			
sit 3	<---	治安状况	0.762	1.163	0.066	17.729	***
sit 2	<---	治安状况	0.747	1.075	0.063	17.158	***
sit 1	<---	治安状况	0.613	0.871	0.061	14.343	***
inf 4	<---	安全信息	0.614	1.000			
inf 3	<---	安全信息	0.663	1.055	0.081	12.992	***
inf 2	<---	安全信息	0.707	1.063	0.077	13.797	***
inf 1	<---	安全信息	0.599	0.938	0.077	12.117	***
cul 3	<---	地域文化	0.703	1.000			
cul 2	<---	地域文化	0.733	1.054	0.063	16.743	***
cul 1	<---	地域文化	0.733	1.051	0.063	16.686	***
env 3	<---	旅游环境	0.687	1.000			
env 2	<---	旅游环境	0.744	1.033	0.059	17.435	***

续表

路　径			标准化路径系数	路径系数	S. E.	C. R.	P
env 1	<---	旅游环境	0.768	1.136	0.066	17.259	***
ser 4	<---	服务要素	0.684	1.000			
ser 3	<---	服务要素	0.706	0.949	0.060	15.797	***
ser 2	<---	服务要素	0.672	0.976	0.066	14.808	***
CMIN	DF	P	CMIN/DF	RMR	GFI	AGFI	PGFI
200.362	109	0.000	1.838	0.032	0.969	0.956	0.690
TLI	CFI				PNFI	PCFI	RMSEA
0.975	0.980				0.767	0.785	0.034

*** 表示 P < 0.001。

表 5.30　游客社会安全感知的二阶验证性因子分析

路　径			标准化路径系数	路径系数	S. E.	C. R.	P
治安状况	<---	社会安全感知	0.875	1.000			
旅游环境	<---	社会安全感知	0.860	1.053	0.079	13.336	***
服务要素	<---	社会安全感知	0.832	0.999	0.077	12.911	***
地域文化	<---	社会安全感知	0.836	0.729	0.066	10.960	***
安全信息	<---	社会安全感知	0.667	0.634	0.059	10.648	***
CMIN	DF	P	CMIN/DF	RMR	GFI	AGFI	PGFI
317.872	114	0.000	2.788	0.048	0.950	0.933	0.708
TLI	CFI				PNFI	PCFI	RMSEA
0.944	0.953				0.779	0.799	0.049

*** 表示 P < 0.001。

在模型的适配性指标中，由表 5.29 显示的游客社会安全感知的一阶验证性因子分析拟合结果来看，CMIN/DF = 1.838 < 3，TLI、CFI 分别为 0.975 和 0.980，都大于 0.9；RMSEA 的值为 0.034，小于 0.1；GFI = 0.969，AGFI = 0.956，均超过 0.9 的理想值；PNFI、PCFI 均大于 0.5；各路径系数均在 P < 0.001 的水平上具有统计显著性。

从表 5.30 显示的游客社会安全感知的二阶验证性因子分析结果来看，CMIN/DF = 2.788 < 3，CFI 和 TLI 都大于 0.9；RMSEA 的值为 0.049，小

于 0.1；GFI = 0.950，AGFI = 0.933，均超过 0.9 的理想值；PNFI、PCFI 分别为 0.779、0.799，均大于 0.5，说明数据适配性较好。从表 5.30 还可以看出，各路径系数均在 P < 0.001 的水平上具有统计显著性。综合验证，游客社会安全感知五个维度的测度是有效的。

⑤游客心理安全认知评价的验证性因子分析

依据前文探索性因子分析发现，游客心理安全认知评价的概念由游客人际交往、主观控制和自我认同三个维度构成，每个维度由系列观测变量进行测度。因此，为全面考量游客心理安全认知评价测量模型的有效性，本章对游客心理安全认知评价进行了一阶验证性因子分析和二阶验证性因子分析。

表 5.31　游客心理安全认知评价的一阶验证性因子分析

路　径			标准化路径系数	路径系数	S. E.	C. R.	P
com 2	<---	人际交往	0.671	1.000			
com 1	<---	人际交往	0.655	0.996	0.119	8.359	***
sub 4	<---	主观控制	0.591	1.000			
sub 3	<---	主观控制	0.575	0.939	0.091	10.355	***
sub 2	<---	主观控制	0.612	1.009	0.097	10.399	***
sub 1	<---	主观控制	0.576	0.894	0.088	10.134	***
sel 4	<---	自我认同	0.445	1.000			
sel 3	<---	自我认同	0.559	1.310	0.164	7.966	***
sel 2	<---	自我认同	0.551	1.312	0.164	7.991	***
sel 1	<---	自我认同	0.502	1.193	0.161	7.426	***
CMIN	DF	P	CMIN/DF	RMR	GFI	AGFI	PGFI
41.902	32	0.113	1.309	0.035	0.988	0.980	0.575
TLI	CFI				PNFI	PCFI	RMSEA
0.986	0.990				0.682	0.704	0.021

*** 表示 P < 0.001。

由表 5.31 和表 5.32 不难发现，从游客心理安全认知评价的一阶验证性因子分析和二阶验证性因子分析结果中，有关模型的适配性指标：CMIN/DF = 1.309 < 3，CFI 和 TLI 都分别为 0.990 和 0.986，均大于 0.9，

接近于 1；RMSEA 的值为 0.021，小于 0.1；GFI = 0.988，AGFI = 0.980，均超过 0.9 的理想值；PNFI、PCFI 分别为 0.682 和 0.704，均大于 0.5，说明数据适配性较理想。从上表还可以看出，各路径系数均在 P < 0.001 的水平上具有统计显著性。总起来看，游客心理安全认知评价三个维度的测度是有效的。

表 5.32　游客心理安全认知评价的二阶验证性因子分析

路　　径			标准化路径系数	路径系数	S. E.	C. R.	P
人际交往	<---	心理安全认知评价	0.751	1.000			
主观控制	<---	心理安全认知评价	0.485	0.687	0.125	5.501	***
自我认同	<---	心理安全认知评价	0.790	0.717	0.147	4.869	***
CMIN	DF	P	CMIN/DF	RMR	GFI	AGFI	PGFI
41.902	32	0.113	1.309	0.035	0.988	0.980	0.575
TLI	CFI				PNFI	PCFI	RMSEA
0.986	0.990				0.682	0.704	0.021

*** 表示 P < 0.001。

⑥游客社会安全认知评价的验证性因子分析

由游客社会安全认知评价的探索性因子分析发现，游客社会安全认知评价由 5 个维度构成，5 个维度共有 17 个观测变量进行测度。与游客心理安全认知评价的验证性因子分析类似，为更科学地检测游客社会安全认知评价的测量模型有效性，游客社会安全认知评价需进行一阶验证性因子分析和二阶验证性因子分析。

表 5.33　游客社会安全认知评价的一阶验证性因子分析

路　　径			标准化路径系数	路径系数	S. E.	C. R.	P
sit 4	<---	治安状况	0.567	1.000			
sit 3	<---	治安状况	0.514	0.850	0.088	9.692	***
sit 2	<---	治安状况	0.612	0.930	0.092	10.105	***
sit 1	<---	治安状况	0.509	0.764	0.085	9.026	***
inf 4	<---	安全信息	0.457	1.000			

路　　径			标准化路径系数	路径系数	S. E.	C. R.	P
inf 3	<---	安全信息	0.489	1.059	0.134	7.918	***
inf 2	<---	安全信息	0.564	1.195	0.143	8.366	***
inf 1	<---	安全信息	0.469	1.014	0.134	7.541	***
cul 3	<---	地域文化	0.503	1.000			
cul 2	<---	地域文化	0.576	1.108	0.118	9.402	***
cul 1	<---	地域文化	0.605	1.199	0.133	9.037	***
env 3	<---	旅游环境	0.525	1.000			
env 2	<---	旅游环境	0.641	1.162	0.107	10.862	***
env 1	<---	旅游环境	0.645	1.160	0.109	10.603	***
ser 4	<---	服务要素	0.572	1.000			
ser 3	<---	服务要素	0.575	0.908	0.090	10.102	***
ser 2	<---	服务要素	0.537	0.885	0.090	9.795	***
CMIN	DF	P	CMIN/DF	RMR	GFI	AGFI	PGFI
189.913	109	0.000	1.742	0.047	0.971	0.960	0.692
TLI	CFI				PNFI	PCFI	RMSEA
0.948	0.959				0.729	0.768	0.032

*** 表示 P < 0.001。

在模型的适配性指标中，由表5.33反映的游客社会安全认知评价的一阶验证性因子分析拟合结果表明，CMIN/DF = 1.742 < 3，TLI、CFI 分别为 0.948 和 0.959，均大于 0.9；RMSEA 的值为 0.032，小于 0.1；GFI = 0.971，AGFI = 0.960，均超过 0.9 的理想值；PNFI、PCFI 均大于 0.5；各路径系数均在 P < 0.001 的水平上具有统计显著性。

表 5.34　游客社会安全认知评价的二阶验证性因子分析

路　　径			标准化路径系数	路径系数	S. E.	C. R.	P
治安状况	<---	社会安全认知评价	0.690	1.268	0.185	6.850	***
旅游环境	<---	社会安全认知评价	0.818	1.537	0.218	7.059	***
服务要素	<---	社会安全认知评价	0.828	1.706	0.234	7.299	***

路　径			标准化路径系数	路径系数	S. E.	C. R.	P
地域文化	<---	社会安全认知评价	0. 770	1. 347	0. 196	6. 889	***
安全信息	<---	社会安全认知评价	0. 718	1. 000			
CMIN	DF	P	CMIN/DF	RMR	GFI	AGFI	PGFI
251. 580	114	0. 000	2. 207	0. 062	0. 961	0. 948	0. 716
TLI	CFI				PNFI	PCFI	RMSEA
0. 916	0. 930				0. 737	0. 779	0. 041

*** 表示 P < 0.001。

如表 5.34 所示，从游客社会安全认知评价的二阶验证性因子分析结果来看，CMIN/DF = 2.207 < 3，TLI 和 CFI 分别为 0.916、0.930，都大于 0.9；RMSEA 的值为 0.041，小于 0.1；GFI = 0.961，AGFI = 0.948，均超过 0.9 的理想值；PNFI、PCFI 分别为 0.737、0.779，均大于 0.5，说明数据适配性较好。从表 5.34 还可以发现，各路径系数均在 P < 0.001 的水平上具有统计显著性。综合验证，游客社会安全认知评价五个维度的测度是有效的。

（3）整合模型的验证性因子分析

从上文分析不难发现，游客安全感测评通过游客安全期望、游客安全感知和游客安全认知评价三方面反映出来，而游客安全期望、游客安全感知和游客安全认知评价又由许多维度构成，同时游客安全期望、游客安全感知和游客安全认知评价又包括心理和社会两方面。前文主要对游客安全期望、游客安全感知、游客安全认知评价的心理和社会两方面进行了验证性因子分析。为了进一步验证游客安全期望、游客安全感知、游客安全认知评价的测量维度体系结构的合理性，本章需对游客安全期望、游客安全感知、游客安全认知评价的整合模型进行验证性因子分析，以为游客安全感指数测评模型的应用提供更有效的理论依据。

①游客安全期望的验证性因子分析

根据游客心理安全期望和游客社会安全期望的探索性因子分析，游客安全期望由游客社会安全期望的 5 个维度和游客心理安全期望的 3 个维度构成，8 个维度组成的整合测度模型中共有 27 个观测变量进行测度。为了检验游客安全期望整合测度模型的有效性，本章对游客安全期望进行了一阶验证性因子分析和二阶验证性因子分析。

表 5.35 游客安全期望的一阶验证性因子分析

路　径			标准化路径系数	路径系数	S. E.	C. R.	P
sit 4	<---	治安状况	0.571	1.000			
sit 3	<---	治安状况	0.631	1.165	0.102	11.448	***
sit 2	<---	治安状况	0.663	1.144	0.098	11.720	***
sit 1	<---	治安状况	0.557	1.063	0.100	10.648	***
env 3	<---	旅游环境	0.552	1.000			
env 2	<---	旅游环境	0.671	1.190	0.107	11.093	***
env 1	<---	旅游环境	0.549	0.933	0.092	10.088	***
cul 3	<---	地域文化	0.562	1.000			
cul 2	<---	地域文化	0.609	1.108	0.104	10.651	***
cul 1	<---	地域文化	0.551	1.019	0.101	10.098	***
inf 4	<---	安全信息	0.553	1.000			
inf 3	<---	安全信息	0.580	1.066	0.102	10.413	***
inf 2	<---	安全信息	0.547	0.949	0.094	10.075	***
inf 1	<---	安全信息	0.549	0.973	0.096	10.090	***
ser 4	<---	服务要素	0.519	1.000			
ser 3	<---	服务要素	0.595	1.112	0.111	10.040	***
ser 2	<---	服务要素	0.490	0.942	0.104	9.020	***
com 2	<---	人际交往	0.728	1.000			
com 1	<---	人际交往	0.739	1.086	0.114	9.547	***
sub 4	<---	主观控制	0.595	1.000			
sub 3	<---	主观控制	0.645	1.049	0.086	12.175	***
sub 2	<---	主观控制	0.631	1.023	0.085	12.025	***
sub 1	<---	主观控制	0.575	0.928	0.082	11.348	***
sel 4	<---	自我认同	0.548	1.000			
sel 3	<---	自我认同	0.633	1.174	0.108	10.913	***
sel 2	<---	自我认同	0.607	1.132	0.106	10.703	***
sel 1	<---	自我认同	0.534	0.973	0.098	9.954	***

路　径		标准化路径系数	路径系数	S. E.	C. R.	P
CMIN	DF	P	CMIN/DF	RMR	GFI	AGFI	PGFI
478.021	296	0.000	1.615	0.027	0.953	0.941	0.747
TLI	CFI				PNFI	PCFI	RMSEA
0.944	0.953				0.747	0.803	0.029

*** 表示 P < 0.001。

表 5.36　游客安全期望的二阶验证性因子分析

路　径			标准化路径系数	路径系数	S. E.	C. R.	P
治安状况	<---	安全期望	0.631	1.000			
旅游环境	<---	安全期望	0.761	1.221	0.154	7.955	***
服务要素	<---	安全期望	0.854	1.216	0.153	7.960	***
地域文化	<---	安全期望	0.777	1.196	0.149	8.037	***
安全信息	<---	安全期望	0.757	1.150	0.144	7.976	***
主观控制	<---	安全期望	0.646	1.125	0.142	7.926	***
人际交往	<---	安全期望	0.413	0.847	0.132	6.401	***
自我认同	<---	安全期望	0.530	0.758	0.109	6.982	***
CMIN	DF	P	CMIN/DF	RMR	GFI	AGFI	PGFI
653.995	316	0.000	2.070	0.040	0.935	0.923	0.782
TLI	CFI				PNFI	PCFI	RMSEA
0.903	0.912				0.760	0.821	0.038

*** 表示 P < 0.001。

在模型的适配性指标中，由表 5.35 反映的游客安全期望的一阶验证性因子分析拟合结果表明，CMIN/DF = 1.615 < 3，TLI、CFI 分别为 0.944 和 0.953，均大于 0.9；RMSEA 的值为 0.029，小于 0.1；GFI = 0.953，AGFI = 0.941，均超过 0.9 的理想值；PNFI、PCFI 分别为 0.747 和 0.803，均大于 0.5；各路径系数均具有统计意义上的显著性。

如表 5.36 所示，游客安全期望的二阶验证性因子分析结果显示，CMIN/DF = 2.070 < 3，CFI 和 TLI 分别为 0.912、0.903，都大于 0.9；RM-

SEA 的值为 0.038，小于 0.1；GFI = 0.935，AGFI = 0.923，均超过 0.9 的理想值；PNFI、PCFI 分别为 0.760、0.821，均大于 0.5；说明数据适配性较好。从表 5.36 还可以发现，各路径系数均在 P < 0.001 的水平上具有统计显著性。综合验证，游客安全期望 8 个维度的测度是有效的。

②游客安全感知的验证性因子分析

与游客安全期望的验证性因子分析类似，根据游客心理安全感知和游客社会安全感知的探索性因子分析，游客安全感知由游客社会安全感知的 5 个维度和游客心理安全感知的 3 个维度构成，8 个维度组成的游客安全感知整合测度模型中共有 27 个观测变量进行测度。为了检验游客安全感知整合测度模型的有效性，本章对游客安全感知进行了一阶验证性因子分析和二阶验证性因子分析。

表 5.37　游客安全感知的一阶验证性因子分析

路　　径			标准化路径系数	路径系数	S. E.	C. R.	P
sit 4	<---	治安状况	0.687	1.000			
sit 3	<---	治安状况	0.757	1.150	0.065	17.796	***
sit 2	<---	治安状况	0.749	1.073	0.061	17.639	***
sit 1	<---	治安状况	0.615	0.870	0.059	14.831	***
env 3	<---	旅游环境	0.692	1.000			
env 2	<---	旅游环境	0.744	1.024	0.059	17.301	***
env 1	<---	旅游环境	0.764	1.122	0.064	17.671	***
cul 3	<---	地域文化	0.706	1.000			
cul 2	<---	地域文化	0.731	1.047	0.062	16.947	***
cul 1	<---	地域文化	0.733	1.046	0.062	16.975	***
inf 4	<---	安全信息	0.620	1.000			
inf 3	<---	安全信息	0.653	1.031	0.077	13.440	***
inf 2	<---	安全信息	0.709	1.056	0.075	14.149	***
inf 1	<---	安全信息	0.602	0.934	0.074	12.687	***
ser 4	<---	服务要素	0.686	1.000			
ser 3	<---	服务要素	0.713	0.954	0.060	15.895	***
ser 2	<---	服务要素	0.664	0.961	0.064	15.040	***

路　径			标准化路径系数	路径系数	S. E.	C. R.	P
com 2	<---	人际交往	0.862	1.000			
com 1	<---	人际交往	0.689	0.845	0.073	11.635	***
sub 4	<---	主观控制	0.742	1.000			
sub 3	<---	主观控制	0.726	0.952	0.052	18.139	***
sub 2	<---	主观控制	0.758	0.960	0.051	18.885	***
sub 1	<---	主观控制	0.751	0.968	0.052	18.724	***
sel 4	<---	自我认同	0.662	1.000			
sel 3	<---	自我认同	0.690	1.044	0.070	14.852	***
sel 2	<---	自我认同	0.676	1.008	0.069	14.641	***
sel 1	<---	自我认同	0.649	0.972	0.068	14.198	***
CMIN	DF	P	CMIN/DF	RMR	GFI	AGFI	PGFI
560.047	296	0.000	1.892	0.034	0.947	0.932	0.741
TLI	CFI				PNFI	PCFI	RMSEA
0.958	0.965				0.783	0.813	0.035

*** 表示 P < 0.001。

表 5.38　游客安全感知的二阶验证性因子分析

路　径			标准化路径系数	路径系数	S. E.	C. R.	P
治安状况	<---	安全感知	0.849	1.000			
旅游环境	<---	安全感知	0.829	1.060	0.080	13.201	***
服务要素	<---	安全感知	0.839	1.035	0.080	12.953	***
地域文化	<---	安全感知	0.834	1.050	0.078	13.425	***
安全信息	<---	安全感知	0.703	0.693	0.063	11.019	***
主观控制	<---	安全感知	0.680	0.926	0.075	12.361	***
人际交往	<---	安全感知	0.446	0.622	0.064	9.733	***
自我认同	<---	安全感知	0.565	0.599	0.059	10.095	***
CMIN	DF	P	CMIN/DF	RMR	GFI	AGFI	PGFI
858.040	316	0.000	2.715	0.055	0.918	0.902	0.768
TLI	CFI				PNFI	PCFI	RMSEA
0.919	0.927				0.801	0.835	0.048

*** 表示 P < 0.001。

在模型的适配性指标中，由表 5.37 反映的游客安全感知的一阶验证性因子分析拟合结果表明，CMIN/DF = 1.892 < 3，TLI、CFI 分别为 0.958 和 0.965，均大于 0.9；RMSEA 的值为 0.035，小于 0.1；GFI = 0.947，AGFI = 0.932，均超过 0.9 的理想值；PNFI、PCFI 均大于 0.5；各路径系数均在 P < 0.001 的水平上具有统计显著性。

如表 5.38 所示从游客安全感知的二阶验证性因子分析结果来看，CMIN/DF = 2.715 < 3，CFI 和 TLI 分别为 0.927 和 0.919，都大于 0.9；RMSEA 的值为 0.048，小于 0.1；GFI = 0.918，AGFI = 0.902，均超过 0.9 的理想值；PNFI、PCFI 分别为 0.801、0.835，均大于 0.5，说明数据适配性较好。从表 5.38 还可以发现，各路径系数均在 P < 0.001 的水平上具有统计显著性。综合验证，游客安全感知评价 8 个维度的测度是有效的。

③游客安全认知评价的验证性因子分析

依据前文阐述的游客安全认知评价是游客在目的地旅游后对旅游安全状况的感知与游客在目的地旅游之前的旅游安全状况的期望进行对比形成的，所以本章的游客安全认知评价数据来源是由游客安全感知数据与游客安全期望数据之差而获得的一套数据。根据游客心理安全认知评价和游客社会安全认知评价的探索性因子分析，游客安全认知评价也是由游客社会安全认知评价的 5 个维度和游客心理安全认知评价的 3 个维度构成，8 个维度组成的整合测度模型中共有 27 个观测变量进行测度。为了检验游客安全认知评价整合测度模型的有效性，本章对游客安全认知评价数据进行了一阶验证性因子分析和二阶验证性因子分析。

表 5.39　游客安全认知评价的一阶验证性因子分析

路　径			标准化路径系数	路径系数	S. E.	C. R.	P
sit 4	<---	治安状况	0.557	1.000			
sit 3	<---	治安状况	0.503	0.846	0.087	9.687	***
sit 2	<---	治安状况	0.615	0.951	0.087	10.931	***
sit 1	<---	治安状况	0.533	0.814	0.081	10.067	***
env 3	<---	旅游环境	0.523	1.000			

路　径			标准化路径系数	路径系数	S. E.	C. R.	P
env 2	<---	旅游环境	0.639	1.163	0.107	10.823	***
env 1	<---	旅游环境	0.647	1.168	0.107	10.881	***
cul 3	<---	地域文化	0.512	1.000			
cul 2	<---	地域文化	0.579	1.095	0.115	9.494	***
cul 1	<---	地域文化	0.595	1.159	0.121	9.601	***
inf 4	<---	安全信息	0.457	1.000			
inf 3	<---	安全信息	0.476	1.033	0.132	7.858	***
inf 2	<---	安全信息	0.570	1.210	0.142	8.523	***
inf 1	<---	安全信息	0.476	1.029	0.131	7.852	***
ser 4	<---	服务要素	0.570	1.000			
ser 3	<---	服务要素	0.581	0.920	0.088	10.420	***
ser 2	<---	服务要素	0.531	0.878	0.089	9.897	***
com 2	<---	人际交往	0.653	1.000			
com 1	<---	人际交往	0.673	1.053	0.109	9.638	***
sub 4	<---	主观控制	0.591	1.000			
sub 3	<---	主观控制	0.569	0.929	0.088	10.550	***
sub 2	<---	主观控制	0.600	0.987	0.091	10.860	***
sub 1	<---	主观控制	0.592	0.918	0.085	10.782	***
sel 4	<---	自我认同	0.455	1.000			
sel 3	<---	自我认同	0.559	1.281	0.154	8.296	***
sel 2	<---	自我认同	0.541	1.261	0.154	8.195	***
sel 1	<---	自我认同	0.504	1.171	0.147	7.944	***
CMIN	DF	P	CMIN/DF	RMR	GFI	AGFI	PGFI
465.506	296	0.000	1.573	0.046	0.956	0.943	0.748
TLI	CFI				PNFI	PCFI	RMSEA
0.938	0.947				0.733	0.799	0.028

*** 表示 P < 0.001。

表 5.40　游客安全认知评价的二阶验证性因子分析

路　径			标准化路径系数	路径系数	S. E.	C. R.	P
治安状况	<---	安全认知评价	0.742	1.000			
旅游环境	<---	安全认知评价	0.806	1.126	0.139	8.128	***
服务要素	<---	安全认知评价	0.792	1.184	0.143	8.291	***
地域文化	<---	安全认知评价	0.711	0.964	0.127	7.587	***
安全信息	<---	安全认知评价	0.705	0.721	0.103	7.004	***
主观控制	<---	安全认知评价	0.575	0.858	0.113	7.576	***
人际交往	<---	安全认知评价	0.505	0.746	0.106	7.061	***
自我认同	<---	安全认知评价	0.488	0.480	0.078	6.111	***
CMIN	DF	P	CMIN/DF	RMR	GFI	AGFI	PGFI
654.169	316	0.000	2.070	0.063	0.937	0.925	0.783
TLI	CFI				PNFI	PCFI	RMSEA
0.883	0.895				0.735	0.806	0.038

*** 表示 P < 0.001。

在模型的适配性指标中，由表 5.39 反映的游客安全认知评价的一阶验证性因子分析拟合结果表明，CMIN/DF = 1.573 < 3，TLI、CFI 分别为 0.938 和 0.947，均大于 0.9；RMSEA 的值为 0.028，小于 0.1；GFI = 0.956，AGFI = 0.943，均超过 0.9 的理想值；PNFI、PCFI 分别为 0.733 和 0.799，均大于 0.5；路径系数均具有统计意义上的显著性。

如表 5.40 所示，从游客安全认知评价的二阶验证性因子分析结果显示，CMIN/DF = 2.070 < 3，CFI 和 TLI 分别为 0.895、0.883，都接近 0.9；RMSEA 的值为 0.038，小于 0.1；GFI = 0.937，AGFI = 0.925，均超过 0.9 的理想值；PNFI、PCFI 分别为 0.735、0.806，均大于 0.5；说明数据适配性较好。从表 5.40 还可以发现，各路径系数均具有统计意义上的显著性。表明游客安全认知评价的验证性模型聚合效度基本达到要求。综合验证，游客安全认知评价 8 个维度的测度是有效的。

5.4.4　结构方程模型分析与假设检验

结构方程模型（SEM）主要包括测量模型和结构模型，因此结构方程模型的检验分析包括测量模型的检验和结构模型的拟合检验。本章在前文中对游客安全感的游客安全期望、游客安全感知和游客安全认知评价的各自测量模型进行了验证分析，本部分主要对游客安全期望、游客安全感知和游客安全认知评价的结构模型进行验证，并对上述提出的研究建设进行检验。

5.4.4.1　结构方程模型适配检验

本章按照结构方程模型的结构测量模型的建模原则，构建游客安全感测量模型包括游客安全感知、游客安全期望、游客安全认知评价三个结构变量，采用 AMOS 17.0 软件进行检测分析。游客安全感测评模型的主要路径如图 5.2 所示。

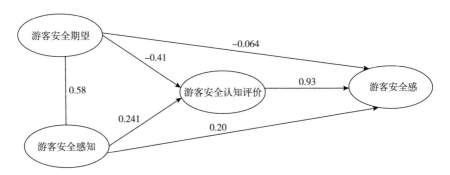

图 5.2　游客安全感测评模型的路径系数

从结构方程模型的拟合结果分析，模型的适配指标中：CMIN/DF = 2.965 < 3，CFI 和 TLI 分别为 0.920、0.903，都接近 0.9；RMSEA 的值为 0.047，小于 0.1；GFI = 0.924，AGFI = 0.900，均超过 0.9 的理想值；PNFI、PCFI 分别为 0.729、0.751，均大于 0.5；说明游客安全感测评的结构方程模型数据适配性较好，各项指标适配均达到要求。

表 5.41　模型的适配性检验结果

适配度指标	适配的标准或临界值	指标值	适配情况
绝对适配度指数			
CMIN/DF	1 <，<3	2.965	适配一般
RMR	< 0.05	0.023	适配理想
RMSEA	< 0.08（若 < 0.05 优良；< 0.08 良好）	0.047	适配优良

适配度指标	适配的标准或临界值	指标值	适配情况
GFI	>0.90 以上	0.924	适配理想
AGFI	>0.90 以上	0.900	适配理想
增值适配度指数			
CFI	>0.90 以上	0.920	适配理想
TLI	>0.90 以上	0.903	适配理想
简约适配度指数			
PGFI	>0.50 以上	0.702	适配理想
PNFI	>0.50 以上	0.729	适配理想
PCFI	>0.50 以上	0.757	适配理想

5.4.4.2　假设检验

利用 AMOS 17.0 软件进行结构方程模型的拟合检验，得到结构方程模型的路径系数，如表 5.42 所示，游客安全感测量的结构方程模型拟合效果较好，结构变量间的路径系数均具有统计意义上的显著性。

表 5.42　结构方程模型的拟合结果

路　径			标准化路径系数	路径系数	S. E.	C. R.	P
安全感知	<---	安全期望	0.587	0.922	0.120	7.653	***
安全认知评价	<---	安全期望	−0.417	−0.311	0.054	−5.758	***
安全认知评价	<---	安全感知	0.241	0.282	0.081	3.473	***
游客安全感	<---	安全认知评价	0.935	1.208	0.094	12.826	***
游客安全感	<---	安全期望	−0.064	−0.097	0.066	−1.461	***
游客安全感	<---	安全感知	0.203	0.196	0.045	4.349	***

*** 表示 P<0.001。

依据表 5.42 所显示的标准化路径系数和 P 值，对本章所提出的游客安全感测评理论模型和研究假设逐一进行检验，验证结果具体见表 5.43。游客安全感测评的结构方程模型显示：游客安全期望对游客安全认知评价有负向影响；游客安全感知对游客安全认知评价有正向影响；游客安全期望对游客安全感知有正向影响。

表 5.43　研究假设检验结果

研究假设	实证结果	检验结果
H1：游客安全期望越高，安全感知越低	游客安全期望对游客安全感知有正向影响	不支持假设
H2：游客安全期望越高，安全认知评价越低	游客安全期望对游客安全认知评价有负向影响	支持假设
H3：游客安全感知越高，安全认知评价越高	游客安全感知对游客安全认知评价有正向影响	支持假设
H4：游客安全期望越高，安全感越低	游客安全期望对游客安全感有负向影响	支持假设
H5：游客安全感知越高，安全感也越高	游客安全感知对游客安全感有正向影响	支持假设
H6：游客安全认知评价越高；安全感也越高	游客安全认知评价对游客安全感有正向影响	支持假设

5.4.4.3　检验结果分析

（1）游客安全期望对游客安全感知有正向影响

从游客安全感测评模型的结构方程模型分析拟合数据显示，游客安全期望对游客安全感知的影响路径系数为 0.587，$P < 0.001$ 的水平上具有统计显著性，表明游客安全期望对游客安全感知具有显著的正向影响，因此，验证结果不支持本章提出的原假设"H1：游客安全期望越高，游客安全感知越低"。

按照期望差异理论，在通常情况下，期望越高，感知越低。但随着时代的变化，进入信息社会后，资讯越来越发达，人们获取信息的数量越来越大，速度越来越快，人们购买的信息不对称行为在逐渐减少，顾客购买前一般会了解更多的购买信息，特别是对于购买较重要的产品时。当前，旅游信息铺天盖地，旅游者的出游方式已经逐渐摆脱旅行社组团、单位组织等形式的整体组合的包价旅游产品，背包客、自助旅游甚或购买单项旅游产品进行自行设计、搭配已成为越来越多旅游者青睐的出游方式。加之技术进步、信息发达、商业模式的创新，智慧旅游、在线旅行服务商为旅游者购买、选择旅游产品提供了便利，出游信息、旅行攻略为旅游者购买省去了更多的决策时间，同时也打破了传统渠道获取的旅游信息存在的诸多不对称问题，旅游者选择的旅游目的地信息越来越清晰化和可视化。正是由于旅游信息不对称问题的减少，旅游者能够获取到旅游目的地的真实可靠的旅游信息，所以旅游者对旅游目的地期望也越来越理性，也将逐渐减少通过旅行社营销、电视或报纸宣传、亲朋友好口碑等渠道获取的旅游信息而对旅游目的地充满高度期望的行为。以往旅游者在旅游目的地旅游之前与之后往往会诉说"遗憾终生与终生遗憾"的鲜明心理落差，说明以往游客是抱着非常高的期望去旅游，但是到旅游目的地之后，发现感受到的服务、设施等难以满足其需要，由此产生巨大心理落差。大众旅游时代，通常游客在购买决策之前会获取足够丰富的旅游资讯，进行对比决策，因此就会减少旅游者对旅游目的地更高的或者盲目的期望，游客越来越理性，游客购买的旅游产品与实际体验的旅游产品差距在缩小，所以许多旅游者会自豪地说"我选择、我喜欢"。所以本章认为技术进步、信息发展、商业模式的创新是减少游客安全期望与安全感知差距的重要因素，随着时代的变化，大众游客的安全期望对安全感知产生着正向影响。

（2）游客安全期望对游客安全认知评价有负向影响

拟合检验数据显示：游客安全期望对游客安全认知评价的影响路径系数为：$\beta - 0.417$，$P < 0.001$，说明游客安全期望对游客安全认知评价具有显著的负向影响。验证结果证实本章提出的研究假设"H2：游客安全期望越高，游客安全认知评价越低"。

虽然随着信息的真实性、可获取性增强，游客安全期望与安全感知的差异在减少，但是游客安全期望与安全感知的差异依然存在。游客在旅游目的地旅游之前总是抱着"高高兴兴出游、平平安安回家"的心态，但是游客在旅游目的地逗留期间所接触的各种服务界面出于种种原因，难以与游客的需要完全契合。例如，由于旅游目的地的安全标识不完善、警示信息不健全，游客误入不正规的"一日游"，游客损失了超额的旅游预算；因游客对旅游目的地交通线路不熟悉，随意乘坐出租车，遭遇"黑车"被欺客、宰客；或因在旅游景区人群拥挤，导致钱包、手机被盗；或因不了解当地的文化禁忌，游客随意拍照被逮住被罚款或索要金钱而产生的纠纷；等等。总之，游客在旅游目的地游览期间所接触的一切都会对游客安全感知产生影响，当游客所接触的所有服务或项目未致使人身、财务等为受损，游客安全感知与安全期望的差异较小，或正向差异越大，游客安全认知评价越大；反之，反向差异较大，游客安全认知评价越低。

（3）游客安全感知对游客安全认知评价有正向影响

从拟合结果来看，游客安全感知对游客安全认知评价具有显著的正向影响（标准化路径系数 $\beta = 0.241$，$P < 0.001$）。验证结果支持本章提出的研究假设："H3：游客安全感知越高，游客安全认知评价越高"。

游客感知是游客在旅游目的地亲身感受，是旅游体验的重要内容，可以直接反映出旅游品质的高低。旅游目的地的安全状况需要游客亲身感受和体验，游客亲身感受才有助于游客做出更加准确的认知评价。所以游客安全感知对游客安全认知评价有正向影响。旅游目的地安全治理过程中，应围绕游客在旅游目的地所接触的治安状况、旅游环境、服务要素、地域文化和安全感知信息的五个重要界面开展，让游客在旅游目的地逗留期间，拥有一个较好的治安状况和社会风气，营造安全的旅游环境，提供安全的旅游服务，好客的地域文化，完善的安全信息，全方位打造安全的旅游目的地。

（4）游客安全期望对游客安全感有负向影响

经检验数据发现，游客安全期望对游客安全感的影响路径系数和 P 值分别为：$\beta = -0.064$，$P < 0.001$，表明游客安全期望对游客安全感具有显著负向影响。该验证结果证实了研究假设："H4：游客安全期望越高，游客安全感越低"。游客安全认知评价是游客安全感的直接体现和衡量依据，而游客安全认知评价是游客安全感知与游客安全期望的对比产生的认知。游客安全期望对游客安全认知评价会产生负向影响，依此推理，游客安全期望对游客安全感产生负向影响，因此，本章的实证验证逻辑合理。

依据实证结论，旅游目的地在安全治理过程中，既要重视其自身旅游安全服务和环境的营造等，还应该重视游客安全真实信息的获取或旅游目的地旅游信息的对称性。减少游客旅游之前与之后的信息不对称问题，让游客在旅游之前，对旅游目的地旅游信息有更加全面、真实的认知，使游客对旅游目的地安全状况的期待更加客观、理性，游客感受到拥有人际交往安全、主观控制安全和自我认同，减少盲目的高期待而产生的心理落差。因此，旅游目的地在完善旅游安全服务、安全环境和安全文化氛围等的同时，也需客观真实地宣传旅游安全方面的信息，让游客在旅游前更好地了解目的地旅游安全信息，并做好充分准备，以防应对旅游活动过程中遇到的各种突发事件。当旅游目的地安全信息愈加真实、可靠，游客安全认知愈加理性、客观时，游客安全期望与安全感知的负向差距也将逐步缩小，游客安全认知评价将会提高，游客安全感也会逐渐提升，最终会提升游客的重游率和目的地忠诚度。

（5）游客安全感知对游客安全感有正向影响

拟合检验数据显示：游客安全感知对游客安全感具有显著正向影响，其影响路径系数和 P 值分别为：$\beta = 0.203$，$P < 0.001$。该验证结果支持研究假设："H5：游客安全感知越高，游客安全感也越高"。游客安全感知是影响游客安全感的关键变量，游客安全的切身感受是评价安全感的主要因素。依据上文验证，游客安全感知对游客安全认知评价有正向影响，而游客安全认知评价是游客安全感的直接反映，依此推理，游客安全感知对游客安全感具有显著的正向影响，说明实证验证的变量之间关系符合逻辑推理。

从验证结果可得，游客安全感知对游客安全感的路径系数为 $\beta = 0.203$，游客安全感知对游客安全感的影响较小，因游客安全感受到游客安全感知与游客安全期望共同作用的影响，但游客安全感知仍然是影响游客安全感的重要因素。提升游客对旅游目的地的安全感知，注重游客社会安全感知和心理安全感知的影响。游客既需要重视在治安状况、旅游环境、服务要素、地域文化和安全信息等社会安全方面的感受，也需要重视游客的人际交往、主观控制与自我认同等的需求。通常情况下，游客的心理安全感知往往被忽视，特别是旅游目的地在安全治理过程中，更多地重视旅游环境的营造、旅游服务品质提升，而忽视游客的心理安全。比如，旅游目的地在夯实安全的旅游环境时，通常的做法是在各场合尽可能地安装监控设施，虽然从表面上硬件设施完善了，旅游安全有保障了，社会安全感也提升了，但是从一定意义上看，游客的心理安全没受到尊重，游客处在一个被监视的情境之中，游客无法达到享受放松心情，轻松愉快的旅游过程。游客的心理安全未得到满足，依然处于"当和陌生人交往时，会提高警惕、担心受骗；在拥挤的人群中，会留心自己的钱包和贵重物品"甚或不能很自信地认为可以很快适应当地社会环境。

（6）游客安全认知评价对游客安全感有正向影响

依据理论分析，游客安全感是游客安全期望与游客安全感知进行对比形成的游客安全认知评价而产生的，游客安全认知评价是决定游客安全感的直接影响因素。实证研究数据也显示：游客安全认知评价对游客安全感具有显著正向影响，游客安全认知评价对游客安全感的影响路径系数和 P 值分别为：$\beta = 0.935$，$P < 0.001$。验证结果完全支持本章提出的假设："H6：游客安全认知评价越高，游客安全感也越高"。

实证结果也表明游客安全认知评价是游客安全感的直接体现和反映，因游客安全认知评价对游客安全感影响的路径系数为 0.935，影响作用很大。游客安全认知评价是游客安全感知和期望的差距，但游客安全认知评价的差距又分为正向差距和负向差距。提升游客安全感，则需要增加游客安全认知评价的正向差距，缩小负向差距，即增加游客安全感知，减少游客安全期望，使旅游目的地旅游安全状况感知与期望之间更加一致和旅游安全感知评价增加。

5.5 目的地游客安全感评价与预警分析

5.5.1 观测变量权重系数的确定

在使用结构方程模型分析时，路径系数是结构方程路径系数分析模型中的标准化回归系数。而路径系数包括测量模型中观测变量对潜变量影响的路径系数和结构模型中潜变量之间相互影响路径系数，路径系数越大，表示该观测变量对潜变量的贡献越大，其影响作用也就越大。为了更客观地衡量游客安全期望与游客安全感知各观测变量的影响作用程度，本章采用前文中的结构方程模型分析中得出的标准化路径系数，计算出游客安全期望与游客安全感知各观测变量的权重，计算公式如下。

各观测变量权重系数：

$$\omega_{ij} = \frac{\beta_{ij}}{\sum\limits_i \beta_{ij}} \tag{5.3}$$

式（5.3）中，ω_{ij} 表示各观测变量的权重系数，β_{ij} 表示各观测变量的路径系数，$i = 1，2，\cdots，8$。结构方程模型分析得出的标准路径系数和权重计算结果如表 5.44 所示。

表 5.44　游客安全期望与游客安全感知观测变量的权重系数

游客安全期望 观测变量	标准化路径 系数	权重 系数	游客安全感知 观测变量	标准化 路径系数	权重 系数
sit 1	0.557	0.0348	*sit* 1	0.615	0.0323
sit 2	0.663	0.0415	*sit* 2	0.749	0.0394
sit 3	0.631	0.0395	*sit* 3	0.757	0.0398
sit 4	0.571	0.0357	*sit* 4	0.687	0.0361
env 1	0.549	0.0343	*env* 1	0.764	0.0401
env 2	0.671	0.042	*env* 2	0.744	0.0391
env 3	0.552	0.0345	*env* 3	0.692	0.0364
ser 2	0.490	0.0307	*ser* 2	0.664	0.0349
ser 3	0.595	0.0372	*ser* 3	0.713	0.0375
ser 4	0.519	0.0325	*ser* 4	0.686	0.0360
cul 1	0.551	0.0345	*cul* 1	0.733	0.0385
cul 2	0.609	0.0381	*cul* 2	0.731	0.0384
cul 3	0.562	0.0352	*cul* 3	0.706	0.0371
inf 1	0.549	0.0343	*inf* 1	0.602	0.0316
inf 2	0.547	0.0342	*inf* 2	0.709	0.0373
inf 3	0.580	0.0363	*inf* 3	0.653	0.0343
inf 4	0.553	0.0346	*inf* 4	0.620	0.0326
com 1	0.739	0.0462	*com* 1	0.689	0.0362
com 2	0.728	0.0455	*com* 2	0.862	0.0453
sub 1	0.575	0.0360	*sub* 1	0.751	0.0395
sub 2	0.631	0.0395	*sub* 2	0.758	0.0398
sub 3	0.645	0.0404	*sub* 3	0.726	0.0382

游客安全期望 观测变量	标准化路径 系数	权重 系数	游客安全感知 观测变量	标准化 路径系数	权重 系数
sub 4	0.595	0.0372	*sub* 4	0.742	0.0390
sel 1	0.534	0.0334	*sel* 1	0.649	0.0341
sel 2	0.607	0.0380	*sel* 2	0.676	0.0355
sel 3	0.633	0.0396	*sel* 3	0.690	0.0363
sel 4	0.548	0.0343	*sel* 4	0.662	0.0348

5.5.2 目的地游客安全感指数测算

根据上述计算的游客安全期望与游客安全感知各观测变量的权重系数，运用综合指数法计算出样本城市的游客安全期望值和游客安全感知值，计算公式如下：

$$游客安全期望值(STSSE) = \frac{E[TSE] - \min[TSE]}{\max[TSE] - \min[TSE]} \times 100 \tag{5.4}$$

式（5.4）中：

$E[TSE] = \sum_{i=1}^{n} \omega_i \bar{e}_i$，表示游客安全期望观测变量的期望值；

$Min[TSE] = \sum_{i=1}^{n} \omega_i \min[e_i]$，表示游客安全期望观测变量的最小值；

$Max[TSE] = \sum_{i=1}^{n} \omega_i \max[e_i]$，表示游客安全期望观测变量的最大值。

其中：e_i 表示游客安全期望的观测变量，n 是观测变量的数目（$n = 1, 2, \cdots, 27$），ω_i 是第 i 个观测变量的权重系数。

$$游客安全感知值(STSSP) = \frac{E[TSP] - \min[TSP]}{\max[TSP] - \min[TSP]} \times 100 \tag{5.5}$$

式（5.5）中：

$E[TSP] = \sum_{i=1}^{n} \omega_i \bar{p}_i$，表示游客安全感知观测变量的期望值；

$Min[TSP] = \sum_{i=1}^{n} \omega_i Min[p_i]$，表示游客安全感知观测变量的最小值；

$$\max[\,TSP\,] = \sum_{i=1}^{n} \omega_i \max[\,p_i\,]$$，表示游客安全感知观测变量的最大值。

其中：p_i 表示游客安全感知的观测变量，n 是观测变量的数目（$n = 1$，2，…，27），ω_i 是第 i 个观测变量的权重系数。

基于上述，游客安全感指数（The Sense of Tourists Safety & Security Indictor，STSSI）计量方法如公式（5.6）所示。

$$STSSI = \frac{STSSP}{STSSE} \tag{5.6}$$

即：游客安全感指数 $= \dfrac{游客安全感知值}{游客安全期望值}$

5.5.3　目的地游客安全感等级划分

警限通常用来表示警情严重程度的等级分界线，但也可以将其看作各种状态之间的临界值（李华生等，2005）[215]。国内外尚无安全感的评判标准，但一致认为安全感越高越好。现有的安全感的等级划分主要是通过调查统计分析，以百分数的形式进行累计评定，难于形成比较。

表 5.45　目的地旅游安全感知指数和期望指数评价等级标准划分

等级	指数范围	安全感知表征状态	安全感知预警信号灯	安全期望表征状态	安全期望预警信号灯
I	(0 ~ 0.25]	重警（恶劣状态）	红灯	安全状态（理想状态）	绿灯
II	(0.25 ~ 0.5]	中警（较差状态）	橙灯	较安全状态（良好状态）	蓝灯
III	(0.5 ~ 0.75]	预警（一般状态）	黄灯	预警（一般状态）	黄灯
IV	(0.75 ~ 1]	较安全状态（良好状态）	蓝灯	中警（较差状态）	橙灯
V	(1, +∞)	安全状态（理想状态）	绿灯	重警（恶劣状态）	红灯

本章在综合前文目的地旅游安全抵抗力和入侵度等级划分的基础上，使用系统化的方法，结合游客安全感评价数值测算特征及实际状况，在充

分借鉴前人研究成果的基础上，按四等份法将目的地游客安全感知与安全期望指数划分为五个等级：（0～0.25]、（0.25～0.5]、（0.5～0.75]、（0.75～1]、（1，+∞），具体等级标准如表 5.45 所示。

依据目的地游客安全感指数的测算公式，结合目的地游客安全感知指数和游客期望指数评价等级标准，以二者的极大值、极小值之商值为临界点，将目的地游客安全感指数划分成五个等级，具体等级标准和释义如表5.46 所示。

表 5.46　目的地游客安全感指数评价等级标准划分

等级	指数范围	游客安全感表征状态	游客安全感指数等级释义	游客安全感预警信号灯
I	（0～1.0]	重警（恶劣状态）	游客安全感知与游客期望差距大，游客心理落差很大，游客安全感很低	红灯
II	（1.0～1.3]	中警（较差状态）	游客安全感知略高于安全期望，游客心理落差较大，游客安全感较低	橙灯
III	（1.3～2.0]	预警（一般状态）	游客安全感知高于安全期望，基本满足游客安全心理需求，游客安全感一般	黄灯
IV	（2.0～4.0]	较安全状态（良好状态）	游客安全感知高于安全期望，超过游客安全心理需求，游客安全感较高	蓝灯
V	（4，+∞）	安全状态（理想状态）	游客安全感知远高于安全期望，远高于游客安全心理心理需求，游客安全感很高	绿灯

5.5.4　目的地游客安全感指数评价

5.5.4.1　目的地游客安全感观测指标评价

为进一步深入分析影响游客感的主要指标，本章从上文验证性因子分析后确定的目的地游客安全感观测变量，通过计算游客安全期望和感知观测变量的均值发现游客对指标的倾向有所差异，如表 5.47 所示。

从目的地游客安全感期望观测变量的均值发现，游客社会安全感的五个维度存在显著规律：一是游客的安全信息的观测变量期望均值普遍较高，排序靠前，说明游客抵达目的地之前会比较关注目的地旅游安全信息，但对目的地安全信息不抱希望，安全信息状况期望较低。二是服务要

表 5.47　游客安全期望与游客安全感知观察变量的均值得分与排序

排序	游客安全期望观测变量	均值	排序	游客安全感知观测变量	均值
1	*inf* 4	3.476	1	*inf* 1	3.606
2	*inf* 2	3.458	2	*inf* 4	3.546
3	*ser* 2	3.429	3	*inf* 2	3.540
4	*inf* 3	3.428	4	*inf* 3	3.484
5	*cul* 3	3.422	5	*sit* 2	3.475
6	*inf* 1	3.421	6	*sit* 3	3.389
7	*ser* 3	3.381	7	*ser* 2	3.383
8	*ser* 4	3.381	8	*env* 2	3.363
9	*cul* 2	3.378	9	*env* 3	3.355
10	*cul* 1	3.373	10	*cul* 1	3.322
11	*env* 2	3.327	11	*sit* 4	3.317
12	*env* 3	3.310	12	*sit* 1	3.311
13	*env* 1	3.308	13	*env* 1	3.311
14	*sit* 2	3.287	14	*cul* 2	3.297
15	*sit* 4	3.247	15	*ser* 4	3.290
16	*sit* 3	3.245	16	*ser* 3	3.286
17	*sit* 1	3.104	17	*cul* 3	3.276
1	*sel* 1	3.499	1	*com* 2	3.769
2	*sel* 4	3.497	2	*sel* 4	3.641
3	*com* 2	3.483	3	*sel* 2	3.590
4	*sel* 2	3.475	4	*sel* 1	3.569
5	*sel* 3	3.438	5	*sel* 3	3.549
6	*sub* 3	3.374	6	*com* 1	3.445
7	*sub* 1	3.355	7	*sub* 1	3.408
8	*com* 1	3.339	8	*sub* 4	3.335
9	*sub* 4	3.332	9	*sub* 2	3.328
10	*sub* 2	3.323	10	*sub* 3	3.295

素围绕游客在目的地的"六要素"，是旅游活动的核心内容，游客对安全服务的观测变量均值较高，说明游客对服务要素的安全状况的评价低，也不抱太大期望。三是游客对地域文化的观测变量均值也较高，地域文化的观测变量的均值总体上排序较前。四是游客对目的地的旅游环境观测变量的均值较低，说明游客对目的地旅游环境的安全状况比较满意。五是游客对目的地治安状况相比而言，整体均值较低，说明游客在对目的地社会安全感的期望中对目的地治安状况期望较高。从游客对心理安全感的期望评价中发现，虽然总体的评价结果差距不大，但依然可以显示出，相比之下，游客的自我认同期望观测变量的均值整体排序靠前；同时是游客的人际交往期望比较关注，观测变量均值整体比较居中；游客的主观控制期望的均值较低，说明游客的安全防护意识和控制能力的期望较高，也反映出游客对自身安全与应急技能有信心。

从表 5.47 还可以发现，目的地游客安全感知观测变量的均值均在中等以上水平，最高达到 3.606，同时还可从目的地游客社会安全感知观测变量的均值发现，游客对社会安全感知的五个维度存在差异和规律性：游客的安全信息感知均值的整体排序最靠前；游客对治安状况的均值其次；整体排在中间的则是对旅游环境的感知；较后面的是安全服务的感知均值；最后是地域文化的安全感知均值，排序有的居中，有的居后，说明对地域文化的感知有差异。整体相比而言，游客的地域文化安全感知评价较高。此外，游客对目的地心理安全感知也存在差异，总体上看，游客对自我认同的心理安全感知均值较高，对人际交往的安全感知居中，对主观控制的感知均值较低。

通过上述的观测变量评价分析，再将游客社会安全期望与社会安全感知评价，以及游客心理安全期望与心理安全感知进行对比，还可发现，游客的安全期望与感知不完全吻合。如游客的服务要素期望评价较低，但游客的服务要素感知评价较高；对治安状况的期望评价较低，但相比期望评价，游客对治安状况的评价较高。

5.5.4.2 目的地游客安全感评价

使用前文结构方程模型验证后的评价维度和指标体系，运用游客安全期望和安全感知值，以及游客安全感指数计算公式，同时为了比较样本点

与整体样本的游客安全感差异，将样本"整合—分散"，分别测算出整体
样本和样本城市的游客社会安全期望值、安全感知值和安全感指数值，结
果如表5.48~表5.49所示。

表 5.48 游客社会/心理安全感指数

样本城市	社会安全期望值	社会安全感知值	社会安全感指数	样本城市	心理安全期望值	心理安全感知值	心理安全感指数
整体	0.5873	0.5956	1.0141	整体	0.5894	0.6235	1.0578
广州	0.5504	0.4669	0.8483	广州	0.5806	0.5342	0.9201
北京	0.5010	0.4350	0.8684	北京	0.6347	0.6022	0.9487
上海	0.5001	0.5966	1.1930	上海	0.4853	0.6198	1.2771
成都	0.5584	0.4476	0.8016	成都	0.6914	0.5905	0.8541
合肥	0.6655	0.6412	0.9634	合肥	0.6734	0.6322	0.9387
南京	0.6116	0.6560	1.0725	南京	0.6317	0.6625	1.0487
长春	0.5747	0.6439	1.1204	长春	0.5886	0.6605	1.1221
郑州	0.5056	0.5012	0.9913	郑州	0.4941	0.4878	0.9873

从表5.48计算的目的地游客社会安全感指数结果看，可以发现如下
要点。

第一，整体样本的游客社会安全感知值略高于安全期望值，社会安全
感指数为1.0141，但安全期望值和安全感知值均低于0.6中等状况，表
明游客对社会安全期望和社会安全感知值偏低，对治安状况、服务要素、
旅游环境、安全信息和地域文化的安全状况不满意。

第二，从样本城市的社会安全期望值看，合肥、南京两城市的社会安
全期望值高于整体样本城市社会安全期望值，其他城市社会安全期望值均
低于整体样本城市。从社会安全感知指数来看，上海、合肥、南京和长春
四个城市的社会安全感知值高于社会安全感知值，其他均低于整体样
本值。

第三，广州、北京、成都、合肥、郑州五个城市的社会安全期望高于
社会安全感知，但游客对五个城市的社会安全期望值和社会安全感知值均
较低，在0.6中等水平徘徊，说明游客对上述五个城市的安全期望不高，
同时感知状况不能达到期望的要求。上海、南京和长春三个城市的社会安

全感知略高于社会安全期望，社会安全感指数略微超过均衡值1。总体上看，唯有上海、长春两个城市的社会安全感指数略高于整体样本的社会安全感指数，其他样本城市社会安全感指数均低于整体样本指数。

从表5.48显示的目的地游客心理安全期望值、安全感知值和安全感指数值，不难发现以下要点。

第一，从心理安全期望值看，整体样本城市的心理安全期望值评价较差，低于0.6中等状况。广州、上海、长春和郑州四城市的心理安全期望值均低于整体样本城市，其中，上海和郑州两城市的游客心理安全期望值最低，分别为0.4853和0.4941。从心理安全感知值看，整体样本城市的心理安全感知值略高于0.6的中等水平，合肥、南京和长春三城市的游客心理安全感知值略高于整体样本值，其他样本城市均低于整体样本城市，其中，郑州的游客心理安全感知值最低。

第二，从样本城市的心理安全期望值与心理安全感知值比较来看，上海、南京、长春三个城市的心理安全感知值高于心理安全期望值，而且三个城市的游客心理安全感知值高于中等水平，三个城市的游客心理安全感指数高于1，其中上海的心理安全感指数最高。其他样本城市的游客心理安全感知值均低于心理安全期望值，所以游客心理安全感指数也低于1。

第三，整体样本的游客心理安全感知值略高于心理安全期望值，但二者的数值均较低，游客心理安全感指数为1.0578。表明游客的人际交往、主观控制和自我认同的心理安全期望和感知评价均较低。从样本城市的整体对比看，游客心理安全期望与安全感知基本接近，但均较低，说明游客对目的地安全未抱有太高的安全心理期望，也未产生较高的安全感知。

通过整合样本数据，分析游客综合的社会安全、心理安全期望和感知，从表5.49所反映的样本城市游客安全期望值、游客安全感知值和游客安全感指数看，可以得出以下结论。

第一，从游客安全期望值看，样本城市的游客安全期望值均不高，在中等水平0.6左右，成都、合肥和南京的游客安全期望值略高于其他样本城市，上海的游客安全期望值最低。从游客安全感知值看，样本城市的游客安全感知值也处在0.6左右，安全感知值不高，广州和郑州的游客安全感知值较低，上海、合肥、南京和长春的游客安全感知值略高于中等0.6

水平。

第二，从样本城市的游客安全期望与游客安全感知值比较看，上海、南京和长春三个城市的游客安全感知高于安全期望，游客安全感指数值大于1，但游客安全感知值与游客期望值差距不大，比较接近。其他城市的游客安全期望高于安全感知，游客的安全期望稍微过大，游客实际的安全感知低于安全期望，游客心理存在落差，游客安全感指数低于1。

表 5.49　目的地游客安全感指数

样本城市	游客安全期望值	游客安全感知值	游客安全感指数
整体	0.5881	0.6061	1.0306
广州	0.5622	0.4924	0.8759
北京	0.5532	0.5020	0.9074
上海	0.4943	0.6054	1.2248
成都	0.6100	0.5003	0.8201
合肥	0.6686	0.6377	0.9538
南京	0.6195	0.6584	1.0629
长春	0.5803	0.6503	1.1208
郑州	0.5011	0.4962	0.9901

第三，与整体样本数据看，游客安全感知略微高于游客安全期望，游客安全感指数为1.0306，但上海、南京和长春的游客安全感指数高于整体样本城市。另外，整体样本数据的游客安全感知和游客安全期望值均较低，为0.6的中等水平左右，上海、南京和长春三个城市略高于整体样本数据，说明上述三个城市的游客对安全状况较满意，心理落差波动不大。

5.5.5　目的地游客安全感指数预警

根据样本城市目的地游客安全感指数测算，对照游客安全感评价等级标准划分，判定样本城市目的地游客安全预警等级，预警结果如表5.50～表5.51所示。

表 5.50　目的地游客社会安全感预警判定

样本城市	社会安全期望值	预警信号	社会安全感知值	预警信号	社会安全感指数	预警信号
整体	0.5873	◔	0.5956	◕	1.0141	●
广州	0.5504	◔	0.4669	●	0.8483	●
北京	0.5010	◔	0.4350	●	0.8684	●
上海	0.5001	◔	0.5966	◕	1.1930	●
成都	0.5584	◔	0.4476	●	0.8016	●
合肥	0.6655	◔	0.6412	◕	0.9634	●
南京	0.6116	◔	0.6560	◕	1.0725	◕
长春	0.5747	◔	0.6439	◕	1.1204	◕
郑州	0.5056	◔	0.5012	◕	0.9913	●

通过随机抽样的样本城市整体数据分析来看，游客社会安全感知略大于游客社会安全期望，游客心理存在落差，目的地游客社会安全感处于较差状态，发布中度橙色灯预警。从预警判定的表格还可看出，所有样本城市的社会安全期望值处于一般状态，游客安全期望需要发布黄色灯预警信号。广州、北京和成都的游客社会安全感知值处于中度预警的较差状态，发布橙色灯预警信号。上海、南京和长春的游客安全感处于中度预警的较差状态，发布橙色灯预警信号，其他城市处于红色灯重度预警的恶劣状况，游客心理落差较大，安全感较低。

表 5.51　目的地游客心理安全感预警判定

样本城市	心理安全期望值	预警信号	心理安全感知值	预警信号	心理安全感指数	预警信号
整体	0.5894	◔	0.6235	◕	1.0578	●
广州	0.5806	◔	0.5342	◔	0.9201	●
北京	0.6347	◔	0.6022	◕	0.9487	●
上海	0.4853	●	0.6198	◕	1.2771	◕
成都	0.6914	◔	0.5905	◔	0.8541	●
合肥	0.6734	◔	0.6322	◕	0.9387	●
南京	0.6317	◔	0.6625	◕	1.0487	●
长春	0.5886	◔	0.6605	◕	1.1221	●
郑州	0.4941	●	0.4878	●	0.9873	●

表 5.51 显示，整体样本数据反映出，游客心理安全期望和安全感知均处于预警的一般状态，心理安全感指数处于中度预警较差状态。上海和郑州的游客心理安全期望较低，处于较安全的良好状况，其他样本城市的心理安全期望处于预警的一般状态。郑州的游客心理安全感知值处于中度预警的较差状态，其他城市均处于预警的一般状况。从游客安全感指数总体上可以判定，上海、南京和长春处于中度预警状况，发布橙灯预警信号；广州、北京、成都、合肥和郑州处于重度预警的恶劣状态，发布红灯预警信号。

表 5.52   目的地游客安全感预警判定

样本城市	游客安全期望值	游客安全感知值	游客安全感指数	预警信号
整体	0.5881	0.6061	1.0306	●
广州	0.5622	0.4924	0.8759	●
北京	0.5532	0.5020	0.9074	●
上海	0.4943	0.6054	1.2248	●
成都	0.6100	0.5003	0.8201	●
合肥	0.6686	0.6377	0.9538	●
南京	0.6195	0.6584	1.0629	●
长春	0.5803	0.6503	1.1208	●
郑州	0.5011	0.4962	0.9901	●

表 5.52 显示，整体样本数据反映出，游客安全感知略高于安全期望，游客安全期望和安全感知均处于预警的一般状态，游客安全感指数处于中度预警较差状态，需发布橙色灯预警。上海、南京、长春的游客安全感知高于游客安全期望，但二者均处于较低状态，三个城市的游客安全感指数处于中度预警的较差状态，需发布橙灯预警。广州、北京、成都、合肥、郑州的游客安全期望均高于安全感知，游客存在心理落差，游客安全感指数处于重度预警的恶劣状态，发布红灯预警信号。从 8 个样本城市来看，游客安全感指数总体上较低，游客安全感应引起目的地政府部门的重视，营造安全的旅游环境，满足游客安全需要，是目的地让游客满意的最基本的要素。

5.6 本章小结

本章基于奥利沃（Oliver）的期望差异理论（*Expectation Disconfirmation Theory*）对游客安全感进行诠释，提出运用游客安全期望和安全感知两个维度，测评目的地游客安全感指数。从心理情感和社会情绪两个方面分析了游客心理安全感和游客社会安全感，以全面阐释目的地游客安全感。在理论分析和现有文献的基础上，提出研究假设。经过问卷设计、调研取样、问卷回收、分析方法选择等研究设计环节，获取目的地游客安全感测评的样本数据，通过数据分析，对目的地游客安全感指数测评模型进行拟合修正，并对研究假设进行验证。验证结果显示：游客安全期望对游客安全感知有正向影响；游客安全期望对游客安全认知评价有负向影响；游客安全感知对游客安全认知评价有正向影响；游客安全期望对游客安全感有负向影响；游客安全感知对游客安全感有正向影响；游客安全认知评价对游客安全感有正向影响。经过验证和修正的测评模型，构建目的地游客安全感测评指标体系，为目的地游客安全感指数测算奠定基础。

同时，本章运用经过结构方程模型验证和修正的目的地游客安全感评价模型，根据评价指标的因子载荷系数，确定目的地游客安全感评价指标的权重系数。使用综合指数评价法，测算了样本城市的游客安全感指数，制定了评价等级标准。对照标准，判断了样本城市游客安全感等级，调查发现：样本城市游客安全感知略高于安全期望，游客安全感指数处于中度预警较差状态，需发布橙灯预警。上海、南京、长春的游客安全感指数处于中度预警的较差状态，需发布橙灯预警。广州、北京、成都、合肥、郑州的游客安全感指数处于重度预警的恶劣状态，发布红灯预警信号。

6　研究结论与讨论

基于前文目的地旅游安全客观和主观评价研究的基础，本章对评价研究结论进行总结和归纳，并对目的地旅游安全、目的地旅游安全度、目的地游客安全感的科学内涵、内在作用要素，以及相互间的作用关系和内在机理做进一步的理论探讨。

6.1　研究结论

目的地旅游系统是复杂的巨系统，复杂系统的评价定是一个复杂困难的研究议题。安全的客观和主观属性为目的地旅游安全评价指明了方向，开拓了研究视野。生态系统健康和社会脆弱性为目的地旅游安全的客观评价打开了一扇窗，游客心理安全和社会安全的期望与感知为目的地旅游安全的主观评价闯开了另一崭新的空间。目的地旅游安全评价正是基于上述双重视角进行审视，综合定性与定量的研究方法，本章对全国 31 个城市目的地旅游安全和部分样本城市的游客安全感进行评价和预警，得出了如下结论。

6.1.1　目的地旅游安全度是旅游安全抵抗力与旅游安全入侵度博弈的结果

（1）目的地旅游安全稳定受诸多因素影响，且各种响应因子是动态变化，直接影响着目的地旅游安全的稳定状态。通过高度综合和抽象概括得出目的地旅游安全主要取决于目的地旅游安全外在入侵度、目的地旅游安全内在抵抗力两个重要维度。

（2）目的地旅游系统抵抗力，即其充满活力，能够维持系统组织结构有机运行，并能从特殊的状态中或威胁中恢复，目的地旅游系统抵抗力的评价可以通过其活力、结构和恢复力三个主要维度来衡量。目的地旅游安全活力来源是经济能力和安全投入；构成目的地旅游安全结构的是安全组织、安全管理、安全设施和安全环境；支撑目的地旅游安全恢复力的动力是紧急救援能力和善后重振能力。经验证，目的地旅游安全善后重振能力对目的地旅游安全抵抗力的作用最大，影响路径系数 $\beta = 0.936$；目的地的经济能力对旅游安全抵抗力的影响作用次之，影响系数 $\beta = 0.915$；目的地安全投入对旅游安全抵抗力的影响也较大，影响系数 $\beta = 0.881$；目的地旅游安全管理对旅游安全抵抗力的作用系数为 0.815；目的地旅游安全组织对旅游安全抵抗力的影响系数为 0.768；目的地旅游安全设施、旅游安全环境和旅游紧急救援能力对旅游安全抵抗力的作用路径系数分别为 0.725、0.225 和 0.136。

（3）目的地旅游系统的入侵度是各种威胁因素干扰的综合，入侵度通过影响目的地旅游系统内在的稳定性而使系统变得愈加脆弱。入侵的来源多样，通过研究发现主要来自自然环境灾害风险入侵和社会环境的事故灾害、公共卫生事件和社会安全事件风险入侵。经验证，目的地自然灾害对旅游安全入侵度的影响路径系数为 0.353；目的地公共卫生事件对旅游安全入侵度的影响路径系数为 0.371；目的地事故灾难和社会安全对旅游安全入侵威胁程度路径系数分别为 0.224 和 0.356。

（4）2003～2013 年，整体上看，全国 31 个城市目的地旅游安全抵抗力呈增长态势。北京、上海、重庆、成都、广州、昆明、西安旅游安全抵抗力较突出，北京作为首都，经济、政治中心和旅游热点目的地，旅游安全抵抗力最高；上海作为金融中心和旅游热点目的地，旅游安全抵抗力也较高；重庆近些年随着公共安全投入的增强，旅游安全抵抗力也显见增强；广州市的经济实力、社会保障、旅游安全管理等方面的努力，也显示了较强的旅游安全抵抗力。中部地区的合肥、南昌、济南、郑州、武汉、长沙 6 个城市的旅游安全抵抗力虽稳步增强，但抵抗力还具有增长空间。处于西部地区的拉萨、兰州、西宁、银川和乌鲁木齐的旅游安全抵抗力虽也在提升，但依然脆弱，亟待增强。

（5）2003～2013 年，整体上看，全国 31 个城市目的地旅游安全入侵度态势差异显著。上海、郑州、广州、重庆、兰州等城市的旅游安全风险入侵度较大，重庆居首位。从时间上看，全国31个城市中的大部分城市旅游安全风险入侵度存在波动，尚未表现出明显的减少或增加态势。从空间上看，城市的经济发展与风险并存。天津、上海、广州、兰州、重庆等城市的旅游安全风险入侵较大，但是重庆、上海等城市的旅游安全风险在降低。

（6）2003～2013年，从整体上看，全国31个城市目的地旅游安全度差异显著，海口的旅游安全度指数最高，为最安全的旅游目的地；重庆的旅游安全度指数为最低，为最不安全的旅游目的地。从时间上看，全国31个城市中，大部分城市旅游安全度呈现增长态势，但海口波动较大，2013年的旅游安全度指数低于2010年的旅游安全度指数；拉萨的旅游安全度指数呈减少的波动态势。从空间上看，东部地区、中部地区和西部地区尚未表现出明显的规律性。但不难发现，经济发达的城市或抵抗力越强的城市，如风险入侵度越强，旅游安全度依然较低，如天津、上海、广州、郑州四年间旅游安全度指数总体表现较低。由此证明，维持目的地旅游安全维度，既需要增强旅游系统安全抵抗力，也需要遏制旅游系统的安全风险隐患，最大限度地减少旅游安全风险入侵危险。

（7）使用2003～2013年目的地旅游安全度评价的统计数据，对全国31个城市2014年和2015年的旅游安全度进行预测发现，2014年，重庆旅游安全处于重警的恶劣状态；广州、上海处于较差的中度预警状态；长春、天津、石家庄、郑州、武汉、长沙处于预警的一般状态；处于安全状态的仅有北京、呼和浩特、银川、贵阳、海口五个城市；其他城市均处于较安全状态。2015年，重庆、上海、广州处于较差的中度预警状态；长春、天津、石家庄、郑州、武汉、长沙处于预警的一般状态；处于安全状态的则有北京、呼和浩特、银川、太原、济南、西宁、贵阳、海口8个城市；其他城市均处于较安全状态。整体上看，31个城市目的地旅游安全状况愈趋安全发展；经济发达城市未必是旅游安全度高的城市，再次证明从旅游安全抵抗力和旅游安全入侵度两维度评价目的地旅游安全状况的适用性和价值所在。

6.1.2 目的地游客安全感是游客安全期望与游客安全感知差异的主观响应

（1）游客安全感是指游客在旅游过程中的特定时空条件下，对旅游目的地自组织运行中所拥有的、所能提供的一种有保证或有保障状态的安全认知评价。也即游客不受危险、不受外界因素干扰而免于承受身心压力、人身伤害或财物损失等可预期信任的综合主观心理状态，是旅游者对旅游目的地安全客观状况的主观评价，是主观诉诸客观的行为过程。目的地游客安全感通过游客安全期望与游客安全感知两个维度进行诠释，并从游客心理安全感和社会安全感两个方面进行透析。游客心理安全感主要包括人际交往安全感、主观控制安全感和自我认同安全感三维度。游客社会安全感主要包括治安状况安全感、旅游环境安全感、服务要素安全感、安全信息安全感和地域文化安全感五个维度。游客对旅游目的地安全状况的综合认知评价而形成的安全感是基于游客对旅游目的地安全期望——安全感知的认知心理和旅游活动的行为过程。

游客安全感中，治安状况、旅游环境、服务要素、地域文化、安全信息的游客社会安全期望的作用系数分别为 0.631、0.761、0.854、0.777、0.757；主观控制、人际交往和自我认同的游客心理安全期望的作用系数分别为 0.646、0.413、0.530。游客安全感中，治安状况、旅游环境、服务要素、地域文化、安全信息的游客社会安全感知的作用系数分别为 0.849、0.829、0.839、0.834、0.703；主观控制、人际交往和自我认同的游客心理安全感知的作用系数分别为 0.680、0.446、0.565。

（2）游客安全期望对游客安全感知有正向影响。游客安全期望对游客安全感知的影响路径系数为 0.587，验证结果不支持本书提出的原假设"H1：游客安全期望越高，游客安全感知越低"。本书认为游客的理性、技术进步、信息发展、商业模式的创新是减少游客安全期望与安全感知差距的重要因素，随着时代的变化，大众游客的安全期望对安全感知产生正向影响。

（3）游客安全期望对游客安全认知评价有负向影响。游客在旅游目的地游览期间所接触的一切都会对游客安全感知产生影响，当游客所接触的所有服务或项目未致使人身、财务等受损，游客安全感知与安全期望的差异较小，或正向差异越大，游客安全认知评价越大；反之，反向差异较大，游客安全认知评价越低。

（4）游客安全感知对游客安全认知评价有正向影响。游客感知是游客在旅游目的地的亲身感受，是旅游体验的重要内容，可以直接反映出旅游品质的高低。旅游目的地的安全状况需要游客亲身感受和体验，游客亲身感受才有助于游客做出更加准确的认知评价。

（5）游客安全期望对游客安全感有负向影响。当旅游目的地安全信息愈加真实、可靠，游客安全认知愈加理性、客观时，游客安全期望与安全感知的负向差距也将逐步缩小，游客安全认知评价将会提高，游客安全感也会逐渐提升，最终会提升游客的重游率和目的地忠诚度。

（6）游客安全感知对游客安全感有正向影响。游客安全感知对游客安全感的影响较小，因游客安全感受到游客安全感知与游客安全期望共同作用的影响，所以游客安全感知仍然是影响游客安全感的重要因素。要提升游客对旅游目的地的安全感知，注重游客社会安全感知和心理安全感知的影响。

（7）游客安全认知评价对游客安全感有正向影响。游客安全认知评价是游客安全感知和期望的差距，但游客安全认知评价的差距又分为正向差距和负向差距。提升游客安全感，则需要增加游客安全认知评价的正向差距，缩小负向差距，即增加游客安全感知，减少游客安全期望，使旅游目的地旅游安全状况感知与期望之间更加一致和旅游安全感知评价增加，让游客获得实实在在的安全感受。

（8）通过随机抽样的样本城市整体数据分析来看，游客社会安全感知略大于游客社会安全期望，游客心理存在落差，目的地游客社会安全感处于较差状态，发布中度橙灯预警。游客心理安全期望和安全感知均处于预警的一般状态，心理安全感指数处于中度预警较差状态。总体上，游客安全感处于较差状态。

6.1.3　目的地旅游安全评价是主观和客观双重整合的判定结果

（1）从样本城市游客安全感的指数与旅游安全度指数比较可以发现，

目的地客观上的旅游安全度与主观上的游客安全感指数存在不完全匹配（如图 6.1 所示）。

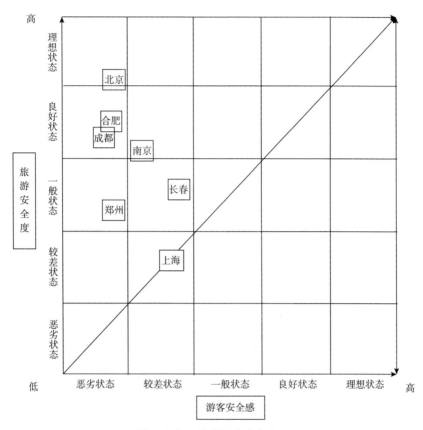

图 6.1 样本城市目的地旅游安全整合评价结果

8 个样本城市中，北京的旅游安全度处于理想的安全状态，而游客安全感指数处于恶劣的重警状态；上海的旅游安全度处于较差的中警状态，而游客安全感指数也处于较差的中警状态；南京的旅游安全度处于良好的较安全状态，而游客安全感指数处于较差的中警状态；长春的旅游安全度处于一般的预警状态，而游客安全感处于较差的中警状态；成都的旅游安全度处于良好的较安全状态，而游客安全感处于恶劣的重警状态；郑州的旅游安全度处于一般的预警状态，而游客安全感处于恶劣的重警状态；合肥的旅游安全度处于良好的较安全状态，而游客安全感处于恶劣的重警状态。唯有上海的旅游安全度与游客安全感指数基本相吻合，上海的旅游安全度和游客安全感指数均处于较差的中警状态。广州的旅游安全度与游客安全感接近，但广州旅游安全度略高于游客安全感指数。

（2）目的地旅游安全客观状况不能为游客所感受和认同。从 8 个样本城市评价结果发现，城市目的地旅游安全客观状况较好，除广州的旅游安全度处于较差状况，上海均在一般状态以上，但游客安全感指数均在较差状态以下。客观上，北京的旅游安全度较高，是安全的旅游目的地；但主观上，游客安全感指数处于恶劣红灯预警状态。表明目的地旅游安全的管控和安全设施设备、安全投入等方面均做了较大量工作，旅游安全客观状况较好，但游客的安全需要还未得到实实在在的满足，游客安全感还有较大提升空间。

（3）目的地旅游安全与当地经济发展状况没有完全直接关联性，经济越发达的目的地，旅游安全程度未必越高。上海经济发展较为充分，是我国典型的发达城市，而旅游安全度和游客安全感均处于较差的中警状态，这与经济发达的城市形象不符。表明经济发展能为旅游安全提供经济支撑，但还需重视旅游安全的管控和旅游安全资源的配置，完全依赖经济的投入未必能获取直接成效。

6.2　理论上的进一步探讨

前文对目的地旅游安全评价的研究得出了一系列重要结论，研究结论是目的地旅游安全状况的"全方位体检报告"，也是对目的地旅游安全运行情况的阶段性检测。目的地旅游安全评价的目的既在于揭示现状，更在于透过评价结果，探索维系目的地旅游系统安全运行的内在机理和规律，寻找影响和制约目的地旅游系统安全运行的主要约束，以及目的地旅游系统安全约束条件之间传导机制，以更好地实现目的地旅游安全预警和防控。在上述研究的基础上，本书认为在以下方面还需进一步的理论探讨。

6.2.1　目的地旅游安全度：增强抵抗力，规避风险入侵

（1）增强目的地旅游安全抵抗力，实现目的地旅游安全活力、结构

和恢复力的动态平衡,促进目的地旅游系统安全健康运行。倘若目的地旅游系统仅仅具备旅游安全结构和安全恢复力,而旅游安全活力不足,则目的地旅游系统安全处于"休眠"的"结晶态";倘若目的地旅游系统仅仅具备旅游安全活力和恢复力,而旅游安全结构不力,则目的地旅游系统安全结构单一,处于"富营养"的生态状态;倘若目的地旅游安全系统仅仅具备旅游安全活力和结构,而目的地旅游恢复力不足,则目的地旅游系统安全保护力缺乏,抗干扰能力较弱,处于"脆弱态"。目的地旅游系统的安全抵抗力是安全活力、结构和恢复力三者的统一,缺一不可。

(2)一个安全的目的地旅游系统是在一定时间内能够维持系统的稳定,同时能够对风险入侵破坏具有一定的抵抗力。当目的地旅游安全风险入侵的破坏增大,甚或超出一定的限度,导致目的地旅游系统安全的稳定和平衡受到破坏,则目的地旅游系统处于不安全状态。在大众旅游阶段和当前的自然和社会环境下,目的地旅游系统的风险入侵似乎是不可抗力的干扰因素,对目的地旅游安全造成全方位的负面影响。但是,目的地旅游安全的风险入侵似乎也是一把"双刃剑"。其威胁到目的地旅游安全的稳定,造成旅游系统安全的瓦解或崩溃,给目的地旅游带来巨大的损失,但正是目的地旅游安全的风险入侵的负面效应,目的地旅游安全的活力、结构和恢复力等为应对和抵抗旅游系统风险入侵,需要不断激活、更新预警和防控的"安全网"。因此,从这个意义上说,目的地旅游风险入侵为目的地旅游系统的安全进化提供了新的动力源泉。

(3)目的地旅游安全的客观安全度实质上是增强抵抗力,规避或减少风险入侵。为提高目的地旅游安全度,目的地旅游系统需在自然灾害、事故灾难、公共卫生、社会安全等风险因素入侵的影响下,形塑由经济能力、安全投入、安全组织、安全管理、安全设施、安全环境、紧急救援、善后重振组成的涵盖目的地旅游安全活力、结构和恢复力的抵抗力复杂自适应系统。该系统贯穿目的地旅游安全预防、预警、响应、救援、控制和善后的全过程,同时囊括目的地旅游安全日常管理和应急管理的全方位的自组织、自适应的复杂系统(如图6.2所示)。

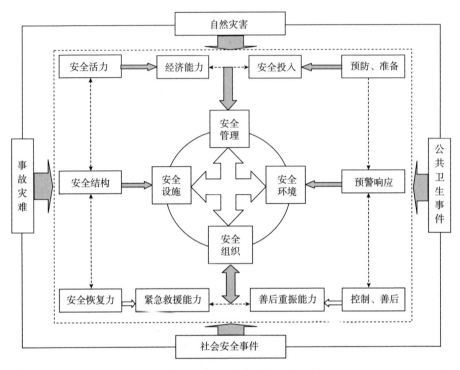

图 6.2　目的地旅游安全自适应系统

6.2.2　目的地游客安全感：实现期望与感知间的高度协调

（1）缩小目的地游客安全期望与安全感知间的差距，实现二者间的协调对称。随着技术进步、信息发展、商业模式的创新，游客安全期望与安全感知间的差距正在逐渐缩小，旅游目的地与旅游客源地之间的信息逐渐公开透明。智慧旅游、在线旅行服务商为旅游者购买、选择旅游产品提供了便利，出游信息、旅行攻略为旅游者购买省去了更多的决策时间，同时也打破了传统渠道获取的旅游信息存在的诸多不对称问题，旅游者选择的旅游目的地信息越来越清晰化和可视化。旅游者对旅游目的地期望也越来越理性，也将逐渐减少通过旅行社营销、电视或报纸宣传、亲朋好友口碑等渠道获取的旅游信息而对旅游目的地充满高度期望的行为。

（2）目的地游客安全感是游客心理安全感和游客社会安全感的统一体，实现目的地游客心理安全感和游客社会安全感的高度耦合协调，是提升目的地游客安全感的关键，也是增强目的地旅游安全的主观游客安全感不可忽视的两个重要方面。因此，既需缩小目的地游客的主观控制、人际交往和自我认同的游客心理安全感与目的地治安状况、旅游环境、服务要素、地域文化、安全信息的游客社会安全感之间的差距，也需提升目的地游客心理安全感和游客社会安全感水平。

（3）目的地游客安全期望与安全感知之间的差距迫切需要构建游客"安全阀"机制。特别需要重视目的地游客安全期望高于安全感知而形成的差距，此类差距的产生，表明目的地旅游安全存在不能满足游客安全需要之处。因此，目的地需要形成游客"安全阀"机制，为游客提供正当的渠道和途径，将目的地旅游安全的不满情绪和抱怨投诉予以宣泄和释放，从而维护目的地旅游安全的形象和口碑。若目的地旅游管理部门无法或尚未对游客安全感存在的负向差异给予重视，一旦游客的敌对、抱怨情绪积压太多，目的地旅游安全将受到舆论压力和负面影响，所以，需要建立游客"安全阀"机制，防止游客敌对情绪不满引发的游客群体性事件爆发，缓和游客冲突，实现目的地旅游安全稳定。

6.2.3　目的地旅游安全：追求主观与客观的高度耦合

（1）目的地旅游安全是旅游安全主观和客观方面的统一体。目的地旅游安全是目的地旅游系统在实际运行和自组织发展过程中，在内外部各种风险影响下，既要保障系统自身的稳定，也需满足旅游系统特定行为主体的安全需求。

（2）目的地旅游安全追求主观和客观方面的最大化。目的地旅游安全的衡量标准是既要达到客观上具有较高的旅游安全度，也需满足游客主观上拥有较高的安全感。总而言之，目的地旅游安全管控的本质或旨归在于实现主观和客观的高度耦合。

（3）目的地旅游安全管控需"双管齐下"，不容忽视或偏废一方。目的地旅游安全的客观安全度是维持目的地旅游系统安全运行的支撑和基础保障，目的地旅游安全的主观安全感是影响目的地旅游安全形象和口碑的最真实、最直接的感受。大众化旅游阶段，随着支撑目的地旅游系统安全运行的硬件设施和环境逐步完善，目的地游客安全感理应提升到应有的高度。

（4）发挥媒体在目的地旅游安全客观状况与游客主观安全感之间的正向传播作用。样本城市的评价结果揭示出目的地旅游安全度与游客安全感自己存在尚未完全匹配的状况，一方面反映出目的地旅游安全的软件或安全服务等内容未能满足游客的安全需求，另一方面也不排除媒体在中间的传播影响。从理论上分析，旅游安全客观状况与游客安全感之间通过媒体的中介传递作用，使目的地旅游安全状况不能完全被游客所接受和认同，导致游客安全感产生一定程度的差异。目的地旅游安全客观状况与游客主观安全感之间通过网络新媒体或传统媒体，经过政府、企业和公众等的媒介传递，可能导致游客安全感的主观差异（如图6.3所示）。

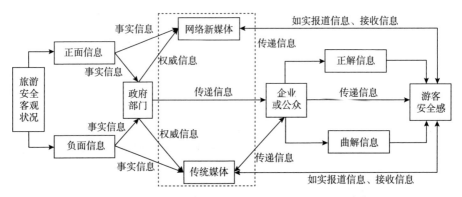

图6.3　目的地旅游安全客观状况与游客主观安全感之间的传导机制

6.2.4　理论上的高度均衡与现实中的底线思维

（1）理论上，目的地旅游安全追求客观旅游安全度与主观游客安全感两者的高度均衡，最大限度地达到理想状态。当然，此仅仅是理论上寻求理想的稳定状态。目的地旅游安全评价的对象是目的地旅游系统的安全稳定性，但评价的目的并不完全是寻求目的地旅游系统达到安全稳定极限的理论值，更重要的意义在于：探索和解释目的地旅游安全系统维持稳定的因素对其稳定状态的响应机理，并在高度综合、抽象概括和整合评价的基础上，寻求能够促使目的地旅游安全系统向稳定的极限状态发展的动力机制和运行区间，从而不断地促进"人与系统""子系统与子系统""要素与要素"等之间协调，进而为目的地旅游安全综合治理提供理论解释。

（2）中国社会的转型变化，各种风险因素加剧了目的地旅游安全的不稳定性。传统的"安全是常态、不安全是偶然"的观念已经或即将过去，"不安全是常态"已经或即将成为共识。不安全成为常态的理念下，理论上追求目的地旅游安全的稳定极限的思维需要向"底线思维"模式转移。

"底线思维"（*bottom - line thinking*）是一种思维技巧，该思维技巧是去认真、客观地计算存在风险，估算可能出现的最坏情况，并且接受这种情况①。"底线思维"也是一种价值观，能够坦然地面对当前存在的风险和可能的损失，并做好谋划。现实中，目的地旅游安全管控需要保持"底线思维"：守住目的地旅游安全的底线，做好最坏的准备，努力谋划达到最好的期望效果。

（3）"底线思维"的关键是守住、保住、兜住"底线"。底线，又称红线、下线或下限。在哲学上，底线就是度的关节点或临界点。在度的上限和下限的范围间，事物的质保持不变。一旦超出下限，事物的性质将发生变化，事物就倒退。因此，必须坚守事物发展的底线[216]。目的地旅游安全的底线是目的地旅游系统在长期的发展、演化中产生的，是客观存在的，是全面的。现实中，目的地旅游安全的底线虽然评价标准不同，表征形态各异，但都存在共性，即保障旅游行为主体的人身、财产安全权利不受侵犯或损失是一个不可跨越的临界点或下限。一旦跨越目的地旅游安全底线，让旅游业成为游客满意的现代服务业的目标将难以实现。对照本书的内容，目的地旅游安全评价中的"底线"是由旅游安全抵抗力指数和入侵度指数整合而成的旅游安全度指数应处于"预警的一般状态"；由游客安全期望与游客安全感知值整合而成的目的地旅游安全感指数应处于"预警的一般状态"。这两个"一般状态"是目的地旅游安全的"底线"。所以，现实中的目的地旅游安全管理应兜住这两根"红线"，防控预警状态的发生。

---

① 底线思维：百度百科 http：//baike. baidu. com/link。底线思维源于国家领导人的系列讲话精神，底线思维是全面深化改革的一个崭新的思想，强调守住底线，增强忧患意识，突出重点，坚持中国特色社会主义。底线思想要求做最坏准备，工作从最坏的基础谋划设计。底线是客观、全面的，底线也是必须坚守、不可逾越的临界点。

6.3 本章小结

本章基于第 4 章目的地旅游安全度客观评价和第 5 章目的地游客安全感主观评价结果,进行理论总结,并通过回应第 3 章建构的理论基础,对研究结论做进一步的理论探讨。

本章认为目的地旅游安全是旅游安全主观和客观方面的统一体。目的地旅游安全是目的地旅游系统在实际运行和自组织发展过程中,在各种风险影响下,既要保障系统自身的稳定,也需满足旅游系统特定行为主体的安全需求。目的地旅游安全管控的本质或旨归在于需求主观和需求客观的高度耦合。目的地旅游安全管控需"双管齐下",不容忽视或偏废一方。

目的地旅游安全度是旅游安全抵抗力与旅游安全入侵度博弈的结果。增强目的旅游安全抵抗力,实现目的地旅游安全活力、结构和恢复力的动态平衡,促进目的地旅游系统安全健康运行。一个安全的目的地旅游系统是在一定时间内能够维持系统的稳定,同时能够对风险入侵破坏具有一定的抵抗力。目的地旅游安全的风险入侵似乎也是一把"双刃剑"。不仅威胁到目的地旅游安全的稳定,而且造成旅游系统安全的瓦解或崩溃,给目的地旅游带来巨大的损失。同时正是负面效应,为目的地旅游系统的安全进化提供了新的动力源泉。目的地旅游安全的客观安全度实质上是增强抵抗力,规避或减少风险入侵。

目的地游客安全感是游客安全期望与游客安全感知之间差异的主观响应。提升目的地游客安全感的实质在于缩小目的地游客安全期望与安全感知间的差距,实现二者间的协调对称。目的地游客安全感是游客心理安全感和游客社会安全感的统一体,实现目的地游客心理安全感和游客社会安全感的协调高度耦合,是提升目的地游客安全感的关键,也是增强目的地旅游安全的主观游客安全感不可忽视的两个重要方面。目的地游客安全期望与安全感知之间的差距迫切需要构建游客"安全阀"机制。

7 政策建议与研究展望

本章针对研究结果、研究结论和讨论，探索性地提出目的地旅游安全治理的政策建议，同时回顾全文，指出本书可能的创新点和存在的研究局限，最后，提出未来延伸探索的方向。

7.1 政策建议

通过从客观和主观双重视角，对目的地旅游安全度和游客安全感进行审视，我国 31 个城市目的地的旅游安全度和游客安全感存在诸多问题，但依然呈趋好态势。目的地已经成为游客在异地短暂的生活方式和与当地居民共享的生活空间，提升目的地旅游安全度和游客安全感，是时代的选择，是保障广大游客安全权益，维护千千万万游客更加自由行走的权利。

目的地旅游安全是公共安全的组成部分，目的地旅游安全依赖于当地公共安全投入，离不开当地经济发展支撑。既需要依靠于经济发展推动安全发展，又要安全发展保障经济发展。实施"最安全的旅游目的地"战略，需要更多的城市回归理性，既要看到经济发展对旅游安全抵抗力增强的巨大促进作用，也需清楚地分析可预见与不可预见的风险入侵给目的地安全带来的巨大隐患，特别是当经济发展逐步相对稳定的情况下，更多地应该思索和创新目的地旅游安全发展的治理举措。

7.1.1 形成目的地旅游安全第三方评价机制

第三方评价源自政府绩效的变革。"从组织权来源的角度，学术界把绩效评价大致划分为体制内评价和体制外评价（或称第三方评价），第三方评价又分为委托第三方和独立第三方评价。在国外，评价主体可以为传媒、高校、科研机构、中介组织或者个人。"[217] 第三方评价具有独立性、专业性、客观性和民间性等特征。"从社会治理和效率角度，第三方绩效评价克服政府内部评价角色重叠的矛盾，过程公开透明，结论相对客观，并可有效整合资源，实现评价收益最大化。"[218]

目的地旅游安全评价可以采用第三方评价模式，寻找相关科研机构进行客观评价。独立的旅游安全科研机构与政府部门不存在隶属关系和利益关系，评价过程不受政府部门的控制和干预，可以保持评价结果的独立性和客观性。利用科研机构的人才优势和学术资源优势，以及对旅游安全的前瞻性认知，以及选择评价对象、评价指标体系，指标数据的处理，评价结果的判断和解释等方面具有专业性，有利于保证评价的科学性。目的地旅游安全的第三方评价关键在于形成一套完整的评价机制，当前，目的地旅游安全第三方评价机制应重点解决评价对象、评价指标、评价数据获取、评价结果的判断、评价结果发布等问题。

从目的地旅游安全理论出发，全面评价目的地旅游安全状况，应从客观和主观两方面出发。客观视角的目的地旅游安全度评价，旨在评价目的地旅游安全实际状况。而目的地的尺度不同，从大众旅游阶段的特征来看，目前，目的地城市成为游客和市民共享的生活空间，因此，城市应成为评价的对象。主观视角的目的地旅游安全评价，诚然是以游客的视角，让旅游业成为人民群众满意的服务业已上升为国家战略，表明游客的安全感受应当也必须成为评价目的地主观安全感受的对象。同时，满足千千万万的游客安全是实现游客满意的基础和前提。游客评价是目的地发展的一面"镜子"，调查他们的意见与建议也如同对目的地发展质量的"血液检查"，这是任何其他调查方法都不可比拟的[219]。

评价指标来源于目的地旅游安全评价理论，影响了评价的客观性和科学性。目的地旅游安全度的评价借助"旅游安全抵抗力—旅游安全入侵度"理论，游客安全感的评价基于"游客安全期望—游客安全感知"的理论。在具体指标的选择上，结合了城市的特点，评价指标的设计符合城市的实际情况，具有普适性。评价数据的获取，尽可能地来源于客观统计数据，而游客安全感数据则依托于现场的随机拦访调查，随着评价的深入和评价的客观性，网络评价数据也是重要来源。数据的处理和分析，严格按照数理统计要求，并符合现实逻辑。

评价结果的发布，必须借助现代权威的传播手段，引起各级政府和社会的关注。本书涉及关乎民生的安全问题，正需借助上述影响，将目的地旅游安全和游客安全感的评价转化为目的地旅游安全行政治理的突破点和工作抓手。

7.1.2 构建目的地旅游安全预警机制

旅游安全预警机制包括旅游信息的监测、判断、披露和发布，以及信息解除等内容和程序。旅游安全预警是在目的地旅游安全评价的基础上，依据旅游安全预警阈值，判断目的地旅游安全预警等级，通过官方网站或权威媒体或等正规渠道和途径，向民众发布目的地旅游安全预警等级和信息，是对目的地存在的安全风险和安全隐患进行彻底披露和安全警告。

目前，国家旅游局旅游质量监督管理所，结合旅游市场安全形势，在国家旅游局官方网站上，向广大游客提供了旅游服务警示。旅游服务警示主要是针对选择旅游产品时的理性、警惕旅游购物陷阱，以及出境旅游遇到紧急突发事件，要求在第一时间与驻外使领馆取得联系，等等。旅游服务警示的目的在于提醒游客严格遵守当地的法律法规，加强安全防范，增强风险防范意识，提高甄别能力。各级旅游主管部门应在目的地旅游安全评价的基础上，建立或完善目的地旅游安全预警机制。

国家旅游局及各级旅游部门加强与地质、气象等部门的合作，实现监测信息共享。完善应急值守和预警信息报告制度。2013 年，国家旅游局出台了《旅游突发事件信息报告办法》，明确要求"地方各级旅游行政主管部门应当建立旅游突发事件报告和备案制度，同时，要求各级旅游主管部门应做好旅游公共信息服务和舆情监测，及时公开发布信息，科学有效引导舆论"①。国家旅游局要求各地旅游部门对于各类旅游突发事件，要确保信息通畅、反应迅速、应急救援迅速、高效处置，尽量减少人员和财

---

① 国家旅游局综合协调司：《关于征求〈旅游突发事件信息报告办法〉（征求意见稿）意见的函》，国家旅游局网站，http：//www.cnta.gov.cn/html/2013 – 11/2013 – 11 – 18 – %7B@ hur%7D – 26 – 53508.html。

产的损失，并关注事态发展，防止事故的演化升级。

规范旅游预警信息的调整、解除。旅游预警信息的调整、解除是旅游安全预警机制重要的环节，也是容易忽视的一环。旅游预警信息的调整或解除意味着向社会公示旅游地的安全信息，对于恢复旅游市场，激发旅游者购买决策和旅游信心具有重要的信息导引作用。

7.1.3　夯实旅游安全管理基础，形成常态化管理机制

深化科学发展、安全发展理念。利用各种方式积极开展以"科学发展、安全发展"为主题的"安全生产年"活动，深化以科学发展、安全发展为主题的"安全生产月"活动，推动安全宣传教育周、旅游安全专项整治周和安全生产应急预案演练周等，以提升旅游者及旅游从业人员的安全意识、安全防范与应急能力。

完善旅游安全管理的体制机制。旅游安全管理的体制和机制主要在于理清旅游安全管理的主体和日常化的管理内容。旅游安全管理要强化部门监管和行业指导责任。旅游企业是旅游业组成的最基本单元，强化旅游企业的安全责任意识，落实旅游企业安全的主体责任。旅游企业履行安全责任的实现形式是签订旅游安全责任状，旅游安全责任状是履行旅游安全责任的承诺书。通过签署旅游安全责任状，确保各级履行旅游安全责任。旅游安全责任的落实必须借助目标考核和责任追究来体现。

旅游安全考核问责机制是全面检查旅游安全责任落实和履行情况的重要手段，也是旅游安全管理效果的重要检测指标。旅游安全考核形式通过开展旅游安全大检查、开展旅游餐饮安全专项治理、涉旅客运交通安全专项整治、娱乐设施安全专项整治等专项整治活动，加大旅游安全隐患排查力度，通过自查、互查、交叉检查，不断提高安全防范能力，将旅游安全责任落到实处。

健全旅游安全管理制度，以制度促进旅游安全规范化管理。旅游安全规范和标准是旅游安全生产的指南，是旅游安全管理制度的重要内容。当前，我国各级旅游主管部门要进一步完善各项规章制度，加强旅游安全管理的"一案三制"建设，修订、出台旅游安全服务规范，推进旅游安全标准化建设，陆续出台了各类旅游安全管理规范与标准，如《等级旅游

景区安全管理规范》《旅行社安全管理规范》《星级饭店安全标准化规范》等，为旅游业安全生产提供了有力指导，提升了旅游安全管理规范化水平。

深入开展旅游安全文化建设，增强安全保障软实力。各地各级旅游安全文化建设主要是围绕开展"安全生产月"活动和旅游安全教育培训两方面进行。创新旅游安全教育和培训的方式，尽可能地减少旅游安全教育等于旅游安全知识讲座的形式，将旅游安全应急救援技能和操作纳入旅游安全教育培训范畴，而且可以经常性和多样性。扩大旅游安全教育培训对象，旅游安全培训的受众既包括旅游安全管理人员、旅游业从业人员，旅游者也应该吸纳培训对象，培训方式和场合可以创新多变，目的在于增强旅游从业人员的安全生产意识，提升旅游业人员自我防护、自救互救的基本技能和应急处置能力。

7.1.4 健全目的地旅游安全公共服务体系

各地的旅游公共安全服务体系目前尚未健全，但已进入各级政府的议事日程。当前，我国旅游安全的公共服务体系将主要从公共信息服务、安全设施和安全环境着手。

完善目的地旅游安全公共信息服务。旅游安全公共信息服务主要是针对旅游者提供各种旅游安全信息、提高旅游安全意识。旅游安全警示信息服务是完善旅游公共信息服务的重要内容，对游客出游购买决策提供了预警信息，为游客理性、谨慎出游提供帮助。为全面推动目的地旅游安全信息服务完善，国家旅游局应与有关部门协作，加快旅游安全公共服务平台及安全警示专栏建设。通过旅游安全警示专栏，利用互联网、手机短信等技术和手段，扩大安全警示、提示信息的内容和受众面，提高安全信息上传下达的时效性。

完善目的地旅游安全公共设施。目的地旅游安全公共设施包括基础生活设施和旅游安全科技设施设备的应用。旅游目的地已成为游客与当地居民共享的生活空间，当地居民日常生活安全设施也是游客所必需的，如目的地医疗卫生设施、设施设备齐全的医疗卫生机构，既为目的地旅游突发事件应急提供医疗救助，也满足了游客日常健康所需。同时，目的地的社区服务机构、便民利民服务设施也为游客构建宜居宜游的短暂生活空间。完善的日常生活安全基础设施是衡量目的地宜居宜游的表征。

随着旅游体验的深入和旅游信息化时代的到来，目的地传统的公共安全设施，如警务室、安全标识、安全通道、警示牌和温馨提示牌、安全解说系统等，需要更新换代。在旅游安全知识宣传方面的应用，包括消防应急广播系统，户外立体声广播系统，智能手机地震预警自助式应用平台，气象服务手机短信发布平台等。在旅游气象监测、安全信息服务方面的应用，包括创新应用智能旅游车辆配载系统和智能旅游车辆安全信息服务系统组成的"智能交通"，自动气象观测站等。在紧急救援等旅游安全防控和旅游突发事件应急处置方面的应用，包括整合气象、地震、环保、安监等其他部门技术资源来开展旅游安全风险的预防与预警的各种技术与手段，以警示旅游者和旅游企业采取安全的旅游行为和经营行为，并能对旅游突发事件进行一系列控制和处置的技术与方法，为旅游行业构筑一道安全"防护网"。同时，随着智慧旅游的实践，通过智慧旅游项目，依托各种高新技术，包括物联网技术、互联网技术、电子计算机信息处理系统、空间探测技术、卫星通信控制技术、3S技术人机智能互动系统、安全管理信息系统和数据库系统、闭路电视监控系统、虚拟技术、防盗报警系统、自动在线监测、GPS动态跟踪监测技术、直升机航拍技术等，并将这些技术嵌入到旅游公共安全服务体系中，为旅游安全提供科技保障。

营造目的地旅游安全环境。地球变暖、大气变化、不可抗力的暴雨、台风、地震、雾霾等自然灾害频繁发生，甚或愈来愈严重，带来的旅游安全事故与灾难不可低估，不可抗力的极端气候等自然灾害导致的恶劣的自然环境愈加需要关注。应对极端天气的可能途径有以下几种。一是要加强气候变化对旅游业影响的相关研究。各界应关注全球气候变化趋势，研究和认识区域性气候变化的特征和规律。二是各级旅游部门在各级政府的领导下，与相关部门协调配合，及时检测、传递、发布旅游安全预警信息。三是旅行社企业在组团行前应对游客做好出游提示，在行程编排上，尽可能及时关注旅游目的地极端天气的动态形势和影响。四是要大力宣传和践行文明出游、与自然和谐相处，保护自然环境的良好习惯。对于区域性的自然灾害，需做好针对预警和应急处置工作。

另外，社会环境潜藏的可预见与不可预见的安全隐患，给目的地旅游环境造成影响。转型期社会矛盾凸显、社会阶层逐渐分化、利益主体多元，社会分配、利益调整若有不当，则易引发各种公共安全事件。传染性卫生事件等不可预见社会因素，旅游目的地的治安问题、偷盗、欺诈现象等可预见社会因素，都可能给目的地旅游者带来不安全的隐患或安全事故，应引起各地各级旅游管理部门、旅游企业及旅游者的重视与关注。

7.1.5 规范旅游应急处置流程，推进旅游紧急救援机制建设

旅游突发事件的应急处置完整流程应该包括旅游安全风险监测、评估和预警，应急值守和信息报告，旅游预警信息的调整、解除，旅游突发事件应急救援等完整内容，而紧急救援机制是旅游安全与应急管理中的重要环节，从当前旅游突发事件发生发展演化的过程发现，旅游紧急救援机制的作用显著，亟待完善推进。

旅游紧急救援机制的健全需要一支训练有素的应急救援队伍、较强的救援力量与救援能力，以及协同的运作机制或运行模式。完善旅游应急救援队伍和应急管理体系是提升旅游突发事件应急管理的重要支撑。近年来，我国旅游应急救援能力有了较大的提升，各地也在不断探索建立专业化和社会化、政府救助与商业救援相结合的旅游紧急救援体系，不断壮大和培育专业性旅游紧急救援队伍及救援基地。特别是随着国家旅游应急救援黄山队建设，形成能进行远程和就地旅游应急救援的专业型各类旅游应急救援。增强旅游救援力量，还需整合各地具备相应专业救援知识的社会各个阶层人士，积极组建自愿参加的旅游户外公益性质的救援队。

旅游紧急救援能力的增强需要加强旅游应急培训与演练。全国各级旅游部门都制定有旅游突发事件应急预案，但较多地区只是当作文件，没有展开实操性的演练。开展旅游突发事件应急培训和演练是使旅游突发事件应急预案落地和操作化的途径和方式。可以借助开展旅游行业安全生产应急预案演练周活动，通过应急演练活动，普及应急知识，提高涉旅从业人员的应急意识，提升旅游突发事件紧急处置能力和技巧。

7.1.6　加强旅游安全合作，推动旅游安全协同治理

旅游安全作为公共安全的组成部分，依托于公共安全的力量。在当前，我国旅游行政力量难以推动旅游安全管理的全面深入，需要借助各方可供整合的资源，推动旅游安全协同治理。

加强部门间的协同联动。各级旅游行政管理部门要加强与所在地公安、交通、卫生、安监、质检、气象、保险、军警等部门的联系和合作，充分发挥公安、消防、卫生、军队等在应急救援中的作用，提高旅游突发事件的部门间协同处置能力。与气象部门合作，联合建立旅游气象预测、预报预警和旅游气象信息服务体系，提高旅游气象服务和管理的专业化水平。旅游部门需与当地其他部门建立健全信息共享、联合监管和交流互通机制，提高旅游信息传递的及时性和快速响应，以及协同联动。

推动区域间的协同治理。目前，我国部分城市间建立了旅游合作机制，签订了旅游合作框架协议。例如，"签订《旅游安全应急处置区域间互助合作协议》，合作城市建立完善旅游安全应急处置工作机制，若一方游客进入另一方辖区内发生生命财产损失和意外事故时，在信息通报、现场处置、紧急救援、联系医务、提供交通等方面给予对方支持和帮助"[①]。城市间要保持积极态度、快速响应，全力救助在协议城市旅游者、旅游企业等在当地发生的旅游安全事故，实现旅游安全合作的互助、互惠和互利。

7.1.7　完善目的地旅游安全风险化解机制

我国旅游业已进入历史最好的发展阶段，行业快速发展和国家对旅游业的战略定位，客观上要求建立健全旅游业的安全保障和风险化解机制。旅游保险作为转移和化解旅游风险的重要手段，是旅游业持续健康发展的有力保障，是旅游安全管理的重要抓手。随着旅游活动形式的多样化和各种旅游新业态的出现，旅游市场对安全的需求、对旅游风险的

---

① 浙江省旅游局：《嘉兴市与内蒙四城市达成旅游安全区域互助合作协议》，国家旅游局网站：http://www.cnta.gov.cn/html/2013-9/2013-9-27-9-51-01896.html。

规避与化解、对各种旅游保险产品的需求越来越迫切、越来越多样。不断丰富旅游统保示范项目的产品内容，自然也就成为旅游安全风险化解的有力举措。

当前，化解目的地旅游安全风险的机制在于："搞好旅游保险服务，增加保险品种，扩大投保范围，提高理赔效率。[1]"同时，重点需要加强部门间联合，进一步推动旅行社统保示范项目的全面实施，提高旅行社统保示范项目的覆盖率。而提升旅游保险覆盖率在于："分析旅游市场的安全需求、研究旅游企业和旅游者的保险需要，不断开发并推出贴近市场的旅游保险产品、丰富旅行社责任保险统保示范项目的旅游保险产品。推动饭店、景区等旅游企业投保公众责任保险，强化对公众的旅游保险宣传，推动其购买旅游者个人保险。"[2] 旅行社责任保险统保示范产品将进入符合《旅游法》的调整和深入优化阶段，《旅游法》在规范旅游市场秩序、保障旅游者合法权益的同时，增加了旅游经营者，尤其是旅行社的安全保障义务和保险义务。旅行社责任保险统保示范项目妥善处理了各项重大旅游突发事件，减少了旅游者与旅行社的纠纷，较好地转移了旅行社风险，为建立科学、合理的旅行社行业责任风险社会分担机制奠定了坚实的基础。

7.1.8 形成目的地旅游安全评价反馈机制

第三方评价保证评价结果的客观性、独立性和真实性，但要将目的地旅游安全评价与预警转化成当代目的地旅游安全行政治理的工作抓手，还必须形成政府主导、部门配合、全民参与改进的反馈工作机制。

鉴于我国国情，政府主导是推动目的地旅游安全治理的有力保障，也体现出服务型政府的本质要求。目的地旅游安全评价，是以游客安全需求为导向，千方百计提升目的游客安全感，营造安全的旅游安全环境，保障游客安全、自由行走的权利。中国旅游业提出打造"安全的旅游目的地战略"，目的地旅游安全评价必将成为政府推动战略实施的工作抓手。

① 来源：《国务院关于加快发展旅游业的意见》国发〔2009〕41号。
② 国家旅游局综合协调司《关于印发〈2011年旅游安全与应急工作要点〉的通知》，国家旅游局网站：http://www.cnta.gov.cn/html/2011-2/2011-2-28-9-3-10255.html。

同时，从工作手段上看，为适应新形势下政府的监管手段的创新，目的地旅游安全管理理念也必须从以安全监管为主向协调、服务型转变。目的地旅游安全监管不是目的，安全监管在于促进目的地旅游安全环境的提升，维护广大游客的安全权益，保障旅游业的安全运行，而上述的实现，需要创新监管方式，以游客安全感指数作为评价或衡量目的地旅游安全治理的重要指标，也可以或者也必将成为目的地旅游安全行政治理的"指挥棒"。因此，从这个意义上说，政府创新旅游安全监管手段，需要目的地旅游安全评价和游客安全感作为衡量指标。同时，目的地旅游安全评价工程的全面实施，离不开政府的主导。

评价不是目的，目的在于通过评价提升目的地旅游安全质量，让游客感受到实实在在的安全。而目的地旅游安全评价和游客安全感评价，是对目的地旅游系统众多要素的评价，透视出目的地旅游系统在运行过程中的安全状况。通过评价可以反映出目的地旅游安全系统在哪些方面存在问题，需要提出改进。例如，目的地旅游安全评价后，会遇到目的地治安问题；目的地摊贩"欺客、宰客"现象；交通事故增多；自然灾害预警不力，导致灾害损失等问题。上述问题仅仅依靠旅游行政主管部门难以实现，必须通过目的地政府部门协助公安、消防、交通、安监等部门综合治理，从而共同促进目的地城市安全环境的改善，同时也实现向目的地公共服务管理的转变。当然，目的地旅游安全问题并不是一朝一夕就能够解决的，需要循序渐进地改进，提升目的地游客安全感，塑造"安全的旅游目的地"形象。

公开、透明的第三方评价过程中，评价结果一旦发布，将形成强大的外部舆论压力，舆论的力量促使目的地政府进行反思，而舆论的压力来自广大的民众参与与反馈。尊重广大游客真实态度和诉求，这样，第三方评价才拥有广泛的群众基础，评价结果更加贴切实际，也充分尊重广大民众和游客的反馈意见，让全民参与旅游安全的改进和提升。

目的地旅游安全评价是一项系统工程，除了形成第三方评价机制外，依然需要政府的主导、部门的配合和民众参与改进，只有共同的努力才能推动"安全目的地战略"的实施，也才能保障千千万万游客安全、自由行走的权利。

7.2 研究展望

7.2.1 可能的创新点

（1）理论抽象、透析出目的地旅游安全度和游客安全感的内涵结构和评价维度是本书可能的理论创新与贡献。突破传统的旅游安全的概念界定，基于社会学和系统理论视角，界定目的地旅游安全的核心概念，提出目的地旅游安全是目的地旅游系统在实际运行和自组织发展过程中，在内部和外部因素及其相互作用下，所拥有的一种有保证或有保障状态。目的地旅游安全的具体表现形式为目的地旅游系统客观上不存在安全威胁，目的地旅游系统的社会行为主体在主观上不存在焦虑和恐惧。基于 Rapport（1998）生态系统健康理论和社会脆弱性理论，将复杂的目的地旅游系统，抽象出旅游安全抵抗力和旅游安全入侵度两维度进行客观评价。基于奥利沃（Oliver）的期望差异理论（*Expectation Disconfirmation Theory*）对游客安全感进行诠释，提出游客安全感是游客安全期望与游客安全感知的综合认知评价，并细分成游客社会安全感和游客心理安全感，进行全面衡量。

（2）使用客观和主观双重视角全面审视目的地旅游安全状况可能是本书研究视角的创新。跳出传统的单一研究视角，采用客观和主观的双重视角，应用生态系统理论、社会脆弱性理论，构建目的地旅游安全"入侵度—抵抗力"的客观评价模型；基于期望差异理论，构建目的地游客安全感的"安全期望—安全感知"主观评价模型。突出旅游安全的入侵度、抵抗力和游客安全感的安全期望、安全感知在目的地旅游安全评价中的核心地位。

（3）采用客观的实证量化分析目的地旅游安全客观状态可能是本书研究方法的另一个创新。为了更客观地对目的地旅游安全度进行评价，本书在评价模型构建、评价指标体系的设计、指标数据的收集、数据分析方法的选择、评价结果的判定和比较等环节，均采用客观分析工具，使研究结论尽可能客观且符合实际。打破传统的层次分析法等主观评价方法，构建评价指标体系的研究范式。引入系统动力学建模理论，构建目的地旅游安全的入侵度、抵抗力子系统及其因果关系，分析目的地旅游安全的系统运行机理；并通过使用结构方程模型，对目的地旅游安全评价的关键变量和主要指标进行拟合检验；同时采用结构方程模型，构建游客安全感的测评模型，通过因子载荷系数的统计分析，确定指标权重，使目的地旅游安全评价结果更加客观、真实。

7.2.2 研究局限

局限一，指标的局限。本书所选取的指标体系，是依据相关理论内涵和相关文献中使用的，并经验证的共性指标。但指标选择后，在数据搜集过程中，因统计数据的缺失，较多具有典型代表性的指标，只能通过选择较接近的可替代性的指标替换，这样较多指标并不是最理想的指标。另外，因选用的分析方法，评价模型在拟合检验过程中，几个指标未达到参数估计的要求，进行了剔除。因此，剩下的使用指标是经过拟合检验修正的指标，合乎统计意义上要求。但可能会对目的地旅游安全状况评价的精准度存在一定的误差，这是本书难以规避的局限。

局限二，数据的局限。本书使用的测算目的地旅游安全度的数据，来自城市统计年鉴、各城市国民经济与社会发展统计公报、各省的统计年鉴等统计数据，因统计口径的差异和统计数据内容的非一致性，导致较多的指标数据在某些年度上存在缺失。为了进行统计分析，采用了趋势分析法对缺失值进行处理。经过处理后的数据，要么是对原真状态的放大，要么是对原真状态的缩小。总之，都存在一定的误差，但由于指标较多，在一定程度上，依然可以揭示目的地旅游安全度的状态和趋势，即使不完全吻合，也至少逼近真实。

局限三，样本点的局限。中国的旅游城市已达 600 多个，一是受到指标数据缺失的局限，二是考虑研究的示范性，本书在目的地旅游安全评价中仅选择全国 31 个省会城市和直辖市作为样本城市进行评价示范。目的地游客安全感评价部分，涉及现场拦访的随机调研，迫于时间和经济的考虑，本书仅选择部分城市作为样本进行示范性研究，待研究条件更加成熟时，可增加样本数量推广，提高研究的精确性。另外，本书游客安全感的调查仅限于国内游客，国外游客的安全感尚未调查。

7.2.3　未来延伸方向

鉴于现已进行并完成的目的地旅游安全评价与预警研究，结合本书的局限之处，本书还有较多可值得未来深入探索的地方。

延伸方向之一：目的地旅游安全度和游客安全感配对上的时空规律和特征研究。本书侧重于探索目的地旅游安全的理论内涵和验证评价模型，建构一套科学有效的评价指标体系，较少地对目的地旅游安全状况进行时空上的比较，通过增加样本数据，可探索目的地旅游安全度和游客安全感的时空特征，并将大样本城市的旅游安全度和游客安全感进行比对分析，同时根据比对分析结果，将样本城市划分成不同类型，进而提出更准确地目的地旅游安全提升策略和治理措施。

延伸方向之二：目的地旅游安全预警研究。本书侧重于目的地旅游安全评价研究，研究的主要内容是从客观和主观两个视角去评价目的地旅游安全度和游客安全感，并通过评价的指标体系，测算目的地旅游安全度指数和游客安全感指数，进而针对测算的数据，对照研究制定的预警等级判断，确定预警等级信号进行预警，未深入探讨旅游安全预警及机制。旅游安全预警机制对于遏制旅游突发事件的发生和演化具有重要的意义，因此，未来需要进一步在旅游安全评价内容的基础上，结合评价指数，对旅游安全预警机制进行挖掘。

延伸方向之三：目的地旅游安全动态监测和历时演进。随着旅游安全治理和旅游安全风险因素的发展、变化，目的地旅游安全状况是动态波动的。目的地旅游安全评价需要动态跟踪，通过历时性的样本数据，分析当前旅游安全状况并预测未来旅游安全形势，以利于做好旅游安全预警。

参考文献

[1] 刘挺：《风险社会与全球治理》，《社会科学家》2004 年第 2 期。

[2] 安东尼·吉登斯、克里斯多弗·皮尔森：《现代性——吉登斯访谈录》，尹宏毅译，新华出版社，2001。

[3] 化涛：《社会转型与治理创新——基于社会稳定风险的分析》，《中南大学学报》（社会科学版）2014 年第 4 期。

[4] 成伯清：《“风险社会”视角下的社会问题》，《南京大学学报》（哲学·人文科学·社会科学版）2007 年第 2 期。

[5] 田鹏颖：《社会工程：风险社会时代的重要哲学范式——兼论哲学研究范式的历史转向》，《科学技术与辩证法》2007 年第 4 期。

[6] 郑杭生、洪大用：《中国转型期的社会安全隐患与对策》，《中国人民大学学报》2004 年第 2 期。

[7] 李旭：《社会系统动力学：政策研究的原理、方法和应用》，复旦大学出版社，2013。

[8] Richard Sharpley. Security and risks in travel and tourism [J]. *Tourism Management*, 1995, 16: 548 – 549.

[9] Yoel Mansfeld, Abraham Pizam. Safety and Security in Tourism: Relationships, Management and Marketing [J]. *Annals of Tourism Research*, 2005, 32: 814 – 817.

[10] Yoel Mansfeld and Abraham Pizam. Tourism Security and Safety: From Theory to Practice [M]. *Pergamon An Imprint of Elsevier Science*, 2006.

[11] Tsaur, S. H., Tzeng, G. H., &Wang, K. C. Evaluating tourist risks from fuzzy perspectives [J]. *Annals of Tourism Research*, 1997, 24

（4），796 - 812.

[12] World Tourism Organization. Safety and security in tourism: Partnerships and practical guidelines for destinations [R]. *Pending Publication*. 2002.

[13] George, R. Tourist's Perceptions of Safety and Security While Visiting Cape Own [J]. *Tourism Management*, 2002, (3): 33 - 37.

[14] 郑向敏:《旅游安全学》, 中国旅游出版社, 2003。

[15] 许纯玲、李志飞:《旅游安全实务》, 科学出版社, 2000。

[16] 李巧玲、彭淑贞:《旅游安全及其相关问题的初步研究》,《泰山学院学报》2006 年第 1 期。

[17] 朱红新:《旅游安全及其管理体制研究》, 南京农业大学, 2007。

[18] 中国旅游研究院:《中国旅游大辞典》, 上海辞书出版社, 2012。

[19] 张进福、郑向敏:《旅游安全表现形态与时空特征简析》,《桂林旅游高等专科学校学报》2001 年第 1 期。

[20] 张进福、郑向敏:《旅游安全研究》,《华侨大学学报》(人文社科版) 2001 年第 1 期。

[21] Mieczkowski Z. Environmental Issues of Tourism and Recreation [M]. Lanham: Press of America, 1995.

[22] George R. Tourist's perceptions of safety and security while visiting Cape Town [J]. *Tourism Management*, 2003, 24 (5): 575 - 585.

[23] 张西林:《旅游安全事故成因机制初探》,《经济地理》2003 年第 4 期。

[24] 李洪波、郑向敏:《目的地旅游安全事故范畴简析》,《北京第二外国语学院学报》2004 年第 1 期。

[25] 张进福:《旅游安全管理现状分析与对策思考》,《旅游科学》2001 年第 2 期。

[26] 林香民、李剑峰、阮红利:《基于 ArcIMS 的旅游安全管理系统》,《中国安全科学学报》2005 年第 10 期。

[27] 郑向敏、卢昌崇:《论我国旅游安全保障体系的构建》,《东北财经大学学报》2006 年第 6 期。

[28] 张进福:《建立旅游安全救援系统的构想》,《旅游学刊》2006 年第

6 期。

[29] 谢朝武:《我国旅游安全预警体系的构建研究》,《中国安全科学学报》2010 年第 8 期。

[30] 李东和、孟影、李经龙:《旅游目的地救援系统构建的初步研究——以黄山市为例》,《旅游学刊》2011 年第 9 期。

[31] Aris – Anuar A. N., Jaini N., Kamarudin H., et al. Effectiveness Evaluation of Safe City Programme in Relation to the Tourism Industry [EB/OL]. http://linkinghub.elsevier.com/retrieve/pii/S1877705811029924, http://api.elsevier.com/content/article/PII: S1877705811029924? httpAccept = text/xml.

[32] 中华人民共和国安全生产标准《安全评价通则》(AQ8001 – 2007)。

[33] 赵怀琼、王明贤:《旅游安全风险系统研究》,《中国安全科学学报》2006 年第 1 期。

[34] 谢贤平、李雪林、罗春红:《旅游安全评价及应急救援问题》,《安全生产与监督》2007 年第 2 期。

[35] 陆燕春:《旅游安全风险管理与对策研究》,《广西民族大学学报》(哲学社会科学版) 2008 年第 4 期。

[36] 柴建设、刘志敏、别凤喜:《安全评价技术·方法·实例》,化学工业出版社,2008。

[37] 章秉辰:《开展地质旅游安全评价工作的作用与意义》,《安全与环境工程》2010 年第 4 期。

[38] 周丽君:《山地景区旅游安全风险评价与管理研究》,东北师范大学,2012。

[39] 王丽华、俞金国:《城市旅游地旅游安全评价指标体系研究》,《安全与环境工程》2010 年第 2 期。

[40] 叶欣梁:《旅游地自然灾害风险评价研究》,上海师范大学,2011。

[41] 徐进:《中国出境游安全检索:东南亚旅游的安全评估》,《瞭望新闻周刊》2006 年第 4 期。

[42] 席建超、刘浩龙、齐晓波等:《旅游地安全风险评估模式研究——以国内 10 条重点探险旅游线路为例》,《山地学报》2007 年第 3 期。

［43］马晓路、王杏丹：《灾后旅游地安全风险评价指标体系构建》，《四川烹饪高等专科学校学报》2009 年第 2 期。

［44］董雪旺：《旅游地生态安全评价研究——以五大连池风景名胜区为例》，《哈尔滨师范大学自然科学学报》2003 年第 6 期。

［45］郭小鸿：《自然保护区生态安全评价指标体系探讨——以医巫闾山自然保护区为例》，《中国环境管理干部学院学报》2010 年第 3 期。

［46］赵新伟：《区域旅游可持续发展的生态安全预警评价研究——以开封市为例》，《平顶山工学院学报》2007 年第 6 期。

［47］邹永广、郑向敏：《旅游景区安全　评价模型及实证研究》，《中国安全科学学报》2011 年第 3 期。

［48］崔秀娟：《旅游区（点）安全评估体系初探》，《中国安全生产科学技术》2005 年第 1 期。

［49］李新娟：《山地景区旅游安全风险评价与控制》，《河南理工大学学报》（社会科学版）2010 年第 2 期。

［50］罗振军、佟瑞鹏：《旅游景区安全容量分析与事故风险评价》，《中国安全科学学报》2008 年第 2 期。

［51］安辉、付蓉：《影响旅游者主观风险认知的因素及对旅游危机管理的启示》，《浙江学刊》2005 年第 1 期。

［52］Demos E. Concern for Safety：A Potential problem in the tourist industry ［J］. *Journal of Travel and TourismMarketing*, 1992, 1 (1)：81 – 88.

［53］Nell C. An Exploratory study of gendered differences in young tourists perception of danger within London ［J］. *Tourism Management*, 2001, (22)：565 – 570.

［54］Ballantyne R., Carr N., Hughes K. Between the flags：an assessment of domestic and international university students' knowledge of beach safety in Australia ［J］. *Tourism Management*, 2005, 26 (4)：617 – 622.

［55］Kozakl M., Crotts J. C., Law R. The impact of the perception of risk on international travellers ［J］. *International Journal of Tourism Research*, 2007, 9 (4)：233 – 242.

［56］George R. Visitor perceptions of crime – safety and attitudes towards risk：

The case of Table Mountain National Park, Cape Town [J]. *Tourism Management*, 2010, 31 (6): 806 – 815.

[57] 邓梅:《国内旅游者旅游安全认知状况分析》,《社会科学家》2013 年第 5 期。

[58] Yoel Mansfeld and Abraham Pizam. Tourism Security and Safety: From Theory to Practice [M]. Pergamon An Imprint of Elsevier Science, 2006.

[59] Brunt P., Mawby R., Hambly Z. Tourist victimisation and the fear of crime on holiday [J]. *Tourism Management*, 2000, 21 (4): 417 – 424.

[60] Rittichainuwat B. N., Chakraborty G. Perceived travel risks regarding terrorism and disease: The case of Thailand [J]. *Tourism Management*, 2009, 30 (3): 410 – 418.

[61] Boakye K. A. Tourists' views on safety and vulnerability: A study of some selected towns in Ghana [J]. *Tourism Management*, 2011, 29 (3): 1 – 7.

[62] Lepp A., Gibson H., Lane C. Image and perceived risk: A study of Uganda and its official tourism website [J]. *Tourism Management*, 2011, 32 (3): 675 – 684.

[63] Fuchs G., Reichel A. An exploratory inquiry into destination risk perceptions and risk reduction strategies of first time vs. repeat visitors to a highly volatile destination [J]. *Tourism Management*, 2011, 32 (2): 266 – 276.

[64] 高萍、姚海琴、周玲强:《乡村旅游游客安全认知实证》,《经济地理》2006 年第 12 期。

[65] 郑向敏、范向丽、肖蓓:《大学生户外运动与休闲安全认知分析》,《北京体育大学学报》2010 年第 2 期。

[66] 刘春济、高静:《基于风险认知概念模型的旅游风险认知分析——以上海市民为例》,《旅游科学》2008 年第 5 期。

[67] 王兴琼:《游客安全感知对其目的地选择的影响研究述评》,《旅游论坛》2009 年第 4 期。

[68] 陈楠、乔光辉、刘力:《出境游客的旅游风险感知及旅游偏好关联

研究——以北京游客为例》,《人文地理》2009 年第 6 期。

[69] Wilks J. , Page S. J. *Managing Tourist Health and Safety in the New Millennium* [M] . Netherlands: Pergamon an Imprint of Elsevier Science, 2003, 143 – 211.

[70] Prideaux B. Internation tourists and transport safety [A] //Wilks J, Page S. J. *Managing Tourist Health and Safety in the New Millennium.* Netherlands: Pergamon an Imprint of Elsevier Science, 2003. 143.

[71] Barker M. , Page S. J. , Meyer D. Tourist safety and urban environment. [A] //Wilks J, Page S. J. *Managing Tourist Health and Safety in the New Millennium* [M] . Netherlands: Pergamon an Imprint of Elsevier Science, 2003, 197.

[72] 张捷雷:《旅游安全事件与旅游目的地营销》,《商业研究》2007 年第 12 期。

[73] Wong Jehn – Yih, Yeh Ching. Tourist hesitation in destination decision making [J] . *Annals of Tourism Research*, 2009, 36 (1): 6 – 23.

[74] Mawby R. I. Tourists' Perceptions of Security: The Risk – fear Paradox [J] . *Tourism Economics*, 2000, 6 (2): 109 – 121.

[75] Peattie S. , Clarke P. , Peattie K. Risk and responsibility in tourism: promoting sun – safety [J] . *Tourism Management*, 2005, 26 (3): 399 – 408.

[76] 刘宏盈、马耀峰:《基于旅游感知安全指数的旅游安全研究——以我国六大旅游热点城市为例》,《干旱区资源与环境》2008 年第 1 期。

[77] 张一:《旅游安全认知:内涵、结构及相关变量》,《资源开发与市场》2011 年第 12 期。

[78] 刘浩龙、葛全胜、席建超:《区域旅游资源的灾害风险评估——以内蒙古克什克腾旗为例》,《资源科学》2007 年第 1 期。

[79] Sonmez S. E. , Graefe A. R. Determining Future Travel Behavior from Past Travel Experience and Perceptions of Risk and Safety [J] . *Journal of Travel research*, 1998, 37 (2): 171 – 176.

[80] Barker M. , P. S. Visitor safety in urban tourism environments: the case

of Auckland, New Zealand [J]. *Cities*, 2002, 19 (4): 273 - 282.

[81] 桑霞:《试论旅游犯罪活动对旅游业的影响及启示》,《特区经济》2011 年第 11 期。

[82] 张捷雷:《旅游安全事件与旅游目的地营销》,《商业研究》2007 年第 12 期。

[83] 李柏文:《区域旅游安全与国际社会问题》,《云南民族大学学报》(哲学社会科学版) 2007 年第 5 期。

[84] Sonmez S. F., Graefe A. R. Influence of terrorism risk on foreign tourism decision [J]. *Annals of Tourism Research*, 1998, (1): 112 - 144.

[85] 尹建华:《"安全"概念之缺陷与修正》,《经济与社会发展》2005 年第 8 期。

[86] 毛海峰:《论"安全"及"安全性"的概念》,《中国安全科学学报》2009 年第 4 期。

[87] 汪育俊:《"国家安全"及其相关的哲学概念》,《江南社会学院学报》2001 年第 3 期。

[88] 郑杭生、杨敏:《个体安全:一个社会学范畴的提出与阐说——社会学研究取向与安全知识体系的扩展》,《思想战线》2009 年第 6 期。

[89]《术语工作词汇第 1 部分:理论与应用》GB/T15237.1 - 2000,2000。

[90] 冯启:《为概念正名》,http://mie168.com/manage/2009 - 02/284561. 2014 - 02027。

[91] 颜墀策:《概念的定义》,http://sx.dhyz.com/upload/2007711112914 - 201. 2014 - 02 - 27。

[92] 张红、席岳婷:《旅游业管理》,科学出版社,2006。

[93] [英] 克里斯·库珀(Cooper, C.) 等编著《旅游学:原理与实践》(第二版),张俐俐、蔡利平主译,高等教育出版社,2007。

[94] 高长波、陈新庚、韦朝海等:《区域生态安全:概念及评价理论基础》,《生态环境》2006 年第 1 期。

[95] 郭再富:《安全城市内涵及其持续改进过程研究》,《中国安全生产科学技术》2012 年第 12 期。

[96] 刘茂、赵国敏、陈庚:《建立城市公共安全系统的研究》,《中国公

共安全》（学术版）2005 年第 1 期。

[97] 程林、修春亮、张哲：《城市的脆弱性及其规避措施》，《城市问题》2011 年第 4 期。

[98] 魏永忠：《论我国城市社会安全指数的预警等级与指标体系》，《中国行政管理》2007 年第 2 期。

[99] 舒宁：《安全概念、安全机制与安全战略》，《社会科学动态》1998 年第 11 期。

[100] 郭秀锐：《城市生态系统健康评价——以广州市为例》，北京师范大学，2003。

[101] Rapport D. J., G. Bohm, D. Buckingham, J. Cairns, R. Costanza, etc. Ecosystem health: the concept, the ISEH, and the important tasks ahead [J] *Ecosystem Health*. 1999, 5: 82 – 90.

[102] Karr J. R., Defining and assessing ecological integrity: beyond water quality [J]. *Environmental Toxicology and Chemistry*. 1993, 12: 1521 – 1531.

[103] Rapport D. J. Dimensions of ecosystem health. In: Rapport, D. J., R. Costanza, P. R. Epstein, C. Gaudet & R. Levins eds. Ecosystem Health [C]. Malden and Oxford: Blackwell Science, 1998, 34 – 40.

[104] 韩博平：《生态系统稳定性：概念及其表征》，《华南师范大学学报》（自然科学版）1994 年第 2 期。

[105] 余中元、李波、张新时：《社会生态系统及脆弱性驱动机制分析》，《生态学报》2014 年第 7 期。

[106] Karr J. R., Defining and assessing ecological integrity: beyond water quality [J]. *Environmental Toxicology and Chemistry*, 1993 (12): 1521 – 1531.

[107] 韩传峰、王忠礼：《基于自组织系统耦合的区域安全》，《中国公共安全》（学术版）2008 年第 1 期。

[108] 宋轩、杜丽平、李树人等：《生态系统健康的概念、影响因素及其评价的研究进展》，《河南农业大学学报》2003 年第 4 期。

[109] 罗欣贤：《转型期私营企业产权安全问题研究》，华南理工大学，2007。

[110] Lowrance, W. W. Of acceptable risk: Science and the determination of

safety. Los Altos：William Kaufmann，1976.

［111］ Timmerman P. *Vulnerability*，*Resilience and the Collapse of Society. Environmental Monographl*，*Institute for Environmental Studies*［D］. Toronto University，1981.

［112］ Cutter. S L. Vulnerability to environmental hazards［J］. *Progress in Human Geography*，1996，20（4）：529－539.

［113］ 王岩、方创琳、张蔷：《城市脆弱性研究评述与展望》，《地理科学进展》2013 年第 5 期。

［114］ 李鹤、张平宇、程叶青：《脆弱性的概念及其评价方法》，《地理科学进展》2008 年第 2 期。

［115］ Rapport D. J.，H. A. Regier & T. C. Hutchinson. Ecosystem behavior under stress［J］. *The American Naturalist*，1985，125：617－640.

［116］ 朱正威、蔡李、段栋林：《基于"脆弱性－能力"综合视角的公共安全评价框架：形成与范式》，《中国行政管理》2011 年第 8 期。

［117］ 孔红梅、赵景柱、姬兰柱等：《生态系统健康评价方法初探》，《应用生态学报》2002 年第 4 期。

［118］ Jorgensen S. E.，S. N. Nielson & H. Meier. Energy，environment，energy and ecological modeling［J］. *Ecological Modeling*，1995，77：99－109.

［119］ 赵帅：《城市生态系统健康评价模型及其应用》，天津大学，硕士学位论文，2012。

［120］ 范荣亮、苏维词、张志娟：《生态系统健康影响因子及评价方法初探》，《水土保持研究》2006 年第 6 期。

［121］ 肖风劲、欧阳华：《生态系统健康及其评价指标和方法》，《自然资源学报》2002 年第 2 期。

［122］ 马克明、孔红梅、关文彬等：《生态系统健康评价：方法与方向》，《生态学报》2001 年第 12 期。

［123］ 王丰年：《外来物种入侵的历史、影响及对策研究》，《自然辩证法研究》2005 年第 1 期。

［124］ 李丽萍、郭宝华：《关于宜居城市的理论探讨》，《城市发展研究》2006 年第 2 期。

[125] 陈治国：《社会风险与风险社会——贝克风险社会理论建构探源》，《前沿》2010 年第 23 期。

[126] 王耕、吴伟：《区域生态安全演变机制与过程分析》，《中国安全科学学报》2007 年第 1 期。

[127] 李格琴：《从社会学视角解读"安全"本质及启示》，《国外社会科学》2009 年第 3 期。

[128] 陈建辉：《安全感问题的哲学思考》，《湘潭大学马克思主义哲学》，2013。

[129] 王俊秀：《面对风险：公众安全感研究》，《社会》2008 年第 4 期。

[130] 阮明阳、李徽：《试析个体安全的定义及其理论体系》，《思想战线》2011 年第 S1 期。

[131] Locke E. A. Satisfactors and Dissatisfactors Among White Collar and Blue Collar Employee [J]. *Journal of Applied Psychology*, 1973, 58: 67 -76.

[132] Richard W. Olshavsky J. A. M. Consumer expectations, product performance, and perceived product quality [J]. *Journal of Marketing Research*, 1972 (2): 19.

[133] Anderson R. E. Consumer dis – satisfaction: The effect of disconfirmed expectancy on perceived [J]. *Journal of Marketing Research*, 1973 (2): 838.

[134] 姚本先、汪海彬：《整合视角下安全感概念的探究》，《江淮论坛》2011 年第 5 期。

[135] 于世刚：《确定感、安全感、控制感——人的安全需要的三个层次》，《社会心理科学》2011 年第 2 期。

[136] 叶浩生：《西方心理学理论与流派》，广东高等教育出版社，2004。

[137] 阿瑟·雷伯：《心理学词典》，李伯黍译，上海译文出版社，1996。

[138] Maslow A. H., Hirsh E., Stein M., et al. Aclinically derived test for measuring psychological security – insecurity. *Journalof General Psychology*. 1945, 33: 21 – 41.//安莉娟、丛中：《安全感研究述评》，《中国行为医学科学》2003 年第 6 期。

[139] 汪海彬：《城市居民安全感问卷的编制及应用》，第十三届全国心

理学学术大会，2010。

［140］安莉娟、丛中：《安全感研究述评》，《中国行为医学科学》2003
　　　　年第 6 期。

［141］江绍伦：《安全感的建造》，岭南学院出版社，1992。

［142］安莉娟、丛中：《安全感研究述评》，《中国行为医学科学》2003
　　　　年第 6 期。

［143］陈顺森、叶桂青、陈伟静等：《大学生安全感量表的初步编制》，
　　　　《中国行为医学科学》2006 年第 12 期。

［144］曹中平、黄月胜、杨元花：《马斯洛安全感－不安全感问卷在初中
　　　　生中的修订》，《中国临床心理学杂志》2010 年第 2 期。

［145］丛中、安莉娟：《安全感量表的初步编制及信度、效度检验》，《中
　　　　国心理卫生杂志》2004 年第 2 期。

［146］刘玲爽、汤永隆、张静秋等：《5·12 地震灾民安全感与 PTSD 的
　　　　关系》，《心理科学进展》2009 年第 3 期。

［147］刘跃进：《"安全"及其相关概念》，《江南社会学院学报》2000 年
　　　　第 3 期。

［148］祖晶：《心理学基础》，教育科学出版社，2002；崔亚平：《初中生心
　　　　理安全感与家庭环境、人格特征关系研究》，河南师范大学，2012。

［149］伍新春：《中学生心理辅导》，高等教育出版社，2010；崔亚平：《初
　　　　中生心理安全感与家庭环境、人格特征关系研究》，河南师范大
　　　　学，2012。

［150］Pain R. Place, social relations and the fear of crime: a review ［J］. *Progress in Human Geography*. 2000, 24 (3): 365.

［151］公安部"公众安全感指标研究与评价"课题组：《中国公众安全感
　　　　现状调查及分析》，《社会学研究》1989 年第 6 期。

［152］吴宗宪：《法律心理学大词典》，警官教育出版社，1994。

［153］洪伟：《公众安全感评价机制探究》，《湖北警官学院学报》2008
　　　　年第 6 期。

［154］李锡伟：《浅议治安安全感的影响因素及提升对策》，《广州市公安
　　　　管理干部学院学报》2012 年第 2 期。

［155］罗文进、王小锋：《安全感概念界定、形成过程和改善途径》，《江苏警官学院学报》2004 年第 5 期。

［156］林荫茂：《公众安全感及指标体系的建构》，《社会科学》2007 年第 7 期。

［157］刘朝捷：《试论公众安全感指标调查》，《武汉公安干部学院学报》2009 年第 3 期。

［158］刘昕：《区域水安全评价模型及应用研究》，西北农林科技大学，博士学位论文，2011。

［159］韩林芝、郑江华：《BP 神经网络在旅游安全预警信息系统中的应用研究》，《安徽农业科学》2009 年第 7 期。

［160］祝喜、王静、吴郭泉：《旅游安全预警指标构建及应用研究》，《技术经济与管理研究》2010 年第 3 期。

［161］楼文高、王广雷、冯国珍：《旅游安全预警 TOPSIS 评价研究及其应用》，《旅游学刊》2013 年第 4 期。

［162］魏永忠：《浅谈我国社会安全与稳定预警等级模型的建立》，《公安研究》2007 年第 1 期。

［163］杨俭波、黄耀丽、李凡等：《BP 神经网络预警在旅游安全预警信息系统中的应用》，《资源开发与市场》2007 年第 2 期。

［164］畅明琦、黄强：《水资源安全理论与方法》，中国水利水电出版社，2006。

［165］刘殿国、许芳：《产业安全的生态预警机制研究》，科学出版社，2010。

［166］彭建、王仰麟、吴健生等：《区域生态系统健康评价——研究方法与进展》，《生态学报》2007 年第 11 期。

［167］风笑天：《社会学研究方法》，中国人民大学出版社，2001。

［168］朱正威、工坊、郭雪松等：《区域公共安全动态评价及关键变量甄别——基于"脆弱性—能力"的视角》，《公共行政评论》2012 年第 6 期。

［169］刘爱华、欧阳建涛：《城市安全评价体系基本框架的构建研究》，2010 ETP/IITA 2010 *International Conference on Management Science and Engineering*。

［170］ 孙华丽、周战杰、薛耀锋：《基于鱼骨图的公共安全风险测度与评价》，《中国安全科学学报》2011 年第 7 期。

［171］ 胡树华、杨高翔、秦嘉黎：《城市安全指标体系的构建与评价》，《统计与决策》2009 年第 4 期。

［172］ 徐丰良：《城市安全评价体系构建的研究》，湖南科技大学，2011。

［173］ 罗云、裴晶晶：《城市小康社会安全指标体系设计》，《中国安防产品信息》2004 年第 6 期。

［174］ 田亚平、向清成、王鹏：《区域人地耦合系统脆弱性及其评价指标体系》，《地理研究》2013 年第 1 期。

［175］ 尚志海、欧先交、曾兰华等：《城市社区公共安全风险评估——以东莞市虎门镇赤岗社区为例》，《热带地理》2013 年第 2 期。

［176］ 郑志恩：《城市综合安全评价研究》，沈阳航空航天大学，2012。

［177］ 赵运林：《城市安全指数（ICS）模型、结构与功能分析》，《湖南城市学院学报》（自然科学版）2006 年第 4 期。

［178］ 朱正威、蔡李、段栋栋：《基于"脆弱性—能力"综合视角的公共安全评价框架：形成与范式》，《中国行政管理》2011 年第 8 期。

［179］ Costanza R. Toward an operational definition of ecosystem health. In： Costanza， R.， B. G. Norton & B. D. Haskell. Eds. Ecosystem health： new goals for environmental management ［M］. Washington， D. C.： Island Press， 1992， 239 - 256.

［180］ 吴明隆：《结构方程模型：AMOS 的操作与应用》，重庆大学出版社，2009。

［181］ 易丹辉：《结构方程模型方法与应用》，中国人民大学出版社，2008。

［182］ 樊红艳、刘学录：《基于综合评价法的各种无量纲话方法的比较和优选——以兰州市永登县的土地开发为例》，《湖南农业科学》2010 年第 17 期。

［183］ 黄芳铭：《结构方程模型：理论与应用》，中国税务出版社，2005。

［184］ 吴明隆：《问卷统计分析实务——SPSS 操作与应用》，重庆大学出版社，2010。

［185］ Nunnally， J. C. Psychometric Thoery. New York： MacGraw - Hill， 1978，

2；吴明隆：《问卷统计分析实务——SPSS 操作与应用》，重庆大学出版社，2010。

[186] 陈诚：《海上风险预警分级研究》，大连海事大学海上交通工程学院，硕士学位论文，2013。

[187] "社会治安动态预警研究"及"社会治安预警等级标准"课题组：《制定社会治安预警等级标准的初步构想》，《中国人民公安大学学报》（社会科学版）2010 年第 1 期。

[188] 魏永忠：《浅谈我国社会安全与稳定预警等级模型的建立》，《公安研究》2007 年第 1 期。

[189] 曾永泉：《转型期中国社会风险预警指标体系研究》，华中师范大学社会学学院，硕士学位论文，2011。

[190] 徐成龙、程钰、任建兰：《黄河三角洲地区生态安全预警测度及时空格局》，《经济地理》2014 年第 3 期。

[191] 杨俭波、黄耀丽、李凡等：《BP 神经网络预警在旅游安全预警信息系统中的应用》，《资源开发与市场》2007 年第 2 期。

[192] 文森：《重庆市耕地资源安全与预警研究》，西南大学农业资源利用专业硕士学位论文，2008。

[193] Oliver R. L. A cognitive model of the antecedents and consequences of satisfaction decisions [J]. *Journal of Marketing Research*, 1980, 17 (4): 460 – 469.

[194] 卢东、Samart Powpaka：《消费者对企业社会责任行为的评价研究——基于期望理论和归因理论的探讨》，《管理评论》2010 年第 12 期。

[195] 汪侠、梅虎：《旅游地游客满意度：模型及实证研究》，《北京第二外国语学院学报》（旅游版）2006 年第 7 期。

[196] 连漪、汪侠：《旅游地顾客满意度测评指标体系的研究应用》，《旅游学刊》2004 年第 5 期。

[197] Fornell, C., Michael D. Johnson, Eugene W. Anderson, Jaesung Cha, Bathara Everitt Bryant, The Amerieian customer satisfaction index: nature, Purpose, and findings [J]. *Journal of Marketing*, 1996, 60 (10): 7 – 18.

[198] 马全恩、张伟：《顾客满意度评价指标体系设计》，《陕西工学院学报》2003年第4期。

[199] Spreng, Richard A., Scott B. Mackenzie, Richard W. Olshavsky. A Reexamination of the determinants of consumer satisfaction. *Journal of Marketing*, 1996, 60 (7): 15~32. // 卢东, Samart Powpaka：《消费者对企业社会责任行为的评价研究——基于期望理论和归因理论的探讨》，《管理评论》2010年第12期。

[200] 王淑萍：《警民信任危机成因分析——基于"期望差异"理论》，《中国人民公安大学学报》（社会科学版）2010年第6期。

[201] 中国旅游研究院：《中国出境旅游发展年度报告》，中国旅游出版社，2010。

[202] 白凯、马耀峰、李天顺：《旅游目的地游客体验质量评价性研究——以北京入境游客为例》，《北京社会科学》，2006，（5）。

[203] 梅琳：《沈阳市公众安全感影响因素研究》，东北大学行政管理，2010。

[204] 曹渝：《煤矿工人心理安全感的影响因素实证研究——以湖南省566名煤矿工人为例》，中南大学社会学，硕士学位论文，2012。

[205] 赵超：《初中生心理安全感与家庭教养方式、人际信任的相关研究》，重庆师范大学，2012。

[206] Kristense, K., Martensen, A., and Gronholdt, L. Customer satisfaction measurement at Post Demark: results of application of the European customer Satisfaction Index methodology [J]. *Total Quality Management*, 2000, 11 (7): 1007–1015.

[207] Martensen, A., Gronholdt, L., and Kristensen, K. The drivers of customer satisfaction and loyalty: Cross-industry findings from Denmark [J]. *Total Quality Management*, 2000, (11): 544–553.

[208] Maslow AH. The dynamics of psychological security-insecurity [J]. *Character and Personality*, 1992, 10: 331.

[209] 沈学武、耿德勤、李梅等：《不安全感自评量表的编制与信度、效度研究》，《中国行为医学科学》2005年第9期。

[210] 孙思玉、吴琼、王海兰等：《天津市大学生安全感研究》，《中国健

康心理学杂志》2009 年第 3 期。

[211] 李怀祖：《管理研究方法论》，西安交通大学出版社，2004。

[212] 李华生、徐瑞祥、高中贵等：《南京城市人居环境质量预警研究》，《经济地理》2005 年第 5 期。

[213] 曲跃厚、付利庆：《底线思维：全面深化改革的方法论》，《南京政治学院学报》2015 年第 1 期。

[214] 郑方辉、毕紫薇：《第三方绩效评价与服务型政府建设》，《华南理工大学学报》（社会科学版）2009 年第 4 期。

[215] 曹惠民：《第三方政府绩效评价情境下的政府行为重塑》，《社会科学家》2011 年第 6 期。

[216] 戴斌、李仲广、何琼峰等：《游客满意：国家战略视角下的理论建构与实践进路》，《旅游学刊》2014 年第 7 期。

附　录

附录1　目的地游客安全感调查问卷

尊敬的女士/先生：

您好！为了更好地营造安全的旅游环境，增强游客安全感，我们需要了解您对旅游目的地的安全认知状况，为此，我们开展此项课题研究。现诚挚邀请您参与问卷调查，请根据您的旅游经历和真实感受进行选择，所填结果无对错之分。本次调查所得的信息仅用于学术研究，我们会对问卷中涉及您的相关信息严格保密。

衷心感谢您的协助！

华侨大学旅游学院课题组

中国旅游研究院旅游安全研究基地

◆ 您对以下信息的认知，请在最合适的数字上打"√"。

游览之前，您的看法					题　项	游览之后，您的感受				
完全不符	不符合	不确定	符合	完全符合		完全不符	不符合	不确定	符合	完全符合
1	2	3	4	5	晚上十一点之后，我不敢单独外出	1	2	3	4	5
1	2	3	4	5	我担心旅游地突发暴力、抢劫等安全事件	1	2	3	4	5
1	2	3	4	5	我担心该地的社会风气不好	1	2	3	4	5
1	2	3	4	5	我担心旅游地警察不能时常出现	1	2	3	4	5

游览之前，您的看法					题　项	游览之后，您的感受				
完全不符	不符合	不确定	符合	完全符合		完全不符	不符合	不确定	符合	完全符合
1	2	3	4	5	看到游客被盗、纠纷等不法侵害时，我担心警察不去帮助	1	2	3	4	5
1	2	3	4	5	我担心旅游地安全标识、警示信息不完善	1	2	3	4	5
1	2	3	4	5	我担心旅游地安全监控设施不完善	1	2	3	4	5
1	2	3	4	5	我担心旅游地的环境污染严重	1	2	3	4	5
1	2	3	4	5	我担心所在旅游地交通安全和交通秩序混乱	1	2	3	4	5
1	2	3	4	5	我担心旅游地景区（点）游客拥挤不堪	1	2	3	4	5
1	2	3	4	5	我担心旅游地安全事件不能得到及时处理	1	2	3	4	5
1	2	3	4	5	我担心休闲娱乐场所的安全状况	1	2	3	4	5
1	2	3	4	5	在购买食品时，我担心当地的食品安全	1	2	3	4	5
1	2	3	4	5	在当地住宿时，我担心住宿设施安全	1	2	3	4	5
1	2	3	4	5	外出乘坐交通工具时，我担心安全问题，也怕被宰	1	2	3	4	5
1	2	3	4	5	在购买物品时，我倾向于大型超市或专卖店，担心欺诈受骗	1	2	3	4	5
1	2	3	4	5	我担心当地的服务人员对游客态度不好	1	2	3	4	5
1	2	3	4	5	我担心当地居民不会对游客热心帮助	1	2	3	4	5
1	2	3	4	5	我担心当地居民排斥游客的行为方式	1	2	3	4	5
1	2	3	4	5	我担心违反当地文化习俗和禁忌	1	2	3	4	5
1	2	3	4	5	我会关注旅游地的安全信息	1	2	3	4	5
1	2	3	4	5	我会留意周围人对旅游地安全事件的看法	1	2	3	4	5
1	2	3	4	5	我会关注专家对旅游地安全事件的评价	1	2	3	4	5
1	2	3	4	5	我会留意媒体对该地安全事件的报道	1	2	3	4	5
1	2	3	4	5	我担心旅游地安全信息发布不及时	1	2	3	4	5
1	2	3	4	5	当和陌生人交往时，我会提高警惕，担心受骗	1	2	3	4	5
1	2	3	4	5	在拥挤的人群中，我会时常留心自己的钱包和贵重物品	1	2	3	4	5
1	2	3	4	5	我会关注媒体对旅游地居民和经营者态度的评价	1	2	3	4	5
1	2	3	4	5	需要咨询时，我担心当地居民不会热情回答	1	2	3	4	5

游览之前，您的看法					题　项	游览之后，您的感受				
完全不符	不符合	不确定	符合	完全符合		完全不符	不符合	不确定	符合	完全符合
1	2	3	4	5	遇到困难时，我担心当地居民不会积极帮助	1	2	3	4	5
1	2	3	4	5	因缺乏安全装备，我担心无法应对当地突发暴力事件	1	2	3	4	5
1	2	3	4	5	因缺乏防范技能，我担心无法应对当地的违法犯罪行为	1	2	3	4	5
1	2	3	4	5	因缺乏防范措施，我担心无法应对当地疾病的传播	1	2	3	4	5
1	2	3	4	5	因缺乏应急知识，我担心无法应对自然灾害（如地震、滑坡等）	1	2	3	4	5
1	2	3	4	5	到处都是监控设施，我担心个人隐私安全	1	2	3	4	5
1	2	3	4	5	根据媒体等信息，我感觉选择的旅游地比较安全	1	2	3	4	5
1	2	3	4	5	我会判断旅游地安全状况，并提高警惕	1	2	3	4	5
1	2	3	4	5	我认为旅游地社会秩序会得到控制	1	2	3	4	5
1	2	3	4	5	我认为我会与当地居民和经营者沟通好	1	2	3	4	5
1	2	3	4	5	我认为我会很快适应当地社会环境	1	2	3	4	5

◆ 背景资料：请您在最合适的数字上打"√"。（单选）

1. 您的性别：①男　②女

2. 您的年龄：①18～24 岁　②25～34 岁　③35～44 岁　④45～54 岁　⑤55 岁及以上

3. 您的文化程度：①初中以下　②高中或中专　③大专或本科　④研究生及以上

4. 您的职业或身份：①工人　②学生　③公务员　④农民　⑤个体经营商　⑥教师　⑦专业技术人员　⑧企事业单位管理人员　⑨服务或销售人员　⑩离退休人员　⑪军人　⑫其他

5. 您的月收入：①1000～2000 元　②2001～3000 元　③3001～4000 元　④4001～5000 元　⑤5000 元以上

6. 您的出游方式：①单位组织　②旅行社组团　③家庭出游　④亲朋好友出游　⑤独自出游

7. 您在该地旅游了多长时间？①今天刚来　②1 天　③2 天　④3 天⑤4 天及以上

由衷感谢您的支持和帮助，谢谢！

附录2 2003～2013年全国31个地区目的地旅游安全度指数数据

2003年	经济能力	安全投入	安全组织	安全管理	安全设施	安全环境	紧急救援能力	善后重振能力
北京	0.21	0.633	0.373	0.832	0.645	0.353	0.575	0.216
天津	0.255	0.366	0.288	0.335	0.427	0.311	0.483	0.151
石家庄	0.199	0.141	0.443	0.335	0.222	0.386	0.541	0.147
太原	0.266	0.092	0.322	0.251	0.157	0.287	0.324	0.074
呼和浩特	0.629	0.401	0.3	0.219	0.108	0.306	0.291	0.056
沈阳	0.266	0.055	0.333	0.213	0.328	0.468	0.364	0.097
长春	0.264	0.271	0.334	0.124	0.182	0.542	0.257	0.092
哈尔滨	0.231	0.286	0.422	0.086	0.284	0.479	0.318	0.129
上海	0.223	0.903	0.404	0.302	1.094	0.361	0.405	0.178
南京	0.219	0.219	0.321	0.302	0.317	0.345	0.454	0.089
杭州	0.261	0.181	0.36	0.353	0.357	0.611	0.292	0.145
合肥	0.263	0.067	0.377	0.092	0.147	0.501	0.484	0.07
福州	0.215	0.682	0.36	0.156	0.155	0.717	0.3	0.095
南昌	0.277	0.077	0.289	0.322	0.109	0.64	0.296	0.059

2004年	经济能力	安全投入	安全组织	安全管理	安全设施	安全环境	紧急救援能力	善后重振能力
北京	0.218	0.698	0.373	0.781	0.667	0.388	0.612	0.197
天津	0.301	0.375	0.288	0.431	0.454	0.325	0.427	0.147
石家庄	0.25	0.151	0.443	0.431	0.244	0.369	0.451	0.157
太原	0.252	0.092	0.322	0.182	0.188	0.339	0.388	0.159
呼和浩特	0.499	0.252	0.3	0.182	0.109	0.366	0.291	0.045
沈阳	0.289	0.073	0.333	0.175	0.351	0.485	0.364	0.096
长春	0.287	0.134	0.334	0.244	0.166	0.56	0.299	0.09
哈尔滨	0.263	0.282	0.422	0.143	0.281	0.527	0.359	0.157
上海	0.241	1.01	0.404	0.302	1.253	0.375	0.459	0.149
南京	0.302	0.227	0.321	0.353	0.339	0.373	0.452	0.096
杭州	0.305	0.194	0.36	0.353	0.381	0.644	0.358	0.162
合肥	0.275	0.073	0.377	0.27	0.147	0.525	0.483	0.071
福州	0.284	0.336	0.36	0.302	0.162	0.738	0.319	0.092
南昌	0.312	0.079	0.289	0.175	0.121	0.668	0.34	0.065

续表

2003 年	经济能力	安全投入	安全组织	安全管理	安全设施	安全环境	紧急救援能力	善后重振能力
济南	0.265	0.112	0.3	0.302	0.228	0.346	0.322	0.512
郑州	0.221	0.108	0.389	0.276	0.182	0.342	0.314	0.089
武汉	0.239	0.105	0.356	0.302	0.246	0.399	0.308	0.198
长沙	0.255	0.099	0.289	0.207	0.252	0.514	0.258	0.101
广州	0.267	0.267	0.322	0.302	0.332	0.629	0.415	0.115
南宁	0.23	0.05	0.322	0.238	0.078	0.544	0.321	0.031
海口	0.249	0.02	0.234	0.118	0.034	0.618	0.287	0.013
重庆	0.211	0.287	0.421	0.213	0.47	0.322	0.248	2.56
成都	0.263	0.149	0.388	0.213	0.302	0.439	0.282	0.195
贵阳	0.227	0.043	0.3	0.143	0.118	0.366	0.287	0.069
昆明	0.185	0.076	0.344	0.302	0.141	0.481	0.408	0.122
拉萨	0.298	0.001	0.245	0.112	0.02	0.328	0.196	0.037
西安	0.267	0.203	0.333	0.143	0.254	0.417	0.285	0.167
兰州	0.21	0.081	0.278	0.143	0.105	0.261	0.46	0.052
西宁	0.259	0.021	0.344	0.118	0.057	0.183	0.242	0.095
银川	0.228	0.021	0.256	0.15	0.067	0.316	0.204	0.171
乌鲁木齐	0.207	0.036	0.289	0.143	0.083	0.243	0.274	0.065

2004 年	经济能力	安全投入	安全组织	安全管理	安全设施	安全环境	紧急救援能力	善后重振能力
济南	0.291	0.119	0.3	0.327	0.241	0.37	0.324	0.56
郑州	0.298	0.111	0.389	0.302	0.195	0.379	0.308	0.091
武汉	0.245	0.125	0.356	0.366	0.276	0.412	0.35	0.189
长沙	0.281	0.106	0.289	0.302	0.248	0.566	0.356	0.114
广州	0.308	0.29	0.322	0.353	0.343	0.644	0.459	0.177
南宁	0.219	0.054	0.322	0.27	0.113	0.598	0.238	0.074
海口	0.257	0.02	0.234	0.124	0.042	0.65	0.247	0.06
重庆	0.235	0.31	0.421	0.238	0.491	0.357	0.248	0.701
成都	0.262	0.159	0.388	0.238	0.293	0.48	0.244	0.224
贵阳	0.261	0.046	0.3	0.27	0.115	0.391	0.23	0.089
昆明	0.241	0.089	0.344	0.345	0.145	0.521	0.64	0.135
拉萨	0.287	0.001	0.245	0.27	0.023	0.346	0.196	0.045
西安	0.272	0.206	0.333	0.264	0.261	0.446	0.41	0.169
兰州	0.222	0.08	0.278	0.27	0.114	0.258	0.43	0.056
西宁	0.275	0.021	0.344	0.118	0.06	0.228	0.249	0.145
银川	0.282	0.027	0.256	0.092	0.057	0.351	0.202	0.282
乌鲁木齐	0.255	0.048	0.289	0.169	0.109	0.269	0.282	0.072

续表

2005 年	经济能力	安全投入	安全组织	安全管理	安全设施	安全环境	紧急救援能力	善后重振能力
北京	0.269	0.828	0.391	0.849	2.049	0.404	0.843	0.194
天津	0.32	0.385	0.525	0.498	0.48	0.349	0.456	0.143
石家庄	0.283	0.162	0.443	0.404	0.202	0.41	0.447	0.104
太原	0.316	0.093	0.322	0.257	0.144	0.306	0.378	0.083
呼和浩特	5.27	0.099	0.392	0.319	0.093	0.377	0.337	0.043
沈阳	0.316	0.057	0.451	0.193	0.315	0.494	0.406	0.106
长春	0.274	0.112	0.505	0.193	0.156	0.565	0.572	0.088
哈尔滨	0.461	0.273	0.506	0.287	0.123	0.525	0.285	0.078
上海	0.284	1.02	0.404	0.37	1.196	0.389	0.5	0.158
南京	0.348	0.238	0.321	0.434	0.335	0.382	0.448	0.089
杭州	0.302	0.211	0.36	0.37	0.45	0.648	0.405	0.192
合肥	0.325	0.066	0.377	0.225	0.138	0.543	0.489	0.076
福州	0.263	0.109	0.36	0.319	0.177	0.746	0.445	0.13
南昌	0.332	0.081	0.323	0.225	0.119	0.672	0.36	0.072
济南	0.313	0.123	0.3	0.383	0.245	0.369	0.327	0.565
郑州	0.317	0.112	0.389	0.345	0.197	0.378	0.314	0.113

2006 年	经济能力	安全投入	安全组织	安全管理	安全设施	安全环境	紧急救援能力	善后重振能力
北京	0.242	1.06	0.391	0.797	0.703	0.449	0.925	0.209
天津	0.302	0.418	0.592	0.447	0.47	0.356	0.467	0.139
石家庄	0.276	0.173	0.461	0.447	0.206	0.409	0.395	0.108
太原	0.296	0.1	0.489	0.383	0.159	0.325	0.501	0.087
呼和浩特	0.573	0.172	0.392	0.199	0.099	0.39	0.378	0.042
沈阳	0.328	0.06	0.658	0.345	0.273	0.519	0.444	0.195
长春	0.181	0.12	0.522	0.345	0.153	0.585	0.212	0.093
哈尔滨	0.284	0.218	0.523	0.23	0.299	0.526	0.247	0.13
上海	0.238	1.08	0.404	0.37	1.101	0.405	0.47	0.159
南京	0.306	0.266	0.321	0.434	0.309	0.403	0.446	0.078
杭州	0.264	0.255	0.36	0.37	0.416	0.681	0.403	0.322
合肥	0.34	0.067	0.411	0.319	0.141	0.549	0.483	0.098
福州	0.197	0.148	0.393	0.383	0.165	0.759	0.462	0.113
南昌	0.339	0.087	0.34	0.442	0.124	0.684	0.382	0.073
济南	0.313	0.139	0.334	0.434	0.244	0.403	0.366	0.632
郑州	0.324	0.121	0.669	0.402	0.205	0.4	0.316	0.091

2005 年	经济能力	安全投入	安全组织	安全管理	安全设施	安全环境	紧急救援能力	善后重振能力
武汉	0.292	0.144	0.356	0.434	0.268	0.409	0.407	0.103
长沙	0.301	0.114	0.289	0.225	0.257	0.562	0.462	0.103
广州	0.304	0.317	0.322	0.37	0.347	0.657	0.507	0.118
南宁	0.266	0.055	0.322	0.37	0.117	0.626	0.294	0.09
海口	0.265	0.023	0.234	0.256	0.041	0.65	0.361	0.024
重庆	0.251	0.334	0.421	0.256	0.529	0.371	0.3	1.007
成都	0.275	0.179	0.388	0.35	0.319	0.521	0.416	0.249
贵阳	0.276	0.05	0.334	0.225	0.119	0.405	0.286	0.092
昆明	0.207	0.083	0.344	0.353	0.153	0.559	0.436	0.123
拉萨	0.276	0.001	0.278	0.161	0.018	0.378	0.238	0.066
西安	0.275	0.212	0.367	0.281	0.256	0.469	0.523	0.173
兰州	0.231	0.08	0.278	0.287	0.114	0.271	0.461	0.054
西宁	0.297	0.023	0.344	0.161	0.05	0.24	0.253	0.032
银川	0.298	0.028	0.256	0.199	0.066	0.401	0.258	0.273
乌鲁木齐	0.25	0.062	0.289	0.225	0.151	0.259	0.25	0.044

2006 年	经济能力	安全投入	安全组织	安全管理	安全设施	安全环境	紧急救援能力	善后重振能力
武汉	0.297	0.164	0.356	0.434	0.275	0.426	0.449	0.123
长沙	0.301	0.117	0.289	0.319	0.232	0.59	0.396	0.134
广州	0.262	0.346	0.322	0.466	0.353	0.674	0.535	0.157
南宁	0.27	0.058	0.356	0.37	0.126	0.586	0.382	0.118
海口	0.243	0.022	0.422	0.182	0.046	0.658	0.3	0.024
重庆	0.238	0.371	0.421	0.319	0.548	0.381	0.261	0.73
成都	0.273	0.207	0.693	0.319	0.315	0.524	0.368	0.237
贵阳	0.294	0.055	0.334	0.287	0.124	0.419	0.23	0.09
昆明	0.224	0.096	0.378	0.434	0.152	0.525	0.495	0.107
拉萨	0.222	0.001	0.278	0.078	0.017	0.402	0.238	0.071
西安	0.265	0.218	0.367	0.339	0.23	0.482	0.523	0.15
兰州	0.243	0.093	0.278	0.319	0.096	0.32	0.407	0.054
西宁	0.286	0.023	0.344	0.256	0.049	0.264	0.301	0.031
银川	0.26	0.032	0.256	0.225	0.058	0.404	0.251	0.233
乌鲁木齐	0.279	0.076	0.289	0.225	0.109	0.263	0.283	0.049

续表

2008年	经济能力	安全投入	安全组织	安全管理	安全设施	安全环境	紧急救援能力	善后重振能力
北京	0.299	1.34	0.391	1.188	0.773	0.384	1.472	0.211
天津	0.321	0.466	0.592	0.77	0.508	0.379	0.583	0.122
石家庄	0.267	0.197	0.461	0.77	0.258	0.439	0.521	0.123
太原	0.333	0.102	0.489	0.477	0.169	0.331	0.583	0.108
呼和浩特	0.365	0.609	0.392	0.389	0.093	0.415	0.438	0.044
沈阳	0.466	0.102	0.658	0.762	0.306	0.532	0.658	0.111
长春	0.361	0.147	0.522	0.388	0.204	0.588	0.414	0.093
哈尔滨	0.275	0.253	0.755	0.413	0.265	0.526	0.368	0.151
上海	0.337	1.22	0.675	0.528	2.074	0.312	0.456	0.271
南京	0.319	0.341	0.422	0.813	0.376	0.414	0.723	0.06
杭州	0.299	0.385	0.393	0.58	0.44	0.685	0.579	0.407
合肥	0.366	0.083	0.648	0.673	0.147	0.555	0.904	0.118
福州	0.306	0.18	0.393	0.865	0.151	0.767	0.447	0.134
南昌	0.312	0.108	0.6	0.737	0.119	0.685	0.563	0.077
济南	0.321	0.193	0.539	0.624	0.285	0.451	0.643	0.114
郑州	0.323	0.125	0.685	0.528	0.283	0.406	0.482	0.115

2007年	经济能力	安全投入	安全组织	安全管理	安全设施	安全环境	紧急救援能力	善后重振能力
北京	0.284	1.16	0.391	0.833	1.009	0.406	1.027	0.207
天津	0.303	0.43	0.592	0.528	0.463	0.375	0.592	0.118
石家庄	0.27	0.17	0.461	0.528	0.258	0.417	0.567	0.125
太原	0.235	0.1	0.489	0.369	0.214	0.331	0.447	0.145
呼和浩特	0.362	0.5	0.392	0.337	0.095	0.415	0.378	0.042
沈阳	0.344	0.073	0.658	0.268	0.3	0.531	0.448	0.104
长春	0.308	0.133	0.522	0.388	0.191	0.582	0.257	0.093
哈尔滨	0.274	0.217	0.755	0.279	0.296	0.518	0.365	0.139
上海	0.282	1.07	0.625	0.528	2.341	0.408	0.407	0.166
南京	0.307	0.28	0.405	0.452	0.317	0.4	0.651	0.072
杭州	0.291	0.301	0.36	0.497	0.488	0.682	0.389	0.389
合肥	0.353	0.069	0.411	0.337	0.137	0.55	0.481	0.098
福州	0.25	0.158	0.393	0.528	0.198	0.761	0.451	0.134
南昌	0.305	0.09	0.533	0.558	0.128	0.684	0.465	0.071
济南	0.318	0.159	0.334	0.484	0.267	0.427	0.413	0.104
郑州	0.325	0.123	0.685	0.388	0.237	0.408	0.402	0.084

续表

2007年	经济能力	安全投入	安全组织	安全管理	安全设施	安全环境	紧急救援能力	善后重振能力
武汉	0.307	0.169	0.44	0.573	0.262	0.463	0.37	0.189
长沙	0.3	0.13	0.289	0.572	0.291	0.613	0.464	0.129
广州	0.32	0.368	0.356	0.573	0.358	0.678	0.608	0.131
南宁	0.331	0.061	0.356	0.388	0.136	0.592	0.351	0.15
海口	0.259	0.035	0.439	0.254	0.047	0.647	0.34	0.022
重庆	0.265	0.37	0.489	0.362	0.543	0.386	0.377	1.116
成都	0.281	0.247	0.693	0.362	0.329	0.516	0.453	0.238
贵阳	0.296	0.048	0.367	0.324	0.129	0.414	0.286	0.099
昆明	0.25	0.1	0.378	0.547	0.162	0.556	0.514	0.13
拉萨	0.255	0.001	0.312	0.178	0.016	0.428	0.238	0.078
西安	0.266	0.23	0.514	0.382	0.208	0.484	0.577	0.155
兰州	0.243	0.096	0.295	0.388	0.106	0.323	0.354	0.068
西宁	0.294	0.025	0.344	0.356	0.051	0.255	0.361	0.033
银川	0.268	0.035	0.256	0.351	0.077	0.392	0.252	0.199
乌鲁木齐	0.281	0.088	0.323	0.242	0.126	0.263	0.357	0.056

2008年	经济能力	安全投入	安全组织	安全管理	安全设施	安全环境	紧急救援能力	善后重振能力
武汉	0.328	0.217	0.44	0.688	0.284	0.467	0.546	0.16
长沙	0.325	0.143	0.323	0.655	0.309	0.629	0.579	0.143
广州	0.329	0.406	0.356	0.877	0.381	0.687	0.684	0.231
南宁	0.347	0.073	0.601	0.413	0.129	0.597	0.396	0.13
海口	0.255	0.045	0.439	0.316	0.043	0.659	0.303	0.025
重庆	0.339	0.467	0.489	0.623	0.608	0.387	0.51	2.109
成都	0.315	0.298	0.693	0.782	0.343	0.527	0.567	0.558
贵阳	0.319	0.053	0.401	0.718	0.148	0.418	0.286	0.443
昆明	0.251	0.113	0.46	0.877	0.179	0.564	0.534	0.151
拉萨	0.317	0.001	0.508	0.273	0.009	0.449	0.337	0.137
西安	0.302	0.262	0.514	0.465	0.209	0.503	0.49	0.211
兰州	0.259	0.097	0.477	0.413	0.121	0.357	0.439	0.072
西宁	0.311	0.028	0.377	0.433	0.052	0.275	0.39	0.035
银川	0.281	0.042	0.256	0.528	0.073	0.407	0.305	0.173
乌鲁木齐	0.301	0.101	0.323	0.293	0.132	0.254	0.416	0.055

续表

2009年	经济能力	安全投入	安全组织	安全管理	安全设施	安全环境	紧急救援能力	善后重振能力
北京	0.215	1.51	0.576	0.979	0.81	0.471	1.126	0.226
天津	0.348	0.443	0.646	0.482	0.569	0.396	0.456	0.129
石家庄	0.205	0.217	0.496	0.482	0.252	0.489	0.503	0.123
太原	0.169	0.102	0.523	0.469	0.186	0.355	0.551	0.097
呼和浩特	0.549	0.082	0.461	0.443	0.104	0.488	0.382	0.042
沈阳	0.338	0.137	0.692	0.405	0.312	0.549	0.56	0.101
长春	0.338	0.153	0.557	0.546	0.249	0.62	0.358	0.239
哈尔滨	0.271	0.254	0.789	0.405	0.267	0.549	0.41	0.144
上海	0.23	1.28	0.717	0.735	2.122	0.357	0.47	0.192
南京	0.248	0.365	0.463	0.621	0.362	0.452	0.45	0.106
杭州	0.228	0.405	0.541	0.514	0.448	0.703	0.543	0.189
合肥	0.347	0.09	0.664	0.659	0.173	0.547	0.566	0.111
福州	0.265	0.187	0.608	0.724	0.155	0.773	0.471	0.245
南昌	0.304	0.113	0.652	0.678	0.127	0.702	0.465	0.102
济南	0.265	0.194	0.59	0.641	0.305	0.489	0.507	0.153
郑州	0.249	0.129	0.72	0.629	0.273	0.453	0.468	0.079

2010年	经济能力	安全投入	安全组织	安全管理	安全设施	安全环境	紧急救援能力	善后重振能力
北京	0.246	1.89	0.67	0.843	0.953	0.479	1.182	0.236
天津	0.351	0.501	0.646	0.563	0.542	0.378	0.543	0.137
石家庄	0.226	0.234	0.496	0.563	0.255	0.525	0.541	0.166
太原	0.059	0.105	0.523	0.486	0.186	0.353	0.596	0.131
呼和浩特	0.322	0.932	0.477	0.461	0.113	0.475	0.385	0.128
沈阳	0.295	0.165	0.692	0.486	0.276	0.566	0.56	0.151
长春	0.308	0.168	0.557	0.429	0.252	0.622	0.4	0.1
哈尔滨	0.27	0.271	0.789	0.486	0.289	0.554	0.368	0.153
上海	0.22	1.53	0.717	0.753	1.061	0.364	0.652	0.297
南京	0.238	0.414	0.497	0.639	0.362	0.456	0.509	0.1
杭州	0.21	0.467	0.592	0.563	0.418	0.719	0.5	0.268
合肥	0.36	0.095	0.718	0.556	0.185	0.588	0.526	0.109
福州	0.265	0.208	0.625	0.741	0.159	0.777	0.611	0.207
南昌	0.267	0.129	0.652	0.696	0.133	0.705	0.459	0.123
济南	0.25	0.229	0.59	0.493	0.364	0.505	0.521	0.153
郑州	0.235	0.133	0.72	0.595	0.287	0.457	0.494	0.107

续表

2009 年	经济能力	安全投入	安全组织	安全管理	安全设施	安全环境	紧急救援能力	善后重振能力
武汉	0.335	0.239	0.474	0.59	0.303	0.53	0.435	0.188
长沙	0.308	0.154	0.491	0.693	0.285	0.663	0.567	0.167
广州	0.28	0.448	0.39	0.692	0.385	0.651	0.717	0.682
南宁	0.294	0.079	0.653	0.469	0.14	0.685	0.337	0.241
海口	0.21	0.04	0.473	0.342	0.052	0.679	0.298	0.025
重庆	0.322	0.514	0.617	0.354	0.707	0.492	0.541	3.278
成都	0.249	0.34	0.728	0.354	0.355	0.562	0.553	1.128
贵阳	0.265	0.053	0.603	0.469	0.145	0.465	0.286	0.086
昆明	0.246	0.113	0.495	0.685	0.248	0.611	0.571	0.219
拉萨	0.203	0.001	0.542	0.29	0.009	0.528	0.323	0.07
西安	0.319	0.28	0.548	0.431	0.226	0.554	0.587	0.181
兰州	0.241	0.101	0.511	0.469	0.144	0.367	0.523	0.238
西宁	0.3	0.03	0.522	0.399	0.059	0.296	0.406	0.137
银川	0.266	0.052	0.601	0.399	0.061	0.432	0.29	0.173
乌鲁木齐	0.302	0.12	0.45	0.259	0.14	0.282	0.363	0.058

2010 年	经济能力	安全投入	安全组织	安全管理	安全设施	安全环境	紧急救援能力	善后重振能力
武汉	0.309	0.285	0.584	0.608	0.352	0.551	0.407	0.159
长沙	0.301	0.178	0.508	0.754	0.315	0.671	0.567	0.241
广州	0.271	0.484	0.686	0.69	0.462	0.711	0.658	0.669
南宁	0.309	0.093	0.653	0.423	0.159	0.662	0.411	0.289
海口	0.218	0.04	0.473	0.333	0.048	0.676	0.348	0.024
重庆	0.334	0.607	0.617	0.397	0.807	0.498	0.554	2.362
成都	0.3	0.406	0.728	0.492	0.392	0.575	0.486	2.081
贵阳	0.269	0.059	0.603	0.512	0.168	0.465	0.369	0.204
昆明	0.263	0.125	0.495	0.754	0.284	0.665	0.718	0.438
拉萨	0.255	0.002	0.542	0.308	0.017	0.447	0.381	0.099
西安	0.299	0.316	0.548	0.512	0.249	0.56	0.528	0.178
兰州	0.228	0.108	0.511	0.486	0.16	0.323	0.52	0.522
西宁	0.279	0.033	0.522	0.391	0.062	0.282	0.407	0.046
银川	0.261	0.064	0.601	0.271	0.061	0.461	0.332	0.03
乌鲁木齐	0.193	0.136	0.466	0.372	0.196	0.282	0.366	0.055

续表

2011 年	经济能力	安全投入	安全组织	安全管理	安全设施	安全环境	紧急救援能力	善后重振能力
北京	0.26	1.85	0.721	1.047	1.288	0.478	1.258	0.186
天津	0.374	0.505	0.672	0.551	0.474	0.388	0.543	0.14
石家庄	0.25	0.224	0.632	0.446	0.278	0.539	0.416	0.178
太原	0.228	0.111	0.542	0.486	0.185	0.376	0.596	0.138
呼和浩特	0.259	1.12	0.496	0.486	0.094	0.469	0.427	0.095
沈阳	0.298	0.125	0.711	0.499	0.306	0.575	0.56	0.167
长春	0.317	0.171	0.575	0.48	0.216	0.648	0.362	0.102
哈尔滨	0.293	0.174	0.808	0.486	0.313	0.573	0.43	0.142
上海	0.271	1.4	0.749	0.804	2.176	0.368	0.596	0.347
南京	0.271	0.43	0.529	0.639	0.34	0.451	0.62	0.111
杭州	0.252	0.506	0.624	0.659	0.431	0.717	0.67	0.242
合肥	0.356	0.139	0.718	0.581	0.184	0.594	0.706	0.213
福州	0.29	0.214	0.657	0.856	0.275	0.79	0.56	0.141
南昌	0.286	0.118	0.671	0.791	0.142	0.737	0.459	0.158
济南	0.261	0.228	0.609	0.544	0.372	0.499	0.566	0.132
郑州	0.268	0.138	0.739	0.595	0.305	0.413	0.494	0.108

2012 年	经济能力	安全投入	安全组织	安全管理	安全设施	安全环境	紧急救援能力	善后重振能力
北京	0.227	2.1	0.798	1.175	1.342	0.475	1.202	0.289
天津	0.359	0.53	0.672	0.696	0.462	0.409	0.599	0.175
石家庄	0.246	0.224	0.742	0.478	0.29	0.53	0.416	0.17
太原	0.207	0.11	0.568	0.613	0.2	0.376	0.596	0.189
呼和浩特	0.231	1.12	0.496	0.504	0.093	0.46	0.483	0.059
沈阳	0.262	0.15	0.738	0.581	0.313	0.586	0.616	0.168
长春	3.276	0.175	0.575	0.498	0.242	0.661	0.362	0.112
哈尔滨	0.26	0.174	0.808	0.504	0.431	0.592	0.43	0.135
上海	0.232	1.47	0.762	0.726	1.043	0.369	0.596	0.356
南京	0.252	0.484	0.542	0.873	0.411	0.474	0.605	0.131
杭州	0.216	0.558	0.637	0.727	0.512	0.727	0.614	0.283
合肥	0.315	0.156	0.731	0.675	0.241	0.599	0.65	0.252
福州	0.267	0.234	0.67	0.937	0.191	0.779	0.56	0.276
南昌	0.266	0.126	0.671	0.868	0.158	0.75	0.515	0.185
济南	0.221	0.246	0.643	0.561	0.385	0.518	0.622	0.146
郑州	0.285	0.193	0.739	0.613	0.34	0.408	0.536	0.1

续表

2011 年	经济能力	安全投入	安全组织	安全管理	安全设施	安全环境	紧急救援能力	善后重振能力
武汉	0.334	0.287	0.619	0.608	0.362	0.56	0.466	0.183
长沙	0.318	0.187	0.526	0.899	0.312	0.686	0.567	0.214
广州	0.305	0.526	0.722	0.69	0.514	0.719	0.685	0.544
南宁	0.29	0.098	0.671	0.423	0.181	0.71	0.536	0.26
海口	0.352	0.044	0.492	0.308	0.06	0.695	0.446	0.032
重庆	0.394	0.622	0.636	0.391	1.152	0.508	0.548	1.009
成都	0.308	0.406	0.746	0.391	0.445	0.576	0.604	1.429
贵阳	0.289	0.067	0.622	0.512	0.181	0.479	0.369	0.31
昆明	0.288	0.127	0.513	0.754	0.266	0.649	0.686	0.454
拉萨	0.213	0.002	0.561	0.276	0.011	0.525	0.325	0.125
西安	0.3	0.314	0.567	0.563	0.262	0.565	0.541	0.184
兰州	0.271	0.116	0.53	0.659	0.175	0.337	0.527	0.133
西宁	0.375	0.034	0.541	0.423	0.069	0.314	0.365	0.097
银川	0.297	0.069	0.619	0.391	0.072	0.45	0.346	0.033
乌鲁木齐	0.249	0.143	0.485	0.277	0.183	0.289	0.418	0.059

2012 年	经济能力	安全投入	安全组织	安全管理	安全设施	安全环境	紧急救援能力	善后重振能力
武汉	0.294	0.294	0.619	0.804	0.392	0.575	0.424	0.196
长沙	0.299	0.208	0.526	0.822	0.334	0.68	0.567	0.214
广州	0.269	0.569	0.722	0.771	0.714	0.724	0.797	0.775
南宁	0.276	0.102	0.671	0.44	0.264	0.713	0.411	0.246
海口	0.251	0.052	0.492	0.389	0.064	0.727	0.446	0.032
重庆	0.39	0.703	0.686	0.568	1.279	0.509	0.548	2.579
成都	0.313	0.449	0.746	0.561	0.492	0.581	0.604	1.327
贵阳	0.346	0.074	0.622	0.613	0.218	0.481	0.369	0.278
昆明	0.289	0.136	0.53	0.886	0.241	0.644	0.686	0.563
拉萨	0.173	0.002	0.561	0.325	0.013	0.557	0.422	0.154
西安	0.287	0.325	0.567	0.613	0.296	0.567	0.624	0.19
兰州	0.314	0.12	0.53	0.664	0.185	0.358	0.569	0.162
西宁	0.312	0.036	0.541	0.466	0.081	0.321	0.407	0.081
银川	0.241	0.073	0.619	0.472	0.076	0.453	0.29	0.035
乌鲁木齐	0.31	0.157	0.485	0.44	0.221	0.306	0.404	0.057

续表

2013 年	经济能力	安全投入	安全组织	安全管理	安全设施	安全环境	紧急救援能力	善后重振能力
北京	0.256	2.25	0.865	1.176	1.198	0.5	1.422	0.245
天津	0.382	0.545	0.719	0.762	0.522	0.42	0.599	0.144
石家庄	0.245	0.248	0.773	0.539	0.288	0.562	0.513	0.164
太原	0.161	0.113	0.599	0.647	0.199	0.384	0.652	0.158
呼和浩特	0.425	1.08	0.496	0.539	0.096	0.513	0.48	0.086
沈阳	0.323	0.167	0.785	0.615	0.29	0.602	0.616	0.165
长春	0.325	0.151	0.622	0.532	0.259	0.667	0.403	0.136
哈尔滨	0.271	0.186	0.841	0.539	0.365	0.589	0.41	0.148
上海	0.255	1.57	0.826	0.857	1.817	0.359	0.526	0.364
南京	0.26	0.495	0.58	0.857	0.387	0.49	0.565	0.113
杭州	0.218	0.593	0.65	0.762	0.489	0.748	0.626	0.32
合肥	0.372	0.14	0.778	0.71	0.212	0.608	0.648	0.217
福州	0.287	0.399	0.717	0.921	0.215	0.798	0.619	0.248
南昌	0.277	0.136	0.684	0.885	0.15	0.749	0.516	0.17
济南	0.247	0.264	0.69	0.699	0.398	0.551	0.618	0.179
郑州	0.275	0.166	0.786	0.63	0.347	0.45	0.551	0.104

续表

2013 年	经济能力	安全投入	安全组织	安全管理	安全设施	安全环境	紧急救援能力	善后重振能力
武汉	0.343	0.33	0.649	0.839	0.383	0.601	0.41	0.182
长沙	0.322	0.21	0.556	0.857	0.339	0.721	0.566	0.24
广州	0.288	0.587	0.752	0.857	0.597	0.731	0.801	0.791
南宁	0.323	0.107	0.702	0.475	0.224	0.724	0.454	0.316
海口	0.267	0.054	0.539	0.424	0.064	0.716	0.446	0.028
重庆	0.413	0.72	0.7	0.577	1.175	0.545	0.644	2.336
成都	0.313	0.484	0.76	0.737	0.467	0.609	0.629	1.792
贵阳	0.323	0.073	0.622	0.647	0.203	0.5	0.369	0.32
昆明	0.3	0.142	0.547	0.921	0.287	0.68	0.702	0.516
拉萨	0.192	0.002	0.595	0.36	0.009	0.574	0.519	0.149
西安	0.309	0.343	0.601	0.699	0.263	0.6	0.633	0.192
兰州	0.239	0.123	0.564	0.699	0.183	0.379	0.562	0.289
西宁	0.337	0.037	0.575	0.501	0.074	0.338	0.413	0.071
银川	0.27	0.077	0.653	0.532	0.072	0.484	0.348	0.015
乌鲁木齐	0.285	0.172	0.519	0.475	0.214	0.3	0.465	0.054

续表

	2003年 活力	结构	恢复力	2004年 活力	结构	恢复力	2005年 活力	结构	恢复力	2006年 活力	结构	恢复力
北京	0.1386	0.2799	0.10508	0.1509	0.27651	0.11106	0.1805	0.47557	0.15102	0.214	0.28891	0.16566
天津	0.1028	0.16184	0.08759	0.1122	0.18045	0.07776	0.117	0.22888	0.08264	0.1193	0.22966	0.08444
石家庄	0.0567	0.15952	0.09744	0.0671	0.17622	0.0821	0.0743	0.1681	0.08012	0.0749	0.17766	0.07124
太原	0.0599	0.11665	0.0581	0.0577	0.11253	0.07121	0.0686	0.11654	0.06752	0.0665	0.16215	0.08905
呼和浩特	0.1724	0.10292	0.05178	0.1258	0.1	0.05152	0.9092	0.13211	0.05944	0.1252	0.11535	0.06664
沈阳	0.05409	0.14288	0.06552	0.061	0.14117	0.06551	0.06281	0.15607	0.07299	0.06531	0.20382	0.08189
长春	0.089	0.1132	0.04684	0.0704	0.12996	0.05403	0.0647	0.14539	0.10128	0.0501	0.17116	0.03904
哈尔滨	0.0858	0.13103	0.05831	0.0905	0.14127	0.06626	0.1228	0.15366	0.05138	0.0837	0.17106	0.04605
上海	0.1848	0.26481	0.07474	0.2049	0.28679	0.08337	0.2151	0.29003	0.09061	0.2163	0.27805	0.08552
南京	0.0729	0.14804	0.08086	0.0881	0.1599	0.08069	0.0978	0.17196	0.07981	0.0953	0.16944	0.07918
杭州	0.0737	0.17782	0.05428	0.0833	0.18238	0.06614	0.0855	0.19442	0.07501	0.0864	0.1913	0.07795
合肥	0.0556	0.10824	0.08561	0.0585	0.13601	0.08545	0.0659	0.12861	0.08662	0.0683	0.14843	0.08612
福州	0.1474	0.12542	0.05441	0.103	0.14916	0.05767	0.0624	0.1542	0.08035	0.0575	0.16742	0.08292
南昌	0.0594	0.13105	0.05281	0.0657	0.11167	0.06055	0.0696	0.12371	0.06425	0.0715	0.1603	0.06798
济南	0.0631	0.13319	0.06878	0.0688	0.13986	0.07017	0.0731	0.14876	0.07081	0.0757	0.16245	0.07939
郑州	0.0552	0.13568	0.05672	0.0686	0.14286	0.05573	0.0719	0.14955	0.05733	0.0746	0.20002	0.05713

续表

2003年	活力	结构	恢复力	2004年	活力	结构	恢复力	2005年	活力	结构	恢复力	2006年	活力	结构	恢复力
武汉	0.0576	0.1458	0.05841	武汉	0.0618	0.1599	0.06542	武汉	0.0731	0.16906	0.07312	武汉	0.0772	0.17081	0.08087
长沙	0.0593	0.12754	0.04731	长沙	0.0649	0.14346	0.06459	长沙	0.0696	0.13286	0.08265	长沙	0.0702	0.14498	0.07198
广州	0.0887	0.162.5	0.07485	广州	0.0994	0.17188	0.08403	广州	0.1031	0.17564	0.09082	广州	0.1008	0.19151	0.09675
南宁	0.04712	0.11488	0.0565	南宁	0.04586	0.12658	0.04312	南宁	0.05397	0.14346	0.05325	南宁	0.05521	0.14775	0.06912
海口	0.04542	0.08133	0.05003	海口	0.04682	0.08471	0.04434	海口	0.04871	0.10433	0.06324	海口	0.04478	0.12096	0.05262
重庆	0.0826	0.16846	0.10738	重庆	0.0904	0.17666	0.06056	重庆	0.0969	0.18494	0.07728	重庆	0.101	0.19745	0.06364
成都	0.069	0.14611	0.05373	成都	0.0703	0.15049	0.04798	成都	0.0759	0.17256	0.07831	成都	0.0801	0.21082	0.06973
贵阳	0.04545	0.09536	0.05148	贵阳	0.05179	0.11513	0.04208	贵阳	0.05479	0.11414	0.05188	贵阳	0.05883	0.12493	0.0421
昆明	0.0437	0.13348	0.07376	昆明	0.0486	0.14608	0.07872	昆明	0.0554	0.14217	0.11436	昆明	0.0535	0.16152	0.08853
拉萨	0.05049	0.068	0.03495	拉萨	0.04868	0.093	0.03513	拉萨	0.0469	0.08205	0.04289	拉萨	0.03781	0.07035	0.04302
西安	0.0784	0.12048	0.05358	西安	0.0797	0.14078	0.0753	西安	0.0811	0.14849	0.09499	西安	0.0804	0.15424	0.09439
兰州	0.0487	0.08611	3.08097	兰州	0.0508	0.10627	0.07598	兰州	0.0521	0.10942	0.08122	兰州	0.0563	0.11393	0.07186
西宁	0.04738	0.08199	0.04433	西宁	0.05005	0.0843	0.04683	西宁	0.05416	0.08984	0.04468	西宁	0.05218	0.10503	0.05295
银川	0.04217	0.08109	0.03971	银川	0.05233	0.07255	0.04215	银川	0.05524	0.09204	0.05163	银川	0.04932	0.09493	0.0494
乌鲁木齐	0.04079	0.08398	0.0492	乌鲁木齐	0.05091	0.09235	0.0506	乌鲁木齐	0.0525	0.10604	0.04445	乌鲁木齐	0.0595	0.10054	0.0502

续表

2007年	活力	结构	恢复力	2008年	活力	结构	恢复力	2009年	活力	结构	恢复力	2010年	活力	结构	恢复力
北京	0.237	0.33359	0.18321	北京	0.2687	0.35465	0.26047	北京	0.2834	0.35803	0.20075	北京	0.3507	0.37033	0.21079
天津	0.1215	0.24175	0.10562	天津	0.1303	0.28435	0.10403	天津	0.1313	0.25747	0.08227	天津	0.1412	0.2653	0.09755
石家庄	0.0735	0.19723	0.10135	石家庄	0.0775	0.23461	0.09342	石家庄	0.0702	0.19747	0.09032	石家庄	0.0764	0.21155	0.09791
太原	0.0561	0.16757	0.08116	太原	0.073	0.17795	0.10382	太原	0.0453	0.18501	0.09792	太原	0.02707	0.18753	0.1066
呼和浩特	0.1429	0.13658	0.06665	呼和浩特	0.1611	0.14427	0.077	呼和浩特	0.1063	0.16668	0.06724	呼和浩特	0.2065	0.17237	0.06998
沈阳	0.0702	0.19624	0.08018	沈阳	0.0956	0.27176	0.11677	沈阳	0.0797	0.22436	0.09955	沈阳	0.077	0.23242	0.10081
长春	0.0739	0.18262	0.04687	长春	0.0851	0.1847	0.07415	长春	0.0822	0.22076	0.0681	长春	0.0797	0.2036	0.07183
哈尔滨	0.0818	0.21071	0.06674	哈尔滨	0.0878	0.22712	0.06762	哈尔滨	0.0874	0.23213	0.0747	哈尔滨	0.0899	0.2475	0.06768
上海	0.2228	0.49978	0.07466	上海	0.2561	0.46713	0.08586	上海	0.248	0.51262	0.08636	上海	0.2873	0.37307	0.12043
南京	0.0976	0.185	0.11471	南京	0.1097	0.25036	0.12678	南京	0.1016	0.22711	0.08059	南京	0.108	0.23456	0.09065
杭州	0.0984	0.22	0.07713	杭州	0.1134	0.23104	0.11063	杭州	0.1047	0.24397	0.09877	杭州	0.1117	0.25527	0.09337
合肥	0.0711	0.15053	0.08578	合肥	0.0756	0.23648	0.15962	合肥	0.0735	0.23996	0.10092	合肥	0.0765	0.23523	0.09382
福州	0.0681	0.19395	0.08149	福州	0.0812	0.23858	0.08078	福州	0.0754	0.24872	0.08784	福州	0.0789	0.25437	0.11107
南昌	0.0663	0.20569	0.08239	南昌	0.0706	0.2412	0.09952	南昌	0.07	0.24133	0.08319	南昌	0.0663	0.24481	0.08265
济南	0.0798	0.17401	0.07421	济南	0.0857	0.22784	0.11437	济南	0.0765	0.24206	0.09168	济南	0.0797	0.22824	0.09414
郑州	0.0751	0.20482	0.071173	郑州	0.0752	0.23207	0.08649	郑州	0.0633	0.25285	0.08309	郑州	0.0615	0.2498	0.0884

续表

| | 2007年 | | | 2008年 | | | 2009年 | | | 2010年 | | |
| --- | 活力 | 结构 | 恢复力 | | 活力 | 结构 | 恢复力 | | 活力 | 结构 | 恢复力 | | 活力 | 结构 | 恢复力 |

城市	活力	结构	恢复力	活力	结构	恢复力	活力	结构	恢复力	活力	结构	恢复力
武汉	0.0794	0.20356	0.06894	0.0911	0.22384	0.09858	0.0957	0.21928	0.08008	0.0989	0.24484	0.07453
长沙	0.072	0.19206	0.08366	0.0783	0.21249	0.10397	0.0774	0.24018	0.10245	0.08	0.25609	0.10429
广州	0.1143	0.21335	0.10865	0.122	0.26268	0.12436	0.1206	0.23867	0.14139	0.1248	0.29335	0.13082
南宁	0.06601	0.15197	0.06462	0.0708	0.19007	0.07191	0.0628	0.21095	0.06443	0.0675	0.20549	0.07852
海口	0.04964	0.13395	0.05947	0.05056	0.14337	0.05319	0.04195	0.15409	0.05231	0.04338	0.1523	0.06092
重庆	0.1053	0.2132	0.09347	0.1336	0.2612	0.14144	0.1384	0.2566	0.17623	0.1557	0.27671	0.15557
成都	0.0878	0.21884	0.08444	0.1021	0.28455	0.11226	0.0977	0.22794	0.12428	0.1171	0.25423	0.13667
贵阳	0.05795	0.13561	0.05205	0.06264	0.20262	0.06071	0.05349	0.19537	0.05173	0.05523	0.20493	0.06917
昆明	0.0587	0.18118	0.09244	0.061	0.24529	0.09634	0.0601	0.23245	0.10438	0.0648	0.24985	0.13547
拉萨	0.04332	0.09123	0.04321	0.05382	0.13335	0.06184	0.03453	0.14417	0.05764	0.04336	0.14445	0.06846
西安	0.0824	0.17881	0.10388	0.0939	0.19223	0.09031	0.0998	0.19648	0.10634	0.1021	0.21203	0.09603
兰州	0.0569	0.12805	0.06303	0.0596	0.16122	0.07797	0.0575	0.17809	0.09663	0.0562	0.18112	0.10324
西宁	0.05383	0.12011	0.06343	0.05708	0.13748	0.06842	0.05581	0.15474	0.07381	0.05253	0.15337	0.0717
银川	0.05118	0.11588	0.04871	0.05431	0.14282	0.05725	0.05362	0.17175	0.05461	0.0545	0.15367	0.05823
乌鲁木齐	0.0621	0.11031	0.06325	0.0675	0.11842	0.07349	0.0707	0.13363	0.06435	0.0549	0.16039	0.06483

续表

2011 年	活力	结构	恢复力	2012 年	活力	结构	恢复力	2013 年	活力	结构	恢复力
北京	0.3471	0.45335	0.22277	北京	0.3814	0.49066	0.21563	北京	0.4103	0.48212	0.25264
天津	0.1457	0.25846	0.09761	天津	0.1473	0.27967	0.10822	天津	0.1536	0.30485	0.10743
石家庄	0.0789	0.21698	0.07651	石家庄	0.0782	0.2388	0.07631	石家庄	0.0819	0.25327	0.09311
太原	0.0569	0.19093	0.10678	太原	0.0529	0.21571	0.10808	太原	0.0456	0.22554	0.11701
呼和浩特	0.2258	0.17615	0.07638	呼和浩特	0.2211	0.17824	0.08521	呼和浩特	0.248	0.18605	0.0853
沈阳	0.0709	0.24147	0.10123	沈阳	0.0688	0.25887	0.11096	沈阳	0.0819	0.26847	0.1109
长春	0.0816	0.21033	0.06522	长春	0.0752	0.21687	0.06549	长春	0.0798	0.23147	0.07332
哈尔滨	0.0781	0.25416	0.07815	哈尔滨	0.0724	0.27344	0.07797	哈尔滨	0.0762	0.27445	0.0748
上海	0.2748	0.53513	0.11196	上海	0.2792	0.37339	0.11219	上海	0.2993	0.50562	0.10032
南京	0.116	0.23597	0.1102	南京	0.1216	0.28383	0.10822	南京	0.1247	0.28412	0.10083
杭州	0.1252	0.27586	0.12221	杭州	0.1275	0.29942	0.11354	杭州	0.1336	0.30429	0.11659
合肥	0.0831	0.2392	0.12769	合肥	0.0788	0.2632	0.11894	合肥	0.0858	0.2716	0.11783
福州	0.0842	0.2924	0.10057	福州	0.0835	0.29471	0.10396	福州	0.1135	0.30301	0.11358
南昌	0.0677	0.26444	0.08355	南昌	0.0657	0.27879	0.09395	南昌	0.0691	0.28212	0.09368
济南	0.0815	0.23937	0.10137	济南	0.0776	0.24929	0.11142	济南	0.0848	0.27981	0.11157

续表

	2011 年			2012 年			2013 年		
	活力	结构	恢复力	活力	结构	恢复力	活力	结构	恢复力
郑州	0.0679	0.25302	0.08843	0.0798	0.26014	0.09544	0.0736	0.27216	0.09818
武汉	0.1034	0.25161	0.0854	0.0978	0.2859	0.07849	0.1119	0.29532	0.07564
长沙	0.0844	0.28094	0.10361	0.0845	0.27202	0.10363	0.0888	0.28389	0.10417
广州	0.1374	0.30571	0.13241	0.1385	0.34502	0.15769	0.1446	0.34678	0.15867
南宁	0.065	0.21309	0.09947	0.0634	0.22702	0.07743	0.0723	0.23165	0.0867
海口	0.06693	0.15348	0.07808	0.05087	0.16751	0.07809	0.05411	0.17904	0.07797
重庆	0.1687	0.3252	0.12032	0.181	0.37616	0.15986	0.187	0.36699	0.1705
成都	0.1184	0.24882	0.14068	0.1263	0.28111	0.13812	0.132	0.30726	0.1541
贵阳	0.0599	0.2099	0.07182	0.0707	0.23022	0.07104	0.0667	0.23416	0.07209
昆明	0.0695	0.24947	0.13023	0.071	0.26826	0.13297	0.074	0.28354	0.1346
拉萨	0.03639	0.1448	0.05939	0.02967	0.15375	0.07707	0.03276	0.16405	0.09375
西安	0.1022	0.22432	0.09831	0.1017	0.23636	0.11293	0.1082	0.25109	0.11451
兰州	0.0649	0.21237	0.09467	0.0727	0.21525	0.10265	0.0689	0.22598	0.10472
西宁	0.06911	0.16298	0.06574	0.05882	0.17146	0.07258	0.06317	0.18126	0.07345
银川	0.0614	0.17549	0.06079	0.0526	0.18832	0.05111	0.0583	0.20306	0.06068
乌鲁木齐	0.0655	0.14732	0.07392	0.0781	0.17777	0.0714	0.0766	0.1867	0.08187

续表

	2003 年 自然灾害	事故灾难	公共卫生	社会安全	2004 年 自然灾害	事故灾难	公共卫生	社会安全	2005 年 自然灾害	事故灾难	公共卫生	社会安全
北京	0.001	0.845	0.337	0.176	0.008	0.912	0.354	0.165	0.005	0.826	0.346	0.195
天津	0	0.708	0.334	0.32	0.002	0.545	0.747	0.292	0	0.519	0.658	0.302
石家庄	0.002	0.29	0.331	0.061	0.002	0.248	0.713	0.062	0.001	0.245	0.729	0.065
太原	0.014	0.255	0.328	0.11	0.007	0.244	0.713	0.062	0	0.234	0.499	0.092
呼和浩特	0.002	0.098	0.325	0.043	0.003	0.12	0.092	0.053	0	0.116	0.256	0.062
沈阳	0.002	0.464	0.322	0.33	0.003	0.489	0.178	0.408	0.015	0.425	0.145	0.348
长春	0.005	0.575	0.319	0.13	0.036	0.725	0.178	0.134	0.001	0.716	0.166	0.155
哈尔滨	0.003	0.098	0.316	0.241	0.001	0.057	0.26	0.241	0.001	0.049	0.256	0.063
上海	0.001	2.562	0.313	0.76	0	1.439	0.99	0.767	0	0.894	1.06	0.721
南京	0.012	1.07	0.31	0.152	0.002	1.026	0.648	0.162	0	0.897	0.674	0.152
杭州	0.004	1.742	0.307	0.178	0.009	1.324	0.742	0.175	0.029	0.821	0.735	0.179
合肥	0.049	0.191	0.304	0.351	0.034	0.132	0.22	0.502	0.614	0.148	0.115	0.269
福州	0.009	0.385	0.302	0.058	0.024	0.366	0.13	0.058	0.471	0.314	0.154	0.067
南昌	0.005	0.185	0.298	0.08	0.012	0.172	0.164	0.086	0.001	0.19	0.163	0.079
济南	0.003	0.156	0.296	0.134	0.005	0.134	0.181	0.141	0.002	0.112	0.205	0.136
郑州	0.015	2.405	0.293	0.07	0.012	1.997	0.443	0.074	0.001	0.24	0.511	0.104

续表

2003年	自然灾害	事故灾难	公共卫生	社会安全	2004年	自然灾害	事故灾难	公共卫生	社会安全	2005年	自然灾害	事故灾难	公共卫生	社会安全
武汉	0.054	0.382	0.29	0.328	武汉	0.033	0.261	0.545	0.291	武汉	0.058	0.198	0.572	0.263
长沙	0.135	0.205	0.287	0.125	长沙	0.285	0.158	0.225	0.14	长沙	0.001	0.202	0.249	0.143
广州	0.008	1.991	0.284	0.546	广州	0.006	1.921	0.427	0.42	广州	0.03	2.052	0.488	0.931
南宁	0.047	0.051	0.281	0.067	南宁	0.049	0.051	0.298	0.073	南宁	0.003	0.049	0.336	0.079
海口	0	0.142	0.278	0.041	海口	0	0.125	0.006	0.035	海口	0.008	0.146	0.006	0.04
重庆	3.05	0.872	0.275	0.43	重庆	3.02	0.845	1.75	0.413	重庆	0.63	0.818	1.89	0.46
成都	0.136	0.614	0.272	0.162	成都	0.021	0.451	1.01	0.155	成都	0.025	0.527	1.04	0.153
贵阳	0.04	0.172	0.269	0.073	贵阳	0.021	0.193	0.477	0.074	贵阳	0.009	0.223	0.537	0.078
昆明	0.13	0.143	0.266	0.037	昆明	0.279	0.173	0.177	0.053	昆明	0.017	0.213	0.175	0.064
拉萨	0.021	0.007	0.263	0	拉萨	0.02	0.008	0.039	0	拉萨	0.001	0.008	0.298	0
西安	0.335	0.246	0.26	0.105	西安	0.008	0.316	0.282	0.2	西安	0.019	0.328	0.35	0.195
兰州	0.013	0.221	0.257	0.506	兰州	0.003	0.19	0.187	0.927	兰州	0.002	0.178	0.163	0.135
西宁	0.002	0.07	0.254	0.039	西宁	0.002	0.069	0.166	0.042	西宁	0.001	0.071	0.17	0.049
银川	0	0.01	0.251	0.025	银川	0	0.016	0.052	0.029	银川	0	0.014	0.055	0.035
乌鲁木齐	0.004	0.065	0.248	0.063	乌鲁木齐	0.007	0.056	0.246	0.055	乌鲁木齐	0.007	0.031	0.283	0.05

续表

2006年	自然灾害	事故灾难	公共卫生	社会安全	2007年	自然灾害	事故灾难	公共卫生	社会安全	2008年	自然灾害	事故灾难	公共卫生	社会安全
北京	0.005	0.831	0.297	0.259	北京	0.006	0.661	0.253	0.255	北京	0.006	0.516	0.247	0.555
天津	0.001	0.476	0.792	0.292	天津	0.003	0.367	0.701	0.292	天津	0.001	0.403	0.667	0.271
石家庄	0.002	0.193	0.701	0.067	石家庄	0.003	0.178	0.735	0.054	石家庄	0.003	0.141	0.701	0.074
太原	0.002	0.189	0.419	0.089	太原	0.003	0.213	0.361	0.101	太原	0.002	0.257	0.318	0.101
呼和浩特	0.005	0.129	0.388	0.058	呼和浩特	0.004	0.133	0.306	0.058	呼和浩特	0.003	0.124	0.149	0.057
沈阳	0.002	0.442	0.263	0.32	沈阳	0.002	0.26	0.335	0.279	沈阳	0	0.223	0.407	0.193
长春	0.001	0.568	0.277	0.156	长春	0	0.522	0.289	0.177	长春	0.001	0.488	0.3	0.176
哈尔滨	0	0.055	0.325	0.192	哈尔滨	0	0.07	0.311	0.191	哈尔滨	0.001	0.069	0.288	0.181
上海	0	0.587	1.05	0.943	上海	0	0.524	1.03	0.951	上海	0	0.459	0.987	1.34
南京	0.001	0.752	0.684	0.143	南京	0.005	0.564	0.637	0.142	南京	0.001	0.471	0.591	0.148
杭州	0.015	0.744	0.875	0.152	杭州	0.005	0.679	0.799	0.157	杭州	0.009	0.588	0.779	0.149
合肥	0.026	0.15	0.12	0.291	合肥	0.024	0.106	0.121	0.334	合肥	0.042	0.102	0.105	0.314
福州	0.507	0.371	0.244	0.078	福州	0.081	0.294	0.253	0.085	福州	0.023	0.241	0.222	0.085
南昌	0.31	0.136	0.165	0.08	南昌	0.092	0.092	0.191	0.088	南昌	0.059	0.082	0.168	0.098
济南	0.001	0.099	0.227	0.135	济南	0.002	0.137	0.205	0.137	济南	0.002	0.108	0.207	0.128
郑州	0.002	0.096	0.732	0.109	郑州	0.002	0.572	0.669	0.133	郑州	0	0.439	0.589	0.113

续表

2006 年	自然灾害	事故灾难	公共卫生	社会安全	2007 年	自然灾害	事故灾难	公共卫生	社会安全	2008 年	自然灾害	事故灾难	公共卫生	社会安全
武汉	0.031	0.201	0.513	0.273	武汉	0.07	0.326	0.499	0.271	武汉	0.049	0.343	0.468	0.264
长沙	5.55	0.141	0.235	0.124	长沙	0.544	0.143	0.196	0.121	长沙	0.414	0.151	0.204	0.09
广州	0.632	1.46	0.402	0.796	广州	0.013	1.407	0.373	0.894	广州	0.018	1.295	0.342	0.98
南宁	0.147	0.059	0.318	0.075	南宁	0.019	0.048	0.362	0.078	南宁	0.078	0.038	0.296	0.071
海口	0	0.344	0.004	0.047	海口	0	0.035	0.005	0.055	海口	0.007	0.039	0.005	0.038
重庆	0.394	0.692	1.99	0.48	重庆	3.67	0.614	1.96	0.445	重庆	2.09	0.57	1.82	0.505
成都	0.024	0.485	0.889	0.138	成都	0.56	0.498	0.453	0.159	成都	0.441	0.314	0.455	0.15
贵阳	0.013	0.16	0.523	0.075	贵阳	0.051	0.171	0.277	0.074	贵阳	0.028	0.158	0.257	0.075
昆明	0.022	0.233	0.203	0.062	昆明	0.09	0.087	0.23	0.092	昆明	0.108	0.093	0.22	0.081
拉萨	0.001	0.009	0.294	0	拉萨	0.005	0.008	0.296	0	拉萨	0.01	0.012	0.293	0
西安	0.002	0.265	0.373	0.199	西安	0.02	0.257	0.362	0.206	西安	0.026	0.195	0.348	0.207
兰州	0.014	0.153	0.175	0.155	兰州	0.008	0.122	0.17	0.184	兰州	0.59	0.109	0.164	0.153
西宁	0.001	0.057	0.223	0.053	西宁	0.005	0.065	0.205	0.052	西宁	0.002	0.059	0.199	0.051
银川	0	0.01	0.049	0.039	银川	0	0.012	0.055	0.04	银川	0	0.008	0.074	0.045
乌鲁木齐	0.004	0.035	0.288	0.054	乌鲁木齐	0.002	0.045	0.352	0.049	乌鲁木齐	0.002	0.043	0.352	0.059

续表

	2009 年 自然灾害	事故灾难	公共卫生	社会安全	2010 年 自然灾害	事故灾难	公共卫生	社会安全	2011 年 自然灾害	事故灾难	公共卫生	社会安全
北京	0.008	0.512	0.202	0.499	0.005	0.522	0.205	0.439	0.009	0.439	0.204	0.478
天津	0.005	0.312	0.626	0.331	0.006	0.309	0.564	0.378	0.008	0.277	0.618	0.388
石家庄	0.001	0.132	0.514	0.084	0.002	0.133	0.436	0.12	0.002	0.118	0.433	0.12
太原	0.002	0.176	0.288	0.095	0.001	0.186	0.267	0.101	0.001	0.157	0.261	0.097
呼和浩特	0.003	0.153	0.191	0.06	0.003	0.155	0.165	0.063	0.001	0.157	0.165	0.07
沈阳	0.002	0.136	0.375	0.18	0.025	0.176	0.323	0.185	0.024	0.167	0.336	0.184
长春	0.002	0.412	0.31	0.176	0.057	0.427	0.323	0.19	0.001	0.357	0.409	0.168
哈尔滨	0.001	0.057	0.286	0.173	0	0.091	0.25	0.179	0	0.098	0.192	0.2
上海	0	0.573	0.865	1.59	0	0.485	0.745	1.97	0	0.493	0.704	2.27
南京	0.002	0.458	0.562	0.627	0.003	0.448	0.533	0.14	0.004	0.437	0.502	0.15
杭州	0.02	0.55	0.759	0.137	0.048	0.53	0.785	0.133	0.049	0.505	0.769	0.115
合肥	0.025	0.12	0.093	0.334	0.025	0.103	0.091	0.379	0.013	0.153	0.102	0.396
福州	0.028	0.21	0.201	0.084	0.306	0.194	0.185	0.085	0.008	0.175	0.199	0.092
南昌	0.015	0.072	0.15	0.116	0.648	0.064	0.126	0.182	0.048	0.065	0.136	0.125
济南	0.003	0.089	0.195	0.125	0.003	0.096	0.192	0.142	0.002	0.068	0.201	0.141
郑州	0.001	0.281	0.487	0.116	0.044	0.177	0.396	0.092	0.008	0.633	0.4	0.085

续表

2009 年	自然灾害	事故灾难	公共卫生	社会安全	2010 年	自然灾害	事故灾难	公共卫生	社会安全	2011 年	自然灾害	事故灾难	公共卫生	社会安全
武汉	0.043	0.55	0.447	0.264	武汉	0.116	0.429	0.416	0.262	武汉	0.048	0.472	0.32	0.258
长沙	0.328	0.098	0.232	0.104	长沙	0.378	0.082	0.206	0.109	长沙	0.628	0.105	0.185	0.098
广州	0.02	0.981	0.424	1.02	广州	0.049	0.918	0.34	1.55	广州	0.008	0.894	0.457	1.73
南宁	0.027	0.027	0.282	0.071	南宁	0.086	0.05	0.248	0.083	南宁	0.029	0.049	0.255	0.084
海口	0.001	0.037	0.004	0.045	海口	0.021	0.032	0.004	0.01	海口	0.008	0.027	0.004	0.022
重庆	1.24	0.552	1.69	0.577	重庆	0.42	0.52	1.64	0.505	重庆	0.299	0.489	1.47	0.464
成都	0.076	0.292	0.409	0.164	成都	0.18	0.29	0.414	0.159	成都	0.202	0.297	0.263	0.133
贵阳	0.015	0.252	0.194	0.071	贵阳	0.062	0.154	0.183	0.067	贵阳	0.019	0.128	0.18	0.067
昆明	0.035	0.072	0.201	0.082	昆明	0.067	0.08	0.182	0.082	昆明	0.033	0.07	0.194	0.079
拉萨	0.051	0.01	0.291	0	拉萨	0.028	0.009	0.288	0	拉萨	0.012	0.012	0.29	0
西安	0.017	0.22	0.327	0.222	西安	0.114	0.211	0.274	0.236	西安	0.054	0.196	0.265	0.283
兰州	0.015	0.104	0.172	0.158	兰州	0.028	0.106	0.15	0.214	兰州	0.025	0.118	0.149	0.245
西宁	0.002	0.066	0.197	0.054	西宁	0.003	0.076	0.208	0.065	西宁	0.001	0.072	0.199	0.06
银川	0.001	0.006	0.08	0.049	银川	0	0.006	0.085	0.046	银川	0	0.006	0.101	0.053
乌鲁木齐	0.001	0.039	0.325	0.049	乌鲁木齐	0.026	0.069	0.306	0.065	乌鲁木齐	0.001	0.056	0.278	0.07

2012 年	自然灾害	事故灾难	公共卫生	社会安全	2013 年	自然灾害	事故灾难	公共卫生	社会安全
北京	0.013	0.443	0.237	0.366	北京	0.011	0.332	0.17	0.54
天津	0.011	0.43	0.66	0.515	天津	0.01	0.238	0.671	0.439
石家庄	0.003	0.129	0.753	0.119	石家庄	0.002	0.077	0.597	0.125
太原	0.002	0.146	0.31	0.104	太原	0.002	0.145	0.212	0.104
呼和浩特	0	0.148	0.252	0.08	呼和浩特	0.002	0.166	0.184	0.076
沈阳	0.284	0.145	0.342	0.182	沈阳	0.127	0.11	0.389	0.12
长春	0.002	0.333	0.491	0.165	长春	0.011	0.29	0.442	0.189
哈尔滨	0	0.106	0.316	0.188	哈尔滨	0	0.093	0.258	0.179
上海	0	0.44	0.813	2.21	上海	0	0.857	0.866	0.788
南京	0.002	0.484	0.495	0.162	南京	0.001	0.241	0.547	0.243
杭州	0.056	0.486	0.575	0.104	杭州	0.053	0.298	0.796	0.104
合肥	0.026	0.184	0.233	0.408	合肥	0.022	0.132	0.107	0.375
福州	0.009	0.16	0.274	0.076	福州	0.065	0.123	0.224	0.094
南昌	0.046	0.041	0.172	0.13	南昌	0.221	0.019	0.121	0.154
济南	0.002	0.094	0.513	0.133	济南	0.002	0.071	0.307	0.136
郑州	0.004	0.618	0.559	0.053	郑州	0.012	0.712	0.531	0.091

续表

2012 年	自然灾害	事故灾难	公共卫生	社会安全	2013 年	自然灾害	事故灾难	公共卫生	社会安全
武汉	0.043	0.378	0.387	0.247	武汉	0.065	0.476	0.389	0.239
长沙	0.252	0.189	0.096	0.13	长沙	0.503	0.106	0.138	0.117
广州	0.0:8	0.805	0.31	1.87	广州	0.026	0.535	0.376	1.9
南宁	0.031	0.045	0.228	0.081	南宁	0.046	0.042	0.244	0.1
海口	0.001	0.031	0.009	0.015	海口	0.009	0.029	0.057	0.018
重庆	0.849	0.499	1.53	0.51	重庆	0.267	0.386	1.84	0.534
成都	0.261	0.319	0.232	0.157	成都	0.299	0.22	0.225	0.152
贵阳	0.014	0.101	0.227	0.072	贵阳	0.027	0.112	0.138	0.069
昆明	0.049	0.046	0.828	0.076	昆明	0.012	0.053	0.441	0.097
拉萨	0.005	0.012	0.302	0.005	拉萨	0.018	0.013	0.334	0.002
西安	0.019	0.182	0.457	0.245	西安	0.011	0.167	0.367	0.282
兰州	0.015	0.148	0.28	0.264	兰州	0.101	0.089	0.182	0.076
西宁	0.002	0.058	0.261	0.062	西宁	0.003	0.064	0.222	0.067
银川	0.001	0.006	0.235	0.053	银川	0.001	0.004	0.119	0.058
乌鲁木齐	0.036	0.066	0.387	0.079	乌鲁木齐	0.02	0.058	0.363	0.07

续表

自然环境风险入侵	2003年	2004年	2005年	2006年	2007年	2008年	2009年	2010年	2011年	2012年	2013年
北京	0.00021	0.0021	0.00125	0.00141	0.00175	0.00169	0.00224	0.00125	0.0025	0.00345	0.00304
天津	0	0.00063	0	0.00019	0.00076	0.00019	0.00133	0.00171	0.00209	0.00285	0.00266
石家庄	0.00041	0.00044	0.00021	0.0006	0.00078	0.00077	0.0002	0.00041	0.00057	0.0008	0.00065
太原	0.0037	0.002	0	0.00067	0.00069	0.0005	0.00042	0.00026	0.00032	0.00041	0.00047
呼和浩特	0.00046	0.00089	0.00001	0.00134	0.00104	0.00078	0.00074	0.00071	0.00026	0.00005	0.00048
沈阳	0.00046	0.0007	0.00392	0.00062	0.00063	0	0.00053	0.00682	0.00638	0.0769	0.0343
长春	0.00126	0.0097	0.00039	0.0002	0	0.00022	0.00041	0.0155	0.00039	0.00042	0.00295
哈尔滨	0.00072	0.0002	0.00023	0	0	0.00021	0.00019	0	0	0	0.00007
上海	0.00019	0	0	0	0	0	0	0	0	0	0
南京	0.00319	0.00047	0.00001	0.0004	0.00135	0.00023	0.00043	0.00084	0.00117	0.00063	0.00032
杭州	0.00118	0.00244	0.00795	0.00398	0.00131	0.00234	0.00532	0.0131	0.0132	0.0152	0.0144
合肥	0.0132	0.00924	0.166	0.00716	0.00653	0.0114	0.00683	0.00667	0.00355	0.00704	0.00595
福州	0.00238	0.0064	0.127	0.137	0.0219	0.00615	0.00751	0.0827	0.00207	0.0025	0.0176
南昌	0.00128	0.00326	0.0002	0.0839	0.025	0.0159	0.00396	0.175	0.0129	0.0124	0.0599
济南	0.00093	0.00135	0.00058	0.00038	0.00057	0.00063	0.00082	0.00079	0.00058	0.00062	0.00059
郑州	0.00407	0.00329	0.0002	0.00064	0.00041	0	0.00039	0.012	0.00217	0.00103	0.00324

续表

自然环境风险入侵	2003年	2004年	2005年	2006年	2007年	2008年	2009年	2010年	2011年	2012年	2013年
武汉	0.0147	0.00893	0.0158	0.00848	0.019	0.0134	0.0115	0.0314	0.0131	0.0116	0.0176
长沙	0.0367	0.0771	0.00027	1.5	0.147	0.112	0.0888	0.102	0.17	0.0683	0.136
广州	0.00207	0.00163	0.00815	0.171	0.0036	0.00493	0.00531	0.0134	0.00214	0.00474	0.00696
南宁	0.0127	0.0133	0.00083	0.0398	0.0052	0.021	0.00736	0.0234	0.00787	0.00847	0.0125
海口	0	0	0.00209	0.00001	0	0.00194	0.00019	0.00564	0.00215	0.00019	0.00239
重庆	0.825	0.818	0.17	0.107	0.993	0.565	0.336	0.114	0.081	0.23	0.0723
成都	0.0368	0.00571	0.00683	0.00661	0.152	0.119	0.0204	0.0488	0.0547	0.0707	0.0811
贵阳	0.0109	0.00571	0.00238	0.00346	0.0138	0.00749	0.00415	0.0166	0.0051	0.0039	0.00732
昆明	0.0352	0.0754	0.00449	0.00604	0.0242	0.0293	0.00949	0.0181	0.00904	0.0134	0.00328
拉萨	0.00576	0.00527	0.00019	0.00023	0.0014	0.0026	0.0137	0.00764	0.00311	0.00135	0.00497
西安	0.0908	0.00217	0.00524	0.00045	0.00539	0.00708	0.00451	0.0309	0.0146	0.00512	0.00308
兰州	0.00342	0.00074	0.00049	0.00387	0.00227	0.16	0.00402	0.00769	0.0677	0.00399	0.0273
西宁	0.00053	0.00043	0.00024	0.0004	0.00147	0.00041	0.00063	0.00087	0.00039	0.00057	0.00077
银川	0	0.00001	0	0	0	0	0.00038	0	0.00003	0.00019	0.0002
乌鲁木齐	0.00115	0.00195	0.00193	0.00099	0.0006	0.00041	0.0002	0.00713	0.0004	0.0098	0.00539

续表

社会环境风险入侵	2003 年	2004 年	2005 年	2006 年	2007 年	2008 年	2009 年	2010 年	2011 年	2012 年	2013 年
北京	0.28898	0.30274	0.29334	0.29788	0.25493	0.30982	0.28154	0.26812	0.2643	0.24331	0.25244
天津	0.30414	0.38531	0.35862	0.3866	0.34272	0.33335	0.32187	0.31707	0.32951	0.40283	0.35191
石家庄	0.16087	0.26248	0.26673	0.25053	0.25425	0.24446	0.19144	0.17959	0.17614	0.26872	0.21726
太原	0.16705	0.26174	0.20734	0.1757	0.16719	0.16202	0.13809	0.13543	0.12786	0.14155	0.11356
呼和浩特	0.12106	0.06117	0.10991	0.14792	0.1258	0.07954	0.09712	0.09077	0.0928	0.11896	0.10157
沈阳	0.26146	0.24572	0.20923	0.23813	0.21629	0.20705	0.17956	0.17262	0.17474	0.17192	0.16277
长春	0.22503	0.2117	0.21258	0.21907	0.22041	0.217	0.20697	0.21736	0.22313	0.24233	0.22749
哈尔滨	0.17282	0.14967	0.09844	0.15397	0.15266	0.14326	0.13832	0.13581	0.12621	0.15933	0.13842
上海	0.7372	0.73812	0.65249	0.65786	0.64197	0.72481	0.77947	0.83435	0.90372	0.91153	0.60821
南京	0.31362	0.40462	0.38741	0.36302	0.31664	0.28939	0.40973	0.2673	0.25902	0.26844	0.26366
杭州	0.43516	0.48625	0.39908	0.41824	0.38652	0.36357	0.3479	0.35051	0.33704	0.2758	0.30548
合肥	0.21535	0.19377	0.13135	0.13923	0.14364	0.13317	0.13808	0.14749	0.1632	0.20905	0.15525
福州	0.16768	0.11581	0.11601	0.15439	0.14567	0.12783	0.1163	0.10906	0.11179	0.12632	0.11036
南昌	0.13854	0.09947	0.10047	0.09211	0.09427	0.08862	0.0868	0.09673	0.08383	0.09142	0.07967
济南	0.14749	0.11306	0.1147	0.1186	0.11927	0.11247	0.10477	0.10998	0.10741	0.19859	0.13648
郑州	0.51554	0.48931	0.21457	0.25432	0.32441	0.27435	0.21915	0.16854	0.24609	0.27945	0.29802

续表

社会环境风险人侵	2003 年	2004 年	2005 年	2006 年	2007 年	2008 年	2009 年	2010 年	2011 年	2012 年	2013 年
武汉	0.23755	0.27921	0.26894	0.25491	0.27204	0.264	0.29341	0.26328	0.24258	0.24224	0.25799
长沙	0.15096	0.12929	0.14451	0.12477	0.11331	0.10842	0.11105	0.10244	0.09722	0.09533	0.08936
广州	0.57175	0.56599	0.74549	0.58181	0.59169	0.58761	0.56855	0.67652	0.75655	0.73661	0.71891
南宁	0.10709	0.1134	0.12557	0.1213	0.13252	0.11015	0.10409	0.10178	0.10398	0.09469	0.10398
海口	0.11459	0.03275	0.03784	0.02142	0.02253	0.01865	0.01992	0.00938	0.01169	0.012	0.02622
重庆	0.34491	0.7562	0.80446	0.81479	0.78551	0.75398	0.73283	0.69535	0.62806	0.66075	0.73532
成都	0.22708	0.40794	0.42717	0.37409	0.2581	0.22488	0.21095	0.21115	0.16227	0.16365	0.14334
贵阳	0.12579	0.18927	0.21258	0.19686	0.12832	0.1205	0.1009	0.0971	0.09152	0.10168	0.07725
昆明	0.11039	0.09435	0.10365	0.11466	0.10573	0.10054	0.0919	0.08777	0.08904	0.26462	0.16152
拉萨	0.07604	0.01233	0.08624	0.08515	0.08566	0.08528	0.0845	0.08353	0.0845	0.0894	0.09765
西安	0.14481	0.1891	0.20933	0.20577	0.20338	0.18897	0.19134	0.17852	0.18629	0.22798	0.20964
兰州	0.24888	0.3387	0.11389	0.11849	0.11952	0.10713	0.10983	0.11944	0.12972	0.17716	0.08802
西宁	0.09499	0.07027	0.07363	0.08761	0.08358	0.08067	0.08217	0.08998	0.0854	0.10125	0.09231
银川	0.07996	0.02523	0.0274	0.02611	0.02867	0.03462	0.03711	0.03779	0.04415	0.08232	0.05043
乌鲁木齐	0.09891	0.09467	0.09945	0.10283	0.1212	0.12351	0.11236	0.11676	0.10796	0.14299	0.13223

续表

城市	2003 年 抵抗力指数	入侵度指数	安全度指数	2004 年 抵抗力指数	入侵度指数	安全度指数	2005 年 抵抗力指数	入侵度指数	安全度指数	2006 年 抵抗力指数	入侵度指数	安全度指数
北京	0.5236	0.289	1.8117	0.5385	0.305	1.7654	0.8071	0.295	2.7359	0.6686	0.299	2.2360
天津	0.3522	0.304	1.1587	0.3704	0.386	0.9596	0.4285	0.359	1.1936	0.4334	0.387	1.1199
石家庄	0.3137	0.161	1.9482	0.3254	0.263	1.2373	0.3225	0.267	1.2080	0.3238	0.251	1.2900
太原	0.2347	0.171	1.3722	0.2414	0.264	0.9145	0.2527	0.207	1.2206	0.3177	0.176	1.8051
呼和浩特	0.3271	0.122	2.6811	0.2773	0.062	4.4657	1.1007	0.11	10.0067	0.3072	0.149	2.0617
沈阳	0.2625	0.262	1.0019	0.2677	0.246	1.0882	0.2919	0.213	1.3703	0.3510	0.239	1.4687
长春	0.2490	0.226	1.1019	0.2544	0.221	1.1510	0.3114	0.213	1.4618	0.2603	0.219	1.1886
哈尔滨	0.2752	0.174	1.5813	0.2980	0.150	1.9869	0.3278	0.099	3.3216	0.3008	0.154	1.9532
上海	0.5243	0.737	0.7115	0.5751	0.738	0.7792	0.5957	0.652	0.9137	0.5799	0.658	0.8813
南京	0.3018	0.317	0.9520	0.3287	0.405	0.8116	0.3496	0.387	0.9033	0.3439	0.363	0.9474
杭州	0.3058	0.436	0.7014	0.3318	0.489	0.6786	0.3549	0.407	0.8721	0.3557	0.422	0.8428
合肥	0.2495	0.229	1.0893	0.2800	0.203	1.3791	0.2811	0.297	0.9466	0.3029	0.146	2.0743
福州	0.3272	0.17	1.9249	0.3098	0.122	2.5397	0.2969	0.243	1.2220	0.3078	0.291	1.0579
南昌	0.2433	0.14	1.7376	0.2379	0.103	2.3099	0.2576	0.101	2.5501	0.2998	0.176	1.7033
济南	0.2651	0.148	1.7909	0.2788	0.114	2.4460	0.2927	0.115	2.5450	0.3176	0.119	2.6685
郑州	0.2476	0.52	0.4762	0.2672	0.493	0.5419	0.2788	0.215	1.2967	0.3318	0.255	1.3010

续表

城市	2003 年 抵抗力指数	入侵度指数	安全度指数	2004 年 抵抗力指数	入侵度指数	安全度指数	2005 年 抵抗力指数	入侵度指数	安全度指数	2006 年 抵抗力指数	入侵度指数	安全度指数
武汉	0.2618	0.252	1.0389	0.2871	0.288	0.9969	0.3153	0.285	1.1062	0.3289	0.263	1.2505
长沙	0.2343	0.188	1.2460	0.2730	0.206	1.3250	0.2851	0.145	1.9663	0.2872	1.62	0.1773
广州	0.3257	0.574	0.5674	0.3553	0.568	0.6255	0.3696	0.754	0.4901	0.3891	0.753	0.5167
南宁	0.2185	0.12	1.8208	0.2156	0.127	1.6973	0.2507	0.126	1.9895	0.2721	0.161	1.6899
海口	0.1768	0.115	1.5372	0.1759	0.033	5.3783	0.2163	0.04	5.4206	0.2184	0.021	10.2042
重庆	0.3584	1.17	0.3064	0.3276	1.570	0.2087	0.3591	0.974	0.3687	0.3621	0.922	0.3927
成都	0.2688	0.264	1.0183	0.2688	0.414	0.6492	0.3268	0.434	0.7529	0.3607	0.381	0.9466
贵阳	0.1923	0.137	1.4036	0.2090	0.195	1.0718	0.2208	0.215	1.0270	0.2259	0.2	1.1293
昆明	0.2509	0.146	1.7188	0.2734	0.170	1.6082	0.3119	0.108	2.8882	0.3035	0.121	2.5086
拉萨	0.1534	0.082	1.8758	0.1768	0.018	10.0460	0.1718	0.086	1.9889	0.1512	0.085	1.7703
西安	0.2525	0.236	1.0697	0.2958	0.191	1.5486	0.3246	0.215	1.5097	0.3290	0.206	1.5972
兰州	0.2158	0.252	0.8563	0.2331	0.339	0.6875	0.2427	0.114	2.1293	0.2421	0.122	1.9843
西宁	0.1737	0.096	1.8187	0.1812	0.071	2.5625	0.1887	0.074	2.5532	0.2102	0.088	2.3882
银川	0.1630	0.08	2.0371	0.1670	0.025	6.6282	0.1989	0.027	7.2595	0.1937	0.026	7.4195
乌鲁木齐	0.1740	0.1	2.7397	0.1939	0.097	2.0068	0.2030	0.101	2.0098	0.2102	0.104	2.0215

续表

城市	2007年 抵抗力指数	2007年 入侵度指数	2007年 安全度指数	2008年 抵抗力指数	2008年 入侵度指数	2008年 安全度指数	2009年 抵抗力指数	2009年 入侵度指数	2009年 安全度指数	2010年 抵抗力指数	2010年 入侵度指数	2010年 安全度指数
北京	0.7538	0.257	2.9331	0.8838	0.312	2.8327	0.8422	0.284	2.9654	0.9318	0.269	3.4640
天津	0.4689	0.343	1.3670	0.5187	0.334	1.5530	0.4710	0.323	1.4583	0.5041	0.319	1.5801
石家庄	0.3721	0.255	1.4591	0.4055	0.245	1.6552	0.3580	0.192	1.8645	0.3859	0.18	2.1437
太原	0.3048	0.168	1.8145	0.3548	0.163	2.1766	0.3282	0.139	2.3614	0.3212	0.136	2.3618
呼和浩特	0.3461	0.127	2.7254	0.3824	0.08	4.7618	0.3402	0.098	3.4752	0.4489	0.092	4.9055
沈阳	0.3466	0.217	1.5974	0.4841	0.207	2.3388	0.4036	0.18	2.2423	0.4102	0.179	2.2918
长春	0.3034	0.22	1.3790	0.3440	0.217	1.5850	0.3711	0.207	1.7926	0.3551	0.233	1.5242
哈尔滨	0.3593	0.153	2.3480	0.3825	0.143	2.6751	0.3942	0.139	2.8362	0.4051	0.136	2.9785
上海	0.7972	0.642	1.2418	0.8091	0.725	1.1160	0.8470	0.779	1.0873	0.7808	0.834	0.9362
南京	0.3973	0.318	1.2494	0.4869	0.29	1.6788	0.4093	0.41	0.9983	0.4332	0.268	1.6165
杭州	0.3955	0.388	1.0194	0.4551	0.366	1.2434	0.4474	0.353	1.2675	0.4603	0.364	1.2647
合肥	0.3074	0.15	2.0494	0.4717	0.145	3.2531	0.4144	0.145	2.8578	0.4056	0.154	2.6334
福州	0.3435	0.168	2.0449	0.4006	0.134	2.9893	0.4120	0.124	3.3223	0.4444	0.192	2.3143
南昌	0.3544	0.119	2.9780	0.4113	0.105	3.9172	0.3945	0.091	4.3449	0.3938	0.272	1.4476
济南	0.3280	0.12	2.7335	0.4279	0.113	3.7867	0.4102	0.106	3.8701	0.4021	0.111	3.6223

续表

2007年	抵抗力指数	入侵度指数	安全度指数	2008年	抵抗力指数	入侵度指数	安全度指数	2009年	抵抗力指数	入侵度指数	安全度指数	2010年	抵抗力指数	入侵度指数	安全度指数
郑州	0.3517	0.325	1.0820	郑州	0.3938	0.274	1.4371	郑州	0.3992	0.22	1.8147	郑州	0.3997	0.181	2.2082
武汉	0.3517	0.291	1.2086	武汉	0.4135	0.277	1.4929	武汉	0.3951	0.305	1.2953	武汉	0.4183	0.295	1.4179
长沙	0.3477	0.26	1.3373	长沙	0.3948	0.22	1.7944	长沙	0.4200	0.2	2.1002	长沙	0.4404	0.204	2.1588
广州	0.4363	0.595	0.7333	广州	0.5090	0.593	0.8584	广州	0.5007	0.574	0.8722	广州	0.5490	0.69	0.7956
南宁	0.2826	0.138	2.0478	南宁	0.3328	0.131	2.5403	南宁	0.3382	0.111	3.0467	南宁	0.3515	0.125	2.8121
海口	0.2431	0.023	10.8027	海口	0.2471	0.021	11.9961	海口	0.2484	0.02	12.3562	海口	0.2566	0.015	17.1067
重庆	0.4120	1.78	0.2314	重庆	0.5362	1.32	0.4062	重庆	0.5712	1.07	0.5339	重庆	0.5880	0.809	0.7268
成都	0.3911	0.41	0.9538	成都	0.4989	0.344	1.4503	成都	0.4499	0.231	1.9477	成都	0.5080	0.26	1.9538
贵阳	0.2456	0.142	1.7296	贵阳	0.3260	0.128	2.5466	贵阳	0.3010	0.105	2.8629	贵阳	0.3293	0.114	2.8889
昆明	0.3323	0.13	2.5562	昆明	0.4026	0.13	3.0971	昆明	0.3969	0.101	3.9300	昆明	0.4501	0.106	4.2464
拉萨	0.1778	0.087	2.0409	拉萨	0.2490	0.088	2.8329	拉萨	0.2363	0.098	2.4067	拉萨	0.2563	0.091	2.8100
西安	0.3651	0.209	1.7468	西安	0.3765	0.196	1.9207	西安	0.4026	0.196	2.0542	西安	0.4102	0.209	1.9625
兰州	0.2480	0.122	2.0327	兰州	0.2988	0.267	1.1191	兰州	0.3322	0.114	2.9142	兰州	0.3406	0.127	2.6816
西宁	0.2374	0.085	2.7926	西宁	0.2630	0.081	3.2425	西宁	0.2844	0.083	3.4343	西宁	0.2776	0.091	3.0573
银川	0.2158	0.029	7.5181	银川	0.2544	0.035	7.3520	银川	0.2800	0.038	7.4661	银川	0.2664	0.038	7.0476
乌鲁木齐	0.2357	0.122	1.9316	乌鲁木齐	0.2594	0.124	2.0921	乌鲁木齐	0.2687	0.113	2.3777	乌鲁木齐	0.2801	0.124	2.2590

续表

城市	2011年 抵抗力指数	2011年 入侵度指数	2011年 安全度指数	2012年 抵抗力指数	2012年 入侵度指数	2012年 安全度指数	2013年 抵抗力指数	2013年 入侵度指数	2013年 安全度指数
北京	1.0232	0.267	3.8323	1.0877	0.247	4.4036	1.1451	0.255	4.4904
天津	0.5018	0.332	1.5114	0.5352	0.406	1.3182	0.5659	0.355	1.5940
石家庄	0.3724	0.177	2.1039	0.3933	0.27	1.4567	0.4283	0.218	1.9645
太原	0.3546	0.128	2.7704	0.3767	0.142	2.6527	0.3882	0.114	3.4049
呼和浩特	0.4783	0.093	5.1378	0.4845	0.119	4.0718	0.5194	0.102	5.0917
沈阳	0.4136	0.181	2.2850	0.4386	0.249	1.7616	0.4613	0.197	2.3415
长春	0.3571	0.224	1.5944	0.3576	0.243	1.4714	0.3846	0.23	1.6721
哈尔滨	0.4104	0.126	3.2572	0.4238	0.159	2.6655	0.4255	0.138	3.0830
上海	0.9219	0.904	1.0198	0.7648	0.912	0.8386	0.9052	0.608	1.4889
南京	0.4622	0.26	1.7776	0.5137	0.269	1.9095	0.5096	0.264	1.9305
杭州	0.5233	0.35	1.4951	0.5405	0.291	1.8573	0.5545	0.32	1.7327
合肥	0.4500	0.167	2.6945	0.4609	0.216	2.1340	0.4752	0.161	2.9517
福州	0.4772	0.114	4.1856	0.4822	0.129	3.7378	0.5301	0.128	4.1413
南昌	0.4157	0.097	4.2988	0.4384	0.104	4.2158	0.4449	0.14	3.1779
济南	0.4222	0.108	3.9096	0.4383	0.199	2.2026	0.4762	0.137	3.4758
郑州	0.4094	0.248	1.6506	0.4354	0.28	1.5549	0.4439	0.301	1.4749

续表

2011年	抵抗力指数	人侵度指数	安全度指数	2012年	抵抗力指数	人侵度指数	安全度指数	2013年	抵抗力指数	人侵度指数	安全度指数
武汉	0.4404	0.256	1.7204	武汉	0.4622	0.254	1.8196	武汉	0.4829	0.276	1.7495
长沙	0.4690	0.267	1.7564	长沙	0.4602	0.164	2.8059	长沙	0.4769	0.225	2.1194
广州	0.5755	0.759	0.7583	广州	0.6412	0.741	0.8653	广州	0.6501	0.726	0.8954
南宁	0.3776	0.112	3.3711	南宁	0.3678	0.103	3.5713	南宁	0.3907	0.116	3.3678
海口	0.2985	0.014	21.6297	海口	0.2965	0.012	24.3008	海口	0.3111	0.029	10.8787
重庆	0.6142	0.709	0.8663	重庆	0.7170	0.891	0.8047	重庆	0.7245	0.808	0.8966
成都	0.5079	0.217	2.3406	成都	0.5455	0.234	2.3313	成都	0.5934	0.224	2.6490
贵阳	0.3416	0.097	3.5364	贵阳	0.3720	0.106	3.5091	贵阳	0.3730	0.085	4.4085
昆明	0.4492	0.098	4.5789	昆明	0.4722	0.278	1.6987	昆明	0.4921	0.165	2.9827
拉萨	0.2406	0.088	2.7463	拉萨	0.2605	0.091	2.8689	拉萨	0.2906	0.103	2.8210
西安	0.4248	0.201	2.1135	西安	0.4510	0.233	1.9355	西安	0.4738	0.213	2.2244
兰州	0.3719	0.136	2.7349	兰州	0.3906	0.181	2.1580	兰州	0.3996	0.115	3.4748
西宁	0.2978	0.086	3.4712	西宁	0.3029	0.102	2.9692	西宁	0.3179	0.093	3.4144
银川	0.2977	0.044	6.7348	银川	0.2920	0.083	3.5396	银川	0.3220	0.051	6.3644
乌鲁木齐	0.2868	0.108	2.6551	乌鲁木齐	0.3273	0.153	2.1391	乌鲁木齐	0.3452	0.138	2.5012

后　记

　　随着全球化力量的推进和中国社会的转型变革，各种传统与非传统、可预见与难于预见的风险因素，不断冲击着当下游客和民居共享的生活空间。旅游业似乎正处于 20 世纪 80 年代德国社会学家乌尔里希·贝克（Ulrich Beck）所描述的"风险社会"（risk society），一旦这种社会风险的可能性变成现实性，将给共享旅游空间带来灾难性影响。也正是基于这种危险性的认识，风险评价和安全评估成为亟待破解的问题，也是一直困扰学者的难题。

　　作为一个重要的研究领域，因对旅游安全本质和规律性的认识尚需时间，也缺乏自身的研究范式和内在通约性，对旅游安全的评价一直处于探索中。即使借鉴或运用社会学、经济学、管理学、政治学等跨学科理论和研究范式，也只是在不断地做出尝试和努力。旅游安全研究这一特殊的领域和现状特征，给研究者留足了探索空间。本书选择的目的地旅游安全评价与预警就是一个亟待开垦的研究领域，也是对旅游安全本质和内在规律的一次大胆的探索和尝试。一旦确定了该研究选题后，缠绕在脑海中挥之不去的是研究基本要素与范式的拷问。研究问题在哪里，有哪些，一个偏实务应用性的课题，能否做出理论贡献……面对诸多研究反思和疑虑，当我拨开层层迷雾，紧紧抓住"透过事物现象探寻本质内核"的路径，循着"本体论—认识论—方法论"的轨迹，不断回荡着胡适之先生的"大胆假设，小心求证"的研究思想。当毅然决然地选择时，永不枯竭的动力源自《科学理论发现的逻辑》和《科学革命结构》的支撑。这必然是一个艰辛的过程，也是一场大胆的尝试。

　　诚然，这种顽强的探索精神和努力尝试并非一朝一夕能够实现，离不开对旅游业社会现实的持续关注，离不开对目的地旅游安全的系统审视，更离不开对旅游业发展依靠谁和为了谁的价值判断与审思。旅游安全影响旅游业的发展稳定，关乎广大游客的自由行走。旅游安全评价既要从维持系统有序运行的逻辑进行客观评价，也需要对支撑旅游业发展和满足旅游需求的大众游客主体进行主观评价。营造安全的旅游环境，维护千千万万的游客安全一直是世界旅游业发展的出发点和旨归。1985 年第六届世界旅游组织大会通过了"旅游权利法案和旅游者守则"（*the Tourism Bill of Rights and Tourist Code*），1989 年世界旅游组织大会采纳了"旅游安全保障建议和措施"（*Recommended Measures for Security in Tourism*），以及 1994 年世界旅游组织旅游安全专家会议正式明确将旅游者安全作为基本权利。游客安全问题一直以来备受全球关注，游客安全感的评价、维护游客的旅游安全权利也是本书的基本出发点和重要的审视维度。

诚然，这种顽强的探索精神和努力尝试，更是离不开众多专家学者的建言献策。感谢导师戴斌教授！戴老师提倡科学研究要"规范、严谨、大气"，强调夯实基础，练好基本功，在科学命题、研究方法与思路、研究过程和研究结论之间需形成逻辑自洽的理论体系。本书的构思和研究框架的构建和修正，都是在戴老师的指导下几易其稿完成的。感谢导师郑向敏教授！郑老师倡导旅游研究要突破传统思维和条框的束缚，形成一套"顶天立地"的创新理论体系，他反复强调旅游研究要落地并注重实用性。本书的撰写和修改得益于郑老师的指导及其研究思想的启发。本书是笔者在博士学位论文基础上修改而成，因此，还特别感谢在博士学位论文开题、中期检查和预答辩时，骆克任教授、黄远水教授、陈金龙教授、黄安民教授、吕庆华教授、李洪波教授、张向前教授、谢朝武教授等提出的宝贵意见和建议。还特别感谢师弟师妹：张庆、文艳、庞兆玲、陈莉、吴媚、殷杰、赖思振等在问卷发放、数据录入中提供帮助，才使数据的收集和整理工作得以顺利完成，也为数据处理和分析提供了基础。

感谢我的父母！你们的期望和鼓励，是我前进的动力！

感谢社会科学文献出版社的责任编辑孙燕生老师，认真严谨的学术态度，多次修改校对，才使本书得以付梓出版。

感谢 2017 年福建省杰出科研人才计划项目给予的资助！

　　当该书即将与读者见面之际，丝毫没有感受到研究成型的喜悦，而是一种学术敬畏感涌上心头，愈思愈无法自拔。这是一个难以摆脱的现实，必须直面以对。细细反思这种敬畏感，或许来自对旅游现象抽取科学问题的不到位，或许来自对理论建构的不自觉，或许来自对科学命题论证的不自信，甚或对学术研究求真过程之艰辛等疑惑不解。

　　回首"来时的路"，旅游安全研究一路艰辛，一路迷茫。摸索的道路上，未有重要理论发现和成果，但也敢自信地在问题意识、理论建构和科学论证等环节加以认识，或许这就是仅有的一点收获和自我安慰罢了。然而也正是在这持续地摸索式匍匐前进中"自娱自乐"，怀揣好奇心在寻找快乐的同时，屡次感受"山穷水尽疑无路，柳暗花明又一村"。这样一次又一次的触动，才让自己感觉似乎这就是进步，也似乎可以以此来证明自己在这片旅游研究的土地上努力过、尝试过。

　　感叹时间飞逝，懊悔光阴虚度，似乎又让我看到旅游探索之路黎明的来临……

邹永广

2018 年 8 月 28 日于武夷山

图书在版编目（CIP）数据

目的地旅游安全评价与预警 / 邹永广著. -- 北京：
社会科学文献出版社，2018.10
（华侨大学哲学社会科学文库. 管理学系列）
ISBN 978 - 7 - 5201 - 3551 - 1

Ⅰ. ①目… Ⅱ. ①邹… Ⅲ. ①旅游地 - 旅游安全 - 安
全管理 - 研究 Ⅳ. ①F590.6

中国版本图书馆 CIP 数据核字（2018）第 220794 号

华侨大学哲学社会科学文库·管理学系列
目的地旅游安全评价与预警

著　　者／邹永广

出 版 人／谢寿光
项目统筹／王　绯
责任编辑／孙燕生

出　　版／社会科学文献出版社·社会政法分社（010）59367156
　　　　　地址：北京市北三环中路甲 29 号院华龙大厦　邮编：100029
　　　　　网址：www. ssap. com. cn
发　　行／市场营销中心（010）59367081　59367018
印　　装／三河市龙林印务有限公司

规　　格／开　本：787mm × 1092mm　1/16
　　　　　印　张：22　字　数：347 千字
版　　次／2018 年 10 月第 1 版　2018 年 10 月第 1 次印刷
书　　号／ISBN 978 - 7 - 5201 - 3551 - 1
定　　价／98.00 元

本书如有印装质量问题，请与读者服务中心（010 - 59367028）联系